Charles de Secondat Baron de la Brède et de Montesquieu, geboren am 18. Januar 1689 auf Schloß La Brède bei Bordeaux, ist am 10. Februar 1755 in Paris gestorben.

Als Ludwig XIV. nach mehr als einem halben Jahrhundert absolutistischer Herrschaft 1715 starb, atmete Frankreich auf, war doch das einst glanzvolle Regiment des Sonnenkönigs im Niedergang begriffen: Staatsschulden, Hungersnöte, verlustreiche Kriege hatten das Land geschwächt. Montesquieu erlebte diesen Niedergang in jungen Jahren mit. Die *Perserbriefe*, in der Zeit von 1717 bis 1721 entstanden, sind seine große Zeitsatire, in der Montesquieu zwei vornehme persische Frankreichreisende die politischen, religiösen und kulturellen Verhältnisse ihrer Zeit kommentieren läßt.

insel taschenbuch 458

Montesquieu

Perserbriefe

CHARLES DE MONTESQUIEU
PERSERBRIEFE

Aus dem Französischen
von Jürgen von Stackelberg
Mit Anmerkungen zum Text
und einem Nachwort

INSEL VERLAG

insel taschenbuch 458
Erste Auflage 1988

Vertrieb durch den Suhrkamp Taschenbuch Verlag
Umschlag nach Entwürfen von Willy Fleckhaus
Satz: Fotosatz Otto Gutfreund, Darmstadt
Druck: Nomos Verlagsgesellschaft, Baden-Baden
Printed in Germany

2 3 4 5 6 7 – 02 01 00 99 98 97

Einleitung

Ich schreibe hier keine Widmungsepistel, und ich verlange keine Protektion[1] für dieses Buch: ist es gut, wird man es lesen, ist es schlecht, liegt mir nichts daran, daß es gelesen werde.

Die ersten Briefe gebe ich gesondert heraus, um die Reaktion des Publikums herauszufinden. In meiner Mappe habe ich eine große Anzahl weiterer Briefe, die ich in der Folge vorlegen könnte. Aber das geschähe nur unter der Voraussetzung, daß ich unbekannt bliebe. Wird mein Name bekannt, hülle ich mich sofort in Schweigen. Ich kenne eine Frau, die sonst schön daherschreitet, aber humpelt, sobald man sie anschaut. Mein Werk hat Mängel genug: was soll ich da der Kritik auch noch diejenigen meiner Person vor Augen führen. Wüßte man, wer ich bin, würde man sagen: »Sein Buch paßt nicht zu seinem Charakter; er sollte seine Zeit etwas Besserem widmen. Das hier ist eines ernsthaften Menschen nicht würdig.« Solche Anmerkungen pflegen die Kritiker nie zu unterlassen, weil man sie machen kann, ohne seinen Geist zu strapazieren.

Die Perser, die hier schreiben, wohnten bei mir; wir haben zusammen gelebt.[2] Da sie in mir einen Menschen aus einer anderen Welt erblickten, haben sie mir nichts verheimlicht. Leute, die es von so weit her hierhin verschlagen hat, konnten in der Tat keine Geheimnisse vor mir haben. Die meisten Briefe haben sie mir gezeigt, ich habe sie abgeschrieben. Einige, die sie sich wohl hüteten, mir anzuvertrauen, weil sie persischer Eitelkeit und Eifersucht ins Gesicht schlugen, habe ich mir heimlich verschafft. Ich übe daher hier nur das Geschäft eines Übersetzers[3] aus: all meine Mühe galt dem Versuch, das Werk unseren Gepflogenheiten anzupassen. Ich habe dem Leser, so gut ich konnte, die Redeweise der Asiaten erspart, und ich habe ihn vor einer Unzahl geschraubter Wendungen bewahrt, die ihn zu Tode gelangweilt hätten. Aber das ist noch nicht alles, was ich für ihn getan habe. Ich habe die endlosen Komplimente gestrichen, mit denen die Orientalen genauso verschwenderisch umgehen wie wir; und ich habe eine Unzahl von Kleinigkeiten weggelassen, die es nicht vertragen, ans Tageslicht gezerrt zu werden: sie sollten über das Gespräch zwischen zwei Freunden nicht hinausgetragen werden. Wenn die Mehrzahl der Herausgeber von Briefsammlungen es genauso gehalten hätte, wären ihre Werke zu nichts zusammengeschrumpft.

Eines aber hat mich immer wieder erstaunt: zu sehen, wie diese Perser nicht selten über die Sitten und Gebräuche unserer Nation ebensogut Bescheid wußten wie ich, wie sie sie bis in die feinsten Einzelheiten hinein durchschaut und Dinge beobachtet haben, die sicher den meisten Deutschen, die nach Frankreich reisen, entgangen sind. Ich schreibe das dem langen Aufenthalt, den sie in diesem Land zugebracht haben, zu – ganz abgesehen davon, daß es einem Asiaten leichter fällt, sich in einem Jahr ein Bild von den französischen Sitten zu machen als einem Franzosen in vier Jahren, sich über die Sitten der Asiaten zu informieren, denn die ersteren sind ebenso mitteilsam, wie die letzteren verschlossen sind.

Der Usus gestattet es jedem Übersetzer, und selbst dem unbeholfensten Kommentator, seine Übersetzung oder seine Erläuterungen mit einem Loblied auf das Original zu beginnen, dessen Nutzen, Verdienste und Vorzüglichkeit zu preisen. Ich habe das nicht getan: die Gründe dafür sind leicht zu erraten. Deren bester ist, wie langweilig das an einer Stelle wäre, die man ohnehin langweilig findet, nämlich in einem Vorwort.

PERSERBRIEFE

Erster Brief

USBEK AN SEINEN FREUND RUSTAN IN ISPAHAN

In Kom[1] haben wir uns nur einen Tag aufgehalten. Kaum hatten wir am Grab der Jungfrau, die der Welt zwölf Propheten geschenkt hat, unsere Andacht verrichtet, als wir auch schon wieder unterwegs waren, und gestern, am fünfundzwanzigsten Tag nach unserer Abreise aus Ispahan, kamen wir in Tauris an.[2] Rica und ich sind vermutlich die ersten Perser, die aus Wissensdurst ihr Land verließen und auf die Annehmlichkeiten eines geruhsamen Lebens verzichteten, um mühselig nach Weisheit zu streben.

Wir sind in einem blühenden Reich geboren, aber wir meinten, unser Wissen müsse an seinen Grenzen nicht haltmachen: als ob nur das Licht des Orients uns erleuchten dürfte!

Schreibe mir, was man von unserer Reise denkt. Schmeichle mir nicht: ich rechne nicht mit viel Zustimmung. Sende Deinen Brief nach Erzerum, wo ich eine Weile bleiben will. Leb wohl, mein lieber Rustan, sei dessen gewiß, daß, an welchem Ort der Welt ich auch bin, Du dort einen treuen Freund besitzt.
Zu Tauris, den 15. des Saphar-Mondes 1711.[3]

Zweiter Brief

USBEK AN DEN OBERSTEN SEINER SCHWARZEN EUNUCHEN IM SERAIL ZU ISPAHAN

Du bist der getreue Hüter der schönsten Frauen Persiens. Ich habe Dir anvertraut, was mir in dieser Welt das liebste war: Du hältst in Deinen Händen die Schlüssel zu den Schicksalstüren, die sich nur für mich öffnen. Solange Du über dieses kostbare

Vermächtnis meines Herzens wachst, ist es sicher und in fester Hand. Du hütest es in der Stille der Nacht und in der Unruhe des Tages. Mit unermüdlicher Sorgfalt wachst Du über die Tugend, wenn sie ins Wanken gerät. Sollten die Frauen, die Deiner Obhut unterstehen, gegen ihre Pflicht verstoßen, so nähmest Du ihnen alle Hoffnung auf ein Gelingen. Du bist die Geißel des Lasters und die Säule der Treue. Du befiehlst ihnen, und Du gehorchst ihnen, Du folgst blindlings ihrem Verlangen und läßt sie gleichzeitig die Gesetze des Serails befolgen. Es gereicht Dir zur Ehre, ihnen die niedrigsten Dienste zu leisten, Du fügst Dich respektvoll und furchtsam ihren legitimen Wünschen, Du dienst ihnen wie der Sklave ihrer Sklaven, aber Du herrschst andererseits, wie ich selbst, als Herr über sie, wenn Du eine Übertretung der Gebote von Keuschheit und Demut befürchten mußt.

Erinnere Dich immer an das Nichts, dem ich Dich entrissen habe, als Du der letzte meiner Sklaven warst, um Dich in diesen Rang zu erheben, und Dir die Wonnen meines Herzens anzuvertrauen: sei unterwürfig im Umgang mit denen, die meine Liebe teilen, aber laß sie zugleich das ganze Ausmaß ihrer Abhängigkeit spüren. Verschaffe ihnen alle Genüsse, die unschuldig sind, zerstreue ihre Besorgnisse, unterhalte sie mit Musik, Tanz und köstlichen Getränken, und laß sie oft zusammenkommen. Wollen sie aufs Land, so kannst Du sie dorthin geleiten, aber lege Hand an alle Männer, die sich vor ihnen blicken lassen sollten. Ermahne sie zur Sauberkeit: sie spiegelt die Reinheit der Seele, und sprich ihnen manchmal von mir. Ich möchte sie an dem lieblichen Orte wiedersehen, den sie mit ihrer Schönheit zieren.

Leb wohl!

Zu Tauris, den 18. des Saphar-Mondes 1711.

Dritter Brief

ZACHI AN USBEK IN TAURIS

Wir haben dem Obereunuchen befohlen, uns aufs Land zu führen. Er wird Dich wissen lassen, daß uns nichts zugestoßen ist. Als wir den Fluß überquerten und aus unseren Sänften aussteigen mußten, haben wir uns, wie es der Brauch ist, in verschlossene Tragkörbe begeben. Zwei Sklaven trugen uns auf den Schultern, und wir sind allen Blicken entgangen.

Wie hätte ich es in Deinem Serail zu Ispahan aushalten können, teurer Usbek, wo alles mich an die vergangenen Freuden erinnert, die ich dort genossen und die meine Sinne täglich mit neuer Gewalt erregten? Ich irrte von Raum zu Raum, suchte Dich überall und fand Dich nirgends, wohl aber stets die quälende Erinnerung an mein vergangenes Glück. Hier sah ich mich an der Stätte, wo ich Dich zum ersten Mal in meinem Leben in die Arme schloß, dort erinnerte ich mich daran, wie Du den bekannten Streit zwischen Deinen Frauen geschlichtet hast.

Jede von uns glaubte die anderen an Schönheit zu übertreffen. Wir traten vor Dich, nachdem wir alles erschöpft hatten, was die Phantasie an Schmuck und Zierde zu ersinnen vermag. Du betrachtetest mit Wohlgefallen die Wunder unserer Kunst, Du bewundertest unseren Eifer, Dir um die Wette zu gefallen. Aber dann ließest Du die geliehenen Reize natürlicherer Anmut weichen, Du zerstörtest unser ganzes Kunstwerk: wir mußten den Schmuck ablegen, der Dir lästig geworden war, und in der Schlichtheit der Natur vor Deinen Blicken erscheinen. Meine Schamhaftigkeit galt mir nichts mehr, ich dachte nur an meinen Ruhm! Glücklicher Usbek, welche Reize wurden da vor Deinen Augen enthüllt! Wir sahen Dich lange von Entzücken zu Entzücken schweifen, lange schwankte Deine Seele, ungewiß, wo sie verharren sollte, jeder neue Reiz verlangte seinen Tribut, im Nu hast Du uns alle mit Küssen bedeckt, Deine Blicke richteten sich neugierig auf die geheimsten Stellen, Du ließest uns in einem Augenblick tausend verschiedene Stellungen einnehmen, immer neuen Befehlen folgte immer neues Gehorchen. Ich gestehe es, Usbek, eine Leidenschaft, die heftiger war als der Ehrgeiz, erfüllte mich mit dem Verlangen, Dir zu gefallen. Da spürte ich, wie ich unmerklich Dein Herz eroberte: Du faßtest mich, Du ließest mich los, Du kehrtest zu mir zurück, und ich vermochte Dich zu fesseln. Mein war der Triumph, meinen Rivalinnen blieb nur die Verzweiflung. Es kam uns so vor, als seien wir allein auf der Welt; nichts von dem, was uns umgab, schien uns noch unserer Aufmerksamkeit wert. Ach, hätte der Himmel meinen Rivalinnen doch den Mut eingegeben, Zeugen all der Liebkosungen zu sein, die ich von Dir empfing! Hätten sie meine Verzückung gesehen, so hätten sie den Unterschied erkennen müssen, der zwischen meiner Liebe und der ihren besteht. Sie hätten erkannt, daß sie an Liebreiz mit mir wetteifern konnten, aber nicht an Leidenschaftlichkeit...

Doch wo bin ich? Wohin führt mich dieser eitle Bericht? Es ist ein Unglück, nicht geliebt zu werden: nicht *mehr* geliebt zu werden, ist eine Schmach. Du verläßt uns, Usbek, um in den Ländern der Barbaren herumzureisen. Wie? Gilt Dir das Glück, geliebt zu werden, nichts? Ach! Du weißt nicht einmal, was Dir entgeht. Meine Seufzer verhallen ungehört, meine Tränen fließen, und Du weidest Dich nicht daran, im Serail herrscht die Liebe, und Du entfernst Dich fühllos von ihm! Ach mein geliebter Usbek, wenn Du doch wüßtest, was Glücklichsein heißt.

In Fatmes Serail, den 21. des Maharram-Mondes 1711.

ven zuverlässig wären, aber was soll erst werden, wenn sie es nicht sind? Was für traurige Nachrichten mögen mich in den fernen Ländern erreichen, in die ich reisen will! Meine Freunde können dem Übel keine Abhilfe schaffen; alle unerfreulichen Vorgänge im Harem müssen ihnen verborgen bleiben – und was sollten sie dagegen tun? Wäre mir ein heimliches Vertuschen nicht tausendmal lieber als eine aufsehenerregende Strafaktion? Ich vertraue Deinem Herzen all meine Sorgen an, lieber Nessir: das ist der einzige Trost, der mir in meinem gegenwärtigen Zustand bleibt.
Zu Erzerum, am 10. des Rebiab-Mondes, 2, 1711.[1]

Siebter Brief

FATME AN USBEK IN ERZERUM

Schon zwei Monate bist Du fort, mein lieber Usbek; in meiner Niedergeschlagenheit vermag ich es nicht zu fassen. Ich durcheile den Serail, als ob du da wärst; mein Wahn verliert sich nicht. Was soll denn aus einer Frau, die Dich liebt, werden? Die es gewohnt war, Dich in ihre Arme zu schließen, die nichts anderes im Sinn hatte, als Dir die Beweise ihrer Zärtlichkeit zu geben, frei durch das Vorrecht ihrer Geburt, aber Sklavin durch die Gewalt ihrer Leidenschaft?

Als ich Dich heiratete, hatten meine Augen das Gesicht noch keines Mannes erblickt: Du bist der einzige, dessen Anblick mir erlaubt war, denn die scheußlichen Eunuchen, deren geringste Unvollkommenheit die ist, keine Männer zu sein, zähle ich nicht zu den Männern. Vergleiche ich die Schönheit Deines Antlitzes mit der Häßlichkeit des ihrigen, kann ich nicht umhin, mich glücklich zu preisen. Ich kann mir nichts Entzückenderes vorstellen als den verführerischen Zauber Deiner Person. Ich schwöre Dir, Usbek, wäre es mir erlaubt, diese Stätte zu verlassen, wo ich durch den Zwang meiner Lage eingeschlossen bin, könnte ich mich der Bewachung entziehen, die mich umgibt, wäre es mir gestattet, unter allen Männern, die es in dieser Völkermetropole gibt, einen auszuwählen, so, Usbek, wählte ich Dich! Es kann in der Welt keinen Mann geben, der mehr geliebt zu werden verdient als Du.

Denke nicht, daß Deine Abwesenheit mich meine Schönheit vernachlässigen läßt, die Dir teuer ist; mag mich auch keiner sehen dürfen und mag auch all der Schmuck, der mich ziert, zu Deinem Glück nichts beitragen, so versuche ich doch, mir die Gewohnheit des Gefallenwollens zu erhalten. Ich gehe nicht zu Bett, ohne mich mit den köstlichsten Essenzen parfümiert zu haben. Dann versetze ich mich in die glückliche Zeit zurück, als Du in meine Arme kamst: ich lasse mich zu süßen Träumen verlocken, sie führen mir die geliebte Person vor Augen, meine Einbildung gibt sich ihren Wünschen hin und läßt sich von ihren Hoffnungen schmeicheln. Manchmal denke ich, Du kehrtest, Deiner mühseligen Reisen überdrüssig, zu uns zurück, halbwach verträume ich die Nacht, ich suche Dich an meiner Seite und mir ist, als entglittest Du mir. Schließlich zerstört die Glut, die mich verzehrt, selbst diese Verzauberung, und ich komme zu mir zurück. Und dann bin ich so aufgeregt... Du wirst es nicht glauben, Usbek: es ist unmöglich, in diesem Zustand weiterzuleben. Meine Adern durchströmt Feuer. Ach, daß ich nicht ausdrücken kann, was ich fühle! Und wie kann ich etwas fühlen, das ich nicht ausdrücken kann? In solchen Augenblicken gäbe ich alles in der Welt her, Usbek, für einen Kuß von Dir! Wie elend ist doch eine Frau, die heißes Verlangen erfüllt, das *einer* nur zu stillen vermag, und dieser eine ist nicht da! Sich selbst überlassen, hat sie nichts, das sie ablenken könnte. So muß sie sich an ihre Seufzer gewöhnen, das Wüten ihrer erregten Sinne aushalten. Nicht genug, daß sie unglücklich ist, sie hat nicht einmal die Möglichkeit, einen anderen glücklich zu machen: unnütze Zierde eines Serails, wird sie nur für die Ehre, aber nicht für das Glück ihres Mannes bewacht.

Ihr Männer seid wirklich grausam! Ihr genießt es, wenn wir ein Verlangen empfinden, das wir nicht stillen können, ihr behandelt uns so, als wären wir gefühllos – und wäret doch arg enttäuscht, wenn wir es wirklich wären. Ihr glaubt, unsere durch lange Kasteiung zermürbten Sinne erwachten bei Eurem Anblick gleich wieder. Es kostet Mühe, Liebe zu erwecken: leichter ist es, von unserer Entbehrung zu erhoffen, was ihr euch von euerem Entgegenkommen nicht zu erwarten traut.

Leb wohl, mein geliebter Usbek, lebe wohl. Glaube mir: ich lebe nur, um Dich anzubeten. Meine Seele ist ganz von Dir erfüllt, und Deine Abwesenheit, fern davon, Dich in Vergessenheit zu bringen, steigerte nur meine Liebe, wenn sie noch stärker sein könnte als sie ist.

Im Serail zu Ispahan, am 12. des Rebiab-Mondes, 1, 1711.

Achter Brief

USBEK AN SEINEN FREUND RUSTAN IN ISPAHAN

Dein Brief hat mich in Erzerum erreicht, wo ich jetzt bin. Ich hatte mir schon gedacht, daß meine Abreise Aufsehen erregen würde. Das bekümmert mich nicht weiter. Woran soll ich mich halten: an die Klugheit meiner Feinde oder an meine eigene?

In frühester Jugend schon kam ich an den Hof. Ich darf sagen, daß mein Herz dort nicht verdorben wurde. Ich hatte die kühne Absicht, integer zu bleiben. Begegnete ich dem Laster, wich ich ihm aus, dann aber ging ich wieder auf es zu, um es zu entlarven. Ich bin mit der Wahrheit bis zu den Füßen des Throns vorgedrungen, ich sprach eine Sprache, die man dort noch nicht gehört hatte, ich durchkreuzte die Schmeichelei und versetzte die Anbeter genauso in Staunen wie das Idol. Als ich aber merkte, daß meine Aufrichtigkeit mir Feinde gemacht und daß ich mir den Neid der Minister zugezogen hatte, ohne die Gunst des Herrschers zu erwerben, so daß ich mich an dem korrupten Hofe mit meinen schwachen Kräften kaum halten konnte, da beschloß ich, ihn zu verlassen. Ich gab vor, von einem starken Hang zur Wissenschaft ergriffen zu sein, und aus der Heuchelei wurde Ernst. Ich mischte mich nicht mehr in die Geschäfte und zog mich in ein Landhaus zurück. Aber auch das hatte seine Nachteile: Ich war den Nachstellungen meiner Feinde immer noch ausgesetzt, verfügte aber über fast keine Mittel mehr, mich dagegen zu wehren. Gewisse heimliche Winke ließen es geraten erscheinen, ernsthaft an mich zu denken. So beschloß ich, ins Exil zu gehen. Der Weggang vom Hof gab mir einen einleuchtenden Vorwand dazu. Ich ging zum Schah und bekundete ihm mein Verlangen, mich in den Wissenschaften des Abendlandes umzusehen. Ich insinuierte, er könne von meinen Reisen Nutzen ziehen. So fand ich Gnade vor seinen Augen. Ich reiste ab und entzog mich dem Zugriff meiner Feinde.

Dies, Rustan, ist der wahre Grund meiner Reise. Laß Ispahan reden, ergreife nur vor denen meine Partei, die mich gern haben. Laß meinen Feinden ihre hämischen Deutungen: ich bin so glücklich, daß es das einzige Übel ist, das sie mir antun können. Jetzt spricht man noch von mir. Vielleicht gerate ich nur allzubald in Vergessenheit, und meine Freunde sogar ... Nein, Rustan, ich will diesem traurigen Gedanken nicht weiter nachhängen. Ich werde ihnen immer teuer bleiben, ich baue auf ihre Treue wie auf die Deine.

Zu Erzerum, am 20. des Gemmadi-Mondes, 2, 1711.

Neunter Brief

DER OBERSTE EUNUCH AN IBBI IN ERZERUM

Du begleitest Deinen Herrn von ehedem auf seinen Reisen, Du durcheilst Länder und Reiche, Kummer kann Dich nicht bedrücken. Jeder Augenblick bringt etwas Neues, was Du siehst, muntert Dich auf und läßt die Zeit unmerklich verstreichen. Mir geht es ganz anders. In ein schreckliches Gefängnis eingesperrt, umgeben mich stets die gleichen Objekte, verzehren mich stets dieselben Kümmernisse. Ich stöhne unter der Last meiner Sorgen und der Ruhelosigkeit von fünfzig Jahren. Ich kann nicht behaupten, im Laufe meines langen Lebens einen heiteren Tag und einen ruhigen Augenblick gehabt zu haben.

Als mein erster Herr den grausamen Entschluß gefaßt hatte, mir seine Frauen anzuvertrauen und mich mit Verlockungen, die von tausend Drohungen durchsetzt waren, dazu zwang, mich auf ewig von mir selbst zu trennen, gedachte ich, des Dienens und der mühseligsten Geschäfte überdrüssig, meine Leidenschaften der Seelenruhe und dem Glück zu opfern. Unseliger, der ich war! Mein voreingenommener Geist ließ mir die Entschädigung vor Augen treten, aber nicht den Verlust: ich hoffte dem Zugriff der Liebe dadurch entzogen zu sein, daß ich unfähig wurde, ihr Genüge zu tun. Aber ach, man hat die Wirkung der Leidenschaft in mir erstickt, ohne ihre Ursache zum Erliegen zu bringen. Fern davon, von ihr entlastet zu sein, sehe ich mich umgeben von Erscheinungen, die sie unaufhörlich in mir erwecken. Ich kam in den Harem, wo alles mich bedauern ließ, was ich verloren hatte; ich fühlte mich fortwährend erregt, tausend Reize der Natur boten sich meinen Blicken dar, wie um mich in Verzweiflung zu stürzen. Zu allem Elend hatte ich auch noch einen glücklichen Mann vor Augen. In dieser Zeit der Wirrnis habe ich nie dem Bett meines Herrn eine Frau zugeführt, nie eine Frau entkleidet, ohne mit zornerfülltem Herzen und Verzweiflung in der Seele nach Hause zurückzukehren.

So verbrachte ich elendiglich meine Jugend. Ich hatte nur mich selbst zum Vertrauten. Meinen ganzen Kummer und Verdruß mußte ich herunterschlucken. Die Frauen, die ich mit zärtlichen Blicken anzusehen versucht war, hieß es, mit strengen Blicken zurückzuweisen. Hätten sie mich durchschaut, wäre ich verloren gewesen: sie hätten nur ihren Nutzen daraus gezogen.

Eines Tages, so erinnere ich mich, war ich derart außer mir, als ich eine Frau ins Bad führte, daß ich vollkommen den Verstand verlor und meine Hand sich an eine gefährliche Stelle verirren ließ. Bei der ersten Überlegung glaubte ich, mein letzter Tag sei gekommen. Doch ich hatte das Glück, dem tausendfachen Tod zu entrinnen. Die Schöne, die ich zur Zeugin meiner Schwäche gemacht hatte, hat mich ihr Stillschweigen teuer bezahlen lassen. Ich verlor alle Gewalt über sie, und sie hat mich seitdem zu Gefälligkeiten gezwungen, die mich nur zu oft in Lebensgefahr brachten.

Schließlich ist die Glut meiner Jugend erloschen. Ich bin alt und in dieser Hinsicht ruhig geworden. Der Anblick der Frauen läßt mich kalt, und ich gebe ihnen all ihre Verachtung und all die Qualen, die ich ihretwegen ausstehen mußte, zurück. Ich vergesse nie, daß ich dazu bestimmt bin, ihnen zu befehlen, und mir ist, als würde ich wieder ein Mann bei den Gelegenheiten, wo ich ihnen Befehle erteile. Seitdem ich sie kalten Sinnes betrachte und meine Vernunft mir all ihre Schwächen zu erkennen gibt, hasse ich sie. Obwohl ich sie für einen anderen überwache, flößt mir das Vergnügen, mir Gehorsam zu verschaffen, eine heimliche Freude ein. Lasse ich sie alles entbehren, denke ich, es geschähe um meinetwillen, und das verschafft mir indirekt Genugtuung. Ich herrsche im Serail wie in einem kleinen Reich, und die einzige Leidenschaft, die ich noch habe, mein Ehrgeiz, findet so Erfüllung. Ich sehe mit Vergnügen, daß alles von mir abhängt und daß ich unentbehrlich bin. Ich nehme den Haß all dieser Frauen gern auf mich, der mich in meiner Stellung festigt. Daher bin ich auch nicht ungnädig zu ihnen: Ich komme all ihren unschuldigen Gelüsten zuvor, ich stelle mich wie eine unübersteigbare Schranke vor sie: Haben Sie etwas im Sinn, biete ich sogleich Einhalt, wappne ich mich mit Verweigerungen, bin ich voller Bedenken und führe immer nur die Worte Pflicht, Tugend, Keuschheit, Sittsamkeit im Munde. Ich bringe sie zur Verzweiflung, indem ich unaufhörlich von der

Schwäche ihres Geschlechts und von der Allgewalt ihres Herren zu ihnen spreche. Dann beklage ich mich, zu soviel Strenge verpflichtet zu sein, und gebe ihnen zu verstehen, daß mich nur ihr eigenes Interesse und meine große Anhänglichkeit leiten.

Meinerseits habe ich freilich unter zahllosen Unannehmlichkeiten zu leiden, denn all diese rachsüchtigen Frauen sind bestrebt, die noch zu übertreffen, die ich ihnen bereite. Zwischen uns gibt es so etwas wie ein Hin und Her von Herrschaft und Unterwerfung: Sie lassen mich stets die demütigendsten Verrichtungen ausführen, sie tragen eine beispiellose Geringschätzung meiner Person zur Schau und lassen mich ohne Rücksicht auf mein Alter zehnmal nachts irgendwelcher Kleinigkeiten wegen aufstehen; sie überschütten mich unaufhörlich mit Befehlen, Aufträgen, Geschäften, Launen; es sieht so aus, als lösten sie einander ab, um mich in Trab zu halten und ihre Grillen loszuwerden; oft verlangen sie doppelte Mühe und Sorgfalt von mir, machen mir fälschlich vertrauliche Mitteilungen, indem sie erzählen, ein junger Mann sei vor den Mauern erschienen, oder es sei ein Brief zu übergeben. All das verwirrt mich, und sie lachen über meine Verwirrung. Sie genießen es zu sehen, wie ich mich quäle. Ein andermal halten sie mich hinter ihrer Türe fest und zwingen mich, dort Tag und Nacht auszuharren. Sie verstehen es, Krankheiten, Ohnmachten und Paniken zu heucheln; an Vorwänden, mich dahin zu bringen, wo sie mich haben wollen, fehlt es ihnen nie. In solchen Fällen gilt es, blindlings zu gehorchen und ein unbegrenztes Entgegenkommen zu zeigen. Eine Weigerung meinerseits wäre etwas Unerhörtes, zögerte ich, ihnen zu gehorchen, hätten sie das Recht, mich zu züchtigen. Eher nähme ich mir das Leben, mein lieber Ibbi, als mich derart zu demütigen.

Und das ist nicht alles. Nie bin ich der Gunst meines Herren sicher. Ich habe so viele Feindinnen in seinem Herzen, die nur darauf aus sind, mich zugrunde zu richten. Ihnen gehören Viertelstunden, wo ich kein Gehör finde, Viertelstunden, wo man nichts verweigert und ich immer im Unrecht bin. Ich führe dem Bett meines Herren verärgerte Frauen zu: denkst Du, man setze sich dort für mich ein, denkst Du, man ergriffe dort für mich Partei? Ich muß von ihren Tränen, ihren Seufzern, ihren Umarmungen, von ihrer Wollust das Schlimmste befürchten. Sie sind am Ort ihrer Triumphe, ihre Reize werden mir gefährlich, und womit sie in der Gegenwart dienen können, das löscht all meine vergangenen Dienste aus. Nichts bürgt mir für einen Herren, der nicht mehr er selbst ist.

Wie oft ist es geschehen, daß ich in seiner Gunst zu Bett ging und in seiner Ungunst aufstand? Was hatte ich an dem Tag getan, als ich vor aller Augen ausgepeitscht wurde? Ich ließ eine Frau in den Armen meines Herren zurück; kaum sah sie ihn in Wallung, vergoß sie einen Tränenstrom, beklagte sie sich und steuerte ihre Klagen so geschickt, daß sie mit der Liebe, die sie auslöste, zugleich anstiegen. Wie sollte ich einer so kritischen Lage gewachsen sein? Ich war verloren, als ich mich dessen am wenigsten versah, ich wurde das Opfer eines Liebeshandels und einer Abmachung, die Seufzer zustande gebracht hatten. Das ist der traurige Zustand, mein Ibbi, in dem ich mich immer befunden habe. Wie glücklich Du bist! Deine Sorgen beschränken sich einzig auf die Person Usbeks. Es ist nicht schwer, ihm zu gefallen und sich bis ans Ende Deiner Tage in seiner Gunst zu erhalten.

Im Serail zu Ispahan, am letzten Tag des Saphar-Mondes 1711.

Zehnter Brief

MIRZA AN SEINEN FREUND USBEK IN ERZERUM

Du warst der einzige, der mich für die Abwesenheit Ricas hätte entschädigen können, und nur Rica könnte mich über die Deine hinwegtrösten. Du fehlst uns, Usbek. Du warst die Seele unseres Kreises. Welcher Gewalt bedurfte es, die Bande zu zerreißen, die Herz und Geist geknüpft hatten.

Wir disputieren hier viel. Meist dreht sich der Disput um die Moral. Gestern wurde die Frage aufgeworfen, ob das Vergnügen und die Befriedigung der Sinne oder ob rechtschaffenes Handeln die Menschen glücklich machen. Ich habe Dich oft sagen hören, die Menschen seien zur Tugend geboren, Rechtschaffenheit sei ihnen ebenso eingegeben wie ihre Existenz. Erkläre mir bitte, was Du damit meinst.

Ich habe mit den Mullahs gesprochen, die mich mit ihren Koranzitaten zur Verzweiflung bringen, denn ich komme nicht als Gläubiger, sondern als Mann, als Bürger, als Familienvater zu ihnen. Lebe wohl.

Ispahan, am letzten Tag des Saphar-Mondes 1711.

Elfter Brief

USBEK AN MIRZA IN ISPAHAN

Du verzichtest auf Deinen Verstand, um den meinen auf die Probe zu stellen, Du läßt Dich dazu herab, mich um Rat zu fragen, Du hältst mich für fähig, Dich zu belehren. Lieber Mirza, es gibt etwas, das mir noch mehr schmeichelt als Deine gute Meinung von mir: Deine Freundschaft.

Um Deinem Verlangen zu entsprechen, glaubte ich, keine abstrakten Überlegungen anstellen zu sollen. Gewisse Wahrheiten gilt es nicht nur überzeugend vorzutragen, sondern spüren zu lassen, so die der Moral. Vielleicht wird diese kleine Geschichte Dir mehr zu Herzen gehen als die subtilste Argumentation.

Die Geschichte der Troglodyten

In Arabien gab es einmal ein kleines Volk, die Troglodyten. Es stammte von den alten Troglodyten ab, die, wenn es stimmt, was die Geschichte überliefert, den Tieren mehr glichen als den Menschen.[1] Diese waren zwar nicht so mißgestaltet, sie waren nicht so zottig wie die Bären, sie zischten nicht, und sie hatten zwei Augen, aber sie waren so bösartig und wild, daß es bei ihnen weder Recht noch Rechtsprechung gab. Sie hatten einen König aus der Fremde, der sie streng behandelte, um die Bösartigkeit ihres Wesens zu zügeln. Sie verschworen sich jedoch gegen ihn, töteten ihn und löschten seine ganze Familie aus. Nach dieser Untat versammelten sie sich, um eine Obrigkeit zu wählen, und sie wählten nach vielen Streitigkeiten einen Magistrat. Kaum hatten sie diesen eingesetzt, wurde auch er ihnen unerträglich, und sie machten ihn ebenfalls nieder.

Das von dem neuerlichen Joch befreite Volk hielt sich nur noch an sein wildes Naturell. Man kam überein, niemandem mehr zu gehorchen, jeder sollte nur noch seine eigenen Interessen verfolgen, ohne die der anderen zu beachten. Dieser Entschluß sagte allen gleichermaßen zu. Sie sagten: »Was soll ich mich mit einer Arbeit für andere Leute abplagen, die mich nichts angehen? Ich will nur noch an mich denken. So lebe ich glücklich: Was geht mich das Glück der anderen an? Ich will für alles Notwendige sorgen, und wenn ich das erreicht habe, soll es mich nicht scheren, wenn es den anderen Troglodyten schlechtgeht.«

Das war im Monat, wo man sät. Ein jeder sagte sich: »Ich will nur soviel Land bebauen, wie ich brauche, um mich selbst zu ernähren. Eine größere Menge Getreide wäre unnütz, umsonst will ich mich nicht abmühen.« Der Boden war in dem kleinen Reich nicht überall gleich gut: Es gab trockene und gebirgige Landstriche, andere, niedergelegene, die von mehreren Flüssen bewässert wurden. Dieses Jahr war die Trockenheit groß, so daß die hochgelegenen Ländereien überhaupt kein Wasser bekamen, während die, die bewässert werden konnten, eine reiche Ernte brachten. So starben die Leute auf den Bergen infolge der Hartherzigkeit der anderen, die ihnen nichts von ihrer Ernte abgaben, fast alle Hungers. Das nächste Jahr war sehr segensreich. Die hochgelegenen Teile des Landes trugen außergewöhnlich viel Korn, die Niederungen waren überschwemmt. Die halbe Bevölkerung erlitt wieder eine Hungersnot, aber diese armen Leute stießen auf ebensoviel Hartherzigkeit, wie sie sie selbst gezeigt hatten.

Einer der vornehmsten Einwohner hatte eine sehr schöne Frau. Sein Nachbar verliebte sich in sie und entführte sie. Daraus entstand großer Streit, und nach mancherlei Beleidigungen und Tätlichkeiten kamen sie überein, sich der Entscheidung eines Troglodyten zu unterwerfen, der zur Zeit der Republik ein gewisses Ansehen genossen hatte. Sie begaben sich zu ihm und wollten ihre Gründe vortragen. »Was geht's mich an, ob diese Frau Dir oder Dir gehört?« sagte der Mann. »Ich habe mein Feld zu bestellen, ich werde doch meine Zeit nicht damit vergeuden, mich um euere Angelegenheiten zu kümmern, indes ich die meinen vernachlässige. Bitte laßt mich in Ruhe und belästigt mich nicht weiter mit eueren Streitigkeiten.« Darauf verließ er sie und ging, sein Land zu bebauen. Der Entführer, der der Stärkere war, schwor, er werde eher sterben, als die Frau zurückzugeben; der andere ging, über die Ungerechtigkeit seines Nachbarn und die Hartherzigkeit des Richters bekümmert, nach Hause, da begegnete ihm unterwegs eine junge und schöne Frau, die vom Brunnen kam. Er hatte keine Frau mehr, diese gefiel ihm, und sie gefiel ihm noch besser, als er erfuhr, daß es die Frau des Mannes war, den er zum Richter auserkoren, und der sich ihm gegenüber so herzlos gezeigt hatte. Er entführte sie und nahm sie zu sich.

Ein Mann besaß ein besonders fruchtbares Feld, das er mit

großer Sorgfalt bearbeitet hatte. Zwei seiner Nachbarn taten sich zusammen, jagten ihn aus dem Hause und übernahmen sein Feld. Sie verbündeten sich gegen alle, die es ihnen streitig machen wollten. Und so behaupteten sie sich tatsächlich ein paar Monate lang. Aber dann brachte der eine von beiden den anderen um, weil er sich darüber ärgerte, daß er mit ihm etwas teilen sollte, was er ganz allein haben konnte. So wurde er alleiniger Herr über das Feld. Seine Herrschaft währte jedoch nicht lang. Zwei andere Troglodyten fielen über ihn her, er war zu schwach, um sich zu wehren, und wurde niedergemacht.

Ein fast nackter Troglodyt sah Wolle, die zu verkaufen war. Er erkundigte sich nach dem Preis. Der Kaufmann sagte sich: »Natürlich sollte ich für meine Wolle nur soviel Geld verlangen, wie man braucht, um zwei Scheffel Korn zu kaufen, ich will sie aber viermal so teuer verkaufen, damit ich deren acht bekomme.« Da war nichts zu machen, der Preis mußte bezahlt werden.

»Mir geht es gut«, sagte sich der Kaufmann, »jetzt habe ich Getreide.« – »Was sagst Du?« erklärte der Käufer: »Du brauchst Getreide? Ich habe welches zu verkaufen, nur der Preis wird Dich vielleicht erstaunen, denn das Korn ist äußerst teuer, jetzt, wo überall Hungersnot herrscht. Gib mir mein Geld wieder, und ich gebe Dir einen Scheffel Weizen. Darunter mache ich es nicht – und wenn Du vor Hunger krepierst.«

Unterdessen verheerte eine schreckliche Krankheit die Gegend. Ein geschickter Arzt kam aus dem Nachbarland, und seine Mittel schlugen so gut an, daß er alle heilte, die ihn aufgesucht hatten. Als die Krankheit nicht mehr umging, machte er sich auf, all denen, die er geheilt hatte, sein Honorar abzuverlangen, aber er stieß nur auf Ablehnung. So kehrte er in seine Heimat zurück, ermattet von der langen Reise. Bald danach erfuhr er, daß dieselbe Krankheit wieder ausgebrochen sei und mehr denn je das Land der Undankbaren heimsuchte. Diesmal erschienen sie bei ihm und warteten nicht, bis er zu ihnen kam.

»Fort mit euch«, sagte der Mann, »ihr Ungerechten, ihr habt ein schlimmeres Gift in euren Adern als das, von dem ich euch heilen soll. Ihr verdient keinen Platz auf Erden, weil ihr keine Menschlichkeit besitzt und die Gesetze von Recht und Billigkeit nicht kennt. Ich würde die Götter beleidigen, die euch strafen, wenn ich euch ihrem gerechten Zorn entziehen wollte.«

Zu Erzerum, am 3. des Gemmadi-Mondes, 2, 1711.

Zwölfter Brief

USBEK AN DENSELBEN

Du hast erfahren, mein Mirza, wie die Troglodyten an ihrer Bösartigkeit selbst zugrunde gingen. Sie wurden die Opfer ihrer eigenen Ungerechtigkeit. Von so vielen Familien blieben nur zwei übrig, die dem Unglück der Nation entkamen. Zwei ganz einzigartige Menschen gab es im Lande: sie besaßen Humanität, sie kannten das Recht, sie liebten die Tugend. Durch die Rechtschaffenheit ihrer Herzen wie durch die Verderbtheit der anderen gleichermaßen verbunden, sahen sie den allgemeinen Niedergang und waren von Mitleid ergriffen. Das gab den Grund für ein neues Bündnis ab. Mit gemeinsamem Eifer bemühten sie sich um das Gemeinwohl. Sie kannten keine anderen Zwistigkeiten als solche, die die zärtlichste Freundschaft aufkommen läßt. Im entlegensten Teil des Landes, fern von den Mitbürgern, die ihrer Gesellschaft unwürdig waren, führten sie ein glückliches und friedliches Leben. Von tugendhafter Hand bebaut, schien der Boden wie von selbst Früchte zu tragen. Sie liebten ihre Frauen und wurden von ihnen zärtlich wiedergeliebt. Ihre ganze Sorgfalt wandten sie daran, ihre Kinder zur Tugend zu erziehen. Unaufhörlich hielten sie ihnen das Unglück ihrer Landsleute vor Augen und verwiesen auf dies traurige Schauspiel. Vor allem gaben sie ihnen zu verstehen, daß das Wohl des einzelnen immer im Gemeinwohl liegt, daß sich davon trennen, Zugrundegehen heißt, daß die Tugend nichts ist, das uns schwerfallen dürfe, daß man sie nicht als eine Mühsal ansehen darf und daß Gerechtigkeit für andere eine Wohltat für einen selbst ist.

Der Trost tugendhafter Eltern wurde ihnen bald zuteil: ihre Kinder glichen ihnen. Das junge Volk, das unter ihren Augen heranwuchs, vermehrte sich durch segensreiche Ehen, es nahm an Zahl zu und blieb sich immer gleich einig. Die Tugend verlor sich nicht in der Menge, sondern gewann noch durch eine größere Anzahl von Beispielen. Wer vermöchte das Glück dieser Troglodyten zu schildern? Ein so gerechtes Volk mußte von den Göttern geliebt werden. Sobald es die Augen öffnete, um sie kennenzulernen, lernte es sie fürchten. Und die Religion sänftigte, was die Natur an ihren Sitten noch rauh gelassen hatte. Sie führten zu Ehren der Götter Feste ein. Mit Blumen geschmückt, feierten die jungen Mädchen und die Knaben sie mit Tänzen zu den Klängen einer ländlichen Musik. Dann gab es Gastmähler, bei denen die Freude und die Mäßigung herrschten. Hier, in diesen Versammlungen, sprach die reine Natur, hier lernte man von Herzen zu geben und zu nehmen, hier machte die jungfräuliche Keuschheit errötend ein überraschtes Geständnis, das die Zustimmung der Eltern alsbald billigte, hier wurde den zärtlichen Müttern die Freude zuteil, manch süße und treue Verbindung ins Auge zu fassen. Ging man in den Tempel, um den Segen der Götter zu erflehen, so waren es nicht Reichtum und Überfluß, worum man bat. Solche Bitten wären den Troglodyten in ihrem Glück unwürdig erschienen, sie wünschten sich derlei nur für ihre Mitbürger. Sie knieten vor den Altären nieder, um um die Gesundheit ihrer Eltern, den Zusammenhalt ihrer Brüder, die Zuwendung ihrer Frauen, die Liebe und den Gehorsam ihrer Kinder zu bitten. Die Mädchen brachten dort das zärtliche Opfer ihres Herzens dar und erbaten sich nur die Gnade, einen Troglodyten glücklich machen zu können.

Am Abend, wenn die Herden von den Feldern zurückkehrten und die ermatteten Ochsen den Pflug heimgebracht hatten, versammelten sie sich. Zum frugalen Mahl erklangen Lieder, die die Rechtlosigkeit und das Unglück der ersten Troglodyten sowie die wiedererstarkende Tugend des neuen Volkes zum Inhalt hatten. Sie feierten die Größe der Götter, ihre Gunst, die den Menschen zuteil wird, die sie erflehen, und ihren Zorn, der sich unabweislich auf die richtet, die sie nicht fürchten. Dann malten sie sich die Freuden des Landlebens und das Glück einer stets von Unschuld gezierten Lebeweise aus. Schließlich versanken sie in einen Schlaf, den kein Kummer und keine Sorgen unterbrachen. Die Natur gab ihnen ihre Wünsche ein und stillte ihre Bedürfnisse. Es gab keine Habsucht in dem glücklichen Land. Man beschenkte sich gegenseitig, und der Gebende glaubte dabei stets einen Gewinn zu haben. Das Volk der Troglodyten betrachtete sich als eine einzige Familie. Die Herden weideten fast immer zusammen: Die einzige Mühe, die man sich für gewöhnlich ersparte, war, sie wieder auseinander zu treiben.

Zu Erzerum, am 6. des Gemmadi-Mondes, 2, 1711.

Dreizehnter Brief

USBEK AN DENSELBEN

Ich kann Dir nicht genug von der Tugend der Troglodyten erzählen. Einer von ihnen sagte eines Tages: »Morgen muß mein Vater sein Feld umpflügen, ich will zwei Stunden früher aufstehen, und wenn er zu seinem Feld kommt, soll er es schon umgepflügt vorfinden.« Ein anderer sprach zu sich selbst: »Mir scheint, meine Schwester findet an einem jungen Troglodyten aus unserer Verwandtschaft Gefallen. Ich muß mit meinem Vater reden und ihn dazu bringen, die Ehe schließen zu lassen.« Zu einem dritten, dem Diebe seine Herde entwendet hatten, kam einer und sagte: »Ich bin untröstlich, denn es war eine ganz weiße Färse darunter, die ich den Göttern opfern wollte.« Wieder einen anderen hörte man sagen: »Ich muß zum Tempel, den Göttern zu danken, denn mein Bruder, der Liebling meines Vaters, der auch mir teuer ist, hat seine Gesundheit wiedererlangt.« Oder: »An das Feld meines Vaters grenzt eines, das die Leute nur in der Sonnenhitze bearbeiten können. Ich muß zwei Bäume pflanzen, damit die armen Menschen sich manchmal in deren Schatten ausruhen können.«

Eines Tages waren mehrere Troglodyten versammelt; ein Greis erzählte von einem jungen Manne, der wahrscheinlich eine Untat begangen hatte und dem er deshalb Vorwürfe machte. »Wir glauben nicht«, sagten die jungen Troglodyten, »daß er die Untat getan hat, aber wenn es so ist, möge er als der letzte seiner Sippe sterben.« Einem Troglodyten berichtete man, Fremde hätten sein Haus geplündert und alles geraubt: »Wären sie nicht ruchlos, würde ich ihnen einen längeren Gebrauch des Geraubten wünschen als mir.«

Bei so viel Wohlergehen konnte der Neid nicht ausbleiben. Die Nachbarvölker kamen zusammen und beschlossen unter einem nichtigen Vorwand, den Troglodyten ihre Herden zu entführen. Kaum hatten die Troglodyten von diesem Vorhaben erfahren, als sie Abgesandte zu ihren Nachbarn schickten, die sagten: »Was haben euch die Troglodyten getan? Haben Sie eure Frauen entführt, euer Vieh gestohlen, eure Felder verwüstet? Nein, wir sind gerecht und fürchten die Götter. Was wollt ihr also von uns? Wollt ihr Wolle, um euch Kleider zu machen? Wollt ihr Milch von unseren Herden oder Früchte von unserem Land? Legt die Waffen ab, kommt in unsere Mitte und wir werden euch das alles geben. Aber wir schwören bei allem, was uns heilig ist, wenn ihr unser Land als Feinde betretet, betrachten wir euch als Ungerechte und werden euch wie wilde Tiere behandeln.«

Diese Worte stießen nur auf Verachtung. Die wilden Völker-

schaften drangen bewaffnet in das Land der Troglodyten ein, von dem sie meinten, es würde nur durch die Unschuld verteidigt. Diese aber waren auf ihre Verteidigung wohl vorbereitet. Sie hatten ihre Frauen und Kinder in ihrer Mitte. Nur die Dreistigkeit, nicht die Zahl ihrer Feinde erstaunte sie. Ein neues Feuer war in ihrem Herzen entbrannt: der eine wollte für seinen Vater, der andere für seine Frau und seine Kinder sterben, dieser für seine Brüder, jener für seine Freunde – und alle für das Volk der Troglodyten. Jeder Platz eines Erschlagenen wurde sogleich von einem anderen eingenommen, der über die gemeinsame Sache hinaus auch noch den Tod eines einzelnen zu rächen hatte. So war der Kampf zwischen dem Unrecht und der Tugend. Die feigen Völkerschaften, die nur auf Beute aus waren, schämten sich nicht zu fliehen, und sie wichen der Tugend der Troglodyten, ohne von ihr berührt worden zu sein.
Zu Erzerum, den 9. des Gemmadi-Mondes, 2, 1711.

Vierzehnter Brief

USBEK AN DENSELBEN

Als das Volk der Troglodyten immer größer wurde, hielt es die Zeit für gekommen, einen Herrscher zu wählen. Man kam überein, dem gerechtesten die Krone anzubieten und faßte einen seines Alters und seiner langwährenden Tugend wegen ehrwürdigen Greis ins Auge. Er hatte der Versammlung nicht beiwohnen wollen und sich, das Herz von Trauer bedrückt, in sein Haus zurückgezogen. Als die Abgeordneten bei ihm erschienen, um ihm die getroffene Wahl mitzuteilen, sprach er: »Da sei Gott vor, daß ich den Troglodyten das Unrecht antue zu glauben, es gebe keinen Gerechteren unter ihnen als mich. Ihr bietet mir die Krone an, und wenn ihr es unbedingt wollt, muß ich sie wohl annehmen. Aber glaubt mir: ich werde vor Kummer sterben, die Troglodyten heute unterjocht zu sehen, die bei meiner Geburt frei waren.« Bei diesen Worten vergoß er einen Strom von Tränen. »Unseliger Tag!« rief er aus, »warum habe ich solange gelebt?« Und er fügte in strengem Tone hinzu: »Ich sehe wohl, wie die Dinge stehen, ihr Troglodyten: eure Tugend beginnt euch lästig zu werden. Im jetzigen Zustand, ohne Oberhaupt, müßt ihr tugendhaft sein, ob ihr's wollt oder nicht. Ohne sie könntet ihr nicht bestehen, und ihr würdet in das Elend eurer Vorväter zurückfallen. Aber das Joch scheint euch zu schwer: ihr wollt lieber einem Fürsten untertan sein und seinen Gesetzen gehorchen, die weniger streng sind als eure Sitten. Ihr wißt, daß ihr dann eurem Ehrgeiz frönen, Reichtümer erwerben und euch lascher Wollust hingeben könnt. Vorausgesetzt, ihr hütetet euch vor großen Verbrechen, brauchtet ihr die Tugend nicht mehr.« Er hielt einen Moment inne, und seine Tränen flossen mehr als zuvor. »Und was, denkt ihr, soll ich tun? Wie könnte ich einem Troglodyten etwas befehlen? Soll er eine tugendhafte Tat tun, weil ich sie befehle, er, der ohne mich das gleiche täte, allein aus natürlicher Eingebung? Oh, ihr Troglodyten, ich bin am Ende meiner Tage, mein Blut erstarrt in meinen Adern, bald werde ich eure geheiligten Ahnen wiedersehen: warum soll ich sie bedrücken und ihnen berichten, ich hätte euch einem anderen Joch als dem der Tugend überlassen?«[1]

Zu Erzerum, am 10. des Gemmadi-Mondes, 2, 1711.

Fünfzehnter Brief

DER OBERSTE EUNUCH AN JARON, DEN SCHWARZEN EUNUCHEN IN ERZERUM

Ich bete zum Himmel, er möge Dich an diesen Ort zurückführen und vor allen Gefahren bewahren. – Obwohl ich nie eine solche Bindung, die man Freundschaft nennt, kennengelernt habe, so hast Du mich doch spüren lassen, daß ich noch ein Herz habe und, während ich für all die Sklaven, die meinem Gesetz unterstanden, hart war wie Eisen, sah ich mit Vergnügen, wie Du der Kindheit entwuchsest. Es kam die Zeit, wo mein Herr seine Augen auf Dich warf. Die Natur hatte sich noch nicht vernehmbar gemacht, als das Messer Dich von ihr trennte. Ich sage Dir nicht, ob Du mir leid tatest oder ob ich mit Vergnügen empfand, wie Du Dich zu mir erhobst. Ich beschwichtigte Dein Weinen und Dein Klagen. Mir schien, Du wurdest zum zweiten Mal geboren und Du entgingst einer Knechtschaft, der man immer gehorchen muß, um eine andere anzutreten, wo Du herrschen solltest. Ich habe mich um Deine Erziehung gekümmert. Die Strenge, die stets mit der Erziehung verbunden ist, ließ Dich lange nicht erkennen, daß Du mir lieb und teuer warst. Und doch warst Du es, und ich will Dir sagen, daß ich Dich liebte wie ein Vater seinen Sohn liebt, wenn von Vater und Sohn zu reden unserer Bestimmung nicht widerspräche.

Du wirst die Länder der Christen durchreisen, die immer ungläubig waren. Es kann nicht ausbleiben, daß Du Dich dort immer wieder befleckst. Wie könnte der Prophet sein Auge auf Dir haben unter so vielen Millionen seiner Feinde? Ich wollte, mein Herr träte nach seiner Rückkehr eine Pilgerfahrt nach Mekka an: Ihr würdet euch beide im Lande der Engel reinigen.

Aus dem Serail von Ispahan, am 10. des Gemmadi-Mondes 1711.

Sechzehnter Brief

USBEK AN DEN MULLAH MEHEMET-ALI, HÜTER DER DREI GRÄBER[1] ZU KOM

Warum lebst Du in den Gräbern, göttlicher Mullah? Du bist dazu geschaffen. Dich unter Sternen anzusiedeln. Sicher verbirgst Du Dich, um die Sonne nicht zu verdunkeln: Du hast keine Flecken, wie sie, aber wie sie hüllst Du Dich in Wolken. Dein Wissen ist tiefer als der abgründige Ozean, Dein Geist schärfer als Zufagar, das Schwert Alis[2], das zwei Spitzen hat; Du weißt, was sich in den neun Chören der himmlischen Mächte zuträgt, Du liest den Koran auf der Brust unseres göttlichen Propheten, und wenn Du eine Stelle dunkel findest, breitet ein Engel auf sein Geheiß seine schnellen Schwingen aus und steigt zu Dir herab, um Dir ihr Geheimnis zu enthüllen.

Ich könnte durch Deine Vermittlung eine enge Verbindung mit den Seraphim eingehen, denn schließlich bist Du, dreizehnter Imam[3], das Zentrum, wo Himmel und Erde sich treffen, und das Verbindungsglied zwischen dem Ort der Seligen und der Hölle. – Ich aber befinde mich inmitten eines ungläubigen Volkes. Erlaube, daß ich mich mit Dir reinige, gestatte, daß ich mein Antlitz den heiligen Stätten zuwende, die Du bewohnst, trenne mich von dem Bösen, wie man den weißen Faden von dem schwarzen trennt, wenn der Tag anbricht[4], hilf mir mit Deinem Rat, nimm Dich meiner Seele an, mache sie trunken vom Geist der Propheten, nähre sie mit dem Wissen vom Paradies und laß mich ihre Wunden zu Deinen Füßen niederlegen. Sende Deine erlauchten Briefe nach Erzerum, wo ich ein paar Monate bleiben werde.

Zu Erzerum, am 11. des Gemmadi-Mondes, 2, 1711.

Siebzehnter Brief

USBEK AN DENSELBEN

Ich vermag meine Ungeduld nicht zu zügeln, heiliger Mullah: Deine erhabene Antwort kann ich nicht abwarten. Ich habe Zweifel, sie müssen beseitigt werden, ich fühle, wie mein Verstand in die Irre geht, führe ihn auf den rechten Weg zurück! Erleuchte mich, Quell des Lichts, zerschmettere die Skrupel, die ich Dir vortragen will, mit Deiner göttlichen Feder, laß mich Mitleid empfinden mit mir selbst und erröten über die Frage, die ich Dir stellen will.

Woher kommt's, daß unser Gesetzgeber uns das Schweinefleisch und all das andere Fleisch verbietet, das er unrein nennt? Wie erklärt es sich, daß er uns untersagt, eine Leiche zu berühren und daß er uns auferlegt, unseren Leib unaufhörlich zu waschen, um die Seele zu reinigen? Mir scheint, die Dinge sind an sich weder rein noch unrein: ich kann keine dem Gegenstand innewohnende Eigenschaft erkennen, die sie dazu machte. Der Schlamm erscheint uns nur schmutzig, weil er unser Auge oder einen anderen unserer Sinne beleidigt, an sich ist er nicht schmutziger als das Gold oder die Diamanten. Die Vorstellung, wir beschmutzten uns, wenn wir einen Kadaver berühren, ist uns nur gekommen, weil wir einen natürlichen Widerwillen dagegen haben, ihn anzufassen. Wenn die Leiber derjenigen, die sich nicht waschen, weder den Geruchssinn noch unser Auge beleidigten, wie käme man da auf die Idee, sie seien unrein?

Die Sinne, göttlicher Mullah, sollten also die einzigen Richter über Reinheit und Unreinheit der Dinge sein? Wenn aber die Gegenstände den Menschen in unterschiedlichem Licht erscheinen, wenn, was den einen angenehm berührt, bei anderen Ekel erregt, wie kann da das Zeugnis der Sinne zum Maßstab genommen werden? Das bedeutete ja, daß jeder nach Belieben selbst entscheiden und sagen dürfte, was ihn anlange, sei dieses rein, jenes unrein. Heiliger Mullah, würde das nicht die Unterscheidungen aufheben, die unser göttlicher Prophet getroffen hat? Würde das nicht die Hauptpunkte des Gesetzes, das von der Hand der Engel niedergeschrieben wurde, zunichte machen?[1]

Zu Erzerum, am 20. des Gemmadi-Mondes, 2, 1711.

Achtzehnter Brief
MEHEMET-ALI, DIENER DES PROPHETEN, AN USBEK ZU ERZERUM

Ihr kommt mir immer mit Fragen, die man unserem heiligen Propheten schon tausendmal gestellt hat. Was lest ihr nicht die überlieferten Schriften?[1] Warum geht ihr nicht an diesen reinen Quell aller Erkenntnis? Dort fändet ihr all eure Zweifel gelöst.

Elende! die ihr, immer an Irdisches verhaftet, niemals mit festem Blick auf die himmlischen Dinge geblickt habt und die ihr den Beruf der Mullahs verehrt, aber zu kleinmütig seid, ihn zu ergreifen oder ihnen nachzufolgen. Unfromme! die ihr nicht in die Geheimnisse des Ewigen vorzudringen vermögt: eure Einsicht gleicht der Finsternis des Abgrunds, und die Klügelei eures Verstandes ist wie der Staub, den eure Füße aufwirbeln, wenn die Sonne am höchsten steht im glühenden Monat Schachban. So reicht denn auch der Zenith eures Geistes nicht bis zum Nadir des geringsten der Imame; eure eitle Weisheit ist der Blitz, der das Gewitter ankündigt, ihr seid mitten im Sturm und werdet wie ein Spielball vom Wind umgetrieben.

Auf Deine Frage zu antworten ist leicht. Dazu braucht man nur zu erzählen, was eines Tages unserem heiligen Propheten widerfuhr, als er, von den Christen versucht und von den Juden auf die Probe gestellt, beide gleichermaßen beschämte.[2] Der Jude Abdias Ibeshalom fragte ihn, warum Gott es verboten habe, Schweinefleisch zu essen. »Das geschah nicht ohne Grund«, antwortete Mohammed, »es ist ein unreines Tier, und ich werde euch das beweisen.« Er formte aus Lehm die Figur eines Menschen, warf sie zu Boden und rief: »Erhebe Dich!« Alsbald erhob sich ein Mensch und sprach: »Ich bin Japhet, Noahs Sohn.« – »Waren Deine Haare schon so weiß, als Du starbst?« fragte der heilige Prophet. »Nein«, antwortete dieser, »aber als Du mich auferwecktest, glaubte ich, der Tag des Jüngsten Gerichts sei gekommen, und ich bekam einen so großen Schrecken, daß meine Haare mit einem Mal weiß wurden.« – »Auf!« sagte da der Gesandte Gottes zu ihm: »Erzähle mir die ganze Geschichte der Arche Noah!« Japhet gehorchte und berichtete bis ins einzelne, was sich in den ersten Monaten zugetragen hatte. Danach sprach er wie folgt: »Wir taten den Kot aller Tiere auf die eine Seite der Arche. Das ließ sie so tief herabsinken, daß wir eine Todesangst bekamen. Vor allem unsere Frauen schrien Zeter und Mordio. Unser Vater Noah fragte Gott um Rat, und dieser hieß ihn, den Elephanten so herumzuführen, daß er den Kopf der niederen Seite zugewandt hatte. Das große Tier gab soviel Kot von sich, daß ein Schwein daraus entstand.« Du kannst Dir denken, Usbek, daß wir uns seitdem des Schweinefleisches enthalten und das Schwein als ein unreines Tier betrachten.

»Da aber das Schwein den Unrat fortwährend um- und umwühlte, entstand ein solcher Gestank in der Arche, daß es selbst nicht umhin konnte zu niesen. Aus seiner Nase ging eine Ratte hervor, die alles, was sie vorfand, annagte. Das wurde Noah so unerträglich, daß er es für angebracht hielt, Gott erneut um Rat zu fragen. Er befahl ihm, dem Löwen einen kräftigen Hieb auf die Stirn zu geben, so daß dieser auch nieste und eine Katze aus seiner Nase hervorkam.« Du kannst Dir denken, daß auch dies ein unreines Tier ist. Oder meinst Du nicht?

Wenn ihr also den Grund für die Unreinheit gewisser Dinge nicht einseht, so liegt das daran, daß ihr noch viel mehr nicht wißt und von alldem, was sich zwischen Gott, den Engeln und den Menschen abgespielt hat, keine Kenntnis habt. Ihr kennt die Geschichte der Ewigkeit nicht, ihr habt die Bücher, die im Himmel geschrieben wurden, nicht gelesen; was euch offenbart wurde, ist nur ein kleiner Teil der Bibliothek Gottes, und wer wie wir ihr schon in diesem Leben nahen darf, weilt immer noch im Dunkeln und in der Finsternis.

Lebe wohl. Mohammed sei in Deinem Herzen.

Zu Kom, am letzten Tag des Schachban-Mondes 1711.

Neunzehnter Brief

USBEK AN SEINEN FREUND RUSTAN IN ISPAHAN

Wir haben uns nur acht Tage in Tokat[1] aufgehalten. Nach fünfunddreißig Tagen Marsch sind wir in Smyrna angelangt. Zwischen Tokat und Smyrna befindet sich keine Stadt, die der Rede wert wäre. Ich habe die Schwäche des osmanischen Reiches mit Staunen bemerkt. Dieser kranke Körper erhält sich nicht durch ein mildes und maßvolles Regime, sondern durch gewaltsame Mittel, die ihn immer mehr entkräften und zerrütten.

Die Paschas, die ihre Ämter nur durch Bestechung erhalten, kommen ausgeblutet in die Provinzen und plündern diese wie eroberte Länder. Eine ungezügelte Miliz gehorcht nur ihren Launen. Die Festungen sind geschleift, die Städte verödet, die Felder verwüstet, Landwirtschaft und Handel gänzlich verkommen. Straflosigkeit herrscht unter diesem strengen Regiment: die Christen, die das Land bebauen, und die Juden, die die Steuern eintreiben, sind hunderterlei Gewalttätigkeiten ausgesetzt. Wem das Land gehört, ist ungewiß, folglich ist auch der Eifer, es zu nutzen, erlahmt. Kein Besitz- und kein Rechtstitel kommt gegen die Willkür der Regierenden an. Diese Barbaren haben die Künste derart vernachlässigt, daß sie nicht einmal mehr die Kriegskunst beherrschen. Indes die Völker Europas immer zivilisierter werden, verharren sie in ihrer alten Unwissenheit. Auf die Idee, deren neue Erfindungen zu übernehmen, kommen sie erst, nachdem diese sich ihrer hundertmal gegen sie bedient haben. Zur See sind sie gänzlich unerfahren, im Navigieren haben sie kein Geschick. Eine Handvoll Christen, sagt man, mache ihnen von einem Felsen aus das Leben schwer und bedrohe die türkische Herrschaft.[2]

Selber unfähig zum Handel, gestatten sie es gerade eben noch den Europäern, die immer tüchtig und unternehmend sind, bei ihnen Handel zu treiben. Sie halten es für ein Entgegenkommen, wenn sie den Fremden erlauben, sich zu bereichern. Auf der ganzen weiten Landstrecke, die ich durchquert habe, fand ich nur Smyrna, das als eine reiche und mächtige Stadt angesehen werden kann. Es waren aber die Europäer, die sie dazu gemacht haben. Ginge es nach den Türken, gliche auch diese Stadt allen anderen.

So sieht dieses Reich wirklich aus, mein lieber Rustan. Es wird keine zweihundert Jahre dauern, bis irgendein Eroberer dort seine Siege feiern wird.

Zu Smyrna, am 2. des Rhamazan-Mondes 1711.

Zwanzigster Brief

USBEK AN ZACHI, SEINE GEMAHLIN, IM SERAIL ZU ISPAHAN

Du hast mich beleidigt, Zachi, und ich verspüre in meinem Herzen Regungen, die Du fürchten müßtest, wenn mein Fernsein Dir nicht die Zeit ließe, Dein Betragen zu ändern und die heftige Eifersucht zu mildern, die mich quält. Ich höre, daß man Dich mit dem weißen Eunuchen Nadir zusammen angetroffen hat, der seine Freveltat und Niedertracht mit dem Leben bezahlen wird. Wie konntest Du Dich so weit vergessen, nicht mehr zu bedenken, daß Du in Deinem Zimmer keinen weißen Eunuchen empfangen darfst, wo doch die schwarzen dazu bestimmt sind, Dir zu dienen? Zu behaupten, Eunuchen seien keine Männer, hilft Dir nichts und auch nicht der Hinweis darauf, daß Du mit Deiner Tugend darüber erhaben seiest, Vorstellungen zu entwickeln, die deren teilweise Ähnlichkeit mit einem Manne erwecken könnte. Das genügt weder für Dich noch für mich. Für Dich nicht, weil die Gesetze des Harems es verbieten, für mich nicht, weil es mich entehrt, wenn Du Dich den Blicken, was sage ich: vielleicht nicht nur den Blicken, sondern den Tätlichkeiten eines Treulosen aussetzt, der Dich mit seinen Untaten und mehr noch mit dem Bedauern und der Verzweiflung über sein Unvermögen besudelt.

Vielleicht sagst Du, Du seiest mir immer treu geblieben. Ei, hattest Du die Möglichkeit zu etwas anderem? Hättest Du vielleicht der Wachsamkeit der schwarzen Eunuchen, die über Deinen Lebenswandel so erstaunt sind, entgehen können? Hättest Du vielleicht die Riegel und Pforten zerbrechen können, die Dich eingeschlossen halten? Du brüstest Dich einer Tugend, die erzwungen ist. Vielleicht haben Deine unreinen Begierden schon hundertmal der Treue ihren Wert und ihr Verdienst genommen, deren Du Dich rühmst.

Ich will hoffen, daß Du nicht begangen hast, was zu vermuten ich Anlaß habe, daß der Frevler Dich nicht mit seinen ruchlosen Händen angefaßt hat, daß Du Dich geweigert hast, seinen Blicken die Reize zu zeigen, die zu erblicken nur Deinem Herrn zustehen, daß Du, von Kleidern bedeckt, diese schwache Schranke zwischen ihm und Dir aufrechterhalten hast, daß er, von heiligem Schrecken ergriffen, die Augen niedergeschlagen hat und, von seiner Kühnheit im Stich gelassen, vor den Strafen erzitterte, die er sich zuzieht. Und wenn dem allen so wäre, hättest Du immer noch gegen Deine Pflicht verstoßen. Magst Du sie auch absichtslos verletzt und Deinen zügellosen Trieben nicht nachgegeben haben, was hättest Du erst getan, sie zu befriedigen? Was tätest Du, wenn Du dem geheiligten Ort entrinnen könntest, der für Dich ein hartes Gefängnis ist, während er für Deine Gefährtinnen einen Zufluchtsort zum Schutz vor dem Zugriff des Lasters und einen Tempel darstellt, in dem euer Geschlecht seine Schwäche verliert und sich unbesiegbar weiß, trotz aller Benachteiligung durch die Natur? Was tätest Du, wenn Du, Dir selbst überlassen, nur Deine Liebe zu mir hättest, um Dich zu retten, eine Liebe, die schwer beleidigt wurde, und eine Pflicht, der Du Dich nicht würdig erwiesen hast? Die Sitten des Landes, in dem Du lebst, seien gepriesen: Sie sichern Dich vor dem Zugriff elender Sklaven. Du müßtest mir dankbar sein für die Zwänge, die ich Dir auferlege, wo Du doch nur dank ihnen noch zu leben verdienst.[1]

Du kannst den obersten Eunuchen nicht ausstehen, weil er immerzu euer Verhalten überwacht und euch weise Ratschläge erteilt. Seine Häßlichkeit, sagst Du, sei so abstoßend, daß sein Anblick Dir weh täte. Als ob man für solche Posten schönere Männer aussuchte! Dich bekümmert nur, daß seine Stelle nicht der weiße Eunuch einnimmt, der Dich entehrt.

Und was hat Deine erste Sklavin Dir getan? Sie hat Dir gesagt, die Vertraulichkeiten, die Du Dir mit der jungen Zelide herausnimmst, seien unschicklich: Das ist der Grund Deines Hasses. Ich sollte ein strenger Richter sein, Zachi, aber ich bin nur ein Gemahl, der Dich zu entschuldigen versucht. Die Liebe zu Roxane, meiner neuen Frau, hat mir nichts von den zärtlichen Gefühlen genommen, die ich Dir schulde, die Du nicht minder schön bist. Ich teile meine Liebe zwischen euch beiden; Roxane hat keinen anderen Vorzug als den, den die Tugend der Schönheit hinzuzufügen vermag.

Zu Smyrna, am 12. des Zilkade-Mondes 1711.

Einundzwanzigster Brief

USBEK AN DEN OBERSTEN WEISSEN EUNUCHEN

Beim Öffnen dieses Briefes mußt Du erzittern. Oder vielmehr: Du hättest erzittern müssen, als Du die Infamie Nadirs duldetest. In der Kälte des Alters dahinsiechend, kannst Du nicht ungestraft Deine Augen zu den Objekten meiner Liebe erheben, nie und nimmer ist es Dir erlaubt, frevelhaften Fußes die Schwelle des Schreckensortes zu überschreiten, die diese allen Blicken entzieht, und Du duldest, daß diejenigen, deren Betragen Dir anvertraut ist, das tun, was zu tun Du selbst nicht die Kühnheit besitzest? Und Du bemerkst den Blitz nicht, der alsbald auf sie und auf Dich herniederfahren wird?

Was seid ihr anderes als elendes Werkzeug, das ich nach Lust und Laune zerbrechen kann? Ihr, die ihr nur existiert, wenn ihr gehorcht, die ihr nur auf der Welt seid, um nach meinen Gesetzen zu leben und zu sterben, sobald ich es befehle? Ihr, die ihr nur atmet, solange mein Glück, meine Liebe, ja meine Eifersucht eurer Erbärmlichkeit bedürfen? Ihr schließlich, deren Los die Unterwürfigkeit ist, deren Seele von meinem Willen lebt und deren einzige Hoffnung meine Glückseligkeit ist?

Ich weiß, daß einige meiner Frauen die strengen Gesetze der Pflicht nur unwillig einhalten, daß die ständige Anwesenheit eines schwarzen Eunuchen sie ärgert und daß ihnen diese gräßlichen Personen, die dazu da sind, sie ihrem Gemahl zuzuführen, lästig sind. Ich weiß es. Du aber, der Du zu solcher Unbotmäßigkeit die Hand bietest, sollst so exemplarisch bestraft werden, daß alle, die mein Vertrauen mißbrauchen, erzittern.

Ich schwöre bei allen Propheten des Himmels und bei Ali, deren größtem, daß, wenn Du vom Pfad der Pflicht weiter abweichst, mir Dein Leben sein wird wie dasjenige der Insekten, die ich mit dem Fuß zertrete.

Zu Smyrna, am 12. des Zilkade-Mondes 1711.

Zweiundzwanzigster Brief

JARON AN DEN OBERSTEN EUNUCHEN

Je weiter Usbek sich vom Serail entfernt, desto mehr kreisen seine Gedanken um seine geheiligten Frauen. Er seufzt, er vergießt Tränen, er verbeißt sich in seinen Schmerz, sein Argwohn wächst. Er will die Zahl ihrer Wächter vergrößern und schickt mich mit all den Schwarzen, die ihn begleiten, zurück. Er ist nicht um seine Person besorgt, besorgt ist er um das, was ihm tausendmal teurer ist als er selbst.

Ich werde also Deinem Befehl unterstehen und Deine Sorgen teilen. Großer Gott! welcher Umstände bedarf es, einen einzigen Menschen glücklich zu machen! Von Natur schienen die Frauen zur Abhängigkeit geschaffen, aber ihr dann entzogen worden zu sein. Verwirrung entstand zwischen den Geschlechtern, weil sie die gleichen Rechte beanspruchten. Da haben wir den Plan einer neuen Harmonie ersonnen: wir haben zwischen ihnen und uns den Haß und zwischen den Männern und ihnen die Liebe eingeführt. Meine Stirn wird streng werden. Ich werde finstere Blicke um mich werfen. Die Freude wird von meinen Lippen fliehen. Nach außen hin werde ich ruhig, nur der Geist wird unruhig sein. Ich werde die Runzeln des Alters nicht abwarten, um deren Kümmernisse zu haben.

Ich wäre mit Vergnügen meinem Herrn ins Abendland gefolgt, aber mein Wille gehört ihm. Er möchte, daß ich seine Frauen bewache: Ich werde das getreulich tun. Wie man mit diesem Geschlecht umgehen muß, weiß ich. Man muß ihm erlauben, eitel zu sein, sonst wird es übermütig, und es ist schwerer zu demütigen als zu vernichten. Ich falle vor Deinen Blicken nieder.

Zu Smyrna, am 12. des Zilkade-Mondes 1711.

Dreiundzwanzigster Brief

USBEK AN SEINEN FREUND IBBEN IN SMYRNA

Nach vierzig Tagen Seefahrt sind wir in Livorno angekommen. Es ist eine junge Stadt. Sie zeugt vom Geschick der Toskanerherzöge, die aus einem Sumpfdorf die blühendste Stadt Italiens gemacht haben.[1] Die Frauen leben dort in großer Freizugigkeit, sie dürfen die Männer durch Fensteröffnungen hindurch sehen, die man Jalousien nennt, sie dürfen Tag für Tag mit irgendwelchen alten Frauen ausgehen, die sie begleiten, und sie tragen nur einen Schleier.[2] Ihre Schwäger, ihre Onkel, ihre Neffen können sie sehen, ohne daß der Ehemann in der Regel daran Anstoß nähme.

Für einen Mohammedaner ist es ein großartiges Schauspiel, zum ersten Mal eine Christenstadt zu sehen. Ich rede nicht von den Dingen, die allen sofort ins Auge fallen, den Unterschieden in der Bauweise, in der Kleidung, in den hauptsächlichen Lebensformen: Bis zu den kleinsten Kleinigkeiten ist etwas anders, das ich empfinde, aber nicht ausdrücken kann.

Morgen wollen wir nach Marseille weiterreisen. Unser Aufenthalt soll auch dort kurz sein. Rica und ich, wir haben beide vor, uns unverzüglich nach Paris zu begeben, dem Herrschersitz des Europäer-Reiches. Alle Reisenden suchen die großen Städte auf, die so etwas wie ihrer aller gemeinsame Heimat sind. Leb wohl. Sei versichert, daß ich Dich immer lieben werde.

Zu Livorno, den 12. des Saphar-Mondes 1712.

Vierundzwanzigster Brief

RICA AN IBBEN IN SMYRNA

Seit einem Monat sind wir in Paris, und wir sind die ganze Zeit unterwegs. Es kostet viel Mühe, bis man untergekommen ist, bis man die Leute aufgefunden hat, an die man empfohlen ist, und bis man sich mit allem Nötigen, das einem fehlt, versorgt hat.

Paris ist so groß wie Ispahan. Die Häuser sind so hoch, daß man schwören möchte, sie seien nur von Sterndeutern bewohnt. Du kannst Dir denken, daß eine Stadt, die in die Luft hinaufgebaut ist, wo sechs oder sieben Häuser übereinanderstehen, enorm bevölkert ist. Und wenn sie alle auf die Straße heruntergehen, entsteht ein schönes Durcheinander. Du wirst es vielleicht nicht glauben wollen: aber den ganzen Monat über, den ich hier zugebracht habe, habe ich noch niemanden gehen sehen. Es gibt auf der Welt niemanden, der seine Kräfte besser nutzte als die Franzosen: sie rennen, sie fliegen! Die langsamen

Fuhrwerke Asiens, die gemessenen Schritte unserer Kamele ließen sie in Ohnmacht fallen. Ich, der ich für ein solches Tempo nicht geschaffen bin und oft zu Fuß gehe, ohne die Gangart zu verändern, werde manchmal zornig wie ein Christ. Daß man mich von Kopf bis Fuß bespritzt, ginge noch an, aber die Rippenstöße, die man mir in regelmäßigen Abständen verpaßt, kann ich nicht hinnehmen. Ein Mensch, der hinter mir geht und mich überholt, zwingt mich, einen halben Schritt beiseite zu gehen, ein anderer, der mir entgegenkommt, schiebt mich wieder dahin, wo ich zuvor gestanden war. Ich bin noch keine hundert Schritte gegangen, da bin ich schon so zermürbt, als hätte ich zehn Meilen zurückgelegt.

Glaube nicht, ich könnte Dir jetzt schon etwas Genaueres über die Sitten und Gebräuche der Europäer sagen: Ich habe selbst erst eine blasse Vorstellung davon und habe kaum Zeit dazu gehabt, mich über sie zu wundern. Der König von Frankreich ist der mächtigste Fürst Europas. Er besitzt keine Goldminen wie der König von Spanien, sein Nachbar, aber er ist reicher als dieser, denn er bezieht seinen Reichtum aus der Eitelkeit seiner Untertanen, und die ist unerschöpflicher als alle Minen. Man hat ihn große Kriege führen und durchhalten sehen, ohne über andere Mittel zu verfügen als Orden und Ehrenzeichen. Wie durch ein Wunder menschlichen Stolzes ergibt es sich, daß seine Truppen bezahlt, seine Städte befestigt und seine Schiffe wohlausgerüstet sind. Im übrigen ist dieser König ein großer Zauberer: seine Herrschaft erstreckt sich sogar über den Geist seiner Untertanen: Er läßt sie denken, wie er will. Hat er nur eine Million Taler in seinem Staatsschatz und benötigt deren zwei, so braucht er sie nur davon zu überzeugen, ein Taler sei zweie wert – und sie glauben es. Hat er einen schwierigen Krieg zu führen und besitzt kein Geld dazu, braucht er ihnen nur in den Kopf zu setzen, ein Fetzen Papier sei Geld – und sie sind sogleich davon überzeugt.[1] Ja, er kann ihnen sogar weismachen, wenn er sie berühre, könne er sie von allen möglichen Krankheiten heilen: So groß ist die Gewalt und die Macht, die er über die Geister ausübt.

Was ich von diesem Fürsten sage, sollte Dich nicht erstaunen, denn es gibt einen anderen Zauberer, der ist noch stärker als er, und er ist nicht weniger Herr über seinen eigenen Geist als über den der anderen. Dieser Zauberer heißt der Papst: einmal läßt er das Volk glauben, drei sei nur eins, ein andermal, das Brot, das man ißt, sei kein Brot oder der Wein, den man trinkt, sei kein Wein – und hunderterlei solche Dinge. Und um es nicht ruhen und rasten und die Gewohnheit des Glaubens nicht verlieren zu lassen, erlegt er ihm von Zeit zu Zeit zur Übung gewisse Glaubensartikel auf. Vor zwei Jahren sandte er ein großes Schreiben aus, das er »Konstitution« nannte[2] und in dem er den Fürsten und das Volk unter Strafandrohung all das glauben machen wollte, was darin stand. Beim Fürsten, der sich sogleich unterwarf und seinen Untertanen ein Beispiel gab, hatte er Erfolg; einige aus dem Volk aber revoltierten und erklärten, sie wollten an nichts von alledem glauben, was in dem Schreiben stand. Vor allem steckten die Frauen hinter der Revolte, die den ganzen Hof, das ganze Königreich und alle Familien entzweit. Die »Konstitution« untersagt ihnen, ein Buch zu lesen, von dem die Christen behaupten, es sei vom Himmel herabgekommen – es ist sozusagen ihr Koran.[3] Empört über die Beleidigung ihres Geschlechts, hetzen die Frauen alle gegen die »Konstitution« auf, und sie haben die Männer auf ihre Seite gebracht, die in dieser Sache keine Vorrechte haben wollen. Dennoch muß man zugeben, daß dieser Mufti ganz vernünftig argumentiert. Beim großen Ali, er muß etwas von den Grundsätzen unseres heiligen Gesetzes erfahren haben, denn da die Frauen niederere Geschöpfe sind als wir und unsere Propheten uns wissen lassen, sie kämen nicht ins Paradies, sollten sie sich da etwa anheischig machen, ein Buch zu lesen, das doch nur dazu da ist, den Weg zum Paradies zu weisen?

Vom König habe ich Dinge gehört, die ans Wunder grenzen:

Du wirst es sicher nicht glauben wollen. Es heißt, als er seine Nachbarn mit Krieg überzog, die sich gegen ihn verschworen hatten, da habe er in seinem Reich eine Unzahl unsichtbarer Feinde gehabt, die ihn umgaben; er soll sie über dreißig Jahre lang gesucht und nicht gefunden haben, trotz der unermüdlichen Sorgfalt gewisser Derwische, die sein Vertrauen besitzen.[4] Sie leben um ihn herum, an seinem Hof, in seiner Hauptstadt, unter seinen Soldaten, in den Gerichten, und doch sagt man, er werde leider sterben müssen, ohne sie ausfindig gemacht zu haben. Man möchte sagen, sie existieren im allgemeinen, aber im besonderen gibt es sie nicht: Sie sind wie ein Leib ohne Glieder. Zweifellos will der Himmel den König dafür strafen, daß er den Feinden gegenüber, die er besiegt hat, nicht maßvoll genug war. So gibt er ihm unsichtbare Feinde, die ihn an Geist überragen und zu Höherem bestimmt sind.

Ich will Dir auch künftig schreiben und Dir Dinge erzählen, die persischem Wesen und persischem Charakter denkbar fernstehen. Es mag wohl dieselbe Erde sein, die uns beide trägt, aber die Menschen des Landes, in dem ich mich aufhalte und die des Landes, wo Du lebst, sind sehr verschieden voneinander.

Zu Paris, am 4. des Rebiab-Mondes, 2, 1712.

Fünfundzwanzigster Brief

USBEK AN IBBEN IN SMYRNA

Ich habe von Deinem Neffen Rhedi einen Brief bekommen. Er teilt mir mit, er verlasse Smyrna in der Absicht, nach Italien zu gehen. Das einzige Ziel seiner Reise sei, sich zu bilden und sich dadurch Dir würdiger zu erweisen. Ich beglückwünsche Dich: Du hast einen Neffen, der eines Tages der Trost Deines Alters sein wird.

Rica hat Dir einen langen Brief geschrieben. Er hat mir gesagt, daß er Dir viel von diesem Land erzählt hat. Die Lebhaftigkeit seines Geistes läßt ihn alles schnell auffassen. Ich, der ich langsamer denke, bin nicht in der Lage, Dir mehr zu sagen. Um Dich drehen sich unsere liebevollsten Unterhaltungen. Wir können uns den herzlichen Empfang, den Du uns in Smyrna zuteil werden ließest, und all die guten Dienste, die wir Deiner Freundschaft verdanken, nicht lebhaft genug in Erinnerung rufen. Mögest Du, edler Ibben, überall so dankbare und treue Freunde finden wie uns!

Mögen wir uns bald wiedersehen und mögen solche glücklichen Tage wiederkehren, wie man sie nur unter Freunden verbringt. Leb wohl.

Zu Paris, am 4. des Rebiab-Mondes, 2, 1712.

Sechsundzwanzigster Brief

USBEK AN ROXANE IM SERAIL ZU ISPAHAN

Wie glücklich Du bist, Roxane, im geliebten Persien zu sein und nicht in diesem verpesteten Land, wo man weder Scham noch Tugend kennt! Wie glücklich bist Du! Du lebst in meinem Serail wie an einer Stätte der Unschuld, die den Zugriffen aller männlichen Wesen unzugänglich ist, das glückliche Unvermögen, Fehltritte zu begehen, erfüllt Dich mit Freude, nie hat ein Mann Dich mit seinen lüsternen Blicken befleckt, nicht einmal Dein Schwiegervater hat, in der Festesfreiheit, Deinen schönen Mund gesehen, denn nie hast Du versäumt, ihn mit einem heiligen Band zu bedecken. Glückliche Roxane! Seid Ihr aufs Land gezogen, ging immer ein Eunuch Euch voraus, der den Verwegenen, die Eurem Anblick nicht auswichen, den Todesstoß gab. Selbst ich, dem der Himmel Dich geschenkt hat, um mein Glück zu machen, hatte Mühe, mich des Schatzes zu bemächtigen, den Du tapfer verteidigtest. Wie bekümmert war ich, wenn ich Dich in den ersten Tagen unserer Ehe nicht sah. Wie ungeduldig war ich, wenn Du da warst. Dennoch hast Du dieser Ungeduld nicht nachgegeben, im Gegenteil, Du hast sie durch die hartnäckige Weigerung einer in die Enge getriebenen Keuschheit noch gesteigert. So hast Du mich all den Männern gleichgesetzt, vor denen Ihr euch versteckt haltet. Erinnerst Du Dich an den Tag, wo ich Dich aus den Augen verlor inmitten Deiner Sklavinnen, die mich hintergingen und Dich meinen Nachforschungen entzogen? Erinnerst Du Dich jenes anderen Tages, wo Du Dich angesichts meiner ohnmächtigen Tränen hinter der Autorität Deiner Mutter verstecktest, um dem Wüten meiner Liebe zu entgehen? Erinnerst Du Dich, als es aufs Letzte ging, wie Du Dich da Deines Mutes besannst, einen Dolch nahmst und den verliebten Ehemann damit bedrohtest, falls er weiter von Dir verlangen sollte, was Dir teurer war als dieser Mann selbst? Zwei Monate vergingen in diesem Kampf zwischen Liebe und Tugend. Du hast Deine keuschen Skrupel übertrieben und Dich nicht einmal ergeben, als Du besiegt warst: Bis über das Äußerste hinaus hast Du die überwundene Jungfräulichkeit verteidigt und in mir einen Feind erblickt, der Dir einen Frevel antat, anstelle eines Ehemannes, der Dich liebte. Mehr als drei Monate lang wagtest Du nicht, mich anzuschauen, ohne zu erröten, Deine Verwirrtheit schien mir den Sieg vorzuwerfen, den ich errungen hatte. Ich erfreute mich nicht einmal eines ruhigen Besitzes; was Du irgend an Charme und Reizen verbergen konntest, hast Du mir vorenthalten, und ich war von den höchsten Gunstbeweisen berauscht, ohne sie im geringsten erhalten zu haben.

Wärest Du in diesem Lande aufgewachsen, hättest Du solche Verwirrung nicht gekannt. Die Frauen haben hier alle Zurückhaltung verloren, sie präsentieren sich den Männern unverhüllten Gesichts, als verlangten sie nach ihrer Niederlage, sie verfolgen sie mit ihren Blicken, sehen sie in den Moscheen, auf der Promenade, bei sich zu Hause. Der Usus, sich von Eunuchen bedienen zu lassen, ist hier unbekannt. Anstelle der edlen Einfalt und der liebenswerten Schamhaftigkeit, die bei uns herrscht, herrscht hier eine rohe Schamlosigkeit, an die man sich unmöglich gewöhnen kann.

Ja, Roxane, wenn Du hier wärest, würdest Du Dich von der schrecklichen Unverschämtheit beleidigt fühlen, zu der Dein Geschlecht hier herabgesunken ist, Du flöhest aus diesem verabscheuungswürdigen Land und sehntest Dich nach der süßen Zufluchtsstätte zurück, wo die Unschuld herrscht und Du Deiner selbst sicher bist, wo keine Gefahr Dich erzittern macht und Du mich lieben kannst, ohne befürchten zu müssen, die Liebe, die Du mir schuldest, je zu verlieren. Wenn Du den Glanz Deines Teints mit den schönsten Farben erhöhst, wenn Du Dich mit den schönsten Gewändern schmückst, wenn Du Dich vor Deinen Gefährtinnen durch die Anmut des Tanzes und den Wohlklang des Gesanges auszuzeichnen suchst, wenn Du Dich mit ihnen auf einen Wettstreit der Reize, der Sanftmut und der Heiterkeit einläßt, so kann ich mir nicht denken, daß Du eine andere Absicht damit verbindest, als mir zu gefallen. Und wenn ich Dich bescheiden erröten sehe, Deine Blicke die meinen suchen oder Du Dich mit süßen und wohlgefälligen Worten in mein Herz einschmeichelst, kann ich an Deiner Liebe nicht zweifeln, Roxane.[1]

Was aber soll ich von den Frauen Europas halten? Die Kunst sich zu schminken, sich zu schmücken und ihren Körper zu pflegen, der beständige Wunsch zu gefallen, all das sind nichts als Flecken auf ihrer Tugend, nichts als Beleidigungen für ihren Ehemann. Ich glaube nicht, Roxane, daß ihre Aufdringlichkeit so weit geht, wie man es vermuten möchte, und daß sie ihre Zügellosigkeit so weit treiben, daß man das Schauderhafteste annehmen muß, nämlich, daß sie Ehebruch begehen. Nur wenige Frauen sind so gottverlassen, daß sie es dahin bringen, alle haben sie in ihrem Herzen einen Rest von Tugend, der darin eingegraben ist, den man von Geburt an hat und den die Erziehung nur abschwächen, nicht aufheben kann. Sie mögen nach außen hin die Pflichten, die der Anstand verlangt, vernachlässigen, wenn es darum geht, den letzten Schritt zu tun, revoltiert die Natur. Wenn wir euch so fest einschließen, von so vielen Sklaven bewachen lassen und euren Wünschen so viele Riegel vorschieben, wenn sie zu weit gehen, geschieht das daher auch nicht, weil wir den Vollzug der Untreue befürchteten, aber wir wissen, daß man sich nie genug um die Reinheit kümmern und der kleinste Makel ihr zum Unheil werden kann.

Du tust mir leid, Roxane. Deine so lange auf die Probe gestellte Keuschheit verdiente einen Gatten, der Dich nie verlassen hätte und der selbst die Begierden löschte, die einzig Deine Tugend zu unterdrücken vermag.[2]

Zu Paris, am 7. des Rhegeb-Mondes 1712.

Siebenundzwanzigster Brief

USBEK AN NESSIR IN ISPAHAN

Wir sind jetzt in Paris, der stolzen Rivalin der Sonnenstadt.[1]

Als ich Smyrna verließ, gab ich meinem Freund Ibben den Auftrag, Dir ein Kästchen zukommen zu lassen, in dem sich ein paar Geschenke für Dich befanden. Diesen Brief erhältst Du auf demselben Wege. Mag ich auch fünf- oder sechshundert Meilen von ihm entfernt sein, so bekommt er doch meine Nachrichten und ich die seinen so leicht, als wäre er in Ispahan und ich in Kom. Ich schicke meine Briefe nach Marseille, von wo immerzu Schiffe nach Smyrna abgehen. Von da schickt er diejenigen, die für Persien bestimmt sind, mit den Armenierkarawanen, die täglich nach Ispahan ziehen, weiter.

Rica erfreut sich bester Gesundheit. Seine kräftige Konstitution, seine Jugend und seine natürliche Fröhlichkeit lassen ihn alle Strapazen leicht überstehen. Mir dagegen geht es nicht gut. Geist und Körper sind niedergeschlagen, ich hänge Gedanken nach, die täglich trauriger werden, meine Gesundheit läßt nach, sie läßt mich an mein Vaterland denken und mir dieses Land immer fremder werden. Aber, lieber Nessir, ich beschwöre Dich: laß meine Frauen nichts von meinem Zustand wissen. Wenn sie mich lieben, will ich ihnen die Tränen ersparen, wenn sie mich nicht lieben, will ich ihre Kühnheit nicht anstacheln. Glaubten meine Eunuchen mich in Gefahr, dürften sie hoffen, ungestraft davonzukommen. Wenn sie Entgegenkommen zeigten, so wären sie bald nicht mehr taub für die schmeichelhaften Reden des Geschlechts, das Felsen zu erweichen und leblose Dinge zu bewegen vermag.

Adieu, Nessir. Ich freue mich, Dir diese Vertrauensbeweise geben zu können.

Zu Paris, den 5. des Schachban-Mondes 1712.

Achtundzwanzigster Brief

RICA AN ***

Gestern sah ich etwas ganz Merkwürdiges, obwohl es in Paris täglich Merkwürdiges zu sehen gibt.

Eine Menge Volks versammelt sich gegen Abend und führt etwas auf, das ich Schauspiel habe nennen hören. Die Hauptsache spielt sich auf einer Plattform ab, die man Bühne nennt. Zu beiden Seiten sieht man in kleinen Vertiefungen, die Logen heißen, Männer und Frauen, die stumme Szenen spielen, ungefähr so, wie es bei uns in Persien üblich ist. Hier schmachtet eine verlassene Geliebte, dort verschlingt eine höchst lebhaft ihren Geliebten, der das gleiche tut: Alle Leidenschaften zeichnen sich auf den Mienen ab und finden, wenn auch stumm, den beredtesten Ausdruck. Dort erscheinen die Schauspielerinnen mit nacktem Oberkörper, tragen aber für gewöhnlich einen Schal, aus Züchtigkeit, um ihre Arme zu bedecken. Unten gibt es einen Haufen stehender Leute, die sich über die lustig machen, die oben auf der Plattform sind, und diese wiederum lachen über die, die unten sind.[1]

Aber am meisten Mühe geben sich wieder andere, die man unter den Jüngeren ausgewählt hat, damit sie die Strapazen aushalten. Sie müssen überall zugleich sein, sie schlüpfen durch Durchlasse, die ihnen allein bekannt sind, klettern mit erstaunlicher Behendigkeit von Etage zu Etage, sie sind oben, unten, in allen Logen, sie tauchen sozusagen unter, man verliert sie aus dem Auge, dann erscheinen sie wieder, oft verlassen sie die Bühne und spielen woanders. Einige gibt es, die auf Stelzen gehen und doch, wie durch ein Wunder, daherkommen wie andere. Schließlich begibt man sich in Säle, wo eine ganz eigenartige Komödie gespielt wird: zuerst verbeugt man sich, dann umarmt man sich. Offenbar hat jeder, der einen anderen auch nur ganz flüchtig kennt, das Recht, ihn zu ersticken. Der Ort inspiriert zur Zärtlichkeit. Die Prinzessinnen, die da herrschen, sagt man, seien nicht abweisend; und von zwei oder drei Stunden des Tages abgesehen, wo sie ziemlich unzugänglich sind, kann man sagen, sie seien entgegenkommend und von einer Sinnenlust, die sie selten verläßt.

Fast dasselbe, wie das, was ich Dir erzähle, spielt sich an einem anderen Ort ab, den sie Oper nennen. Der einzige Unterschied ist, daß man hier redet, dort aber singt. Einer meiner Freunde führte mich neulich in die Loge, wo eine der Hauptschauspielerinnen sich auszog. Wir wurden so gut miteinander bekannt, daß ich am nächsten Tag den folgenden Brief von ihr bekam:

»Mein Herr,

ich bin das unglücklichste Mädchen der Welt; ich war immer die tugendhafteste aller Opernsängerinnen. Seit sieben oder acht Monaten halte ich mich in der Loge auf, wo Sie mich gestern getroffen haben. Als ich mich als Dianapriesterin verkleidete, kam ein junger Abbé mich besuchen und raubte mir, mein weißes Gewand, meinen Schleier und meine Binde nicht achtend, meine Unschuld. Vergeblich versuche ich ihm deutlich zu machen, welches Opfer ich ihm gebracht habe. Er lacht und erklärt, er fände mich überaus weltlich. Unterdessen bin ich so dick geworden, daß ich mich auf der Bühne nicht mehr sehen lassen kann, denn, was die Ehre anlangt, bin ich unglaublich empfindlich und behaupte immer, ein braves Mädchen verliere leichter seine Tugend als den Anstand. Bei so viel Feingefühl können Sie sich leicht denken, daß der junge Abbé nie zum Ziele gekommen wäre, wenn er nicht versprochen hätte, mich zu heiraten. Ein so triftiger Grund ließ mich von den üblichen kleinen Formalitäten absehen und mit dem beginnen, womit ich hätte aufhören sollen. Da seine Untreue mich entehrt hat, will ich nicht bei der Oper bleiben, wo man, unter uns gesagt, mir ohnehin nicht genug zum Leben gibt. Denn jetzt, wo ich älter werde und meine Reize nachlassen, scheint mir meine Gage, die immer dieselbe ist, immer weniger zu werden.

Von einem Mann aus Ihrem Gefolge habe ich gehört, daß in Ihrem Lande gute Tänzerinnen sehr hoch geschätzt werden und daß, wenn ich nach Ispahan käme, mein Glück schon gemacht wäre. Wenn Sie mir Ihre Protektion angedeihen und mich mit Ihnen in dieses Land gelangen lassen würden, hätten Sie das Verdienst, einem Mädchen Gutes zu tun, das sich durch seine Tugend und durch sein Wohlverhalten Ihrer Güte nicht unwürdig erweisen würde. Ich bin ... usw.«

Zu Paris, am 2. des Schalwal-Mondes 1712.

Neunundzwanzigster Brief

RICA AN IBBEN

Der Papst ist das Oberhaupt der Christen. Er ist ein altes Idol, das man aus Gewohnheit beweihräuchert. Früher konnte er sogar den Fürsten gefährlich werden, denn er setzte sie ebenso leicht ab, wie unsere großmächtigen Sultane die Herrscher von Irimetta und Georgien absetzen.[1] Aber jetzt fürchtet man sich nicht mehr vor ihm. Er nennt sich Nachfolger eines der ersten Christen namens Sankt Peter. Die Nachfolge ist sicher reich, denn er besitzt unermeßliche Schätze und herrscht über ein großes Land.

Die Bischöfe sind Amtspersonen, die ihm unterstehen und die unter seiner Aufsicht zwei recht verschiedene Funktionen ausüben. Treffen sie sich zu einer Versammlung, erlassen sie wie er Glaubensartikel. Als einzelnen aber obliegt ihnen nur das Geschäft, von der Gesetzeserfüllung zu dispensieren. Du mußt nämlich wissen, daß die christliche Religion eine große Zahl schwer erfüllbarer Gebote enthält, und da man meinte, es sei schwieriger, seine Pflichten zu erfüllen, als über Bischöfe zu verfügen, die einen davon dispensieren, zog man zum allgemeinen Nutzen die letztere Lösung vor. So daß, wenn man die Fastengebote nicht einhalten will, wenn man die Eheformalitäten lästig findet, wenn man ein Gelübde brechen oder sich gegen die Gesetzesvorschriften verheiraten, unter Umständen sogar, wenn man von seinem Eid entbunden werden will, man nur zum Bischof oder zum Papst zu gehen braucht, der einem gleich den Dispens gibt.

Die Bischöfe verkünden von sich aus keine Glaubensartikel. Dafür gibt es eine Unzahl von Gelehrten, meist Derwische, die tausenderlei neue Religionsfragen aufwerfen. Man läßt sie lange Zeit disputieren, und der Streit dauert so lange, bis ein Machtspruch ihn beendet. Daher kann ich Dir versichern, daß es noch nie ein Reich gegeben hat, das von so vielen Bürgerkriegen heimgesucht worden ist wie das Reich Christi. Wer eines Tages irgendeine neue These aufstellt, wird erst einmal Ketzer genannt. Jede Ketzerei hat ihren eigenen Namen, der für deren Anhänger die gemeinsame Losung ist. Aber man muß kein Ketzer werden, wenn man's nicht will: Man muß nur seine abweichende Meinung zur Hälfte zurücknehmen und denen die Bezeichnung[2] überlassen, die einen der Ketzerei beschuldigen: Wie immer diese Bezeichnung ausfällt, verständlich oder nicht, sie wäscht einen weiß wie Schnee, und man darf sich einen rechtgläubigen Christen nennen.

Was ich Dir erzähle, gilt für Frankreich und Deutschland. In Spanien und Portugal, habe ich sagen hören, gibt es dagegen Derwische, die keinen Spaß verstehen. Die verbrennen die Leute wie Stroh. Fällt man ihnen in die Hände, kann man sich glücklich preisen, wenn man stets Gott mit kleinen Holzperlen in der Hand angebetet, wenn man zwei Stückchen Stoff an Bändern umgehängt oder sich schon einmal in eine Provinz aufgemacht hat, die Galizien heißt.[3] Andernfalls geht es den armen Teufeln schlecht. Selbst wenn sie wie die Heiden schwören, sie seien rechtgläubige Christen, kann es passieren, daß sie keinen Glauben finden und man sie als Ketzer verbrennt. Da kann einer um Bezeichnungen bitten, soviel er will: er ist schon »bezeichnet« und in Flammen aufgegangen, noch ehe man ihn überhaupt richtig angehört hat.

Andere Richter gehen von der Unschuld der Angeklagten aus, diese halten sie immer für schuldig. Im Zweifelsfall entscheiden sie sich gewöhnlich für Härte, offenbar, weil sie die Menschen für böse halten. Andererseits haben sie aber eine so gute Meinung von den Menschen, daß sie meinen, sie könnten nicht lügen, denn sie halten sich an die Zeugenaussagen von Todfeinden, liederlichen Weibsbildern und Leuten, die schändliche Gewerbe betreiben. Ihrem Urteilsspruch fügen sie ein kleines Kompliment für die Verurteilten bei, die sie in schwefelgelbe Kittel kleiden.[4] Darin erklären sie, wie leid es ihnen täte, sie so schlecht bekleidet zu haben; sie selbst seien sanftmütig, wollten kein Blut vergießen und seien todtraurig über ihr Verdammungsurteil. Zu ihrem Trost konfiszieren sie dann den Besitz der Unglückseligen für sich.

Glücklich das Land, das die Kinder der Propheten bewohnen! Solch traurige Schauspiele sind dort unbekannt. Die heili-

ge Religion, die die Engel ihm gebracht haben, verteidigt sich durch die Wahrheit selbst. Sie bedarf solcher gewaltsamen Mittel nicht, um sich zu erhalten.
Zu Paris, am 4. des Schalwal-Mondes 1712.

Dreißigster Brief

RICA AN DENSELBEN IN SMYRNA

Die Pariser sind von einer Neugier, die ans Närrische grenzt. Als ich hierher kam, begaffte man mich, als wäre ich vom Himmel hergeschickt: Greise, Männer, Frauen, Kinder – alle wollten mich sehen. Ging ich aus, stellte sich alles an die Fenster, begab ich mich in die Tuilerien, scharte sich alsbald ein Kreis von Leuten um mich. Die Frauen bildeten einen buntfarbigen Regenbogen. War ich im Theater, sah ich gleich tausend Operngucker sich auf mein Gesicht richten. Jedenfalls ist niemand je so intensiv betrachtet worden wie ich. Ich mußte lächeln, wenn ich gelegentlich Leute, die nie aus ihrem Zimmer herausgekommen waren, zueinander sagen hörte: »Man muß schon sagen: er sieht ganz aus wie ein Perser!« Und o Wunder! Überall war mein Konterfei zu sehen, hundertfach, in den Läden und auf den Kaminsimsen: dermaßen befürchtete man, mich nicht genug betrachtet zu haben.

Soviel Ehren werden einem schließlich lästig. Ich hielt mich nicht für einen so raren und sonderbaren Menschen, und wenn ich auch gewiß eine sehr gute Meinung von mir habe, hätte ich mir doch nicht einfallen lassen, daß ich eines Tages einer ganzen Stadt, wo ich bis dahin unbekannt war, den Schlaf rauben sollte. Deswegen habe ich mich entschlossen, die persische Tracht abzulegen und mich europäisch zu kleiden. Ich wollte wissen, ob mein Aussehen immer noch so bewundernswert schiene. Der Versuch gab mir zu erkennen, wie es wirklich um mich steht. Aller fremdländischen Zierde bar, merkte ich, wie man

mich wirklich einschätzte. Ich hatte allen Grund, mich über meinen Schneider zu beschweren: Er hatte mich im Handumdrehen um die öffentliche Aufmerksamkeit und Hochachtung gebracht. Ich sank mit einmal zum elendsten Nichts herab. Manchmal verbrachte ich eine ganze Stunde in einer Gesellschaft, ohne daß man mich beachtete oder mir Gelegenheit gab, den Mund aufzutun. Sobald aber per Zufall jemand der Gesellschaft erklärte, ich sei Perser, hörte ich ein Gesumme um mich herum: »Ah! Ah! der Herr ist Perser? Wie schrecklich aufregend! Wie kann man nur Perser sein?«
Zu Paris, am 6. des Schalwal-Mondes 1712.

Einunddreißigster Brief

RHEDI AN USBEK IN PARIS

Ich bin jetzt in Venedig. Auch wenn man alle Städte der Welt gesehen hätte, wäre man überrascht, wenn man nach Venedig kommt. Man wäre erstaunt über diese Stadt, die mit ihren Türmen und Moscheen ins Wasser gebaut ist und wo sich eine Menge Volkes tummelt, wo eigentlich nur Fische sein sollten.

Aber dieser ungläubigen Stadt fehlt das Kostbarste, was es auf Erden gibt, nämlich frisches Wasser: man kann dort nicht eine der vorgeschriebenen Waschungen vollziehen. Unserem Heiligen Propheten ist sie ein Abscheu: er betrachtet sie nur mit Zorn vom Himmel herab. Davon abgesehen lebte ich mit Vergnügen in einer Stadt, in der mein Geist sich täglich weiterbildet. Ich informiere mich über die Geheimnisse des Handels, die Politik der Fürsten, die Form ihrer Regierung. Selbst für den Aberglauben der Europäer interessiere ich mich, studiere Medizin, Physik, Astronomie und die bildenden Künste. So löst sich der Nebel, der meine Augen im Lande meiner Geburt verschleierte.
Zu Venedig, am 16. des Schalwal-Mondes 1712.

Zweiunddreißigster Brief

RICA AN ***

Neulich besichtigte ich ein Haus, wo man ungefähr dreihundert Personen ziemlich dürftig versorgt. Ich war bald fertig damit, denn die Kirche und die Gebäude selbst zu betrachten lohnt sich nicht. Die Insassen waren ganz fröhlich, mehrere spielten Karten oder andere Spiele, die ich nicht kenne. Als ich das Haus verließ, verließ einer der Leute es ebenfalls. Als er mich nach dem Weg zum Marais fragen hörte, einem der am weitesten entfernten Stadtviertel von Paris, sagte er: »Ich gehe auch dahin, ich kann sie hinführen, folgen Sie mir nur.« Er führte mich wunderbar, glitt durch alle Verkehrsstockungen und rettete mich geschickt vor Kutschen und Fahrzeugen aller Art. Wir waren beinahe angelangt, als ich neugierig wurde: »Guter Freund«, sagte ich, »darf ich fragen, wer Sie sind?« – »Ich bin ein Blinder«, sagte er. »Wie, Sie sind blind? Warum haben sie nicht den braven Mann, der da Karten spielte, gebeten, uns zu führen?« – »Der ist auch blind«, antwortete er, »seit vierhundert Jahren leben dreihundert Blinde in dem Haus, wo Sie uns vorgefunden haben.[1] Aber ich muß Sie jetzt sich selbst überlassen. Hier ist die Straße, die Sie suchen. Ich gehe in die Kirche da, und, verlassen Sie sich darauf, ich werde den Menschen mehr im Wege stehen als sie mir!«

Zu Paris, am 17. des Schalwal-Mondes 1712.

Dreiunddreißigster Brief

USBEK AN RHEDI IN VENEDIG

Wegen der Steuern, die man ihm auferlegt hat, ist der Wein in Paris so teuer, daß man meinen möchte, man habe die Vorschriften des Heiligen Korans befolgen wollen, der es verbietet,

Wein zu trinken. Denke ich an die unheilvollen Folgen, kann ich nicht umhin, es für das fürchterlichste Geschenk zu halten, das die Natur den Menschen gemacht hat. Wenn etwas dem Leben und dem Ansehen unserer Herrscher geschadet hat, war es deren Mangel an Enthaltsamkeit. Er ist der giftigste Quell ihrer Ungerechtigkeit und ihrer Grausamkeiten.

Zur Schande des Menschengeschlechts muß ich es sagen: Das Gesetz verbietet unseren Fürsten den Wein, und sie trinken ihn mit einer Unmäßigkeit, die sie und die Menschheit entwürdigt. Den Christenfürsten ist er dagegen erlaubt, und es sieht nicht so aus, als ob er ihnen schadete. Der Geist der Menschen ist voller Widersprüche. In zügelloser Schwelgerei zuwiderhandelt man voller Wut den Geboten, und das Gesetz, das uns rechtschaffener machen sollte, dient oft nur dazu, uns schuldiger zu machen.

Aber wenn ich den Genuß dieses Getränks verurteile, das einen den Verstand verlieren läßt, so verdamme ich doch das Trinken nicht, das uns heiter macht. Es spricht für die Weisheit der Orientalen, daß sie sich um Mittel gegen die Traurigkeit ebenso sorgfältig bemühen wie um Mittel gegen die gefährlichsten Krankheiten.[1] Stößt einem Europäer ein Unglück zu, hilft ihm nur noch die Lektüre eines Philosophen, der Seneca hieß, aber die Menschen Asiens, die vernünftiger und in diesem Punkte bessere Ärzte sind, nehmen Getränke zu sich, die den Menschen fröhlich machen und ihm die Erinnerung an seine Pein nehmen.

Nichts ist bedrückender als die Trostgründe, die man von der Notwendigkeit des Übels, der Nutzlosigkeit aller Heilmittel, der Unausweichlichkeit des Schicksals und den Bestimmungen der Vorsehung herleitet. Wer ein Übel mit dem Hinweis auf die unglückliche Beschaffenheit der Menschen lindern will, macht sich lustig über uns. Es ist weit besser, den Menschen von seinem Nachdenken abzulenken und ihn als ein fühlendes statt als ein vernünftiges Wesen zu behandeln.[2]

Die Seele, die mit dem Leib verbunden ist, wird ständig von ihm in Mitleidenschaft gezogen. Wenn das Blut zu langsam fließt, wenn die Lebensgeister nicht genügend gereinigt sind oder sie an Zahl zu gering sind, verfallen wir in Trübsinn und Schwermut. Nehmen wir aber Getränke zu uns, die unsere körperliche Verfassung zu ändern vermögen, wird auch unsere Seele wieder empfänglich für erheiternde Eindrücke und sie empfindet sozusagen ein heimliches Vergnügen daran, den Organismus wieder regsam und lebendig werden zu sehen.
Zu Paris, am 25. des Zilkade-Mondes 1712.

Vierunddreißigster Brief

USBEK AN IBBEN IN SMYRNA

Persiens Frauen sind schöner als die Französinnen, aber Frankreichs Frauen sind hübscher. Man kann nicht umhin, die ersteren zu lieben, aber es lebt sich angenehmer mit den zweiten. Die ersteren sind zärtlicher und bescheidener, die zweiten munterer und lustiger. Was das Geschlecht in Persien so schön macht, ist das geregelte Leben der Frauen. Sie spielen nicht und durchwachen die Nächte nicht, sie trinken keinen Wein und setzen sich fast nie der frischen Luft aus. Der Serail ist gewiß mehr für die Gesundheit als für die Lust geschaffen, das Leben ist einförmig dort und es ist nicht aufreizend, Unterordnung und Pflichterfüllung bestimmen es, selbst die Vergnügungen und Freuden sind streng und ernst, sie werden fast immer nur als Zeichen der Autorität und der Abhängigkeit gekostet.

Nicht einmal die Männer sind in Persien so fröhlich wie in Frankreich. Es fehlt ihnen die geistige Freiheit und die Zufriedenheit, die ich hierzulande bei den Menschen aller Stände und Berufe beobachte. In der Türkei ist das noch viel schlimmer. Da gibt es Familien, wo seit der Gründung der Monarchie – vom Vater über den Sohn – keiner je gelacht hat. Das gravitätische

Wesen der Asiaten kommt von dem geringen Umgang, den sie miteinander pflegen. Sie treffen sich nur, wenn sie vom Kult dazu gezwungen werden. Die Freundschaft, diese süße Herzensbindung, die hier die Annehmlichkeit des Lebens ausmacht, ist ihnen fast ganz unbekannt; sie leben zurückgezogen in ihren Häusern, wo sie immer von ihrer Familie erwartet werden, so daß sie alle gleichsam isoliert leben.

Als ich mich kürzlich mit einem Menschen dieses Landes darüber unterhielt, sagte er mir: »Was mich an Euren Sitten am meisten stört, ist, daß Ihr mit Sklaven zusammen leben müßt, deren ganzes Wesen von der Niedrigkeit ihres Standes geprägt ist. Diese erbärmlichen Kreaturen schwächen bei Euch den Sinn für Tüchtigkeit, den einem die Natur eingibt, sie zerstören ihn von Kindesbeinen an, da sie doch immer um Euch sind. Macht Euch doch endlich von Euren Vorurteilen frei: was kann man denn von der Erziehung erwarten, die man von solch einem elenden Geschöpf bekommt, das seine Ehre darin erblickt, die Frauen eines anderen zu bewachen, das selbst durch seine Treue verächtlich ist, die doch seine einzige Tugend ausmacht, das nur durch Neid, Eifersucht und Verzweiflung tugendhaft wird, das vor Rachsucht auf beide Geschlechter, deren Abschaum es ist, vergeht, das sich von den Stärkeren tyrannisieren läßt, wenn es nur die Schwächeren unterdrücken kann, dessen ganze Standesehre in seiner Häßlichkeit, seiner Unförmigkeit und Mangelhaftigkeit besteht und das nur deswegen geachtet wird, weil es der Achtung nicht würdig ist, ja das, ständig an die Tür gekettet, der es zugeordnet ist, härter wird als Riegel und Angeln und das nach fünfzig Jahren des Lebens auf einem so unwürdigen Posten, von seinem Herrn eifersüchtig bewacht, schließlich seine ganze Niedrigkeit ausgelebt hat?«

Zu Paris, am 14. des Zilhage-Mondes 1713.

Fünfunddreißigster Brief

USBEK AN GEMSCHID, SEINEN VETTER, DERWISCH DES RUHMREICHEN KLOSTERS IN TAURIS

Was denkst Du von den Christen, erhabener Derwisch? Glaubst Du, es werde ihnen am Tage des Gerichts ergehen wie den ungläubigen Türken, die den Juden als Esel dienen und sie im Galopp in die Hölle tragen werden? Ich weiß wohl, daß sie nicht dorthin gelangen, wo die Propheten sind und daß der große Ali nicht für sie gekommen ist. Aber glaubst Du, daß sie zu ewigen Strafen verdammt sind, bloß weil sie das Unglück hatten, in ihrem Lande keine Moscheen vorzufinden? Und daß Gott sie dafür bestrafen wird, daß sie eine Religion nicht ausübten, die er ihnen nicht kundgetan hat? Ich kann Dir sagen, daß ich diese Christen oft befragt habe. Ich wollte wissen, ob sie eine Vorstellung vom großen Ali hatten, dem schönsten aller Menschen. Ich mußte zur Kenntnis nehmen, daß sie von ihm nichts gehört hatten. Sie gleichen nicht den Ungläubigen, die unsere heiligen Propheten über die Klinge springen ließen, weil sie an die Himmelswunder nicht glauben wollten, sie ähneln eher den Unglücklichen, die in der Finsternis der Ketzerei lebten, ehe das göttliche Licht ihnen das Antlitz unseres großen Propheten erleuchtete.

Wenn man ihre Religion genauer überprüft, erkennt man in ihr übrigens so etwas wie den Samen unserer Lehre. Ich habe oft die Geheimnisse der Vorsehung bewundern können, die sie so für die allgemeine Bekehrung vorbereitet zu haben scheint. Ich habe von einem Buch eines ihrer Gelehrten reden hören, das den Titel trägt: »Der Triumph der Polygamie«.[1] Darin wird bewiesen, daß die Christen sich der Vielweiberei zu befleißigen hätten. Ihre Taufe ist ein Abbild unserer gesetzlichen Waschungen. Die Christen irren sich nur über die Wirksamkeit dieser ersten Waschung, von der sie meinen, sie reiche für das ganze

Leben. Ihre Priester und Mönche beten wie wir sieben Mal am Tage. Sie hoffen in ein Paradies zu kommen, wo ihnen vermittels der Auferstehung des Fleisches tausend Freuden bevorstehen. Wie wir fasten sie zu bestimmten Zeiten und hoffen, durch Kasteiungen die göttliche Gnade auf sich lenken zu können. Sie verehren die guten Engel und verabscheuen die bösen. Sie sind voll des frommen Glaubens für die Wunder, die Gott durch seine Diener geschehen läßt. Sie erkennen wie wir, wie unzulänglich ihre Verdienste sind und wie sehr sie eines Fürsprechers bei Gott bedürfen. Ich finde Mohammeds Lehre überall, nur Mohammed finde ich nicht. Man sträubt sich vergeblich gegen die Wahrheit: sie durchbricht die Finsternis, die sie umgibt. Eines Tages wird der Ewige nur noch Rechtgläubige auf Erden erblicken. Die Zeit, die alles verschlingt, wird die Irrtümer vertilgen. Voller Erstaunen werden alle Menschen sich unter derselben Fahne vereint finden. Es wird alles vollbracht sein: sogar das Gesetz, dessen göttliche Niederschrift von der Erde emporgetragen und in den Archiven des Himmels aufbewahrt werden soll.

Zu Paris, am 20. des Zilhage-Mondes 1713.

Sechsunddreißigster Brief

USBEK AN RHEDI IN VENEDIG

Der Kaffee ist in Paris sehr beliebt. Es gibt eine große Zahl öffentlicher Häuser, wo er ausgeschenkt wird. In einigen dieser Häuser erzählt man sich die neuesten Nachrichten, in anderen wird Schach gespielt. In einem wird der Kaffee so zubereitet, daß er die Leute geistreich macht, die ihn trinken[1]: zumindest glauben alle, die das Lokal verlassen, sie seien viermal so geistreich geworden, als sie es beim Eintreten waren. Was mich aber an diesen Schöngeistern stört, ist, daß sie sich nicht für ihr Vaterland nützlich machen, sondern ihre Zeit mit Kindereien vertun. Als ich in Paris ankam, fand ich sie zum Beispiel aufs heftigste in Gespräche über eine ganz alberne Frage vertieft: es ging um den Ruf eines alten griechischen Dichters[2], von dem man schon seit zweitausend Jahren nicht mehr weiß, woher er stammte und wann er gestorben ist. Beide Parteien waren sich darin einig, daß er ein ausgezeichneter Dichter war, strittig war nur, ob man ihm etwas mehr oder etwas weniger Größe zubilligen solle. Jeder wollte, daß man das Gewicht anerkannte, das man ihm beimaß, und von all den Gewichtverteilern hatten die einen schwerere, die anderen leichtere: das war der ganze Streit. Es ging dabei hoch her, man beschimpfte sich gegenseitig von Herzen, beleidigte sich so kräftig und machte so faule Witze dabei, daß ich die Art und Weise des Streits nicht weniger kurios fand als dessen Gegenstand. Ich sagte mir: sollte jemand so unbedacht sein, den Ruf eines wackeren Bürgers vor den Verteidigern des alten griechischen Dichters anzutasten, so würde es ihm übel ergehen: Die Eiferer, die um das Ansehen eines Toten so besorgt sind, würden sich herzlich wenig um dasjenige ihres Zeitgenossen scheren! Aber wie dem auch sein mag, ich würde mich, bei Gott, hüten, mir die Feindschaft der Kritiker dieses alten Dichters zuzuziehen, den zweitausend Jahre im Grab nicht vor einem so unversöhnlichen Haß haben verschonen können. Jetzt führen sie nur Luftstreiche, was würde geschehen, wenn ihr Zorn durch die Anwesenheit eines Feindes gereizt würde?

Die Leute, von denen ich rede, streiten sich in der Landessprache, sie muß man von einer anderen Art Sich-Streitender unterscheiden, die sich einer Barbarensprache bedienen[3], die die Wut und die Halsstarrigkeit der Disputanten noch zu steigern scheint. Es gibt Stadtviertel, wo man diese Leute in dichten, schwarzen Haufen zusammengedrängt sieht. Sie leben vom Disput, sie ernähren sich von abstrusen Ideen und falschen Folgerungen. Und das Geschäft, bei dem man Hungers sterben sollte, geht offenbar nicht schlecht. Ein ganzer Stamm[4] ist seines Landes verwiesen worden, übers Meer gezogen und nach Frankreich gekommen, ohne ein anderes Gepäck mitzuführen als die gefährliche Neigung zum Disput, und er bestreitet damit seinen Unterhalt. Lebe wohl.

Zu Paris, am letzten Tag des Zilhage-Mondes 1713.

Siebenunddreißigster Brief

USBEK AN IBBEN IN SMYRNA

Frankreichs König ist alt. Unsere Überlieferung weiß von keinem Herrscher, der so lange regiert hätte. Die Gabe, sich Gehorsam zu verschaffen, besitzt er, so sagt man, in sehr hohem Maße. Er herrscht über seine Familie, seinen Hof und den Staat in gleicher Weise. Er soll oft gesagt haben, von allen Regierungen der Welt sage ihm die türkische oder diejenige unseres erhabenen Sultans am meisten zu: so hoch schätzt er die orientalische Politik ein.

Ich habe seinen Charakter untersucht und bin dabei auf Widersprüche gestoßen, die ich nicht aufzulösen vermag. So hat er zum Beispiel einen Minister von achtzehn Jahren und eine Mätresse von achtzig.[1] Er hängt an seiner Religion und kann die nicht ertragen, die deren strikteste Einhaltung fordern. Obgleich er die Unrast der Städte meidet und nicht mitteilsam ist, ist er von morgens bis abends nur damit beschäftigt, die Leute von sich reden zu lassen. Er liebt Trophäen und Siege, aber er hat ebensoviel Angst davor, einen guten General an der Spitze seiner Truppen zu sehen, als er Grund hätte, einen solchen als feindlichen Armeeführer zu fürchten. So wie *er* mit mehr Reichtümern überhäuft zu sein, als ein Fürst nur je hoffen konnte, und zugleich ärmer zu sein als der ärmste Privatmensch, das ist außer ihm noch niemandem widerfahren.

Die ihm dienen, belohnt er reichlich, aber die Geschäftigkeit oder vielmehr den Müßiggang seiner Höflinge läßt er sich

ebensoviel kosten wie die mühevollen Feldzüge seiner Heerführer. Oftmals bevorzugt er einen Mann, der ihm beim Auskleiden hilft oder der ihm die Serviette reicht vor einem anderen, der Städte für ihn einnimmt oder Schlachten gewinnt. Er will die Größe des Souveräns im Verteilen seiner Gunsterweise unbeeinträchtigt wissen. Er überprüft gar nicht, ob der, den er mit Gütern überhäuft, ein verdienstvoller Mann ist oder nicht: die Tatsache, daß er ihn auserwählt hat, macht ihn in seinen Augen dazu. So hat er jemandem, der zwei Meilen weit zurückgewichen war, eine kleine Pension gegeben und einem anderen, der vier Meilen zurückgewichen war, einen schönen Gouverneursposten. Er liebt den Prunk, vor allem in Bauwerken: in den Gärten um seinen Palast stehen mehr Statuen, als eine große Stadt Bewohner hat. Seine Leibwache ist so stark wie die des Fürsten, vor dem alle Throne wanken, seine Armeen sind ebenso zahlreich und seine Finanzen nicht minder unerschöpflich.
Zu Paris, am 7. des Maharram-Mondes 1713.

Achtunddreißigster Brief

RICA AN IBBEN IN SMYRNA

Es ist unter Männern eine große Frage, ob es vorteilhafter sei, den Frauen ihre Freiheit zu nehmen oder sie ihnen zu lassen. Mir scheint, es gibt gute Gründe dafür und dagegen. Sagen die Europäer, es sei schmählich, Menschen, die man liebt, unglücklich zu machen, so entgegnen unsere Landsleute, es sei unwürdig für Männer, auf die Herrschaft zu verzichten, die die Natur ihnen über die Frauen gegeben hat. Sagt man ihnen, eine größere Zahl eingeschlossener Frauen sei eine Last, so antworten sie, zehn Frauen, die einem gehorchen, seien eine geringere Beschwernis als eine einzige, die einem nicht gehorcht. Hält man ihnen andererseits entgegen, mit untreuen Frauen könnten die Europäer doch nicht glücklich sein, so antworten sie einem, diese Treue, deren die Asiaten sich brüsten, verhindere den Überdruß nicht, der befriedigter Leidenschaft zu folgen pflege, unsere Frauen seien uns ein zu sicherer Besitz, und ein solcher lasse uns nichts mehr zu wünschen noch zu fürchten übrig: ein bißchen Koketterie sei eine pikante Würze und beuge der Trägheit vor. Selbst einem weiseren Mann als ich es bin, fiele die Entscheidung schwer. Denn wenn die Asiaten gut daran tun, Mittel und Wege zu suchen, ihren Ängsten zuvorzukommen, so tun die Europäer auch wieder gut daran, gar keine zu haben.

Und wenn wir als Ehemänner unglücklich sein sollten, sagen sie, können wir uns schließlich immer noch als Liebhaber dafür entschädigen. Ehe sich ein Mann zu Recht über die Untreue seiner Frau beklagen kann, muß es nur drei Menschen auf Erden geben: gibt es deren vier, kommt man immer noch zu seiner Sache. – Eine andere Frage ist, ob die Unterordnung der Frauen unter die Männer ein Naturgesetz ist. »Nein«, sagte mir neulich ein ganz galanter Philosoph, »die Natur hat ein solches Gesetz nicht erlassen. Unsere Herrschaft über die Frauen ist eine regelrechte Tyrannei. Sie haben sie uns nur ausüben lassen, weil sie mehr Sanftmut und folglich auch mehr Menschlichkeit und Vernunft besitzen als wir. Diese Vorzüge, die sie uns zweifellos überlegen machen, wie wir vernünftigerweise zugeben müßten, haben sie eben diese Herrschaft verlieren lassen, wie es unserer Unvernunft entspricht. Und trifft es zu, daß wir die Tyrannen der Frauen sind, so üben sie doch eine natürliche Herrschaft über uns aus: die der Schönheit, der niemand widerstehen kann. Unsere Herrschaft gilt nicht in allen Ländern, die der Schönheit gilt überall. Woher rührte denn unser Vorrecht? Von der Tatsache, daß wir stärker sind? Das wäre ein wahres Unrecht. Wir gebrauchen alle möglichen Mittel, um sie zu demütigen. Hätten sie die gleiche Erziehung, wären sie nicht schwächer als wir. Stellten wir sie dort auf die Probe, wo die fehlende Erziehung nicht zu Buche schlägt, so würden wir gleich sehen, ob wir wirklich die Stärkeren sind.

Mag es unseren Sitten auch ins Gesicht schlagen: bei den zivilisiertesten Nationen haben die Frauen stets mehr Autorität besessen als die Männer. So war es, Isis zu Ehren, bei den Ägyptern Gesetz, bei den Babyloniern zu Ehren der Semiramis. Von den Römern hieß es, sie herrschten über alle Völker, aber die Frauen herrschten über sie. Von den Sauromaten[1] will ich gar nicht reden, denn die lebten in der Knechtschaft der Frauen, sie waren zu barbarisch, als daß man sich auf ihr Beispiel berufen könnte.«

Du siehst, mein lieber Ibben, ich habe schon die Manier dieses Landes angenommen, vorzugsweise ungewöhnliche Ansichten zu verfechten und alles auf Paradoxien hinzuführen. Der Prophet hat die Frage ja entschieden und die Rechte beider Geschlechter festgelegt. »Die Frauen«, sagt er, »sollen ihre Männer ehren, und die Männer sollen ihre Frauen ehren, aber die Männer haben den Vorzug, eine Stufe höher zu stehen.«

Zu Paris, am 26. des Gemmadi-Mondes, 2, 1713.

Neununddreißigster Brief

HAGI IBBI AN DEN JUDEN BEN JOSUA, DEN MOHAMMEDANISCHEN PROSELYTEN IN SMYRNA

Mir scheint, Ben Josua, daß der Geburt außerordentlicher Menschen immer auffällige Zeichen vorausgehen, die sie ankündigen: so, als erlebte die Natur eine Art Erschütterung und als koste es die himmlischen Mächte eine besondere Anstrengung.

Es gibt kein größeres Wunder als die Geburt Mohammeds.[1] Nachdem Gott in seiner Vorsehung von Anfang an beschlossen hatte, den Menschen diesen großen Propheten zu senden, um Satan zu fesseln, schuf er zweitausend Jahre vor Adam ein Licht, das von einem Erwählten zum nächsten, von Vorfahre zu Vorfahre auf Mohammed überging, als unbestreitbares Zeichen seiner Abstammung von den Patriarchen. Diesem Propheten zuliebe wollte Gott auch nicht, daß je ein Kind empfangen würde, ohne daß die Natur des Weibes aufhörte, unrein zu sein, und daß der Mann der Beschneidung unterliegen solle. Er kam beschnitten zur Welt, und die Freude war auf seinem Antlitz von Geburt an. Dreimal erbebte die Erde, als hätte sie ihn selbst geboren, alle Götzen verneigten sich, die Throne der Herrscher stürzten, Luzifer wurde auf den Grund des Meeres herabgestürzt, und erst nachdem er vierzig Tage geschwommen war, entkam er dem Abgrund, floh auf den Berg Kabes und rief von dort mit schrecklicher Stimme die Engel. In dieser Nacht errichtete Gott eine Schranke zwischen Mann und Frau, die keiner von beiden überschreiten kann. Die Kunst der Magier und Nekromanten ward zunichte. Man vernahm eine Stimme vom Himmel, die sprach: »Ich habe der Welt meinen treuen Freund gesandt.«

Nach dem Zeugnis Isben Abbens[2], des arabischen Chronisten, kamen die Vögel in Schwärmen, die Wolken, die Winde und alle Heerscharen der Engel zusammen, das Kind aufzuziehen, und sie stritten sich um den Vortritt. Die Vögel sprachen mit ihrem Gezwitscher, am besten zögen sie ihn auf, weil sie am leichtesten verschiedene Früchte aus verschiedenen Himmelsgegenden zusammentragen könnten. Die Winde säuselten und sprachen: »Uns steht das eher zu, weil wir ihm von überall her die angenehmsten Düfte zutragen können.« »Nein«, sagten die Wolken, »nein: uns muß diese Sorge obliegen, denn wir laben ihn immer wieder mit kühlendem Naß.« Entrüstet riefen darauf die Engel: »Was soll uns denn da noch zu tun übrigbleiben?« Doch vom Himmel herab ertönte eine Stimme, die dem Streit ein Ende setzte und sprach: »Er soll den Sterblichen nicht genommen werden, denn selig ist die Brust, die ihn gestillt hat, selig sind die Hände, die ihn berührt haben, selig ist das Haus, das ihn beherbergt, und das Bett, in dem er ruht.«

Angesichts so vieler unbestreitbarer Zeugnisse müßte man ein ehernes Herz haben, mein lieber Josua, dem heiligen Gesetz

des Propheten nicht zu folgen. Konnte der Himmel *mehr* tun, seine göttliche Sendung zu beglaubigen? Er hätte denn die Ordnung der Natur zerstören und die Menschen vernichten müssen, die er überzeugen wollte.
Zu Paris, am 20. des Rhegeb-Mondes 1713.

Vierzigster Brief

USBEK AN IBBEN IN SMYRNA

Sobald ein Großer gestorben ist, versammelt man sich in einer Moschee und hält ihm eine Grabrede zu seinem Lob, die es einem schwermacht, richtig zu erkennen, worin die Verdienste des Verstorbenen eigentlich bestanden. Ich wäre dafür, allen Beerdigungspomp abzuschaffen. Man sollte die Menschen bei ihrer Geburt beweinen, nicht bei ihrem Tod. Wozu dienen all die Zeremonien und der Trauerapparat, den man um einen Sterbenden in seinen letzten Augenblicken aufbaut, wozu selbst die Tränen seiner Familie und der Schmerz seiner Freunde, außer, um ihm den Verlust, der ihm bevorsteht, noch größer erscheinen zu lassen? Wir sind so verblendet, daß wir nicht wissen, wann wir trauern, wann wir uns freuen sollten: fast immer handelt es sich um eine falsche Trauer und eine falsche Freude.

Wenn ich sehe, wie der Mogul sich Jahr für Jahr wie ein Mastochse auf die Waage stellen läßt[1] und wie die Völker sich darüber freuen, daß ihr Herrscher gewichtiger – das heißt regierungsunfähiger – geworden ist, dann jammert mich, Ibben, die Verrücktheit der Menschen.
Zu Paris, am 20. des Rhegeb-Mondes 1713.

Einundvierzigster Brief

DER OBERSTE SCHWARZE EUNUCH AN USBEK

Ismael, einer Deiner schwarzen Eunuchen, ist soeben gestorben, erhabener Herr. Ich kann nicht umhin, ihn zu ersetzen. Da die Eunuchen rar geworden sind, gedachte ich mich eines schwarzen Sklaven zu bedienen, den Du auf Deinem Landgut besitzt. Aber bisher habe ich ihn nicht dazu bringen können, dem zuzustimmen, daß man ihn dieser Verwendung zuführt. Da ich aber weiß, daß es letztlich zu seinem Vorteil geschieht, wollte ich neulich ihm gegenüber ein bißchen Gewalt anwenden. In Übereinstimmung mit dem Aufseher Deiner Gärten befahl ich, man solle ihn wider Willen in den Stand setzen, Dir die Dienste zu leisten, die Deinem Herzen am angenehmsten sind, und mit mir an der furchterregenden Stätte zu leben, die er nicht einmal anzusehen wagt. Er aber fing an zu schreien, als wollte man ihm die Haut abziehen, und erreichte tatsächlich, daß er uns entkam und dem fatalen Messer entwischte. Ich erfahre gerade, daß er Dir schreiben und um Gnade flehen will. Er behauptet, ich hätte meinen Plan nur aus unersättlicher Rachgier gefaßt, gewisser spitzer Spottreden wegen, die er über mich geführt habe. Ich aber schwöre Dir bei den hunderttausend Propheten, daß ich nur in Deinem Interesse gehandelt habe. Dir zu dienen, ist das einzige, woran mir gelegen ist, andere Absichten habe ich nicht. Ich werfe mich Dir zu Füßen.
In Fatmes Serail, am 7. des Maharram-Mondes 1713.

Zweiundvierzigster Brief

PHARAN AN USBEK, SEINEN HERRN UND GEBIETER

Wärest Du hier, erhabener Herr, so erschiene ich vor Deinen Augen ganz in weißes Papier gehüllt. Es gibt nicht genug davon, all die Beschimpfungen darauf zu schreiben, mit denen der oberste schwarze Eunuch, der übelste aller Menschen, mich seit Deiner Abreise überhäuft.

Unter dem Vorwand gewisser Sticheleien, von denen er behauptet, ich hätte sie bezüglich seines unglücklichen Zustandes vorgebracht, beschwört er eine unersättliche Rache auf mein Haupt herab. Er hat den herzlosen Intendanten Deiner Gärten gegen mich aufgebracht, der mich seit Deiner Abreise mit mehr Arbeit überhäuft, als einer bewältigen kann, und unter dem ich hundertmal mein Leben lassen zu müssen glaubte, ohne daß deswegen meine Glut, Dir zu dienen, erkaltet wäre. Wie oft habe ich mir gesagt: »Ich habe einen sanftmütigen Herren und bin der unglücklichste Sklave auf Erden.«

Ich gestehe es, erhabener Herr: Ich glaubte nicht, zu noch größerem Elend bestimmt zu sein, aber dieser verruchte Eunuch wollte seine Bosheit auf die Spitze treiben. Vor ein paar Tagen bestimmte er mich aus eigener Machtvollkommenheit zum Hüter Deiner geheiligten Frauen, das heißt zu einem Amt, das tausendmal schmerzlicher für mich wäre als der Tod. Wer bei seiner Geburt das Unglück gehabt hat, von seinen grausamen Eltern einer solchen Behandlung unterzogen zu werden, mag sich vielleicht darüber hinwegtrösten, daß er nie einen anderen Zustand gekannt hat. Aber wenn man mich um mein Menschentum bringen und meiner Mannheit berauben würde, so würde ich vor Schmerz sterben, falls ich nicht schon an dieser Barbarei gestorben wäre.

Ich umarme Deine Füße, hocherhabener Herr, in tiefster Demut: Laß mich die Auswirkungen der von Dir so hoch geschatzten Tugend spüren. Man soll nicht sagen, daß es auf Dein Geheiß einen unglücklichen Menschen *mehr* auf Erden gebe.

In Fatmes Gärten, am 7. des Maharram-Mondes 1713.

Dreiundvierzigster Brief

USBEK AN PHARAN IN DEN GÄRTEN FATMES

Laß Freude in Dein Herz einziehen und erkenne diese geheiligten Schriftzeichen, laß den Obereunuchen und den Aufseher meiner Gärten sie küssen. Ich untersage ihnen, etwas gegen Dich zu unternehmen. Sage ihnen, sie sollen den fehlenden Eunuchen kaufen. Tue Deine Pflicht so, als hättest Du mich immer vor Augen. Denn wisse: Je größer meine Güte ist, desto härter würdest Du bestraft, wenn Du sie mißbrauchtest.
Zu Paris, am 25. des Rhegeb-Mondes 1713.

Vierundvierzigster Brief

USBEK AN RHEDI IN VENEDIG

In Frankreich gibt es drei Stände: den Klerus, den Adel und die Beamten. Jeder verachtet die anderen beiden von Herzen. Und manch einer, den man verachten sollte, weil er töricht ist, wird nur deswegen verachtet, weil er ein Beamter ist. Selbst die gewöhnlichsten Handwerker fühlen sich – wegen des Berufes, den sie erwählt haben – über andere erhaben. Jeder glaubt, infolge der Vorstellung, die er von seinem Metier hat, er sei etwas Besseres. Die Menschen ähneln alle mehr oder minder der Frau aus Eriwan, die dem König, der ihr eine Gunst erwiesen hatte, auf das Inbrünstigste wünschte, der Himmel möchte ihn zum Statthalter von Eriwan machen.

In einem Reisebericht[1] habe ich gelesen, wie ein französisches Schiff, das an der Küste von Guinea vor Anker gegangen war, ein paar Mann an Land gehen ließ, um Hammel einzuhandeln. Sie wurden vor den König geführt, der unter einem Baum saß und über seine Untertanen Gericht hielt. Auf seinem Thron, das heißt auf einem Holzblock, saß er so stolz, als ob er auf dem Thron des Großmoguls säße. Um ihn herum standen drei oder vier Leibwächter mit Holzspießen, anstelle eines Baldachins schützte ein Schirm ihn vor der Sonnenglut, sein ganzer Schmuck, ebenso wie derjenige der Königin, seiner Frau, bestand aus seiner schwarzen Haut und ein paar Ringen. Dieser Fürst, der ebenso eitel wie arm war, fragte die Fremden, ob man in Frankreich von ihm spräche. Er glaubte, sein Name müßte von einem Pol zum anderen erklingen, und – im Gegensatz zu jenem Eroberer[2], von dem man gesagt hat, er habe die ganze Welt zum Schweigen gebracht – glaubte er, die ganze Welt müsse von ihm sprechen.

Wenn der Tatarenkhan gespeist hat, ruft ein Herold aus, alle Fürsten der Erde könnten nun essen gehen, wenn sie wollten. Und dieser Wilde, der nur Milch trinkt, kein Haus besitzt und von der Räuberei lebt, betrachtet alle Könige der Welt als seine Sklaven und beschimpft sie regelmäßig zweimal am Tage.

Zu Paris, am 28. des Rhegeb-Mondes 1713.

Fünfundvierzigster Brief

RICA AN USBEK

Ich war noch im Bett, als ich gestern morgen jemand laut an meine Tür klopfen hörte, die alsbald von einem Mann aufgerissen oder eingetreten wurde, mit dem ich Bekanntschaft geschlossen hatte und der mir ganz außer sich zu sein schien. Seine Kleidung war mehr als bescheiden, seine Perücke saß schief und war nicht einmal gekämmt, er hatte keine Zeit gehabt, sein schwarzes Wams flicken zu lassen und hatte an diesem Tag auf die weisen Vorkehrungen verzichtet, mit denen er sonst die Ärmlichkeit seiner Kleidung zu vertuschen pflegt. »Stehen Sie auf«, sagte er, »ich brauche Sie heute den ganzen Tag. Ich habe tausend Dinge zu erledigen und möchte das gern mit Ihnen tun. Zuerst müssen wir in die Rue Saint Honoré zu einem Notar, der den Auftrag hat, für fünfhunderttausend Pfund ein Stück Land zu verkaufen: Ich möchte vor den anderen da sein, um es zu bekommen. Auf dem Wege hierher habe ich einen Moment im Faubourg Saint-Germain angehalten, wo ich für zweitausend Taler ein Haus gemietet habe, und ich hoffe, heute den Vertrag abzuschließen.«

Ich war noch nicht fertig angezogen, als mein Besucher mich schon in aller Eile die Treppe hinunterzog. »Zuerst müssen wir eine Kutsche kaufen und eine Equipage zusammenstellen!« Tatsächlich kauften wir nicht nur eine Kutsche, sondern auch noch für hunderttausend Franken Waren – und das in weniger als einer Stunde. Es ging so schnell, weil mein Bekannter nicht handelte und nicht zählte; er wechselte nicht einmal. All das machte mich stutzig, und als ich mir den Mann näher ansah, beobachtete ich an ihm eine eigentümliche Mischung von Reichtum und Armut, so daß ich nicht wußte, woran ich war. Endlich brach ich mein Schweigen: »Wer soll das alles bezahlen?« fragte ich, indem ich ihn beiseite zog. – »Ich«, sagte er: »kommen Sie in mein Zimmer, ich zeige Ihnen immense Reichtümer und Schätze, um die mich die größten Herrscher beneiden würden, was aber für Sie nicht gilt, denn Sie sollen sie mit mir teilen.«

Ich folgte ihm. Wir stiegen in den fünften Stock hinauf, und von da kletterten wir auf einer Leiter weiter in den sechsten: Dort befand sich ein nach allen vier Winden hin offenes Stübchen, in dem zwei bis drei Dutzend irdene Schalen voll verschiedener Flüssigkeiten standen. »Heute bin ich früh aufgestanden«, sprach er, »und habe zunächst nichts anderes getan, als was ich alle Tage tue, nämlich mein Werk zu besichtigen. Da sah ich, daß der große Tag gekommen ist, der mich zum reichsten Mann der Welt machen soll. Sehen Sie diese rötliche Flüssigkeit? Jetzt besitzt sie all die Eigenschaften, die die Weisen für die Verwandlung der Metalle fordern. Ich habe daraus diese Körner hergestellt, die von ihrer Farbe her reines Gold sind, mag auch das Gewicht noch nicht ganz stimmen. Deren Geheimnis, das Nikolaus Flanel[1] entdeckt hat, das aber Raimundus Lullus[2] und tausende anderer vergeblich gesucht haben, ist auf mich gekommen. Nun bin ich ein glücklicher Adept. Der Himmel gebe, daß ich mich der Schätze, die er mir hat zukommen lassen, nur zu seinem Ruhme bediene!«

Ich ging und stieg, vielmehr stürzte wutentbrannt die Treppen herab, den reichen Mann in seinem Irrenhaus zurücklassend.

Leb wohl, mein lieber Usbek, morgen will ich Dich auf dem Land besuchen, und wenn Du willst, fahren wir zusammen nach Paris zurück.

Zu Paris, am letzten Tag des Rhegeb-Mondes 1713.

Sechsundvierzigster Brief

USBEK AN RHEDI IN VENEDIG

Hier gibt es Leute, die unaufhörlich über die Religion streiten, zugleich aber suchen sie einander in der Nichtbeachtung ihrer Gebote allem Anschein nach zu übertreffen. Nicht nur daß sie also dadurch keine besseren Christen werden, sie werden nicht einmal bessere Staatsbürger – und das macht mich betroffen, denn, welchem Glauben man auch angehören mag, Gesetzestreue, Nächstenliebe und Ehrfurcht vor den Eltern sind allemal die besten Beweise für Religiosität.

Muß es nicht in der Tat die erste Pflicht eines gläubigen Menschen sein, der Gottheit zu dienen, die die Religion eingeführt hat, zu der er sich bekennt? Der sicherste Weg, dorthin zu gelangen, ist ohne Zweifel der, die gesellschaftlichen Pflichten ebenso zu erfüllen wie diejenigen der Menschlichkeit. Welcher Religion einer auch angehören mag, wenn man sich überhaupt zu einer bekennt, muß man annehmen, daß Gott die Menschen liebe: hat er die Religion doch dazu bestimmt, die Menschen glücklich zu machen. Liebt aber Gott die Menschen, so entspricht es sicher seinem Willen, sie auch zu lieben, das heißt, ihnen gegenüber alle Pflichten der Nächstenliebe und Menschlichkeit zu erfüllen und die Gesetze nicht zu verletzen, in deren Schutz die Menschen leben. Damit tut man Gott sicher einen größeren Gefallen als durch dieses oder jenes Zeremoniell, denn kein Zeremoniell ist ein Gut um seiner selbst willen; es ist nur gut im Hinblick auf Gott oder in der Annahme, daß Gott es verordnet hat. Doch das ist Gegenstand einer großen Auseinandersetzung, und man kann sich dabei leicht täuschen, denn man muß ja das Zeremoniell von *einer* Religion unter tausenden wählen.

Ein Mann richtete täglich an Gott das folgende Gebet: »Herr, ich verstehe nichts von den Auseinandersetzungen, die sich unaufhörlich über Dich abspielen. Ich möchte Dir nach Deinem Willen dienen. Aber von den Menschen, die ich befrage, will jeder, daß ich Dir so diene, wie er es will. Bete ich zu Dir, weiß ich nicht, welcher Sprache ich mich bedienen soll. Ich weiß auch nicht, welche Stellung ich dabei einnehmen soll. Der eine sagt, ich solle aufrecht zu Dir beten, der andere will, daß ich sitze. Wieder andere verlangen, daß ich dabei in die Knie gehe. Und damit nicht genug: einige behaupten, ich müsse mich jeden Morgen mit kaltem Wasser waschen, andere erklären, es sei Dir ein Greuel, wenn ich mir nicht ein Stückchen Fleisch abschneiden ließe. Neulich aß ich in einer Karawanserei zufällig ein Kaninchen: drei Männer, die dabei standen, ließen mich erbeben: sie behaupteten alle drei, ich hätte Dich schwer beleidigt, der eine, weil das Tier unrein sei, der zweite, weil es erdrosselt wurde, der dritte, weil es kein Fisch war. Ein Brahmane, der vorüberging und den ich zum Richter auserkor, sprach: ›Sie haben alle Unrecht, denn offensichtlich hast Du das Tier nicht selbst getötet!‹ – ›Doch, das habe ich‹, sagte ich. – ›Dann hast Du eine abscheuliche Untat begangen, die Gott Dir nie verzeihen wird‹, sagte er mit strenger Miene: ›Woher

weißt Du, ob nicht die Seele Deines Vaters in dieses Tier hinübergewandert ist?‹ – All das versetzt mich in eine unbeschreibliche Verwirrung, o Herr. Ich kann den Kopf nicht wenden, ohne Gefahr zu laufen, Dich zu verletzen – und wollte Dir doch zu Gefallen sein und dazu das Leben einsetzen, das ich von Dir erhielt. Ich weiß nicht, ob ich mich täusche, aber der beste Weg, dahin zu gelangen, ist, glaube ich, als ein guter Bürger in der Gesellschaft, in die Du mich gestellt hast, zu leben und der Familie, die Du mir gegeben hast, ein guter Vater zu sein.«
Zu Paris, am 8. des Schachban-Mondes 1713.

Siebenundvierzigster Brief
ZACHI AN USBEK IN PARIS

Ich habe Dir eine große Neuigkeit mitzuteilen: Ich habe mich mit Zephis versöhnt. Der mit uns zerstrittene Serail hat sich wieder zusammengefunden. Nur Du fehlst an dieser Stätte, wo der Frieden herrscht. Komm, mein lieber Usbek, und laß die Liebe hier triumphieren.

Ich gab Zephis ein großes Fest, zu dem Deine Mutter, Deine Frauen und Deine Nebenfrauen eingeladen wurden. Deine Tanten und mehrere Kusinen waren ebenfalls dabei. Sie waren zu Pferd gekommen, von der dunklen Wolke ihrer Schleier und Gewänder umhüllt.

Am nächsten Morgen sind wir aufs Land gezogen, wo wir freier zu sein hofften. Wir haben unsere Kamele bestiegen und begaben uns zu viert in jede Sänfte. Da die Partie sehr rasch beschlossen worden war, hatten wir nicht einmal Zeit, rundum den Kuruk ausrufen zu lassen. Aber der Obereunuch, der immer so diensteifrig ist, traf eine andere Vorsorge: er fügte dem Schleier, der uns allen Blicken entzieht, einen so dichten Vorhang hinzu, daß auch wir niemanden sehen konnten. Als wir an dem Fluß angelangt waren, den es zu überqueren gilt, begaben wir uns wie üblich alle in die Tragkörbe und ließen uns an Bord bringen, denn es hieß, der Fluß sei voller Leute. Ein Neugieriger, der sich der Stelle, wo wir waren, zu sehr näherte, erhielt einen Hieb, der ihn für immer des Tageslichtes beraubte. Einem anderen, der nackt gebadet hatte, erging es am Ufer nicht anders. Deine getreuen Eunuchen opferten diese beiden Unseligen Deiner und unserer Ehre.

Aber höre, was uns noch Abenteuerliches zustieß! Kaum waren wir in der Mitte des Flusses angelangt, als sich ein so stürmischer Wind erhob und eine so schwarze Wolke den Tag verfinsterte, daß unsere Matrosen schier verzweifeln wollten. Von der Gefahr erschrocken, fielen wir fast alle in Ohnmacht. Ich erinnere mich, die Stimmen unserer Eunuchen gehört zu haben, die sich stritten, und von denen einige meinten, man müsse uns über die Gefahr informieren und aus unseren Gefängnissen befreien. Aber ihr Oberhaupt bestand darauf, daß wir eingeschlossen blieben: er werde eher sterben als dulden, daß sein Herr auf diese Weise entehrt würde, und er werde jedem den Dolch in die Brust stoßen, der auf solch dreisten Vorschlägen beharre. Eine meiner Sklavinnen kam, außer sich und entkleidet, auf mich zugerannt, um mir zu helfen. Aber ein schwarzer Eunuch packte sie roh und schickte sie dahin zurück, woher sie gekommen war. Dann verließen mich die Sinne, und ich kam erst wieder zu mir, als die Gefahr vorüber war.

Wie umständlich ist das Reisen für die Frauen! Die Männer sind nur den Gefahren ausgesetzt, die ihr Leben bedrohen, aber wir leben in der beständigen Furcht, entweder unsere Tugend oder unser Leben zu verlieren. Gehabe Dich wohl, mein teuerer Usbek: Ich werde Dich immer anbeten.

In Fatmes Serail, dem 2. des Rhamazan-Mondes 1713.

Achtundvierzigster Brief
USBEK AN RHEDI IN VENEDIG

Wer sich bilden will, ist niemals müßig. Ich bin zwar mit keiner wichtigen Angelegenheit betraut, aber doch vollauf beschäftigt. Ich verbringe meine Zeit mit Beobachtungen; abends schreibe ich auf, was ich am Tage gesehen oder gehört habe. Alles interessiert mich, alles erstaunt mich: Ich bin wie ein Kind, auf dessen noch zarte Organe selbst die geringsten Gegenstände den lebhaftesten Eindruck machen. Du wirst es vielleicht nicht glauben wollen, aber wir haben in allen Gesellschaftskreisen, bei allen Einladungen die freundlichste Aufnahme gefunden. Ich glaube, ich verdanke dem lebhaften Geist und der natürlichen Heiterkeit Ricas viel: Sie bewirkt, daß er alle Welt besucht und daß alle Welt ihn besucht. Unser fremdländisches Aussehen schockiert niemanden mehr. Uns kommt sogar die Überraschung zunutze, mit der man festgestellt hat, daß wir nicht unhöflich sind, denn die Franzosen können sich nicht vorstellen, daß unser Klima auch Menschen hervorbringt. Aber ich muß schon sagen, es lohnt sich, sie eines Besseren zu belehren.

Ich habe ein paar Tage in einem Landhaus in der Nähe von Paris zugebracht. Es gehört einem angesehenen Mann, der gerne Gäste bei sich sieht. Er hat eine höchst liebenswürdige Frau: Sie verbindet mit ihrer Bescheidenheit eine Fröhlichkeit, wie sie das zurückgezogene Leben unseren persischen Frauen verbietet. Als Fremder hatte ich nichts Besseres zu tun, als all die vielen Leute zu beobachten, die da ununterbrochen hinströmten und mir Neues boten. Ich bemerkte gleich einen Mann, dessen Einfachheit mir zusagte. Ich schloß mich ihm an, und er schloß sich auch mir an, so daß wir immer zusammen waren. Als wir uns einmal in einem größeren Kreise befanden, sagte ich, die allgemeine Unterhaltung sich selbst überlassend, zu ihm: »Sie mögen meine Neugier vielleicht für unhöflich halten,

aber ich bitte Sie inständig, mir ein paar Fragen zu erlauben. Es ärgert mich, nicht im Bilde zu sein und Menschen vor mir zu haben, aus denen ich nicht klug werden kann. Seit zwei Tagen schon zerbreche ich mir den Kopf: da gibt es keinen unter all diesen Leuten, der mich nicht auf die Folter spannte. In hundert Jahren gelänge es mir nicht, sie zu durchschauen: sie kommen mir unsichtbarer vor als die Frauen unseres Großmoguls.«
»Sie brauchen nur zu reden«, sagte er, »ich will Sie über alles, was Sie wissen wollen, informieren – und das um so mehr, als ich Sie für diskret halte und Sie mein Vertrauen nicht mißbrauchen werden.«

»Wer ist der Mann, der uns so viel von den Mahlzeiten erzählt hat, die er den großen Herren gegeben hat, der mit Ihren Herzögen auf so vertrautem Fuß steht und so häufig mit Ihren Ministern verkehrt, von denen es heißt, sie seien so unzugänglich? Es muß ein Mann von Stand sein, aber er hat einen so gemeinen Gesichtsausdruck, daß er den Edelleuten damit keine Ehre antut; außerdem finde ich ihn unerzogen. Ich bin zwar ein Fremder hier, aber mir scheint doch, daß es eine gewisse, allen Nationen gemeinsame Art von Höflichkeit gibt, und die vermisse ich an ihm. Sind die Leute von Stand bei Ihnen weniger wohlerzogen als die anderen?« – »Dieser Mensch«, entgegnete er mir lachend, »ist ein Steuerpächter[1]; durch seine Reichtümer steht er ebensohoch über allen anderen, wie er durch seine Geburt unter ihnen steht. Er könnte den feinsten Tisch in ganz Paris haben, wenn er sich entschließen könnte, auswärts zu speisen, aber sie sehen, wie flegelhaft er ist: hervorragend ist nur sein Koch. Er ist aber nicht undankbar, Sie haben ja gehört, wie er ihn den ganzen Tag gelobt hat!«

»Und dieser dicke, schwarzgekleidete Herr«, sagte ich, »den diese Dame neben sich gesetzt hat: wie kommt es, daß er ein Trauergewand trägt und dabei so lustig ist und einen so rosigen Teint hat? Er lächelt anmutig, sobald man ihn anspricht, und seine Aufmerksamkeit ist sorgfältiger, aber nicht weniger gepflegt als die der Frauen.« – »Das ist ein Prediger – und schlimmer noch: ein Beichtvater.[2] Er weiß mehr als die Ehemänner, er kennt die Schwächen der Frauen, und sie wissen, daß er auch die seinen hat.« – »Aber er spricht immer von etwas, das er *Gnade* nennt!« – »O nein«, bekam ich zur Antwort: »nicht immer. Einer hübschen Frau flüstert er viel lieber etwas von ihrem Fall ins Ohr. Öffentlich zerschmettert er alle, aber privat ist er sanft wie ein Lamm.« – »Jedenfalls hofiert man ihn sehr«, meinte ich, »er scheint hochgeachtet.« – »Und ob! Gewiß hofiert man ihn. Der Mann ist unersetzlich, er macht das zurückgezogene Leben angenehm: kleine Ratschläge, gewisse Gefälligkeiten, Besuche, die als Auszeichnung gelten; er vertreibt einem das Kopfweh besser als jeder andere; er ist ein Juwel!«

»Aber – wenn ich Ihnen mit meiner Frage nicht lästig falle – sagen Sie mir doch bitte auch, wer uns da gegenüber sitzt und so schlecht angezogen ist, der ab und zu Grimassen schneidet, eine andere Sprache spricht als die anderen und dem es an Geist fehlt, um zu reden, der aber redet, um welchen zu haben?« – »Das ist ein Poet, ein Zerrbild des menschlichen Geschlechts. Leute wie er behaupten, zu dem geboren zu sein, was sie sind[3], und das trifft auf ihr ganzes Leben zu. Es sind fast immer die albernsten Geschöpfe; daher verschont man sie auch nicht: man straft sie vielmehr reichlich mit Verachtung. Diesen hat sein Hunger in dies Haus getrieben; er wird von Hausherr und Hausfrau, deren Güte und Höflichkeit allen Menschen gegenüber gleich ist, freundlich aufgenommen. Als sie heirateten, verfaßte er für sie ein Hochzeitsgedicht. Es ist das Beste, was er seiner Lebtag geschrieben hat, denn es stellte sich heraus, daß die Ehe so glücklich wurde, wie er es prophezeit hatte.«

»Sie mögen es vielleicht nicht glauben wollen«, fügte er hinzu, »voll der orientalischen Vorurteile, wie Sie sind: es gibt bei uns glückliche Ehen und Frauen, denen die Tugend eine strenge Hüterin ist. Die Leute, von denen wir sprechen, leben in ungestörtem Frieden zusammen, jedermann liebt und schätzt sie, es ist nur so, daß ihre Güte sie alle möglichen Menschen einladen läßt: daher kommt's, daß sie manchmal schlechte Gesellschaft haben. Ich tadle sie deswegen nicht: man muß mit den Menschen so leben, wie sie sind. Und die Menschen, von denen man sagt, sie bildeten die gute Gesellschaft, sind oft nur solche, die raffiniertere Laster haben. Vielleicht ist das wie mit den Giften, bei denen auch die feinsten die gefährlichsten sind.«

»Und der alte Mann«, fragte ich ganz leise, »der so verbittert aussieht? Ihn habe ich zuerst für einen Fremden gehalten, denn er ist anders gekleidet als die meisten, und er kritisiert alles, was in Frankreich geschieht, einschließlich der Regierung.« – »Das ist ein alter Krieger«, sagte mein Gesprächspartner, »der sich seinen Zuhörern durch die Länge der Erzählungen über seine Heldentaten ins Gedächtnis prägt. Daß Frankreich Schlachten gewonnen haben soll, wo er nicht dabei war, oder daß es Belagerungen gegeben haben soll, bei denen er nicht die Wälle erstieg, ist ihm eine unerträgliche Vorstellung. In unserer Geschichte glaubt er einen so festen Platz einzunehmen, daß sie für ihn da aufhört, wo er aufgehört hat, dabei zu sein. Ein paar Wunden, die er empfangen hat, sieht er als Zeichen der Auflösung unserer Monarchie an, und – im Gegensatz zu den Philosophen, die meinen, man lebe nur in der Gegenwart, die Vergangenheit sei nichts – lebt er nur in der Vergangenheit. Für ihn existieren nur die Feldzüge, die er mitgemacht hat. Er lebt in der Zeit, die hinter ihm liegt, wie die Helden in der leben, die nach ihnen kommt.« – »Und warum hat er den Dienst quittiert?« wollte ich wissen. »Er hat ihn nicht quittiert, sondern der Dienst hat ihn quittiert«, sagte mein Freund, »er wurde in eine Kleinstadtgarnison versetzt, wo er bis ans Ende seiner Tage seine Abenteuer erzählen kann. Weiter wird er nicht kommen. Der Weg zu höheren Ehren ist ihm versperrt.« – »Und warum?« fragte ich. – Er antwortete: »Wir haben in Frankreich das Prinzip, Offiziere, die geduldig in subalternen Stellungen ausgeharrt haben, nicht weiter zu befördern. Wir sehen sie als Leute an, deren Geist sich an Quisquilien gewöhnt hat und dabei geschrumpft ist. Von daher halten wir sie für unfähig zu Größerem. Wer mit dreißig nicht das Zeug zum General hat, von dem glauben wir, er werde es nie haben. Wer nicht das Auge dafür hat, ein meilenweites Gelände mit all den Gelegenheiten, das es bietet, zu überschauen, wer nicht die Geistesgegenwart hat, bei einem Sieg alle Chancen zu nutzen, und wer aus einer Niederlage nicht immer noch das Beste herauszuholen vermag, von dem glauben wir nicht, daß er diese Gaben je erwerben werde. Deswegen haben wir glänzende Aufgaben für die ganz großen, überlegenen Männer, denen der Himmel nicht nur den Mut, sondern auch den Geist von Helden gegeben hat, aber subalterne Posten für die Leute, deren Gaben dementsprechend sind. Dazu zählen diejenigen, die an einem Nebenkriegsschauplatz alt geworden sind: sie taugen bestenfalls dazu, das zu tun, was sie immer schon getan haben. Man muß ihnen keine neuen Lasten aufbürden, wenn sie keine Kräfte mehr dafür haben.«

Kurz danach packte meine Neugier mich wieder, und ich sagte: »Wenn Sie mir nur diese noch erlauben, will ich keine weiteren Fragen mehr stellen. Wer ist wohl der große junge Mann mit den vielen Haaren, mit wenig Witz und viel Dreistigkeit? Woher kommt es, daß er lauter redet als die anderen und sich soviel darauf einbildet, auf der Welt zu sein?« – »Das ist ein Glücksritter ...«.[4] Bei diesen Worten traten Leute ein, andere gingen fort, alles erhob sich, jemand wandte sich meinem Gesprächspartner zu, und ich war so klug als wie zuvor. Doch dann fügte es der Zufall, daß ich den jungen Mann neben mir hatte. Er wandte sich mir zu und sagte: »Es ist schön draußen: wollen Sie ein paar Schritte mit mir in den Garten gehen?« – Ich antwortete so höflich ich konnte, und wir gingen zusammen hinaus. »Ich bin aufs Land gekommen«, sagte er, »um der Dame des Hauses einen Gefallen zu tun. Ich stehe mich gut mit ihr. Ich kenne zwar eine gewisse Dame in der Gesellschaft, der das schlechte Laune machen wird. Aber was soll's? Ich bin bekannt mit den schönsten Frauen von Paris, aber keine hält mich fest. Ich binde ihnen allen einen Bären auf, denn unter uns gesagt: ich bin kein Tugendbold.« – »Sicher hält ein Geschäft oder ein Amt Sie davon ab, ihnen länger den Hof zu machen«, meinte ich. – »Keineswegs«, sagte er, »ich habe nichts anderes zu tun, als die Ehemänner in Rage zu bringen oder die Väter in Verzweiflung zu stürzen. Ich liebe es, eine Frau, die mich gefesselt zu haben glaubt, in Unruhe zu versetzen und sie an den Rand des Abgrunds zu führen. Ich zähle zu der Schar junger Männer, die Paris unter sich aufteilen und denen es gelingt, die Stadt für die geringsten Schritte zu interessieren, die sie tun.« – »Wenn ich Sie richtig verstehe«, sagte ich, »machen Sie mehr von sich reden als der tapferste Krieger und pochen auf mehr Ansehen als eine würdige Magistratsperson. Wenn Sie in Persien wären, gelänge Ihnen das nicht. Man würde Sie für geeigneter halten, unsere Frauen zu hüten, als ihnen zu gefallen.« – Das Blut stieg mir in den Kopf, und ich glaube, es fehlte nicht viel und ich hätte ihm eine Grobheit gesagt.

Was hältst Du von einem Land, wo man so etwas duldet und wo man Menschen leben läßt, die sich so aufführen? Wo Untreue, Verrat und Entführung, Gemeinheit und Ungerechtigkeit einem Achtung verschaffen? Wo ein Mann geachtet wird, weil er einem Vater seine Tochter, einem Ehemann seine Frau raubt und die innigsten, heiligsten Bande zerreißt? Gepriesen seien die Kinder Alis, die ihre Familien vor Schmach und Schande bewahren! Das Licht des Tages ist nicht reiner als das Feuer, das in den Herzen unserer Frauen brennt, unsere Töchter denken mit Schauder an den Tag, der ihnen die Tugend rauben soll, die sie den Engeln und den körperlosen Gewalten gleichsetzt. Teures Land der Geburt, dem die Sonne ihre ersten Strahlen zuschickt, Dich besudeln all die Verbrechen nicht, vor denen sich das Himmelsgestirn versteckt, sobald es sich dem düstern Abendlande nähert!

Zu Paris, am 5. des Rhamazan-Mondes 1713.

Neunundvierzigster Brief

RICA AN USBEK

Ich befand mich neulich in meinem Zimmer, als ein sonderbar gekleideter Derwisch eintrat. Sein Bart reichte bis zu seinem Gürtelstrick, er ging barfuß, sein Gewand war grau, grob und an einigen Stellen durchgeschabt. Die ganze Erscheinung kam mir so wunderlich vor, daß ich am liebsten einen Maler herbeigeholt hätte, um sie festzuhalten. Er machte mir gleich ein großes Kompliment und ließ mich wissen, er sei ein Mann von anerkannten Verdiensten und überdies Kapuzinermönch. »Ich habe gehört«, sagte er, »daß Sie bald an den persischen Hof zurückkehren, wo Sie eine angesehene Stellung einnehmen. Ich möchte Sie inständig darum bitten, sich bei Ihrem König dafür zu verwenden, daß er zwei oder drei Ordensbrüdern erlaubt, sich in der Nähe von Kasbin[1] niederzulassen.« – »Sie wollen also nach Persien, ehrwürdiger Vater«, fragte ich. – »Ich?« antwortete er, »ich werde mich hüten. Ich bin Ordensoberer und würde meinen Posten nicht gegen den welches Kapuziners auch immer eintauschen.« – »Was, zum Teufel, wollen Sie dann von mir?« – Er antwortete: »Wenn wir diese Niederlassung hätten, könnten die italienischen Patres zwei oder drei der ihren dahinschicken.« – »Sicherlich kennen Sie diese Ordensbrüder?« – »Keineswegs.« – »Was, zum Geier, liegt Ihnen dann daran, daß sie nach Persien gehen? – Das nenne ich einen verrückten Plan: zwei Kapuziner die Luft von Kasbin atmen zu lassen! Wie nützlich wäre das für Asien und Europa! Und wie überaus dringlich, dafür Könige einzuspannen. Das gäbe eine schöne Kolonie! Bleiben Sie mir vom Halse, Sie und Ihresgleichen sind nicht dafür gemacht, verpflanzt zu werden. Sie täten besser daran, weiter auf dem Boden herumzukriechen, der Sie hervorgebracht hat.«

Zu Paris, am 15. des Rhamazan-Mondes 1713.

Fünfzigster Brief

RICA AN ***

Ich habe Menschen gekannt, denen die Tugend so natürlich war, daß man sie gar nicht bemerkte. Sie gehorchten ihrer Pflicht, ohne sich ihr zu beugen: sie war ihnen instinktmäßig zu eigen. Weit davon entfernt, ihre guten Eigenschaften im Gespräch hervorzuheben, schienen sie ihnen gar nicht bewußt zu sein. Solche Menschen habe ich gern, nicht aber die Tugendbolde, die selbst erstaunt sind über ihre Vorbildlichkeit und denen eine gute Tat wie ein Wunder vorkommt, die jedermann erstaunen muß.

Wenn Bescheidenheit eine Eigenschaft ist, die sich für die schickt, die vom Himmel mit großen Gaben ausgezeichnet wurden, was soll man da von dem Winzling sagen, der einen Hochmut zur Schau trägt, der den größten Männern Unehre machen würde? Ich beobachte überall Leute, die unaufhörlich von sich selbst sprechen. Ihre Gespräche sind wie Spiegel, in denen immerzu ihre aufdringliche Gestalt erscheint. Sie reden von den geringfügigsten Dingen, die ihnen zugestoßen sind, und meinen, das Interesse, das *sie* daran haben, mache sie in unseren Augen bedeutender. Sie haben alles gesehen, alles getan, alles gedacht. Sie sind ein Muster für alle, ein unerschöpflicher Vergleichsgegenstand, eine nie versiegende Quelle der Beispielhaftigkeit. Oh, wie fade ist ein Lob, das auf die Stelle zurückstrahlt, von der es ausging!

Vor ein paar Tagen belästigte ein solcher Mensch uns mit sich, mit seinen Gaben und Verdiensten. Aber da es kein Perpetuum mobile in der Welt gibt, hörte er schließlich auf zu reden. So konnten wir das Wort ergreifen, und wir taten das auch. – Ein anderer, der ziemlich griesgrämig zu sein schien, fing an, sich über die Langeweile zu beklagen, die das Gespräch verbreite. »Was? immer diese Dummköpfe, die von sich selber reden und alles auf sich beziehen!« – »Recht haben Sie«, sagte unser Gesprächspartner von zuvor: »man muß es nur machen wie ich, ich lobe mich nie: ich bin vermögend, von Stand, bin nicht knickerig, und meine Freunde sagen, ich sei geistreich. Aber von alldem rede ich nicht. Wenn ich überhaupt gute Eigenschaften habe, so ist die Bescheidenheit diejenige, die ich am meisten schätze.«

Ich bewunderte den unverschämten Menschen, und während er laut daherredete, sagte ich leise: »Glücklich, wer eitel genug ist, nie von sich Gutes zu sagen, wer seine Zuhörer fürchtet und seine eigenen Verdienste nicht herabsetzt, indem er sie mit dem Hochmut der anderen auf eine Stufe stellt.«

Zu Paris, am 20. des Rhamazan-Mondes 1713.

Einundfünfzigster Brief

NARGUM, PERSIENS GESANDTER IN MOSKAU, AN USBEK IN PARIS

Man hat mir aus Ispahan geschrieben, Du habest Persien verlassen und seist jetzt in Paris. Warum muß ich von anderen als von Dir Nachrichten über Dich erhalten? Die Befehle des Königs der Könige halten mich seit fünf Jahren in diesem Land zurück, wo ich mehrere wichtige Unterhandlungen geführt habe. Du weißt ja, daß der Zar der einzige Fürst der Christenheit ist, der mit Persien gemeinsame Interessen hat, weil er wie wir ein Feind der Türken ist. Sein Reich ist größer als unseres. Von Moskau bis zum entferntesten Ort seines Landes an der chinesischen Grenze sind es tausend Meilen.

Er ist unumschränkter Herrscher über Leben und Eigentum seiner Untertanen, die mit der Ausnahme von vier Familien allesamt Sklaven sind. Der Statthalter der Propheten und König der Könige, der den Himmel zum Stuhl und die Erde zur Fußbank[1] hat, übt seine Macht nicht furchtbarer aus. Hat man das schreckliche Klima Moskaus kennengelernt, hält man es kaum für möglich, daß es eine Strafe sein soll, von da verbannt zu werden: und doch schickt man die großen Herren nach Sibirien, wenn sie in Ungnade gefallen sind. Wie das Gesetz unseres Propheten es verbietet, Wein zu trinken, so verbietet es hier das Gesetz des Zaren. Seine Gäste aber empfängt man hier ganz anders als in Persien. Sobald ein Fremder ein Haus betritt, stellt ihm der Mann seine Frau vor, der Fremde küßt sie, und das gilt als eine Höflichkeit dem Manne gegenüber.

Obwohl die Väter für gewöhnlich im Heiratsvertrag ihrer Töchter festlegen, daß der Ehemann seine Frau nicht schlagen dürfe, ist es unglaublich, wie sehr die Moskovitinnen es lieben, geschlagen zu werden. Wenn ihr Mann sie nicht verprügelt, können sie sich nicht vorstellen, daß sein Herz ihnen gehört. Das gegenteilige Verhalten seinerseits ist ein Zeichen unverzeihlicher Gleichgültigkeit. Hier folgt der Brief, den eine dieser Frauen kürzlich ihrer Mutter schrieb:

»Meine liebe Mutter,

ich bin die unglücklichste Frau der Welt. Ich habe nichts unterlassen, die Liebe meines Mannes zu gewinnen, und es ist mir nicht gelungen. Gestern hatte ich tausenderlei Dinge im Hause zu erledigen, dann ging ich heraus, blieb den ganzen Tag draußen und dachte, bei meiner Rückkehr würde er mich kräftig verprügeln. Er sagte jedoch kein Wort. Meine Schwester wird ganz anders behandelt: ihr Mann haut sie täglich, sie kann keinen Mann anschauen, ohne daß er sie verprügelt. Deswegen lieben sie sich auch so und kommen aufs beste miteinander aus. Das macht sie ganz hochmütig. Ich will ihr aber nicht lange mehr Anlaß zur Verachtung geben. Ich habe beschlossen, mich von meinem Mann, koste es was es wolle, lieben zu lassen. Ich werde ihn so lange ärgern, bis er mir notgedrungen seine Liebesbeweise geben muß. Es soll nicht heißen, daß ich nie verprügelt werde und daß ich im Haus keine Beachtung finde. Wenn er mir auch nur einen Nasenstüber verpaßt, will ich ganz laut schreien, so daß man meint, er mache sich ernstlich über mich her. Und wenn dann ein Nachbar zu Hilfe käme, würde ich ihn, glaube ich, erdrosseln.

Ich bitte Dich inständig, liebe Mutter, mache doch meinem Mann klar, daß er mich unwürdig behandelt. Mein Vater, der ein wackerer Mann war, hat es ganz anders gehalten: ich erinnere mich, daß er Dich manchmal zu viel liebte, als ich noch ein kleines Mädchen war.

Tausend Grüße, Deine Tochter.«

Die Moskowiter dürfen ihr Land nicht verlassen, um zu verreisen. Da die Gesetze des Landes es verbieten, leben sie getrennt von den anderen Nationen und halten an ihren alten Sitten um so mehr fest, als sie meinen, es sei unmöglich, andere zu haben.[2] Aber der Zar, der jetzt herrscht[3], wollte das alles ändern. Er hat wegen ihrer Bärte einen heftigen Streit mit ihnen gehabt, und die Popen und Mönche haben ihre Unwissenheit nicht minder verteidigt. Er will die Künste zur Blüte bringen und tut alles, um den Ruhm seiner so lange vergessenen und nur sich selbst bekannten Nation in Europa und Asien zu verbreiten. Rastlos treibt es ihn in seinen weiträumigen Provinzen um, überall hinterläßt er die Spuren seiner natürlichen Strenge. Dann verläßt er sein Land, als vermöchte es ihn nicht zu halten, und sucht in Europa neue Provinzen und neue Reiche auf.

Ich umarme Dich, mein lieber Usbek. Und ich bitte Dich inständig: laß von Dir hören!
Zu Moskau, am 2. des Schalwal-Mondes 1713.

Zweiundfünfzigster Brief

RICA AN USBEK IN ***

Neulich befand ich mich in einer Gesellschaft, wo ich mich gut unterhielt. Es gab da Frauen jeden Alters: eine von achtzig Jahren, eine von sechzig und eine von vierzig, die eine Nichte von zweiundzwanzig Jahren bei sich hatte. Eine innere Ahnung ließ mich mich der letzteren zuwenden, und sie sagte mir ins Ohr: »Was meinen Sie zu meiner Tante, die in ihrem Alter noch Liebhaber haben will und sich herausputzt?« – »Sie hat Unrecht«, sagte ich, »so etwas schickt sich nur für Sie!« – Gleich danach stand ich neben der Tante, die mir zuflüsterte: »Was halten Sie von der Frau da, die mindestens sechzig ist und über eine Stunde mit ihrer Toilette beschäftigt gewesen sein muß?« – »Verlorene Liebesmüh«, sagte ich: »man müßte über Ihre Reize verfügen, um an so etwas zu denken.« – Dann begab ich mich zu der unglückseligen Frau von sechzig Jahren, die mir in meiner Seele leid tat, und sie sagte mir ins Ohr: »Gibt es etwas Lächerlicheres? Sehen Sie sich diese Frau an! Sie ist mindestens achtzig und trägt feuerrote Bänder! So will sie sich jung machen – und das gelingt ihr auch: man hält sie für kindisch.« – Guter Gott, sagte ich zu mir selbst: Erkennen wir immer nur, wie lächerlich die anderen sind? Aber vielleicht ist das unser Glück: so verschaffen uns die Schwächen der anderen Leute Trost. – Unterdessen amüsierte ich mich gut. Ich dachte: Jetzt sind wir hoch hinauf gestiegen. Machen wir uns auf den Abstieg und beginnen wir mit der Alten, die ganz oben steht. – »Madame«, wandte ich mich ihr zu: »Sie sehen der Dame so ähnlich, mit der ich eben gesprochen habe: Sie könnten Schwestern sein! Ich möchte Sie auch für ungefähr gleich alt halten.« – »In der Tat«, sagte sie, »wenn die eine stirbt, muß es der anderen angst werden, denn ich glaube nicht, daß uns mehr als zwei Tage voneinander trennen.« – Von der hochbetagten Frau, die mir so ins

Garn gegangen war, ging ich zu der Sechzigjährigen über. »Sie müssen über eine Wette entscheiden, die ich eingegangen bin«, sagte ich zu ihr: »ich habe gewettet, daß Sie und diese andere Dame da (und ich zeigte auf die Vierzigjährige) gleich alt sind.« – »Ich kann mir beim besten Willen nicht vorstellen, daß wir mehr als sechs Monate auseinander sind«, sagte sie. Da wußte ich also, woran ich war. Weiter so! Ich stieg noch eine Stufe herab und wandte mich der Frau von vierzig Jahren zu. »Madame, tun Sie mir den Gefallen und sagen Sie mir, ob Sie sich über uns lustig machen, wenn Sie das Fräulein, das an dem anderen Tisch sitzt, Ihre Nichte nennen. Sie hat so etwas Verwelktes im Gesicht, das *Sie* gewiß nicht haben, und die Frische Ihres Teints...« – »Einen Augenblick«, sagte sie: »Ich bin ihre Tante, aber ihre Mutter war mindestens fünfundzwanzig Jahre älter als ich. Wir entstammten nicht derselben Ehe. Ich habe meine Schwester selig sagen hören, ihre Tochter und ich seien im selben Jahr auf die Welt gekommen.« – »Hab' ich's mir doch gedacht, Madame«, sagte ich: »so hatte ich also allen Grund, mich zu wundern.«

Lieber Usbek: läßt das Schwinden ihrer Reize die Frauen empfinden, daß sie nicht mehr die alten sind, so streben sie ihrer Jugend zu. Wie sollten sie auch die anderen nicht täuschen wollen, wo sie sich doch alle Mühe geben, sich selbst zu täuschen und den betrüblichsten aller Gedanken von sich zu weisen?

Zu Paris, am 3. des Schalwal-Mondes 1713.

Dreiundfünfzigster Brief

ZELIS AN USBEK IN PARIS

Nie hat es eine stärkere und lebhaftere Leidenschaft gegeben, als die, von der Kosru, der weiße Eunuch, für meine Sklavin Zelide ergriffen wurde. Er verlangt sie mit solchem Ungestüm zur Frau, daß ich sie ihm nicht verweigern kann. Und warum sollte ich sie ihm auch verweigern, wo ihre Mutter doch nichts dagegen hat und Zelide selbst mit der Vorstellung dieser Ehe, die doch nur ein Betrug und ein Schatten sein kann, einverstanden zu sein scheint.

Was aber will sie mit dem Unglücklichen anfangen, der von einem Mann nur die Eifersucht haben, der seiner Kälte nur zu entweichen vermag, um in der Verzweiflung zu landen, und der sich an das, was er einmal war, nur erinnern kann, um ihr deutlich zu machen, daß er es nicht mehr ist. Stets bereit, sich hinzugeben, aber nicht in der Lage, es zu tun, wird er sich und sie immer nur täuschen, wodurch ihr das ganze Elend ihrer Lage erst recht bewußt werden muß. Wie? Immer nur in Wunschbildern und Hirngespinsten schwelgen? Nur leben, um sich etwas einzubilden? Sich immer am Rande der Lust befinden, aber niemals in sie versenken können? In den Armen eines Unseligen schmachten, und, anstatt seine Seufzer zu erwidern, nur auf sein Bedauern eingehen können? Wie sehr muß man schließlich einen Menschen von der Sorte verachten, die nur zum Bewachen, niemals zum Besitzen geschaffen ist? Ich suche die Liebe bei ihm und finde sie nicht.

Ich spreche frei heraus mit Dir, weil Du meine Offenherzigkeit gern hast, Dir meine unverblümte Art und meine Lust an der Liebe lieber ist als die erheuchelte Scham meiner Gefährtinnen. Du hast mir oft gesagt, die Eunuchen empfänden im Verkehr mit den Frauen eine uns unbekannte Art von Vergnügen; die Natur entschädige sie für ihren Verlust, sie kenne Auswege, die die Mängel ihrer Beschaffenheit wettmachen, so daß man zwar aufhörte, ein Mann zu sein, aber doch immer noch als ein solcher empfinden und sich sozusagen einen dritten Sinn zulegen könne, bei dem die Lust nur einen anderen Charakter annähme. Wenn dem so wäre, fände ich Zelide weniger beklagenswert. Mit nicht ganz so unglücklichen Menschen zusammenzuleben, ist immerhin schon etwas. –

Laß mir Deine Befehle zukommen und laß mich wissen, ob die Heirat im Serail stattfinden soll. – Leb wohl.
Im Serail zu Ispahan, am 5. des Schalwal-Mondes 1713.

Vierundfünfzigster Brief

RICA AN USBEK IN ***

Ich war heute morgen in meinem Zimmer, das, wie Du weißt, von den andern nur durch eine dünne, mehrfach durchlöcherte Wand getrennt ist, so daß man alles mithört, was im Nachbarzimmer gesprochen wird. Ein Mann, der mit großen Schritten auf und ab ging, sagte zu einem anderen: »Ich weiß nicht, was los ist, aber alles hat sich gegen mich verschworen. Seit drei Tagen habe ich nichts gesagt, das Eindruck gemacht hätte, und ich befinde mich im Gespräch mit allen möglichen Leuten, ohne daß man im geringsten auf mich achtet oder mehr als einmal das Wort an mich richtet. Ich hatte ein paar Einfälle vorbereitet, um meine Rede zu würzen, und man ließ sie mich nicht an den Mann bringen; ich hatte eine Anekdote parat, aber wenn ich drauf und dran war, sie vorzubringen, hat man mich davon abgehalten, als geschähe es absichtlich. Seit vier Tagen schon rosten mehrere Bonmots in meinem Kopf, von denen ich keinen Gebrauch machen kann. Wenn das so weiter geht, werde ich noch zum Dummkopf. Das scheint ein Unstern zu sein, dem ich nicht zu entgehen vermag. Gestern hoffte ich vor drei oder vier alten Damen zu glänzen, die mich gewiß nicht eingeschüchtert haben. Ich hätte die geistreichsten Dinge vorbringen müssen, eine ganze Viertelstunde lenkte ich schon meine Unterhaltung daraufhin, aber sie blieben nie bei der Sache und schnitten mir, wie die Parzen, den Gesprächsfaden ab. Weißt Du was? Es ist nicht so leicht, den Ruf eines Schöngeists zu erhalten. Wie Du das fertiggebracht hast, möchte ich wissen.« –

»Ich habe eine Idee«, sagte da der andere. »Wir wollen uns

zusammentun, um geistreich zu sein: schließen wir einen Bund zu dem Zweck! Wir vereinbaren täglich, wovon wir sprechen wollen und kommen uns gegenseitig zu Hilfe, so daß, wenn jemand uns mitten im Gespräch unterbrechen will, wir ihn ablenken, und will er uns nicht folgen, so brauchen wir Gewalt. Wir einigen uns über die Stellen, wo Zustimmung fällig oder wo zu lächeln ist, und über die, wo lauthals gelacht werden muß. Du wirst sehen, wie wir in allen Unterhaltungen den Ton angeben werden, wie man unseren lebhaften Geist und unsere witzigen Antworten bewundern wird. Wir unterstützen uns gegenseitig mit Winken. Heute sollst Du glänzen, morgen sekundierst Du mir. Ich betrete mit Dir ein Haus und rufe, auf Dich zeigend: ›Ich muß Ihnen die köstliche Antwort wiedergeben, die dieser Mann eben jemandem auf der Straße gegeben hat.‹ Dann wende ich mich Dir zu: ›Darauf war der nicht gefaßt, er war baß erstaunt.‹ Dann zitiere ich ein paar Verse von mir und Du sagst: ›Ich war dabei, als sie entstanden: es war bei einem Abendessen, und er hat keinen Augenblick gezögert.‹ Manchmal wollen wir uns gegenseitig verspotten, und die Leute werden sagen: ›Sieh mal an, wie die sich angreifen und wie sie sich verteidigen; die schonen sich nicht. Mal sehen, wie der sich aus der Affäre zieht, vortrefflich! Wie geistesgegenwärtig! Das nenne ich ein Gefecht!‹

Aber daß wir das am Vorabend eingeübt haben, darf keiner wissen. Außerdem müssen wir Bücher kaufen, in denen Bonmots gesammelt sind für die, die keine Einfälle haben und die so tun wollen, als hätten sie welche. Man muß nur die richtigen Muster finden. In sechs Monaten möchte ich uns soweit haben, daß wir eine Unterhaltung von einer ganzen Stunde mit Bonmots bestreiten können. Und dann kommt es noch darauf an, daß man sich ihrer annimmt: Bonmots allein genügen nicht, man muß sie überall verbreiten und publik machen, sonst ist alle Mühe vergebens. Es gibt nichts Deprimierenderes, finde ich, als einen guten Einfall, den man vorgebracht hat, im Ohr eines Dummkopfs verschwinden zu sehen. Allerdings gibt es eine Entschädigung dafür: daß wir auch einmal etwas Dummes sagen, das incognito bleibt. Das ist das einzige, was uns dann noch trösten kann.

So müssen wir vorgehen, mein Lieber. Tu, was ich sage, und ich verspreche Dir, in weniger als sechs Monaten bist Du Mitglied der Akademie. Das, um zu sagen, daß uns das nicht zuviel Zeit kosten wird. Denn dann brauchst Du Deine Künste nicht mehr. Man hält Dich für geistreich, ob Du es bist oder nicht. In Frankreich braucht einer nur einer Körperschaft beizutreten, und schon besitzt er, was man Korpsgeist nennt. So mußt Du's auch machen: mich ängstigt da nichts mehr, außer daß Dir der Beifall lästig werden könnte.«

Zu Paris, am 6. des Zilkade-Mondes 1714.

Fünfundfünfzigster Brief

RICA AN IBBEN IN SMYRNA

Bei den Völkern Europas räumt die erste Viertelstunde der Ehe alle Schwierigkeiten aus dem Wege. Die letzte Gunst wird stets zur gleichen Zeit erwiesen wie die kirchliche Trauung. Die Frauen halten es hier nicht wie die Perserinnen, die das Terrain oft monatelang verteidigen. Nichts geht glatter vonstatten: wenn sie nichts verlieren, so haben sie eben nichts zu verlieren. Und man weiß immer, o Schande! wann sie sich hingeben, so daß man auch die Gestirne nicht zu befragen braucht, um zu erfahren, wann die Kinder auf die Welt kommen.

Die Franzosen sprechen fast nie von ihren Frauen. Das liegt daran, daß sie befürchten müssen, vor Leuten zu sprechen, die sie besser kennen als sie selbst. – Es gibt ganz unglückliche Männer unter ihnen, die niemand tröstet: das sind die Eifersüchtigen. Sie sind es, die alle Welt haßt, und sie sind es auch, die von allen verachtet werden. Daher kommt es, daß in keinem anderen Land so wenige Leute eifersüchtig sind wie in Frankreich. Ihre Seelenruhe gründet sich nicht auf das Vertrauen, das sie ihren Frauen schenken. Im Gegenteil, sie kommt von der schlechten Meinung, die sie von ihnen haben. All die weisen Vorkehrungen der Orientalen, die Schleier, die die Frauen bedecken, die Gefängnisse, in die sie eingeschlossen werden, die Wachsamkeit der Eunuchen, scheinen ihnen geeigneter dazu zu sein, die Findigkeit des weiblichen Geschlechts anzustacheln, als sie einzuschläfern. Hierzulande finden die Männer sich mit ihrem Schicksal ab: sie betrachten die Untreue der Frauen als unvermeidliche Schicksalsschläge. Ein Mann, der seine Frau ganz für sich haben will, wird als ein Störenfried öffentlicher Lustbarkeit angesehen, ja als ein Verrückter, der unter Ausschluß aller anderen das Sonnenlicht für sich allein haben wollte.

Ein Mann, der seine Frau liebt, wird hier für jemanden gehalten, der es nicht fertigbringt, eine andere für sich zu gewinnen, für einen, der das Gesetz mißbraucht, um die Verführungskünste, die ihm abgehen, zu ersetzen, der seine Vorteile auf Kosten der ganzen Gesellschaft ausnutzt, der sich zu eigen macht, was ihm nur anvertraut wurde und der mit aller Gewalt die Konventionen über den Haufen werfen will, von denen das Glück beider Geschlechter abhängt. Wer der Mann einer hübschen Frau ist, was man im Orient so sorgfältig zu verstecken versucht, brüstet sich dessen hier ungeniert. Schließlich findet man hier überall Zerstreuung. Ein Fürst tröstet sich über den Verlust einer Festung durch die Einnahme einer anderen: als die Türken uns Bagdad weggenommen hatten, haben wir da nicht dem Großmogul die Feste Kandahar entrissen? – Hier wird ein Mann, der die Untreue seiner Frau duldet, im allgemeinen nicht mißbilligt, im Gegenteil: man lobt seine Einsicht, nur Einzelfälle entehren.

Nicht, daß es keine tugendhaften Frauen gäbe, sie werden sogar hochgeachtet, so kann man sagen. Mein Kutscher sagt mir das immer, aber die, von denen er spricht, sind alle so häßlich, daß man ein Heiliger sein müßte, die Tugend nicht zu hassen. – Nach alldem, was ich Dir gesagt habe, kannst Du Dir denken, daß die Franzosen auf Treue keinen großen Wert legen. Sie meinen, es sei ebenso lächerlich, einer Frau ewige Liebe zu schwören, wie es lächerlich wäre zu behaupten, man werde immer gesund oder glücklich sein. Wenn sie einer Frau versprechen, sie immer zu lieben, gehen sie ihrerseits davon aus, daß diese verspricht, immer liebenswert zu bleiben: hält sie ihr Wort nicht, halten sie sich auch nicht für verpflichtet, das ihre zu halten.

Zu Paris, am 7. des Zilkade-Mondes 1714.

Sechsundfünfzigster Brief

USBEK AN IBBEN IN SMYRNA

In Europa ist das Spiel weit verbreitet. Spieler zu sein ist ein Beruf. Hat man ihn, ersetzt er Geburt, Vermögen und Ehre. Jeder Spieler gilt ungeprüft als ein Mann von Stand. Jedermann weiß, daß man sich täuschen kann, aber man ist übereingekommen, es dabei zu belassen.

Die Frauen sind erst recht aufs Spiel versessen. Zwar geben sie sich ihm nicht hin, solange sie jung sind, weil sie da einer Leidenschaft frönen, die ihnen noch mehr am Herzen liegt, aber je älter sie werden, desto mehr steigert sich die Spielleidenschaft bei ihnen. Sie füllt die ganze Leere aus, die die anderen Leidenschaften hinterlassen.

Sie wollen ihre Männer zugrunde richten: dafür haben sie in jedem Lebensalter die Mittel, vom zartesten Jugendalter bis zum dahinsiechenden Greisentum. Mit Kleidern und Equipagen beginnt der Ruin, die Koketterie verschlimmert ihn, und das Spiel besorgt den Rest. – Oft schon habe ich neun oder zehn Frauen, vielmehr neun oder zehn Zeitalter um einen Tisch versammelt gesehen: Ich sah sie in ihrer Hoffnung, in ihrer Furcht, in ihrer Freude und in ihrem Wüten. Man hätte meinen mögen, daß sie sich niemals wieder beruhigen würden und daß sie vor Verzweiflung ihr Leben lassen müßten: man wußte nicht mehr, waren die, denen sie ihre Schulden bezahlten, ihre Gläubiger oder ihre Erben.

Unseren heiligen Propheten hat offenbar an nichts *mehr* gelegen, als daran, uns vor dem zu bewahren, was den Verstand verwirrt: er hat uns den Wein verboten, der ihn in Schlaf versetzt, und er hat uns ausdrücklich die Glücksspiele untersagt. Hätte er die Leidenschaften von Grund auf ausrotten können, hätte er sie ausgelöscht. Bei uns bringt die Liebe weder Verwirrung noch Wüten hervor, es ist eine schmachtende Leidenschaft, die die Seele in Frieden läßt, die Vielzahl der Frauen bewahrt uns davor, von ihnen beherrscht zu werden, und sie mäßigt die Heftigkeit unseres Verlangens.
Zu Paris, am 10. des Zilhage-Mondes 1714.

Siebenundfünfzigster Brief

USBEK AN RHEDI IN VENEDIG

Die Lebemänner unterhalten hier eine Unzahl von Freudenmädchen, die Frömmler eine Unzahl von Derwischen. Die Derwische legen drei Gelübde ab: Gehorsamkeit, Armut und Keuschheit. Das erste soll am ehesten eingehalten werden, für das zweite gilt das mit Sicherheit nicht – und wie es um das dritte steht, überlasse ich Dir zu beurteilen.

Aber wie reich diese Derwische auch sein mögen, sie spielen die Rolle der Armen weiter. Unser ruhmreicher Sultan würde eher auf all seine prächtigen und erhabenen Titel verzichten als sie auf den Anspruch, arm zu sein: und sie haben recht, denn dieser Anspruch rettet sie davor, es wirklich zu werden. – Die Ärzte und einige dieser Derwische, die man Beichtväter nennt, werden hierzulande immer zu hochgeschätzt oder zu sehr verachtet. Immerhin heißt es, daß die Erben sich mit den Ärzten besser stehen als mit den Beichtvätern.

Ich war neulich in einem Kloster dieser Derwische. Einer von ihnen – er wirkte durch seine weißen Haare besonders ehrwürdig – empfing mich sehr zuvorkommend. Er zeigte mir das ganze Haus. Dann gingen wir in den Garten und fingen an, uns zu unterhalten. »Ehrwürdiger Vater«, sagte ich, »welcher Tätigkeit gehen Sie in diesem Kloster nach?« – Offensichtlich sehr erfreut über meine Frage, antwortete er: »Ich bin Kasuist.« – »Kasuist?« fragte ich, »seit ich in Frankreich bin, habe ich diesen Beruf noch nicht nennen hören.« – »Was? Sie wissen nicht, was ein Kasuist ist? Hören Sie zu: ich werde Ihnen eine Vorstellung davon geben, die nichts zu wünschen übrigläßt. Es gibt zweierlei Sünden: die Todsünden, die einem den Zugang zum Paradies verschließen, und die läßlichen, die zwar auch Gott zuwider sind, aber ihn doch nicht so erzürnen, daß er uns deswegen die ewige Seligkeit vorenthielte. Unsere ganze Kunst besteht nun darin, diese beiden Sündenarten gut zu unterscheiden, denn mit Ausnahme von ein paar Freigeistern wollen alle Christen ins Paradies, aber keiner möchte sich das teurer zu stehen kommen lassen als nötig. Hat man die Todsünden gut erkannt, versucht man keine zu begehen, und man ist gerettet. Es gibt Menschen, die streben nicht nach allergrößter Vollkommenheit, sie haben keinen Ehrgeiz und bestehen nicht darauf, im Paradies die besten Plätze einzunehmen; kommen sie gerade noch hinein, so ist ihnen das auch recht, Hauptsache, sie sind darin! Das reicht. Diese Leute erpressen den Himmel eher, als daß sie ihren Platz darin geschenkt bekämen, und sie sprechen so zu Gott: ›Herr, ich habe die Bedingungen gerade noch erfüllt, Du mußt Dein Versprechen einhalten, aber da ich nicht *mehr* als das eben Notwendige getan habe, verlange ich auch nicht *mehr* von Dir.‹

Sie sehen, wie unentbehrlich wir sind. Aber das ist noch

nicht alles. Sie werden's gleich merken. Nicht die Tat selbst macht das Verbrechen aus, man muß auch wissen, daß man eines begeht. Wer eine böse Tat begeht, dabei aber der Meinung sein kann, es sei keine, kann ein ruhiges Gewissen haben. Und da es eine Unzahl zweideutiger Taten gibt, bedarf es des Kasuisten, um ihnen jenen Grad von Güte zu geben, der ihnen abgeht, den sie aber brauchen, um für gut gehalten zu werden. Gelingt es ihm, die Menschen davon zu überzeugen, ihre Taten seien harmlos, so sind sie es auch.

Ich verrate Ihnen hiermit die Geheimnisse eines Berufs, in dem ich ergraut bin, ich gebe Ihnen dessen Feinheiten zu erkennen. Man kann allem eine günstige Wendung geben, selbst den allerunwahrscheinlichsten Dingen.« – »Das ist ja schön«, sagte ich, »aber, ehrwürdiger Vater, wie arrangieren Sie sich dabei mit dem Himmel? Wenn der Sophi an seinem Hofe jemanden hätte, der mit ihm so umspränge wie Sie mit Ihrem Gott, und der seinen Untertanen beibrächte, in welchen Fällen sie seinen Befehlen gehorchen müssen, in welchen sie das nicht zu tun brauchen, so würde er ihn auf der Stelle aufspießen lassen.« – Ich grüßte meinen Derwisch und wandte mich ab, ohne seine Antwort abzuwarten.

Zu Paris, am 23. des Maharram-Mondes 1714.

Achtundfünfzigster Brief

RICA AN RHEDI IN VENEDIG

In Paris gibt es alle möglichen Gewerbe, mein lieber Rhedi. Da verrät Dir jemand voller Entgegenkommen für wenig Geld das Geheimnis, wie man Gold macht. Ein anderer verspricht dir, du könntest mit den Luftgeistern schlafen, vorausgesetzt, du hast dreißig Jahre keine Frau gesehen. Dann gibt es Wahrsager, die sind so schlau, daß sie dir dein Lebensschicksal erzählen können, wenn sie eine Viertelstunde mit deinen Dienstboten gesprochen haben. Raffinierte Frauen machen aus ihrer Jungfräulichkeit eine Blume, die täglich verwelkt und wieder erblüht und die beim hundertsten Mal nicht einfacher zu pflücken ist als beim ersten.

Andere gibt es, die verfügen über die Kunst, alle Verheerungen der Zeit wiedergutzumachen und einem Antlitz seine dahinschwindende Schönheit zu erhalten, ja sogar eine Frau vom Gipfel des Greisenalters heruntersteigen zu lassen und die Züge zartester Jugend anzunehmen. All diese Leute leben, oder versuchen doch zu leben in einer Stadt, die die Mutter der Erfindungsgabe ist. – Die Bürger haben hier kein festes Einkommen: sie existieren von ihrer Erfindungsgabe und ihren unausgesetzten Bemühungen. Jeder rackert sich ab, so gut er kann, und versucht sich durchzusetzen. – Wer all die Rechtsgelehrten zählen wollte, die sich um die Einkünfte einer Moschee bemühen, könnte genauso gut den Sand am Meer oder die Sklaven unseres Herrschers zählen wollen.

Eine unübersehbare Schar von Sprach-, Kunst- und Wissenslehrern lehrt, was sie selbst nicht weiß – und diese Gabe ist beachtenswert, denn um zu lehren, was man weiß, braucht's nicht viel Geist, aber sehr viel muß man haben, um zu lehren, was man nicht weiß. – Man kann hier nur eines plötzlichen Todes sterben, denn anders hat der Tod keine Chance: an allen Ecken finden sich Leute, die unfehlbare Mittel gegen alle erdenklichen Krankheiten haben. – Alle Läden haben unsichtbare Netze ausgelegt, in denen sich die Käufer verfangen. Manchmal kommt man aber trotzdem billig weg: Eine junge Verkäuferin geht einem Mann eine Stunde lang um den Bart, um ihn dazu zu bringen, ein Päckchen Zahnstocher zu kaufen.

Es gibt keinen, der diese Stadt nicht vorsichtiger verließe, als er sie betrat: indem man andere an dem, was man hat, teilhaben läßt, lernt man es selbst bewahren. Das ist der einzige Vorteil, den die Fremden von dieser Zauberstadt haben.
Zu Paris, am 10. des Saphar-Mondes 1714.

Neunundfünfzigster Brief

RICA AN USBEK IN ***

Neulich war ich in einem Haus, wo sich alle möglichen Leute eingefunden hatten. Zwei alte Damen, die den ganzen Morgen vergeblich versucht hatten, sich jünger zu machen, bestritten die Unterhaltung. Die eine sagte: »Die Männer sind heutzutage entschieden anders, als sie in unserer Jugend waren. Damals waren sie höflich, charmant, entgegenkommend, aber jetzt finde ich sie unerträglich grob.« – »Alles ist anders geworden«, sagte da ein Mann, den die Gicht zu plagen schien, »das Wetter ist nicht mehr, wie es früher war, vor vierzig Jahren waren alle Leute gesund, man ging zu Fuß, man war lustig und tat nichts lieber als tanzen und lachen. Jetzt sind sie alle unerträglich griesgrämig.« – Gleich danach wandte sich das Gespräch der Politik zu. »Bei Gott«, sagte ein alter Herr, »der Staat wird nicht mehr regiert. Gibt es noch Minister, wie Colbert einer war? Ich habe ihn gut gekannt, diesen Herrn Colbert, wir waren befreundet. Er ließ mir meine Pension immer vor den anderen auszahlen. Damals herrschte noch Ordnung in den Finanzen! Allen ging es gut. Heute bin ich ruiniert.« – »Werter Herr«, sagte da ein Geistlicher, »Sie sprechen von der wundervollsten Zeit unseres unbesieglichen Monarchen. Gibt es etwas Größeres, als was er damals tat, um die Ketzerei auszurotten?« – »Und die Abschaffung des Duells«, sagte voller Zufriedenheit jemand, der bisher noch nichts gesagt hatte, »war das etwa nichts?« – »Eine treffende Bemerkung!« flüsterte mir ein anderer ins Ohr: »der Mensch ist entzückt von dem Verbot, und er hält es so strikt ein, daß er vor sechs Monaten hundert Hiebe bezogen hat, um es nicht zu verletzen.«

Mir scheint, Usbek, wir urteilen über die Dinge immer nur mit einem unbewußten Rückbezug auf uns selbst. Es wundert mich nicht, daß die Neger sich den Teufel blendend weiß und ihre Götter pechschwarz vorstellen, daß die Venus gewisser Völker Brüste hat, die ihr bis auf die Schenkel herabhängen, und daß alle Götzendiener ihren Göttern Menschengestalt geben und ihnen menschliche Eigenschaften verleihen. Man hat zu Recht gesagt, wenn die Triangel sich einen Gott gäben, müßte er dreieckig sein.

Mein lieber Usbek, wenn ich die Menschen sehe, die auf einem Atom, das heißt der Erde, herumkriechen, die nur einen Punkt im Weltall ausmacht und sich für die Vollendung der Vorsehung halten, dann weiß ich nicht, wie ich soviel Überheblichkeit mit soviel Geringfügigkeit zusammenbringen soll.

Zu Paris, am 14. des Saphar-Mondes 1714.

Sechzigster Brief

USBEK AN IBBEN IN SMYRNA

Du fragst mich, ob es in Frankreich Juden gibt. Du mußt wissen: überall, wo Geld ist, gibt es auch Juden. Und Du fragst mich, was sie tun. Genau das gleiche wie in Persien: nichts gleicht einem orientalischen Juden mehr als ein europäischer. – Bei den Christen legen sie dieselbe halsstarrige Anhänglichkeit für ihre Religion an den Tag wie bei uns. Sie geht bis zum Wahnsinn.

Die jüdische Religion ist ein alter Stamm, der zwei Äste hervorgebracht hat, die die ganze Erde bedecken, den Islam und das Christentum. Vielmehr: Sie ist eine Mutter, die zwei Töchter geboren hat, die ihr unzählige Wunden zugefügt haben, denn im Bereich des Glaubens sind die nächsten Verwandten die größten Feinde. Wie schlecht sie ihre Mutter auch immer behandelt haben mögen, sie rühmt sich doch nichtsdestoweniger, sie auf die Welt gebracht zu haben. Sie bedient sich beider Töchter, um die ganze Welt zu umfassen, indes sie selbst mit ihrem ehrwürdigen Alter sich über alle Zeiten erstreckt. – Die

Juden halten sich für den Quell aller Heiligkeit, für den Ursprung jeder Religion. Uns sehen sie dagegen als Ketzer an, die das Gesetz verfälscht haben, das heißt für abtrünnige Juden.

Hätten sich die Veränderungen unmerklich ergeben, so meinen sie, sie hätten ihnen leicht zustimmen können, da sie sich aber mit einmal und gewaltsam vollzogen haben, so daß sie Tag und Stunde der Geburt beider Religionen erkennen können, sind sie empört darüber, daß auch wir alt geworden sind und halten an einem Glauben fest, der so alt ist wie die Welt. So friedlich, wie es ihnen jetzt ergeht, ist es ihnen in Europa nie ergangen. Die Christen fangen an, den Geist der Intoleranz abzulegen, der sie lange beseelt hat. Es ist Spanien schlecht bekommen, daß man sie aus dem Lande gejagt hat[1], und Frankreich bekam es schlecht, daß man die Christen drangsaliert hat, deren Glauben von dem des Königs sich ein wenig unterschied.[2] Man hat gemerkt, daß sich der Glaubenseifer von der Anhänglichkeit, die man einer Religion schuldet, unterscheidet, und daß eine Religion zu lieben und sie auszuüben nicht erfordert, daß man die, die ihr nicht angehören, haßt und verfolgt.

Es wäre zu wünschen, daß unsere Muslim in dieser Hinsicht so vernünftig dächten wie die Christen, daß Ali und Abubeker ein für allemal miteinander Frieden schlössen und daß man es Gott überließe, darüber zu befinden, wer seine heiligen Propheten seien. Ich wollte, man ehrte sie mit Handlungen der Ehrfurcht und der Hochachtung, nicht mit eitler Bevorzugung. Ihre Gunst sollte man zu erwerben trachten, wo immer Gott sie plaziert haben mag, zu seiner Rechten oder unterm Fußschemel seines Throns.

Zu Paris, am 18. des Saphar-Mondes 1714.

Einundsechzigster Brief

USBEK AN RHEDI IN VENEDIG

Neulich ging ich in die Kirche, die man Notre-Dame nennt. Während ich sie bewunderte, ergab sich die Gelegenheit, mit einem Geistlichen zu sprechen, den seine Neugier ebenso wie mich hierher geführt hatte. Das Gespräch wandte sich der Ruhe zu, die einem sein Beruf verschafft. »Die meisten Menschen«, sagte er zu mir, »beneiden uns um unseres glücklichen Standes willen, und sie haben recht. Aber er hat auch seine Unannehmlichkeiten. Wir sind nicht so weit von der Welt abgewandt, daß diese uns nicht bei mancherlei Gelegenheit riefe, und da haben wir eine sehr schwierige Rolle zu spielen.

Die Weltleute sind sonderbar. Sie können weder unser Lob noch unseren Tadel vertragen. Wollen wir sie korrigieren, finden sie uns lächerlich, billigen wir ihr Verhalten, halten sie uns für Leute, die aus der Art schlagen. Es gibt nichts Erniedrigenderes als den Gedanken, man habe Gottlosen ein Ärgernis gegeben. Wir können uns daher nicht eindeutig verhalten: wir müssen den Freigeistern imponieren, indem wir unentschieden auftreten und sie darüber im Ungewissen lassen, wie wir zu ihren Reden stehen. Das verlangt viel Intelligenz: die neutrale Stellung ist schwer einzunehmen; die Weltleute, die alles riskieren, sich ihren Eingebungen überlassen, sie, je nachdem ob sie damit Erfolg haben oder nicht, auf die Spitze treiben oder fallen lassen, haben es da weit leichter.

Und das ist nicht alles. Den glücklichen und ruhigen Zustand unserer Seele, um den man uns so beneidet, können wir in Gesellschaft nicht bewahren. Kaum erscheinen wir da, so müssen wir disputieren: Da sollen wir zum Beispiel beweisen, daß Gebete auch für jemanden, der nicht an Gott glaubt, nützlich sind oder daß das Fasten auch für den gut ist, der sein Leben lang die Unsterblichkeit der Seele verleugnet hat. Das ist kein leichtes

Unterfangen, und die Lacher sind nicht immer auf unserer Seite. Mehr noch: uns quält beständig ein gewisses Verlangen, die anderen zu unserem Glauben zu bekehren, das sozusagen mit unserem Beruf verbunden ist. Das ist genauso lächerlich, wie wenn man die Europäer der Menschennatur zuliebe damit beschäftigt sähe, die Gesichter der Neger zu bleichen. Wir schaffen Unruhe im Staat, wir quälen uns selbst damit ab, Glaubensartikel zu verfechten, die gar nicht zum Dogma gehören. So ähneln wir dem Eroberer Chinas, der seine Untertanen damit in Aufruhr brachte, daß er sie dazu zwingen wollte, sich das Haar oder die Nägel zu schneiden.[1]

Selbst unser Eifer, die uns anvertrauten Seelen die Pflichten unserer geheiligten Religion erfüllen zu lassen, ist nicht selten gefährlich. Dabei kann man nicht vorsichtig genug ans Werk gehen. Ein Kaiser namens Theodosius ließ alle Bewohner einer Stadt, einschließlich der Frauen und Kinder, über die Klinge springen: als er danach eine Kirche betreten wollte, verwehrte ein Bischof namens Ambrosius[2] ihm den Zutritt, weil er ein Mörder und Gotteslästerer sei. Das war eine heroische Tat. Als der Kaiser dann die Buße getan hatte, die ein solches Verbrechen erheischte, setzte er sich neben die Priester. Aber der Bischof verwies ihn von dem Platz. Das war fanatisch gehandelt. Dies um zu sagen, wie sehr man sich vor dem Eiferertum hüten muß. Was lag der Religion oder dem Staat daran, ob der Kaiser sich zu den Priestern setzte oder nicht?«

Zu Paris, am 1. des Rebiab-Mondes 1714.

Zweiundsechzigster Brief

ZELIS AN USBEK

Da Deine Tochter sieben Jahre alt geworden ist, schien es mir an der Zeit, sie in den inneren Gemächern des Serails unterzubringen. Ich möchte nicht warten, bis sie zehn ist, und sie dann erst den schwarzen Eunuchen anvertrauen. Man kann einem jungen Mädchen seine kindlichen Freiheiten nicht früh genug nehmen, um ihr in den geweihten Mauern, wo die Sittsamkeit herrscht, eine fromme Erziehung zu geben. Ich kann die Ansicht der Mütter nicht teilen, die ihre Töchter erst dann einschließen, wenn sie schon im Begriff sind, ihnen einen Mann zu geben. Sie verurteilen sie eher zum Serail, als daß sie sie ihm weihten, und zwingen sie so zu einer Lebensweise, in die sie sie zuvor hätten einführen sollen. Darf man der Kraft der Vernunft alles abverlangen und nichts der süßen Gewohnheit?

Man redet uns vergebens von der Unterordnung, die die Natur uns diktiert, es genügt nicht, sie uns zu spüren zu geben: Wir müssen sie praktizieren, damit wir uns auf sie verlassen können in der kritischen Zeit, wo die Leidenschaften aufkommen und uns zur Unabhängigkeit aufstacheln. Wären wir euch nur durch die Pflicht verbunden, könnten wir sie manchmal vergessen, fesselte uns nur eine Neigung an euch, könnte eine stärkere Neigung sie vielleicht hintansetzen, aber wenn die Gesetze uns an einen Mann binden, lösen sie alle anderen Bindungen und entfernen uns so weit von ihnen, als lägen Tausende von Meilen dazwischen. Die Natur war erfinderisch zugunsten der Männer: sie hat nicht nur ihnen Begierden eingegeben, sondern auch uns, damit wir die lebendigen Werkzeuge ihres Glücks würden. Sie hat in uns die Glut der Leidenschaften angelegt, damit sie Ruhe finden können. Verlassen sie ihre Gefühllosigkeit, sind wir dazu bestimmt, sie wieder dorthin zurückzuführen, ohne daß wir je den glücklichen Zustand erreichen könnten, in den wir sie versetzen.

Dennoch, Usbek, glaube nicht, daß Deine Lage glücklicher sei als die meine: ich koste hier tausend Freuden, die Du nicht kennst. Meine Phantasie ist unausgesetzt damit beschäftigt, mich ihren Wert kennen zu lehren. Ich lebe – und Du vegetierst nur dahin. Selbst in dem Gefängnis, in dem Du mich zurückhältst, bin ich freier als Du. Wenn Du Deine Sorgfalt, mich zu

hüten, verdoppelst, genieße ich Deine Beunruhigung um so mehr. Deine Verdächtigungen, Deine Eifersucht, Deine Sorgen sind sämtlich Zeichen Deiner Abhängigkeit. – Fahre so fort, Usbek: Laß mich Tag und Nacht bewachen, traue den gewöhnlichen Vorsichtsmaßnahmen nicht, wisse, daß ich nichts fürchte außer Deiner Gleichgültigkeit.
Im Serail zu Ispahan, am 2. des Rebiab-Mondes, 1, 1714.

Dreiundsechzigster Brief

RICA AN USBEK IN ***

Mir scheint, Du willst den Rest Deines Lebens auf dem Lande zubringen. Erst sollte ich Dich nur zwei oder drei Tage aus den Augen verlieren, jetzt habe ich Dich schon vierzehn Tage lang nicht mehr gesehen. Freilich befindest Du Dich in einem bezaubernden Hause, Du hast dort eine Gesellschaft, die Dir zusagt, und Du kannst nach Herzenslust diskutieren: das reicht aus, Dich die ganze Welt vergessen zu lassen.

Ich führe das Leben weiter, das Du kennst. Ich gehe in Gesellschaft und suche, sie besser kennenzulernen. Mein Geist verliert allmählich seine orientalische Färbung und paßt sich europäischen Sitten an. Es erstaunt mich nicht mehr, in einem Hause fünf oder sechs Männer mit fünf oder sechs Frauen zusammen zu sehen – und ich finde das gar nicht so schlecht.

Ich kann sagen: die Frauen kenne ich erst, seitdem ich hier bin. In einem Monat habe ich mehr dazugelernt, als das in dreißig Jahren im Serail der Fall gewesen wäre. Bei uns gleichen sich die Charaktere, weil sie unter Zwang stehen; man sieht die Menschen nicht so, wie sie sind, sondern so, wie sie zu sein gezwungen sind. Leben, Herz und Geist in Knechtschaft, so spricht nur die Furcht aus ihnen, und deren Sprache ist immer dieselbe. Da spricht nicht die Natur, die sich ganz anders ausdrückt und die so vielerlei Erscheinungsformen hat.

Hier kennt man die Verstellung, diese Kunst, die bei uns so weit verbreitet und so notwendig ist, nicht; alle reden frei heraus, alles sieht man, alles hört man, und man verbirgt sein Herz so wenig wie sein Gesicht: im Verhalten, in der Tugend und sogar im Laster ist immer etwas Ursprüngliches zu beobachten. – Will man den Frauen gefallen, bedarf es dazu einer Gabe, die sich von derjenigen unterscheidet, die sie noch lieber haben: sie besteht in einer geistreichen Tändelei, die sie amüsiert, weil sie ihnen jederzeit etwas zu versprechen scheint, was man doch nur in größeren Zeitabständen zu halten vermag. Diese Tändelei, deren angestammter Ort die Ankleidezimmer sind, hat allmählich den Charakter der ganzen Nation geprägt: man tändelt in der Ratsversammlung, man tändelt an der Spitze einer Armee, man tändelt mit einem Botschafter. Lächerlich erscheinen nur die Berufe, die mit Ernsthaftigkeit ausgeübt werden: ein Arzt wäre nicht mehr lächerlich, wenn er sein tristes Berufsgewand ablegen und wenn er seine Kranken tändelnd umbringen würde.

Zu Paris, am 10. des Rebiab-Mondes, 1, 1714.

Vierundsechzigster Brief

DER SCHWARZE OBEREUNUCH
AN USBEK IN PARIS

Erlauchter Herr: ich bin in einer Verlegenheit, die ich Dir gar nicht zu beschreiben vermag. Der Serail ist in schrecklicher Unordnung und Verwirrung. Unter Deinen Frauen ist der Krieg ausgebrochen, Deine Eunuchen sind verfeindet, man hört nur noch Klagen, Murren und Vorwürfe, meine Verweise fruchten nichts, alles scheint in dieser Zeit der Zügellosigkeit erlaubt zu sein, und ich habe kaum noch Autorität.

Keine Deiner Frauen, die sich nicht von Geburt, durch ihre Schönheit, ihren Reichtum, ihren Geist oder Deine Liebe den anderen überlegen dünkte, keine, die nicht den einen oder anderen dieser Ansprüche geltend machte, um allen bevorzugt zu werden. Ich verliere immerzu die Geduld, der ich es schon zu verdanken habe, daß sie alle unzufrieden sind. Meine Klugheit und sogar mein Entgegenkommen, diese so seltene und meinem Amt entgegenstehende Tugend, haben sich als unnütz erwiesen.

Erlauchter Herr: soll ich Dir den Grund für all das Durcheinander sagen? Er liegt in Deinem Herzen, in der zärtlichen Rücksicht, die Du Deinen Frauen gegenüber walten läßt. Wenn Du mich nicht zurückhieltest, wenn Du anstelle der Ermahnungen Züchtigungen treten ließest, wenn Du, anstatt Dich von ihren Klagen und ihren Tränen rühren zu lassen, sie vor mir, der ich mich nie erweichen lasse, weinen ließest, so würde ich sie bald wieder unter das Joch zwingen, das sie tragen müssen, und mit ihrer Herrschsucht und ihrem Unabhängigkeitsstreben nähme es ein rasches Ende.

Ich wurde mit fünfzehn Jahren aus Zentral-Afrika verschleppt und zuerst an einen Herrn verkauft, der über zwanzig Frauen oder Konkubinen hatte. Mein ernstes und schweigsames Naturell ließ ihn vermuten, daß ich für den Serail geeignet wäre. Er befahl, mich dafür herzurichten, und ließ eine Operation an mir vollziehen, die anfangs schmerzhaft war, mir aber in der Folge Glück gebracht hat, weil sie mich dem Ohr und dem Vertrauen meines Herren annäherte. Ich kam in den Serail, der eine neue Welt für mich war. Der erste Eunuch, ein Mann von einer Strenge, wie ich sie noch nie erlebt hatte, herrschte dort unumschränkt. Zank oder Auseinandersetzungen gab es da nicht, tiefes Schweigen herrschte überall, alle Frauen mußten das ganze Jahr hindurch zur selben Stunde zu Bett gehen und zur selben Stunde aufstehen, sie betraten der Reihe nach das Bad und verließen es beim ersten Wink, den wir ihnen gaben. Die übrige Zeit waren sie fast immer in ihre Zimmer eingeschlossen.

Er hatte es sich zur Regel gemacht, sie zu größter Reinlichkeit anzuhalten, und sorgte mit unglaublicher Aufmerksamkeit dafür: die geringste Gehorsamsverweigerung wurde unnachsichtig bestraft. Er sagte: »Ich bin Sklave, aber ich bin der Diener eines Mannes, der euer und mein Herr ist, und ich mache von der Gewalt Gebrauch, die er mir über euch gegeben hat. Er ist es, der euch züchtigt, nicht ich, der ich nur meine Hand dazu hergebe.« Diese Frauen betraten das Gemach meines Herrn nur, wenn sie gerufen wurden, sie empfingen diese Gunst mit Freuden und beklagten sich nicht, wenn sie ihnen vorenthalten wurde. Und ich, der letzte der schwarzen Sklaven in diesem friedvollen Serail, wurde hundertmal mehr geachtet, als ich es in Deinem Serail bin, wo ich doch allen befehle.

Sobald dieser große Eunuch meine Begabung erkannt hatte, richtete er sein Auge auf mich. Er sprach mit meinem Herrn über mich, sagte, er hielte mich für jemanden, der seinen Wünschen entspräche und ihm auf seinem Posten nachfolgen könne. Meine Jugend machte ihn in dieser Meinung nicht irre, er meinte, ich würde die mangelnde Erfahrung durch um so größere Aufmerksamkeit wettmachen. Was soll ich weiter sagen? Ich machte rasche Fortschritte, gewann sein Vertrauen, und er händigte mir ohne Zögern die Schlüssel zu den Schreckensgemächern aus, die er so lange in Händen gehabt hatte. Unter diesem großen Lehrmeister habe ich die schwere Kunst zu kommandieren gelernt, unter ihm gewöhnte ich mich an die Gebote des unnachsichtigen Befehlens. Ich studierte unter ihm das Herz der Frauen, er lehrte mich, ihre Schwächen zu nutzen und mich nicht von ihrer Hoffart beeindrucken zu lassen. Oft gefiel es ihm, sie zu strengstem Gehorsam zu zwingen, dann lockerte er die Zügel wieder und ließ mich eine Zeitlang scheinbar nachgiebig sein. Man mußte ihn erlebt haben, wenn er die Frauen der Verzweiflung nahe wußte und sie zwischen Bitten und Vorwürfen hin- und herschwankten: Er hielt ihren Tränen ungerührt stand und fühlte sich von dem Triumph geschmeichelt: »So«, sagte er, »muß man die Frauen lenken. Ihre Zahl schreckt mich nicht. All die Frauen unseres Monarchen würde ich genauso beherrschen. Wie kann ein Mann hoffen, ihr Herz zu fesseln, wenn er nicht zuvor ihren Geist von einem treuen Eunuchen hat unterjochen lassen?«

Er besaß nicht nur Festigkeit, sondern auch Scharfblick. Er konnte ihre Gedanken lesen und durchschaute ihre Verstellung, ihre einstudierten Gesten; ihre künstlichen Mienen täuschten ihn nicht. Er wußte, was sie im Versteck taten, kannte ihre heimlichen Reden. Er bediente sich der einen, um die anderen zu entlarven, und er belohnte es reichlich, wenn sie ihm etwas anvertrauten. Da sie zu ihrem Gemahl nur kamen, wenn sie dazu aufgefordert worden waren, rief der Eunuch sie auf, wie er wollte, und lenkte die Blicke seines Herrn auf die, die er dazu ausersehen hatte. Jede derartige Bevorzugung war der Lohn für ein ihm anvertrautes Geheimnis. Seinen Herrn hatte er davon überzeugt, die gute Ordnung verlange es, daß er ihm die Wahl überlasse, denn dadurch steige sein Ansehen.

Erhabener Herr: so ging es in dem Serail zu, der nach meiner Meinung der bestgeordnete in ganz Persien war. – Laß mir freie Hand, gestatte, daß ich mir Gehorsam verschaffe! In acht Tagen hat sich die Unordnung in Ordnung verwandelt. Das verlangt Dein Ruhm, und das fordert Deine Sicherheit.

In Deinem Serail, am 9. des Rebiab-Mondes, 1, 1714.

Fünfundsechzigster Brief

USBEK AN SEINE FRAUEN IM SERAIL ZU ISPAHAN

Ich höre, daß der Serail in Unordnung geraten, voller Streit und Zwietracht ist. Habe ich Euch bei meiner Abreise nicht Friedfertigkeit und gutes Einvernehmen anempfohlen? Ihr habt es mir versprochen: wollt Ihr mich enttäuschen? An Euch wäre es gewiß, enttäuscht zu sein, wenn ich dem Rat folgen wollte, den mir der oberste Eunuch gegeben hat, und wenn ich meine Autorität dazu gebrauchen wollte, Euch zu dem Verhalten zu zwingen, das meine Ermahnungen von Euch erbitten. Ich vermag jedoch drakonische Maßnahmen erst dann anzuwenden, wenn alle anderen nichts gefruchtet haben. Verhaltet Euch also um euretwillen so, wie Ihr es um meinetwillen nicht getan habt.

Der oberste Eunuch hat allen Grund zur Klage: er sagt, Ihr verweigertet ihm allen Gehorsam. Wie wollt Ihr diese Haltung mit der Niedrigkeit Eures Standes vereinen? Ist ihm während meiner Abwesenheit etwa nicht die Sorge für Eure Tugend anvertraut worden? Er hütet diesen geweihten Schatz. Doch die Geringschätzung, die Ihr ihm gegenüber an den Tag legt, zeigt, daß diejenigen, die beauftragt sind, Euch nach den Gesetzen des Anstands leben zu lassen, Euch lästig sind. Ich bitte Euch: ändert Euer Verhalten und sorgt dafür, daß ich die Vorschläge, die sich gegen Eure Freiheit und Eure Seelenruhe richten, noch einmal zurückweisen kann.

Ihr solltet vergessen, daß ich Euer Herr und Gebieter bin, und ich will mich nur daran erinnern, daß ich Euer Gemahl bin.
Zu Paris, am 5. des Schachban-Mondes 1714.

Sechsundsechzigster Brief

RICA AN ***

Man gibt sich hier viel mit Wissenschaft ab, aber ob man sehr gelehrt ist, weiß ich nicht. Wer als Philosoph an allem zweifelt, wagt als Theologe nichts zu verneinen. So ein widersprüchlicher Mensch ist immer mit sich selbst zufrieden, vorausgesetzt, man schätzt seine Qualitäten. – Die meisten Franzosen sind darauf versessen, geistvoll zu sein, und wer geistvoll sein will, muß Bücher schreiben. Nichts ist jedoch unsinniger: Die Natur schien in ihrer Weisheit dafür gesorgt zu haben, daß die Dummheit der Menschen vergänglich sei, die Bücher aber machen sie unsterblich. Ein Dummkopf müßte froh sein, daß er nur seine Zeitgenossen gelangweilt hat, aber er will auch noch die Nachwelt belästigen, er möchte, daß seine Dummheit über das Vergessen triumphiert, das er so leicht hätte haben können wie das Grab. Nein, die Nachkommen sollen wissen, daß er gelebt hat, und es soll für ewig feststehen, daß er ein Tropf war.

Es gibt keine Autoren, die ich mehr verachte als die Kompilatoren, die aus allen Ecken und Enden Flicken von fremder Hand zusammensuchen, die sie in ihre Werke einsetzen wie Grassoden in ein Beet. Sie stehen nicht über den Setzern, die Lettern zusammenstellen, aus denen dann ein Buch wird, zu dem sie nur mit ihrer Hände Arbeit beigetragen haben. Ich finde, man sollte nur Originalwerken Achtung zollen: mir kommt es wie eine Profanierung vor, wenn man Einzelteile, die an einer heiligen Stätte zusammengetragen wurden, von dort wegholt, um sie einer Verachtung auszusetzen, die sie nicht verdient haben.

Warum hält einer nicht den Mund, wenn er nichts Neues zu sagen hat? Was soll man mit den Dubletten anfangen? – »Aber ich will eine neue Ordnung hineinbringen!« – »Wie geschickt: kommen Sie in meine Bibliothek, stellen Sie die Bücher, die oben stehen, nach unten, und die unteren nach oben! Was für ein Meisterwerk!«

Ich schreibe Dir über dieses Thema, ***, weil ich mich über ein Buch geärgert habe, das ich eben weglege: es ist so dick, daß man glauben sollte, es enthalte alles Wissen der Welt. Mir schwirrt noch der Kopf davon, aber dazugelernt habe ich nichts.

Zu Paris, am 8. des Schachban-Mondes 1714.

Siebenundsechzigster Brief

IBBEN AN USBEK IN PARIS

Drei Schiffe sind hier eingelaufen, ohne mir von Dir Nachricht zu bringen. Bist Du krank? Oder versetzt Du mich absichtlich in Unruhe? – Wenn Du mich in einem Land vergißt, wo nichts Dich fesselt, wie wird es da erst mitten in Persien sein, im Schoß Deiner Familie? Aber vielleicht täusche ich mich: Du bist liebenswürdig genug, um überall Freunde zu finden, das Herz gehört allen Ländern, wie kann eine edle Seele davon abgehalten werden, neue Bindungen einzugehen? In welchem Lande ich auch war, ich habe darin immer so gelebt, als müßte ich den Rest meiner Tage dort verbringen. Ich empfand dieselbe Zuneigung zu den Tugendhaften, dasselbe Mitleid oder vielmehr dieselbe Liebe für die Unglücklichen, dieselbe Hochachtung für die, die das Glück nicht blind gemacht hat. So bin ich nun einmal veranlagt, Usbek: wo ich Menschen finde, suche ich mir Freunde.

Hier lebt ein Nachkomme der Gebern[1], der nach Dir die erste Stelle in meinem Herzen einnimmt. Er ist die Rechtschaffenheit selbst. Bestimmte Gründe haben ihn genötigt, in dieser Stadt Zuflucht zu suchen, wo er friedlich mit seiner geliebten Frau vom Ertrag eines ehrbaren Gewerbes lebt. Sein Leben ist von großherzigen Taten gekennzeichnet, und obwohl er zurückgezogen lebt, hat er mehr Heldentum im Herzen als die größten Monarchen. – Ich habe ihm oft von Dir erzählt, ich zeige ihm alle Deine Briefe, ich sehe, daß sie ihm Freude machen und daß Du einen Dir Unbekannten zum Freund gewonnen hast. Du sollst die wichtigsten Ereignisse aus seinem Leben erfahren.

So sehr er sich sträubte, ihn niederzuschreiben, er konnte mir den Bericht über sich nicht abschlagen, um den ich ihn aus Freundschaft bat. Aus Freundschaft zu Dir übersende ich ihn.

Geschichte von Apheridon und Astarte[2]

Ich bin unter Gebern geboren, deren Religion vielleicht die älteste der Welt ist. Ich hatte das Unglück, daß sich die Liebe bei mir eher einstellte als die Vernunft. Ich war kaum sechs Jahre alt, da konnte ich schon nicht mehr ohne meine Schwester leben. Meine Augen hingen an ihr, und wenn sie mich einen Augenblick allein ließ, waren sie bei ihrer Rückkehr voller Tränen. Je älter ich wurde, desto größer wurde meine Liebe. Mein Vater, der diese heftige Zuneigung verwundert wahrgenommen hatte, hätte uns gern – dem alten Brauch der Gebern gemäß, der von Kambyses eingeführt wurde[3] – verheiratet, aber die Furcht vor den Mohammedanern, unter deren Joch wir leben, hält unsere Stammesgenossen davon ab, an diese frommen Verbindungen zu denken, die unsere Religion nicht nur zuläßt, sondern gebietet, und die ein so urtümliches Abbild von Bindungen darstellen, die die Natur schon geschaffen hat.

In der Meinung, es wäre gefährlich, meiner und seiner Neigung nachzugeben, beschloß mein Vater, eine Glut zu löschen, von der er dachte, sie sei erst im Entstehen, während sie doch schon auf ihrem Höhepunkt angelangt war. Er gab vor, verreisen zu müssen, und nahm mich mit, indes meine Schwester in der Obhut ihrer Verwandten zurückblieb, denn meine Mutter war schon seit zwei Jahren tot. Ich will Ihnen die Verzweiflung nicht beschreiben, in die mich die Trennung stürzte: ich umarmte meine Schwester, die tränenüberströmt dastand, doch ich vergoß keine, denn der Schmerz hatte mich fühllos gemacht. Wir kamen nach Tiflis.[4] Dort überließ mich mein Vater der Erziehung von Verwandten und kehrte nach Hause zurück.

Kurze Zeit danach erfuhr ich durch einen seiner Freunde, daß er meine Schwester in den Beiram[5] des Königs hatte eintreten lassen, wo sie einer Sultanin zu dienen hatte. Hätte man mir ihren Tod gemeldet, wäre ich nicht betroffener gewesen, denn nicht nur, daß der Eintritt in den Beiram sie zur Mohammedanerin gemacht hatte, nun konnte sie – gemäß dem Vorurteil dieser Religion – auch nur noch mit Abscheu an mich denken. Ich konnte nicht mehr in Tiflis leben; mir selbst und meines Lebens überdrüssig, kehrte ich nach Ispahan zurück. Die ersten Worte, die ich zu meinem Vater sprach, waren bitter: ich warf ihm vor, er habe seine Tochter an einen Ort gebracht, wo man eine andere Religion annehmen mußte. »Sie haben den Zorn Gottes und den der Sonne, die Sie erleuchtet, auf unsere Familie herabbeschworen«, sagte ich, »Sie haben Schlimmeres getan, als die Elemente zu besudeln, Sie haben die Seele ihrer Tochter befleckt, die nicht weniger rein war. Ich werde vor Schmerz und Liebe sterben: möge mein Tod die einzige Strafe sein, die Gott Ihnen auferlegt!« Mit diesen Worten verließ ich ihn. Zwei Jahre verbrachte ich damit, die Mauern des Beiram zu betrachten und die Gebäude anzustarren, wo sich meine Schwester aufhielt. Täglich setzte ich mich dabei der Gefahr aus, von den Eunuchen umgebracht zu werden, die um diese furchterregende Stätte die Runde machten. Schließlich starb mein Vater. Die Sultanin, der meine Schwester diente, beobachtete, wie diese täglich schöner wurde, und verheiratete sie aus Eifersucht an einen Eunuchen, der sie heftig begehrte. So kam meine Schwester aus dem Serail heraus und bezog mit ihrem Mann ein Haus in Ispahan. Drei Monate lang konnte ich sie nicht besuchen: der eifersüchtigste aller Eunuchen wies mich stets unter irgendwelchen Vorwänden ab. Endlich betrat ich ihren Beiram und durfte mit ihr durch eine Jalousie hindurch sprechen. Nicht einmal Luchsaugen hätten sie sehen können, in so viele Gewänder und Schleier war sie eingewickelt! Ich konnte sie nur an ihrer Stimme erkennen. Wie erregt war ich, als ich sie zugleich so nah und so fern vor mir hatte! Ich beherrschte mich, denn ich wurde beobachtet. Sie vergoß offensichtlich ein paar Tränen. Ihr Mann brachte ein paar schlechte Entschuldigungen vor, ich behandelte ihn jedoch wie den letzten Sklaven.

Er war ganz verdutzt, als er merkte, daß ich mit meiner Schwester in einer ihm unbekannten Sprache sprach: es war Altpersisch, unsere heilige Sprache.

»Wie, meine Schwester«, sagte ich: »Ist es wahr, daß Du die Religion unserer Väter verlassen hast? Ich weiß, daß Du bei Deinem Eintritt in den Beiram ein Bekenntnis zum Islam hast ablegen müssen, aber hat Dein Herz Deinen Lippen zustimmen und einer Religion abschwören können, die es Dir erlaubt, mich zu lieben? Und für wen schwörst Du ihr ab, dieser Religion, die uns so teuer sein muß? Für einen Nichtswürdigen, der noch von den Fesseln gebrannntmarkt ist, die er getragen hat, und der, wenn er ein Mann wäre, einer von der niedrigsten Sorte wäre!« – »Mein Bruder«, sagte sie, »dieser Mann, von dem Du sprichst, ist mein Gemahl: ich muß ihn ehren, so unwürdig er auch sein mag, und ich wäre auch die niedrigste der Frauen, wenn...« – »Ach, Schwester«, unterbrach ich sie, »Du gehörst zu den Gebern, er ist nicht Dein Mann und kann es nicht sein. Wenn Du treu bist, wie unsere Väter es waren, kannst Du nur ein Ungeheuer in ihm erblicken.«

»Ach«, sagte sie, »wie fern ist mir diese Religion gerückt! Kaum kannte ich ihre Vorschriften, da mußte ich sie vergessen. Du siehst, daß sogar die Sprache, der ich mich bediene, mir nicht mehr recht vertraut ist, so daß ich mich kaum auszudrükken vermag. Aber Du kannst darauf bauen, daß die Erinnerung an unsere Kindheit mich noch immer in Bann hält; seitdem habe ich keine echten Freuden mehr gekannt, es ist kein Tag vergangen, an dem ich Deiner nicht gedacht hätte. Du hast auch einen größeren Anteil an dieser Ehe, als Du vielleicht denkst. Ich habe sie nur in der Hoffnung geschlossen, Dich dadurch wiederzusehen. Aber der Tag des Wiedersehens, der mich so teuer zu stehen kam, wird mir noch mehr zu schaffen machen. Ich sehe: Du bist ganz außer Dir, mein Mann bebt vor Zorn und Rachedurst, ich werde Dich nie wiedersehen, sicher spreche ich das letzte Mal zu Dir: wenn dem so wäre, wären meine Tage gezählt.« Bei diesen Worten überwältigte sie die Rührung, sie konnte nicht weiter sprechen und verließ mich als den trostlosesten aller Menschen.

Drei oder vier Tage später verlangte ich meine Schwester wiederzusehen. Der barbarische Eunuch hätte es gern verhindert, aber diese Art Männer besitzen nicht die Autorität anderer Männer über ihre Frauen, und außerdem liebte er meine Schwester dermaßen, daß er ihr nichts abzuschlagen vermochte. Ich traf sie am selben Ort, unter denselben Schleiern wieder, begleitet von zwei Sklavinnen, weswegen ich mich wieder unserer alten Sprache bediente. »Schwester«, sagte ich, »wie kommt es nur, daß ich Dich nicht wiedersehen kann, ohne in die schrecklichste Lage zu geraten? Diese Mauern, die Dich umschließen, diese Riegel und Gitter, diese elenden Wächter machen mich wütend. Wie hast Du nur die süße Freiheit verlieren können, deren unsere Vorväter sich erfreuten? Deine Mutter, die so keusch war, bürgte ihrem Manne für ihre Tugend nur mit ihrer Tugend: sie lebten beide glücklich im gegenseitigen Vertrauen. Die Einfachheit ihrer Sitten war ihnen tausendmal mehr wert als der falsche Prunk, der Dich in diesem reichen Hause zu umgeben scheint. Mit Deiner Religion hast Du Deine Freiheit, Dein Glück und die kostbare Ebenbürtigkeit verloren, die Dein Geschlecht ehrt. Aber schlimmer noch ist, daß Du nicht die Frau, die Du nicht sein kannst, sondern nur die Sklavin eines Sklaven bist, der eine Schande der Menschheit ist.«

»Ach Bruder«, sagte sie, »respektiere meinen Mann, respektiere die Religion, der ich angehöre: ihr zufolge darf ich Dich nicht ungestraft hören noch sprechen.« – »Wie, Schwester«, sagte ich ganz außer mir: »hältst du diese Religion etwa für wahr?« – »Ach«, sagte sie, »ich wollte, sie wäre es nicht! Ich opfere ihr so viel auf, daß ich notgedrungen an sie glauben muß. Andernfalls ...«. Mit diesen Worten verstummte sie. – »Deine Zweifel sind wohlbegründet, Schwester«, sagte ich, »was erwartest Du von einer Religion, die dich in dieser Welt unglücklich macht und die für eine andere keine Hoffnung läßt? Bedenke, daß unsere Religion die älteste der Welt ist, daß sie in Persien immer in Blüte stand und daß ihr Ursprung kein anderer ist als derjenige dieses Reiches selbst, den keiner kennt. Nicht der Zufall hat hier den Islam eingeführt, nicht auf dem Wege der Bekehrung, sondern mit Gewalt wurde er durchgesetzt. Wären unsere angestammten Fürsten[6] nicht so schwach gewesen, herrschte hier noch der Kult der alten Magier. Versetze Dich nur in die alten Zeiten: alles redet Dir da vom Magiertum, nichts von der islamischen Sekte, die tausend Jahre nach dem Anfang noch in ihren Kinderschuhen steckte.« – »Mag meine Religion auch jünger sein«, sagte da meine Schwester, »so ist sie doch reiner, denn wir beten nur Gott an, während Ihr die Sonne, die Sterne, das Feuer und sogar die Elemente anbetet.« – »Ich sehe, daß Du von den Mohammedanern gelernt hast, unsere Religion zu verleumden«, sagte ich, »denn wir beten weder die Sterne noch die Elemente an, und auch unsere Väter taten das nicht. Sie haben ihnen keine Tempel gebaut und keine Opfer dargebracht, sie haben sie nur verehrt als die Werke und Erscheinungsformen der Gottheit. Im Namen des Gottes, der uns erleuchtet, nimm dieses Buch, meine Schwester, das ich Dir mitgebracht habe. Es ist das heilige Buch unseres Gesetzgebers Zarathustra.[7] Lies es unvoreingenommen, empfange in Deinem Herzen die Strahlen des Lichts, die Dich erleuchten werden. Erinnere Dich unserer Väter, die in der Stadt Balk[8] so lange Zeit die Sonne verehrt haben – und erinnere Dich an mich, der seine Ruhe, sein Glück, ja sein Leben von Deinem Gesinnungswandel erhofft.« Ich ließ sie allein, immer noch außer mir, um sie über die wichtigste Angelegenheit meines Lebens entscheiden zu lassen. Zwei Tage später kehrte ich zu ihr zurück. Ich sagte nichts. Ich erwartete schweigend ihr Urteil über Leben oder Tod. »Dich liebt eine Geberin, Bruder«, sagte sie. »Ich habe lange mit mir gekämpft: aber die Liebe erleichterte mir die Entscheidung. Ich bin erleichtert: ich habe keine

Angst mehr, Dich zu sehr zu lieben, ich brauche meiner Liebe keine Schranken zu setzen: sogar das Übermaß ist gesetzlich! Ach, wie gut entspricht das dem Zustand meines Herzens! Aber Du, der Du die Ketten zerbrachst, die mein Geist sich geschmiedet hatte, wann brichst Du die, die meine Hände fesseln? Ich gebe mich Dir augenblicklich hin: beweise Du, indem Du diese Gabe ohne Zögern entgegennimmst, wie wertvoll sie Dir ist! Mein Bruder: wenn ich zum ersten Mal in deinen Armen liege, fürchte ich, muß ich sterben.«

Niemals werde ich die Freude ausdrücken können, die mich bei diesen Worten erfüllte. Ich hielt mich für den glücklichsten Menschen der Welt, der ich auch wirklich war: Auf einmal erfüllten sich all die Wünsche, die ich fünfundzwanzig Jahre lang gehegt hatte, alle Kümmernisse, die mich so bedrückt hatten, schwanden dahin. Als ich mich jedoch ein wenig an diese süßen Vorstellungen gewöhnt hatte, erkannte ich, daß ich meinem Glück noch nicht so nahe war, wie ich gehofft hatte, mochte auch das größte Hindernis überwunden sein. Die Wachsamkeit der Wächter wollte überrumpelt sein, niemandem wagte ich das Geheimnis meines Lebens anzuvertrauen: Ich hatte nur meine Schwester, sie nur mich – und wenn mein Plan, sie zu entführen, mißlänge, würde ich aufgespießt werden. Aber nichts schien mir schlimmer, als ihn nicht ins Werk zu setzen. Wir kamen überein, daß sie eine Uhr von mir verlangen sollte, die ihr Vater ihr vererbt hatte, und daß ich eine Feile darin unterbringen sollte, mit der sie die Stäbe eines vergitterten Fensters durchfeilen konnte. Das Fenster ging auf die Straße, und ich würde ihr eine Strickleiter besorgen, auf der sie herabsteigen könnte. Ich würde sie dann nicht mehr besuchen, aber jede Nacht unter dem Fenster darauf warten, daß sie unseren Plan ausführen könnte.

Fünfzehn Nächte verbrachte ich vergeblich wartend unter ihrem Fenster, bis der günstige Augenblick gekommen war: in der sechzehnten Nacht endlich hörte ich sie feilen. Von Zeit zu

Zeit mußte sie ihre Arbeit unterbrechen, und in diesen Pausen stieg meine Angst ins Unermeßliche. Nach einer Stunde sah ich sie die Strickleiter befestigen: sie glitt herab und lag in meinen Armen! Ich achtete keiner Gefahr und blieb wie erstarrt stehen. Dann führte ich sie aus der Stadt, wo ein Pferd bereitstand. Sie setzte sich hinter mich, und wir entfernten uns so schnell wie möglich von dem verderbenbringenden Ort. Vor Tagesanbruch kamen wir zu einem Geber, der in der Einsamkeit lebte und sich von seiner Hände Arbeit kärglich ernährte. Wir hielten es nicht für klug, länger bei ihm zu bleiben, und begaben uns auf seinen Rat hin in einen dichten Wald, wo wir uns in der Höhlung einer alten Eiche versteckten, bis der Aufruhr, den unsere Flucht verursacht hatte, sich gelegt hatte. Wir lebten an dieser entlegenen Stätte ohne Zeugen und wiederholten uns unaufhörlich, daß wir uns ewig lieben würden. Unterdessen warteten wir auf die Gelegenheit, daß ein Geber-Priester uns nach dem Zeremoniell, das unsere heiligen Bücher vorschreiben, trauen würde.

»Schwester«, sagte ich, »wie heilig ist diese Verbindung! Die Natur hat uns zusammengeführt, das heilige Gesetz wird sie noch fester fügen.« Endlich fand sich ein Priester, der unsere Liebesungeduld stillte. Er vollzog im Hause des armen Bauern das Zeremoniell der Eheschließung, segnete uns und wünschte uns tausendmal die Kraft des Gustaspe[9] und die Frommheit des Hohoraspe.[10] Bald danach verließen wir Persien, wo wir uns nicht in Sicherheit befanden. Wir gingen nach Georgien und lebten dort ein Jahr in Glück und Zufriedenheit. Da aber mein Geld ausging und ich, wenn auch nicht für mich, so doch für meine Schwester die Armut fürchtete, verließ ich sie, um mich an meine Verwandten um Hilfe zu wenden. Kein Abschied war jemals zärtlicher. Doch meine Reise war nicht nur fruchtlos, sie brachte uns Unheil. Unser ganzer Besitz war konfisziert worden, meine Eltern konnten mir nicht helfen, und ich raffte nur eben soviel Geld zusammen, wie ich für meine Rückkehr brauchte.

Doch meine Schwester, o Schreck! war nicht mehr da. Ein paar Tage vor meiner Rückkehr waren Tataren in die Stadt eingedrungen, und da sie meine Schwester schön gefunden hatten, hatten sie sie verschleppt. Sie hatten sie an Juden verkauft, die in die Türkei zogen, und nur eine kleine Tochter zurückgelassen, die meine Schwester ein paar Monate zuvor geboren hatte. Ich verfolgte die Juden und traf sie nach drei Meilen: meine Bitten und mein Flehen waren vergebens. Sie verlangten dreißig Tomans[11] von mir und ließen nicht mit sich handeln. Nachdem ich mich überall vergebens um das Geld bemüht, türkische und christliche Priester angefleht und nichts bekommen hatte, wandte ich mich an einen armenischen Kaufmann: ich verkaufte ihm meine Tochter und mich selbst für fünfunddreißig Tomans. Dann kehrte ich zu den Juden zurück und gab ihnen die dreißig Tomans: die fünf übrigen gab ich meiner Schwester, die ich noch nicht hatte wiedersehen können.

»Du bist frei«, sagte ich zu ihr, »und ich kann Dich umarmen, hier sind fünf Tomans: es tut mir leid, daß ich nicht mehr für mich verlangen konnte.« – »Was?« sagte sie: »Du hast Dich verkauft?« – »Ja«, sagte ich. – »Du Unglückseliger! Was hast Du getan! War ich nicht unglücklich genug, ohne daß Du mich noch unglücklicher machtest? Deine Freiheit hätte mich getröstet, Deine Versklavung bringt mich ins Grab. Ach mein Bruder, wie grausam ist Deine Liebe. Und meine Tochter: wo ist sie?« – »Ich habe sie auch verkauft!« sagte ich. Wir lösten uns beide in Tränen auf und konnten uns nichts mehr sagen. Schließlich ging ich zu meinem Besitzer, meine Schwester aber war ebenso schnell dort. Sie warf sich ihm zu Füßen: »Ich bitte Sie um meine Versklavung, wie andere um ihre Freiheit bitten! Nehmen Sie mich: sie können mich teurer verkaufen als meinen Mann.« Dann entspann sich ein Wettstreit, der die Augen meines Herrn feucht werden ließ. »Unglücklicher«, sagte sie zu mir: »Hast Du geglaubt, ich könnte auf Deine Kosten frei sein? – Edler Herr, Sie haben hier zwei Elende vor sich, die sterben, wenn man sie voneinander trennt. Nehmen Sie mich: Vielleicht kann dies Geld und meine Arbeit eines Tages von Ihnen das erlangen, worum ich Sie jetzt nicht zu bitten wage. Es liegt in Ihrem Interesse, uns nicht auseinanderzureißen. Sie können sicher sein, daß ich über sein Leben gebiete.« Der Armenier war kein Unmensch. Unser Elend rührte ihn. »Dient mir beide treu und eifrig«, sagte er, »ich verspreche, Euch in einem Jahr die Freiheit zurückzugeben. Mir ist klar, daß Ihr beide nicht das Unglück Eurer Lage verschuldet habt. Seid Ihr einmal frei und so gücklich, wie Ihr es verdient, lacht das Schicksal Euch wieder, so wird mich das für Euren Verlust entschädigen.« Wir umarmten beide seine Knie und folgten ihm auf seiner Reise. Wir halfen uns gegenseitig bei der Arbeit in der Knechtschaft, und ich war glücklich, wenn ich meiner Schwester die Mühen abnehmen konnte, die ihr zugedacht waren.

Das Ende des Jahres kam. Unser Herr hielt sein Wort und ließ uns frei. Wir kehrten nach Tiflis zurück. Dort traf ich einen alten Freund meines Vaters, der ein erfolgreicher Arzt in dieser Stadt war. Er lieh mir etwas Geld, mit dem ich Geschäfte machen konnte. Andere Geschäfte riefen mich nach Smyrna, wo ich mich niederließ. Seit sechs Jahren lebe ich hier und befinde mich in der angenehmsten Gesellschaft. Eintracht herrscht in meiner Familie, und ich würde meine Lage nicht mit der aller Könige der Welt tauschen. Ich habe glücklicherweise den armenischen Kaufmann wiedergetroffen, dem ich soviel verdanke, und ich habe ihm nicht unerhebliche Dienste erweisen können.

Zu Smyrna, am 27. des Gemmadi-Mondes, 2, 1714.

Achtundsechzigster Brief

RICA AN USBEK IN ***

Neulich ging ich zu einem Richter, der mich schon mehrmals eingeladen hatte. Nachdem wir von diesem und jenem gesprochen hatten, sagte ich zu ihm: »Mir scheint, Sie haben einen ziemlich schweren Beruf.« – »Nicht so schwer, wie Sie vermuten«, sagte er. »So wie wir ihn ausüben, ist er ganz amüsant.« – »Aber schwirrt Ihnen nicht immer der Kopf von den Geschäften anderer? Haben Sie nicht immerzu mit ganz uninteressanten Dingen zu tun?« – »Sie haben recht: die Dinge sind uninteressant, weil sie uns so gut wie gar nicht interessieren. Aber daran liegt es auch, daß unser Beruf nicht so anstrengend ist, wie Sie dachten.« – Als ich merkte, daß er die Dinge so leicht nahm, sagte ich: »Ein Arbeitszimmer habe ich bei Ihnen auch nicht gesehen.« – »Das glaube ich wohl, denn ich habe keines. Als ich dieses Amt übernahm, brauchte ich Geld, um es zu bezahlen. Ich verkaufte meine Bibliothek, und der Buchhändler, der mir all die vielen Bücher abkaufte, ließ mir nur ein Rechnungsbuch. Ich vermisse die Bücher aber nicht: wir Richter blähen uns nicht mit eitlem Wissen auf. Was sollen uns alle diese Gesetzbücher? Fast alle Gesetze sind hypothetisch und lassen sich nicht auf den Einzelfall anwenden.« – »Liegt es nicht am Ende daran, daß Sie sie nicht anwenden wollen? Wozu gäbe es denn bei allen Völkern Gesetzbücher, wenn sie sich nicht anwenden ließen? Und wie kann man sie anwenden, wenn man sie nicht kennt?« – »Kennten Sie sich bei Gericht aus«, sagte der Jurist, »so sprächen Sie nicht so, wie Sie es tun. Wir besitzen lebende Bücher: das sind die Anwälte, sie arbeiten für uns und übernehmen es, uns zu informieren.« – »Übernehmen sie nicht manchmal auch, Sie irrezuführen?« entgegnete ich. »Dann täten Sie gut daran, sich für ihre Tricks zu wappnen. Sie haben Waffen, mit denen sie Ihre Gerechtigkeit angreifen, es

wäre gut, Sie hätten auch welche, sie zu verteidigen. Dann begäben Sie sich nicht leicht bekleidet ins Handgemenge, während die anderen bis an den Hals gerüstet sind.«
Zu Paris, am 13. des Schachban-Mondes 1714.

Neunundsechzigster Brief

USBEK AN RHEDI IN VENEDIG

Du kannst Dir sicher nicht vorstellen, daß ich es in der Metaphysik noch weiter bringen würde, als ich es schon gebracht habe, und doch ist es so. Du wirst es merken, wenn Du meinen philosophischen Erguß hast über Dich ergehen lassen.

Die vernünftigsten Philosophen, die über die Natur Gottes nachgedacht haben, haben gesagt, er sei das vollkommenste aller Wesen überhaupt. Aber dann haben sie die Sache übertrieben. Sie haben alle erdenklichen Vollkommenheiten, die der Mensch besitzen und sich ausdenken kann, zusammengestellt und ihre Vorstellung von Gott damit befrachtet – ohne daran zu denken, daß diese sich oft genug gegenseitig ausschließen und nicht in ein und derselben Person zusammentreffen können, ohne sich gegenseitig zu zerstören. Die Dichter des Abendlandes erzählen, ein Maler, der die Göttin der Schönheit darstellen wollte, habe die schönsten Griechinnen versammelt und die Vorzüge einer jeden zusammengetragen, um ein Ganzes daraus zu bilden, das der Schönsten aller Göttinnen gleichkommen sollte.[1] Hätte jemand daraus geschlossen, sie müsse blond und dunkelhaarig sein, blaue und schwarze Augen haben, sanftmütig und stolz sein, so machte er sich damit lächerlich.

Gott geht nicht selten eine Vollkommenheit ab, die ihm eine große Unvollkommenheit geben könnte, aber begrenzt ist er nur durch sich selbst: er selbst ist sich seine eigene Notwendigkeit. So kann Gott, obwohl er allmächtig ist, doch seine Zusagen nicht brechen, er kann die Menschen nicht betrügen. Oftmals liegt sein Unvermögen nicht in ihm, sondern in den Dingen. Das ist der Grund dafür, daß er das Wesen der Dinge nicht ändern kann. So ist es auch nicht verwunderlich, daß einige unserer Gelehrten die unbegrenzte Allwissenheit Gottes geleugnet haben, mit der Begründung, sie sei mit seiner Gerechtigkeit nicht vereinbar. Wie gewagt dieser Gedanke auch sein mag, mit der Metaphysik ist er gut zu vereinbaren. Ihren Grundsätzen gemäß kann Gott unmöglich etwas vorhersehen, was aus freien Entschlüssen hervorgeht, denn was nicht eintritt, existiert nicht, und kann folglich auch nicht bekannt sein; das Nichts, dem jede Eigenschaft abgeht, kann nicht wahrgenommen werden. Gott kann einem nicht-existierenden Willen nichts entnehmen, er kann in einer Seele nichts erkennen, das nicht in ihr ist, und solange ein Entschluß zu einer Handlung noch nicht gefaßt ist, gibt es diese Handlung auch noch nicht.

Die Seele ist die Bewirkerin ihres Entschlusses, aber es gibt Gelegenheiten, wo sie so unentschlossen ist, daß sie nicht einmal weiß, in welche Richtung der Entschluß gehen soll. Oft entschließt sie sich auch nur, um von ihrer Willensfreiheit Gebrauch zu machen, so daß Gott diesen Entschluß weder dem Wirken der Seele noch der Auswirkung der Gegenstände auf sie im voraus entnehmen kann. Wie könnte Gott etwas vorhersehen, das vom Entschluß eines freien Willens abhängt? Nur auf zweierlei Weise: durch Mutmaßung, was seiner Allwissenheit entgegenstünde, oder indem er von immergleichen Ursachen auf deren unausweichliche Folgen schlösse, was noch widersprüchlicher wäre, denn dann ginge man von einer nur angenommenen Freiheit des Willens aus, die derjenigen einer Billardkugel gleichkäme, die auch nicht anders kann, als in der Richtung zu rollen, in der sie angestoßen wird.

Aber glaube deswegen doch nicht, daß ich Gottes Allwissenheit einschränken möchte. Da er seine Geschöpfe handeln läßt, wie es ihm gefällt, weiß er alles im voraus, was er wissen möchte. Obwohl er alles voraussehen kann, bedient er sich dieser

Voraussicht nicht immer. Normalerweise beläßt er seinen Geschöpfen die Möglichkeit, etwas zu tun oder nicht zu tun, denn so können diese sich verdient machen – oder auch nicht. Er verzichtet dann auf sein Vorrecht, auf die Seele bestimmend einzuwirken. Will er aber etwas wissen, so vermag er es stets, denn er braucht ja die Geschöpfe nur so zu regieren, wie er es vorsieht, und sie nach seinem Willen handeln zu lassen. So entnimmt er dem Bereich der bloßen Möglichkeiten das, was notwendig geschehen soll, und legt durch seinen Beschluß die kommenden Entschlüsse der Menschen fest, indem er ihnen die von ihm verliehene Gabe, zu handeln oder nicht zu handeln, vorenthält. Um das Unvergleichliche mit einem Vergleich zu erläutern: Gott wäre wie ein Monarch, der nicht weiß, wie sein Botschafter sich in einer wichtigen Angelegenheit entscheiden wird; will er es wissen, braucht er nur zu befehlen, er solle sich so und so verhalten – und schon kann er sicher sein, daß die Dinge geschehen, wie er es sich vorgenommen hat.

Der Koran und die Schriften der Juden sprechen sich immer wieder gegen die Lehre von Gottes Allwissenheit aus: Gott scheint da die künftige Bestimmung der Menschen nicht zu kennen. Offenbar ist das die erste Wahrheit, die Moses den Menschen verkündet hat. Gott versetzte Adam ins irdische Paradies unter der Bedingung, daß er von einer bestimmten Frucht nichts äße. Welch absurde Vorstellung von einem Wesen, dem die künftige Bestimmung der Seelen bekannt ist! Wie kann ein solches Wesen seine Gnade Bedingungen unterstellen, ohne sie lächerlich zu machen? Das wäre, wie wenn jemand, der von der Einnahme Bagdads wüßte, zu einem anderen sagte: »Ich gebe Dir tausend Tomans, wenn Bagdad nicht eingenommen wird!« Wäre das nicht ein ziemlich schlechter Scherz?

Mein lieber Rhedi: wozu all die viele Philosophie? Gott ist so hoch über uns erhaben, daß wir nicht einmal die Wolken sehen, auf denen er thront. Wir erkennen ihn nur in seinen Geboten richtig. Er ist unermeßlich, er ist Geist und ist unbegrenzt. Mö-

ge seine Größe uns unserer Schwäche bewußt werden lassen! Sich allezeit demütigen, heißt ihn allezeit anbeten.[2]
Zu Paris, am letzten des Schachban-Mondes 1714.

Siebzigster Brief

ZELIS AN USBEK IN PARIS

Dein geliebter Soliman ist untröstlich über eine Beleidigung, die ihm kürzlich angetan worden ist. Ein junger Nichtsnutz namens Suphis hielt seit drei Monaten um die Hand seiner Tochter an. Aufgrund des Berichts und der Schilderungen, die die Frauen, die sie seit ihrer Kindheit kennen, ihm gemacht hatten, schien er mit ihrem Aussehen zufrieden, man hatte sich über die Mitgift geeinigt, und alles war glatt abgelaufen. Nach den ersten Zeremonien erschien die Tochter gestern zu Pferde, der Sitte gemäß von Kopf bis Fuß in Schleier gehüllt. Kaum war sie vor dem Haus ihres angeblichen Verlobten angelangt, da ließ er die Tür schließen und schwor, er werde sie nicht aufnehmen, wenn die Mitgift nicht erhöht würde. Die Eltern eilten von allen Seiten herbei, um die Sache zu bereinigen, und nach etlichem Zögern erklärte Soliman sich bereit, dem Schwiegersohn noch ein kleines Geschenk zu machen.

Das Heiratszeremoniell wurde vollzogen, und man führte das Mädchen gewaltsam ins Bett. Eine Stunde später aber stand der Nichtsnutz wütend auf, versetzte dem Mädchen mehrere Schnitte ins Gesicht und erklärte, sie sei keine Jungfrau mehr. Darauf schickte er es zum Vater zurück. Man kann nicht schwerer beleidigt werden, als es ihm hiermit widerfahren ist. Es gibt Leute, die behaupten, das Mädchen sei unschuldig. Eltern sind wirklich elend daran, solchen Beschimpfungen ausgesetzt zu sein! Ich glaube, ich stürbe vor Kummer, wenn mit meiner Tochter so umgesprungen würde. Lebe wohl!
In Fatmes Serail, am 9. des Gemmadi-Mondes, 1, 1714.

Einundsiebzigster Brief

USBEK AN ZELIS

Soliman tut mir um so mehr leid, als das Übel nicht aus der Welt zu schaffen ist. Sein Schwiegersohn hat nur die Freiheiten genutzt, die das Gesetz bietet. Ich finde allerdings ein Gesetz reichlich hart, das die Ehre einer Familie den Launen eines Verrückten aussetzt. Man hat gut reden und sagen, es gebe sichere Kennzeichen, die Wahrheit zu erfahren. Das ist ein alter Irrtum, der heute nicht mehr besteht. Unsere Ärzte haben unwiderlegbare Beweise für die Ungewißheit der Sache. Selbst die Christen halten sie für eine Einbildung, obwohl sie in ihrer heiligen Schrift festgelegt ist und ihr Gesetzgeber einst Unschuld oder Verdammung aller Mädchen davon abhängen ließ.[1]

Ich erfahre mit Freuden, daß Du Deiner Tochter eine sorgfältige Erziehung angedeihen läßt. Möge Gott geben, daß ihr Mann sie dereinst so schön und so rein vorfindet wie Fatima![2] Zehn Eunuchen soll sie zu ihrer Bewachung haben, sie soll Stolz und Zierde des Serails sein, für den sie bestimmt ist: goldene Täfelung wünsche ich ihr über ihrem Haupt und prachtvolle Teppiche unter den Füßen! Und, um das Maß meiner Wünsche voll zu machen, wünsche ich sie dereinst in ihrer ganzen Herrlichkeit vor Augen zu haben.

Zu Paris, am 5. des Schalwal-Mondes 1714.

Zweiundsiebzigster Brief

RICA AN IBBEN IN ***

Neulich war ich in einer Gesellschaft, wo ich einen sehr selbstsicheren Mann traf. In einer Viertelstunde entschied er über drei Fragen der Moral, vier historische Fragen und fünf physikalische Schwierigkeiten. Ich habe noch nie einen so all-entscheidenden Menschen gesehen. Sein Geist war von keinerlei Zweifeln angekränkelt. Von der Wissenschaft ging man zu den neuesten Nachrichten über: über sie entschied er auch. Ich wollte ihn mir vornehmen und sagte mir: »Ich muß ihn ins Unrecht setzen und etwas über mein Land fragen!« Ich sprach ihm von Persien. Aber kaum hatte ich drei Worte gesagt, da widerlegte er mich auch schon aufgrund der Ansichten von Tavernier und Chardin.[1] »Guter Gott, was ist das nur für ein Mensch!« sagte ich da zu mir. »Er wird sogar die Straßen von Ispahan besser kennen als ich.« – Mein Entschluß war rasch gefaßt: ich schwieg, ich ließ ihn reden – und er entscheidet noch immer.

Zu Paris, am 8. des Zilkade-Mondes 1715.

Dreiundsiebzigster Brief

RICA AN ***

Ich habe von einer Art Gerichtshof reden hören, den man Académie Française nennt. In der ganzen Welt gibt's keinen, der weniger geachtet wäre. Denn sobald dort etwas entschieden wird, kassiert das Volk, so sagt man, die Urteile und zwingt das Gericht nach den Gesetzen zu handeln, die es ihm auferlegt.

Um sein Ansehen zu festigen, gab das Gericht vor einiger Zeit eine Zusammenstellung seiner Urteile heraus. Das Kind so vieler Väter war schon alt, als es auf die Welt kam. Es war zwar ehelich geboren, aber ein Bastard, der schon erschienen war, hat es bei seiner Geburt fast erstickt.[1]

Die Mitglieder des Gerichts haben nichts anderes zu tun, als die ganze Zeit zu schwätzen. Lobsprüche stellen sich wie von selbst in dem ewigen Gerede ein. Kaum ist einer in die Mysterien eingeweiht, ergreift ihn auch schon die Lust zur Panegyrik und läßt ihn nicht mehr los. Das Gericht besteht aus vierzig Köpfen, die allesamt mit Redefiguren, Metaphern und Antithesen angefüllt sind, alle Münder deklamieren beständig, die

Ohren wollen nur Rhythmus und Wohlklang hören, von Augen kann keine Rede sein, der Organismus ist zum Sprechen, nicht zum Sehen geschaffen. Er steht auch nicht auf festen Füßen, denn die Zeit, seine Geißel, erschüttert ihn immerzu und zerstört alles, was er hervorbringt. Früher hat man behauptet, seine Hände seien gierig: ich will dazu nichts sagen und überlasse es denen, die es besser wissen, darüber zu befinden.

Das sind Seltsamkeiten, die es in unserem Persien nicht gibt. Wir sind nicht auf solche sonderbaren und seltsamen Einrichtungen erpicht. In unseren einfachen Sitten und schlichten Gewohnheiten folgen wir immer nur der Natur.

Zu Paris, am 27. des Zilhage-Mondes 1715.

Vierundsiebzigster Brief

USBEK AN RICA IN ***

Vor einigen Tagen sagte einer meiner Bekannten zu mir: »Ich habe versprochen, Sie in die gute Gesellschaft von Paris einzuführen; jetzt stelle ich Sie einem Edelmann vor, der sich besser als jeder andere in unserem Reich aufs Repräsentieren versteht.«

»Was heißt das?« fragte ich: »Ist er höflicher, leutseliger als die anderen?« – »Nein.« – »Ach, ich verstehe: er gibt immer allen, die zu ihm kommen, seine Überlegenheit zu spüren. Wenn es so ist, habe ich dort nichts verloren, ich schenke sie ihm uneingeschränkt und verurteile sie.«

Ich mußte dennoch dorthin. Da sah ich einen stolzen kleinen Mann, der sich so hochnäsig eine Prise Tabak nahm, der sich so unbarmherzig schneuzte, so phlegmatisch spuckte und seine Hunde auf eine für Menschen so beleidigende Weise streichelte, daß ich ihn zu bewundern nicht müde wurde. »Bei Gott«, sagte ich mir, »wenn ich mich so gut aufs Repräsentieren verstanden hätte, als ich noch am persischen Hof weilte, hätte ich einen großen Narren repräsentiert! Wir hätten schon einen arg schlechten Charakter haben müssen, Rica, wenn wir die Leute, die täglich zu uns kamen, um uns ihr Wohlwollen zu bekunden, mit Hunderten von kleinen Beleidigungen überhäuft hätten. Sie wußten wohl, daß wir über ihnen standen, und wenn sie's nicht gewußt hätten, hätten unsere Wohltaten es sie täglich spüren lassen. Da wir nichts dazu tun mußten, um uns Achtung zu verschaffen, taten wir alles, um liebenswert zu erscheinen. Wir verkehrten mit den Allergeringsten, und inmitten des Glanzes, der einen immer verhärtet, fanden sie uns mitfühlend. Sie erblickten nur unser Herz über sich, zu ihrer Not ließen wir uns herab. Aber wenn es galt, die Majestät des Herrschers bei öffentlichen Anlässen herauszukehren, wenn es darauf ankam, der Nation Achtung vor den Ausländern zu verschaffen, wenn, in gefährlichen Situationen, unsere Soldaten ermutigt werden mußten, dann stiegen wir hundertmal so hoch hinauf, wie wir herabgestiegen waren: Stolz trugen wir in unseren Mienen zur Schau, und man konnte wohl finden, daß wir uns aufs Repräsentieren ganz gut verstünden.«

Zu Paris, am 10. des Saphar-Mondes 1715.

Fünfundsiebzigster Brief

USBEK AN RHEDI IN VENEDIG

Ich muß dir gestehen: bei den Christen habe ich den inbrünstigen Glauben an ihre Religion, den die Muslim haben, nicht gefunden. Bei ihnen ist vom Bekenntnis zum Glauben, vom Glauben zur Gewißheit und von der Gewißheit zur Anwendung ein weiter Weg. Die Religion ist ihnen weniger ein Gegenstand der Andacht als des Disputes, an dem sich alle beteiligen können. Die Höflinge, die Militärs, sogar die Frauen lehnen sich gegen die Geistlichen auf und verlangen von ihnen, sie sollten beweisen, was nicht zu glauben sie entschlossen sind. Nicht daß sie von der Vernunft bestimmt würden oder daß sie sich der Mühe unterzogen hätten zu überprüfen, was an der Religion, die sie verwerfen, richtig oder falsch ist, nein, es sind einfach Rebellen, die das Joch erahnt und es abgeschüttelt haben, ehe sie es kennenlernten. Daher ist ihr Unglauben auch nicht beständiger als ihr Glauben: sie leben in einem beständigen Hin-und-Her zwischen beiden. Einer von ihnen sagte neulich zu mir: »Ich glaube ein halbes Jahr lang an die Unsterblichkeit der Seele, meine Ansichten hängen ganz und gar von meiner körperlichen Verfassung ab: je nachdem, wieviel Lebensgeister ich in mir spüre, ob mein Magen gut oder schlecht verdaut, ob die Luft, die ich atme, rein oder stickig und das Essen, das ich zu mir nehme, leicht oder schwer ist, bin ich Spinozist, Sozinianer, Katholik, Ketzer oder Frömmler. Befindet sich ein Arzt an meinem Bett, komme ich dem Beichtvater entgegen; geht es mir gut, vermag ich die Religion schon davon abzuhalten, mir Sorgen zu machen; aber wenn ich krank bin, darf sie mich trösten. Habe ich von der einen Seite nichts mehr zu hoffen, stellt sich die Religion ein und gewinnt mich durch ihre Verheißungen: dann will ich mich ihr gern ergeben und mich zum Sterben auf die andere Seite schlagen.«

Seit langem haben die christlichen Könige schon alle Sklaven in ihren Ländern freigelassen. Das Christentum, sagen sie, mache alle Menschen gleich. Allerdings war die Tat ihnen nützlich: sie haben auf die Weise die Feudalherren geschwächt, deren Botmäßigkeit sie das gemeine Volk entzogen. Dann haben sie Länder erobert, wo sie merkten, es wäre von Vorteil für sie, wenn sie Sklaven hätten: sie haben die Erlaubnis zum Sklavenhandel und vergaßen die Grundsätze der Religion, die ihnen zuvor so sehr am Herzen lagen. Was soll ich Dir sagen? Wahrheit hier ist Irrtum dort.

Warum halten wir es nicht wie die Christen? Wir sind schön dumm, auf leichte Eroberungen und Niederlassungen im angenehmen Klima zu verzichten, nur weil das Wasser dort nicht rein genug ist für unsere vom heiligen Koran vorgeschriebenen Waschungen![1]

Ich danke dem allmächtigen Gott, der seinen Propheten Ali herabgesandt hat, dafür, daß ich einer Religion angehöre, die über alle menschlichen Interessen erhaben und die rein ist wie der Himmel, von dem sie auf uns herabkam.

Zu Paris, am 13. des Saphar-Mondes 1715.

Sechsundsiebzigster Brief

USBEK AN SEINEN FREUND IBBEN IN SMYRNA

In Europa sind die Gesetze gegen den Selbstmord sehr streng. Wer sich umbringen will, wird sozusagen zum zweiten Mal umgebracht, er wird aufs unwürdigste durch die Straßen geschleift und für ehrlos erklärt; seine Güter zieht man ein. Mir scheint, diese Gesetze sind sehr ungerecht, Ibben. Wenn mich Schmerzen, Elend und Verachtung bedrücken, warum will man mich dann davon abhalten, meiner Pein ein Ende zu bereiten, warum mich des Mittels dazu berauben, das ich in Händen habe? Warum soll ich für eine Gesellschaft weiterarbeiten, der ich nicht mehr angehören will? Warum wider Willen ein Abkommen einhalten, das ohne mich getroffen wurde? Die Gesellschaft ist auf gegenseitigem Nutzen aufgebaut: wird sie mir zur Last, wer hindert mich daran, ihr zu entsagen? Das Leben habe ich als eine Gunst erhalten, ich kann es also zurückgeben, wenn es keine mehr ist: die Ursache besteht nicht mehr, also braucht auch die Folge nicht mehr zu sein.

Verlangt der König, ich solle sein Untertan sein, wenn ich die Vorteile, die daraus entstehen, nicht mehr nutze? Können meine Mitbürger der ungleichen Verteilung von ihrem Nutzen und meinem Nachteil zustimmen? Will Gott, im Gegensatz zu allen Wohltätern, mich dazu zwingen, die Gnade anzunehmen, die mich bedrückt? Ich muß den Gesetzen gehorchen, solange ich unter ihnen lebe, aber wenn ich nicht mehr lebe, können sie dann noch verbindlich sein für mich? – Doch man wird sagen: Du durchbrichst die Ordnung der Vorsehung. Gott hat Deine Seele mit dem Körper vereint, und Du trennst beide, also zuwiderhandelst Du seinen Absichten. Was soll das heißen? Durchbreche ich die Ordnung der Vorsehung, wenn ich die stofflichen Gegebenheiten modifiziere und eine Kugel, die die ursprünglichen Bewegungsgesetze, das heißt die Gesetze der Schöpfung und des Fortbestandes rund geformt haben, in einen Würfel verwandle? Gewiß nicht. Ich mache nur von dem Recht Gebrauch, das ich habe, und in diesem Sinne kann ich nach Lust und Laune die ganze Natur durcheinanderbringen, ohne daß man deswegen sagen könnte, ich widersetzte mich der Vorsehung.

Wenn meine Seele vom Körper abgelöst ist, herrscht dann weniger Ordnung und weniger Zusammenhang im Universum? Denkst Du, die neue Kombination sei weniger vollkommen und hinge weniger von den allgemeinen Gesetzen ab? Verlöre die Welt etwas? Wären Gottes Werke dann weniger groß, vielmehr weniger unermeßlich? Denkst Du, mein Körper wäre, in eine Kornähre, einen Wurm, einen Rasen verwandelt, ein der Natur weniger würdiges Produkt geworden? Und meine Seele wäre, von allem Irdischen befreit, weniger erhaben?

All diese Vorstellungen, mein lieber Ibben, entspringen nur unserem Hochmut. Wir merken unsere Kleinheit nicht und wollen unbedingt im Universum eine Rolle spielen, Gewicht haben. Wir bilden uns ein, die Vernichtung eines so vollkommenen Wesens, wie wir es sind, würde die ganze Natur entwürdigen, und wir vermögen nicht einzusehen, daß ein Mensch mehr oder weniger in der Welt, was sage ich: alle Menschen zusammengenommen, hundert Millionen Köpfe wie der unsere, nur ein winziges, feinstes Atom sind, das Gott überhaupt nur vermöge der Unermeßlichkeit seines Wissens gewahrt.

Zu Paris, am 15. des Saphar-Mondes 1715.

Siebenundsiebzigster Brief

IBBEN AN USBEK IN PARIS

Mein lieber Usbek, mich dünkt, für einen rechten Muselmann ist das Unglück weniger eine Strafe als eine Warnung. Wie wertvoll sind die Tage, die uns zum Anlaß werden, unser Unrecht zu sühnen! Die Zeiten des Glücks müßte man verkürzen. Wozu dient denn all die Ungeduld, wenn nicht zum Zeichen dessen, daß wir unabhängig von dem glücklich sein wollten, der alles Glück gibt, weil er die Glückseligkeit selbst ist? Wenn ein Wesen aus zweien besteht und die Notwendigkeit, die Vereinigung beider zu erhalten, um so mehr die Unterwerfung unter die Gesetze des Schöpfers kennzeichnet, so hat man daraus ein religiöses Gebot machen können. Und wenn die Notwendigkeit, diese Vereinigung zu erhalten, für das Handeln der Menschen ein besserer Garant ist, so durfte man daraus ein bürgerliches Gesetz machen.[1]
Zu Smyrna, am letzten Tag des Saphar-Mondes 1715.

Achtundsiebzigster Brief

RICA AN USBEK IN ***

Ich sende Dir die Abschrift eines Briefes, den ein Franzose aus Spanien hierhergeschickt hat. Ich denke, er wird Dich interessieren.

Seit sechs Monaten durchstreife ich Spanien und Portugal. Ich lebe unter Leuten, die alle anderen Menschen verachten, außer den Franzosen, denen sie die Ehre antun, sie zu hassen. Würde ist der Hauptcharakterzug beider Nationen. Sie manifestiert sich vor allem auf zweierlei Weise: durch Brillen und Schnauzbärte.

Die Brillen beweisen unwiderleglich, daß der, der sie trägt, ein vollkommener Gelehrter ist. Er ist in tiefschürfende Lektüre derart vergraben, daß er damit sein Augenlicht verdorben hat. Jede Nase, die die Last einer Brille ziert, ist unstreitig eine Gelehrtennase. – Was aber den Schnauzbart anlangt, so ist er ehrwürdig auch unabhängig von seinen Folgen. Freilich kann man zuweilen auch einen großen Nutzen von ihm haben, wenn man damit dem König und dem Vaterland dient. Das hat ein berühmter portugiesischer General in Indien bewiesen, der, als er einmal in Geldnot war, die Hälfte seines Schnauzbartes abschnitt und sie den Einwohnern von Goa als Pfand überließ. Sie liehen ihm daraufhin zwanzigtausend Pistolen. Später bekam er seinen halben Bart in allen Ehren zurück.

Man kann sich leicht denken, daß so gravitätische und so phlegmatische Leute stolz sind: und so ist es denn auch. Sie gründen ihren Stolz normalerweise auf zwei gewichtige Ursachen. Wer in Spanien und Portugal lebt, fühlt sich herzlich erhaben über alle anderen, wenn er ein Altchrist ist, wie sie es nennen. Das heißt, wenn er nicht von jemandem abstammt, den die Inquisition in den letzten Jahrhunderten erst zum Christentum bekehrt hat. In Amerika ist man nicht weniger stolz, wenn man, wie sie sagen, als ein Weißer angesehen wird. Das gilt als die höchste Auszeichnung. Im Serail des Großtürken kann keine Sultanin stolzer auf ihre Schönheit sein als der kümmerlichste alte Bastard, der mit gekreuzten Armen auf der Schwelle seines Hauses in der Stadt Mexiko sitzt und seinen olivenfarbenen Teint zur Schau trägt. Ein Mann solchen Ansehens, ein so vollkommenes Geschöpf kann sich um aller Schätze der Welt nicht dazu herablassen zu arbeiten. Sich mit einer niedrigen, mechanischen Tätigkeit abzugeben, hieße die Würde seiner Haut entehren.

Denn man muß wissen: wenn jemand in Spanien zum Beispiel dadurch zu einem gewissen Ansehen gelangt ist, daß er über die Eigenschaften hinaus, von denen ich sprach, noch den Besitz eines großen Degens oder die von seinem Vater ererbte

Kunst, eine verstimmte Gitarre zum Krächzen zu bringen, nachzuweisen vermag, so arbeitet er nicht mehr. Seine Ehre gebietet, daß er seine Glieder ruhen lasse. Wer täglich zehn Stunden sitzt, erwirbt sich doppelt soviel Ansehen wie einer, der nur fünf Stunden sitzt, denn Stühle adeln den Menschen.

Obgleich nun aber diese unüberwindlichen Gegner der Arbeit eine philosophische Gelassenheit zur Schau tragen, so tragen sie diese nicht im Herzen. Denn sie sind immerzu verliebt. Kein Mensch kommt ihnen gleich, wenn es gilt, unter den Fenstern ihrer Angebeteten zu Tode zu schmachten. Ein Spanier, der nicht heiser ist, gilt nicht für einen galanten Mann.

Erstens sind sie fromm und zweitens eifersüchtig. Ihre Frauen den Attacken eines narbenbedeckten Kriegers oder einer abgelebten Magistratsperson auszusetzen, würden sie sich schwer hüten. Mit einem eifernden Novizen, der die Augen niederschlägt, oder mit einem robusten Franziskaner, der sie auf hat, lassen sie sie ruhig allein. – Sie erlauben ihren Frauen, mit bloßem Busen zu erscheinen, aber ihren Absatz oder gar die Schuhspitze darf keiner sehen.

Man klagt überall über die Qualen der Liebe, aber in Spanien sind sie noch schlimmer. Da lindern die Frauen die Schmerzen der Männer, aber sie bringen ihnen wieder neue bei. Oft verbleibt ihnen ein langes und böses Andenken an eine erloschene Leidenschaft.

Sie haben so gewisse Höflichkeitsgesten, die in Frankreich unangebracht erscheinen würden. Zum Beispiel verprügelt ein Offizier keinen Soldaten, ohne ihn zuvor um Erlaubnis gefragt zu haben, und die Inquisition verbrennt keinen Juden, ohne sich dafür bei ihm zu entschuldigen. – Die Spanier, die man nicht verbrennt, hängen so sehr an ihrer Inquisition, daß nur Übelwollende sie davon befreien könnten. Ich wünschte mir nur, daß man eine andere Art Inquisition einrichtete: nicht für die Ketzer, sondern für die Stifter von Ketzereien, die gewissen mönchischen Praktiken die gleiche Bedeutung geben wie den sieben Sakramenten, die alles anbeten, was sie verehren, und die vor lauter Frommheit kaum noch Christen sind.

Witz und gesunden Menschenverstand kann man bei den Spaniern schon finden, nur nicht in ihren Büchern. Sehen Sie sich nur ihre Bibliotheken an, die zur einen Hälfte voller Romane sind, zur anderen voller Scholastik. Man sollte meinen, ein heimlicher Feind menschlicher Vernunft habe die beiden Teile ausgesucht und zusammengestellt. Das einzige gute Buch, das sie haben, ist eines, das die Lächerlichkeit aller anderen aufzeigt.[1]

Sie haben in der neuen Welt unermeßliche Entdeckungen gemacht und kennen ihr eigenes Land noch nicht: über ihre Flüsse führen Brücken, die sie noch nicht entdeckt haben, und in ihren Gebirgen gibt es Stämme, die ihnen unbekannt sind. Sie sagen, in ihrem Reich ginge die Sonne nicht unter, aber man muß hinzufügen, daß sie auf ihrem Lauf auch nur verwüstete Ländereien und öde Gegenden unter sich hat.

Ich hätte gern einmal einen Brief eines Spaniers aus Madrid, Usbek, der Frankreich durchreist: ich glaube, er würde sein Land schon zu verteidigen wissen.[2] Was für ein weites Feld für einen geruhsamen und nachdenklichen Menschen! Ich stelle mir vor, er würde seine Beschreibung von Paris etwa so anfangen: »Hier gibt es ein Haus, wo man die Verrückten einsperrt. Auf den ersten Blick möchte man es für das größte in der Stadt halten. Aber es ist nur eine kleine Abhilfe für ein großes Übel. Zweifellos sperren die bei ihren Nachbarn so äußerst unbeliebten Franzosen ein paar Verrückte in ein Haus, um den Eindruck zu erwecken, diejenigen, die nicht darin sind, seien es nicht.«

Dabei lasse ich es, was meinen Spanier anlangt, bewenden. Lebe wohl, mein lieber Usbek.

Zu Paris, am 17. des Saphar-Mondes 1715.

Neunundsiebzigster Brief

DER SCHWARZE GROSSEUNUCH AN USBEK IN PARIS

Gestern kamen Armenier in den Serail, die boten eine Tscherkessensklavin zum Verkauf an. Ich führte sie in die geheimen Gemächer, entkleidete sie und prüfte sie mit den Blicken eines Richters. Je länger ich sie betrachtete, desto anmutiger fand ich sie. Aus jungfräulicher Scham wollte sie sich meinen Blicken entziehen, ich merkte, wie schwer sie sich tat, zu gehorchen: sie errötete, weil sie nackt vor mir stand, der ich doch frei von den Leidenschaften bin, auf die man mit Schamhaftigkeit reagiert, ich, den das schöne Geschlecht ungerührt läßt. Als Dein bescheidener Diener bleiben meine Blicke selbst bei dem gewagtesten Vorgehen keusch, und ich kann nur Unschuld einflößen.

Sobald ich sie Deiner für würdig befunden hatte, senkte ich die Blicke. Ich warf ihr einen Scharlachmantel über und steckte ihr einen goldenen Ring an den Finger. Dann fiel ich ihr zu Füßen und betete sie als Königin Deines Herzens an. Ich gab den Armeniern das Geld und entzog sie allen Blicken. Gücklicher Usbek! Du besitzest mehr Schönheiten, als alle Paläste des Orients. Welche Wonne für Dich, bei Deiner Rückkehr die entzückendsten Frauen Persiens in Deinem Serail vorzufinden, zu sehen, wie dort immer neue Reize erblühen, obwohl doch die Zeit und der Besitz auf deren Zerstörung aus sind.

In Fatmes Serail, am 1. des Rebiab-Mondes 1715.

Achtzigster Brief

USBEK AN RHEDI IN VENEDIG

Seitdem ich in Europa bin, mein lieber Rhedi, habe ich mancherlei Regierungen gesehen. Hier ist es nicht wie in Asien, wo überall die gleichen politischen Regeln gelten. Ich habe mich immer wieder gefragt, welche Regierungsform die vernünftigste ist. Mir scheint, die vollkommenste ist die, die ihr Ziel mit dem geringsten Aufwand erreicht; demnach wäre der beste Staatsmann der, der die Menschen so regiert, wie es ihren natürlichen Neigungen entspricht.[1] Ist das Volk unter einer milden Regierung genauso gehorsam wie unter einer strengen, so ist die erstere vorzuziehen, weil sie vernünftiger ist, während Strenge unvernünftig wäre. Du mußt nicht meinen, lieber Rhedi, daß es an den strengeren Strafen liegt, wenn man den Gesetzen gehorcht. In Ländern, wo die Strafen milder sind, fürchtet man sie genauso wie in den Ländern, wo sie tyrannisch und grausam sind. Ob eine Regierung mild oder streng ist, gestraft wird stets in Abstufungen: ein größeres Verbrechen wird mit einer größeren Strafe gesühnt. Die Phantasie paßt sich von selbst den Gepflogenheiten des Landes an, in dem man lebt: Acht Tage Arrest oder eine leichte Geldstrafe schrecken den Geist eines an die sanften Sitten seines Landes gewohnten Europäers ebenso ab wie der Verlust eines Armes einen Asiaten. Eine bestimmte Stufe der Furcht heftet sich an die entsprechende Stufe der Strafe, und jeder empfindet sie dementsprechend: die Angst vor Ächtung bringt einen Franzosen, der bestraft wird, zur Verzweiflung, während sie einen Türken nicht einmal um eine Viertelstunde Schlaf brächte.

Übrigens habe ich nicht den Eindruck, daß Polizei, Gerechtigkeit und Billigkeit in der Türkei, in Persien oder beim Mogul besser gehandhabt würden als in der Republik von Holland oder von Venedig, ja, als in England. Ich glaube nicht, daß man im Orient weniger Verbrechen begeht und daß die Menschen dort, von der Strenge des Gesetzes eingeschüchtert, dem Gesetz besser gehorchen. Ich erblicke, im Gegenteil, in dieser Strenge einen Quell der Ungerechtigkeit und der Unordnung. Ich finde sogar, daß die Fürsten dort weniger Herren ihrer Untertanen sind, obwohl sie doch das Gesetz verkörpern. Herrscht Strenge, gibt es immer auch aufständische Bewegungen, wo dann keiner das Sagen hat. Ist die Autorität aber einmal außer Kraft, vermag keiner sie so leicht wieder herzustellen: kann man auf Straflosigkeit nicht hoffen, wird die Unordnung noch größer und schlimmer; kleine Revolten gibt es in solchen Staaten nicht, denn der Schritt vom Murren zum Aufruhr ist gleich getan: große Ereignisse bedürfen da keiner großen Ursachen, im Gegenteil, der kleinste Zufall führt eine große Umwälzung herbei, die für die, die sie provoziert haben, oft ebenso unvorhergesehen kommt wie für die, auf deren Kosten sie geht.

Als Osman, der Herrscher der Türken, abgesetzt wurde, hatte keiner derjenigen, die das bewirkten, ein Attentat im Sinn: sie flehten nur untertänigst in irgendeiner Sache um Gerechtigkeit. Da ertönte, man weiß nicht von wem, ein Ruf aus der Menge: Mustapha wurde gerufen – und schon wurde Mustapha Herrscher der Türken.

Zu Paris, am 2. des Rebiab-Mondes, 1, 1715.

Einundachtzigster Brief

NARGUM, PERSIENS BOTSCHAFTER IN MOSKAU, AN USBEK IN PARIS

Keine Nation der Welt, mein lieber Usbek, hat je die Tataren an Ruhm oder Größe der Eroberungen übertroffen. Dies Volk ist wahrhaft weltbeherrschend. Alle anderen scheinen dazu geschaffen, ihm zu dienen, es hat ebensoviele Reiche gegründet, wie es zerstört hat. Zu allen Zeiten hat es der Erde die Spuren seiner Macht eingeprägt, es war die Geißel der Völker. Zweimal haben die Tataren China erobert[1], und sie haben es noch immer in ihrer Hand. Sie herrschen über die weiten Landstriche, die das Reich des Moguls bilden. Als Herren Persiens haben sie sich auf dem Thron des Kyros[2] und des Gustaspe[3] niedergelassen. Sie haben Moskau unterjocht. Als Türken haben sie ungeheure Eroberungen in Europa, Asien und Afrika gemacht, und sie herrschen in diesen drei Erdteilen. Um von vergangenen Zeiten zu reden: Einige der Völkerschaften, die das römische Reich zerstört haben, kamen aus der Tatarei. Was sind die Eroberungen Alexanders im Vergleich zu denjenigen Dschingis-Khans?

Es fehlte dieser siegreichen Nation nur an Geschichtsschreibern, die das Gedächtnis ihrer Wundertaten erhalten hätten. – Wie viele unsterbliche Taten sind in Vergessenheit geraten! Wie viele Reiche wurden von den Tataren gegründet, deren Ursprung wir nicht kennen! Dieses Kriegervolk kümmerte sich nur um seinen gegenwärtigen Ruhm. Allezeit siegessicher, dachte es nicht daran, das Gedächtnis vergangener Eroberungen für die Zukunft festzuhalten.

Zu Moskau, am 4. des Rebiab-Mondes, 1, 1715.

Zweiundachtzigster Brief

RICA AN IBBEN IN SMYRNA

Obwohl die Franzosen im allgemeinen viel reden, gibt es doch eine Art schweigsamer Derwische unter ihnen, die man Kartäuser nennt. Man sagt, sie schnitten sich beim Eintritt ins Kloster die Zunge ab. Es wäre zu wünschen, daß all die anderen Derwische sich auch abschnitten, was sie von Berufs wegen nicht brauchen. A propos schweigsame Leute: es gibt noch weit sonderbarere als sie. Sie haben die außerordentliche Gabe zu reden, ohne etwas zu sagen. Sie unterhalten eine Gesellschaft zwei Stunden lang, ohne daß man wüßte, wovon sie geredet haben. Man kann weder wiedergeben, was sie gesagt haben, noch kann man es behalten. Die Frauen bewundern diese Leute, aber viel mehr noch die, die von Natur die Gabe haben, im richtigen Moment zu lächeln – das heißt immerzu, und die allem, was die Frauen sagen, den reizenden Stempel freundlicher Billigung aufdrücken. In höchstem Glanze zeigt sich ihr Geist, wenn sie überall Feinheiten aufzuspüren und in den gewöhnlichsten Äußerungen Tiefsinn zu entdecken vermögen.

Andere gibt es, die das Geschick haben, unbelebte Dinge für sich sprechen zu lassen, ihr gesticktes Wams, ihre blonde Perükke, ihre Tabatiere, ihren Spazierstock und ihre Handschuhe. Geschickt ist es auch, schon von der Straße her oder durch hartes Aufschlagen des Türklopfers auf sich aufmerksam zu machen. Das gibt einen Vorgeschmack für die Unterhaltung, und wenn die Einleitung schön klingt, macht sie all die Dummheiten wett, die darauffolgen, die aber eben zum Glück zu spät kommen. Ich kann Dir sagen, daß all diese kleinen Gaben, auf die man bei uns keinen Wert legt, denjenigen, die sie haben, hier gute Dienste leisten: mit dem gesunden Menschenverstand kommt man nicht gegen sie an.

Zu Paris, am 6. des Rebiab-Mondes, 2, 1715.

Dreiundachtzigster Brief

USBEK AN RHEDI IN VENEDIG

Wenn es einen Gott gibt, mein lieber Rhedi, dann muß er notwendigerweise gerecht sein. Denn wenn er es nicht wäre, wäre er das schlechteste und unvollkommenste aller Wesen. Gerechtigkeit ist die angemessene Beziehung, die zwischen zwei Dingen tatsächlich besteht. Diese Beziehung ist immer gleich, wer auch immer sie betrachten möge, ob Gott, ein Engel oder ein Mensch. Zwar erkennen die Menschen diese Beziehung nicht immer, und wenn sie sie erkennen, entfernen sie sich von ihr, denn ihr Eigeninteresse erkennen sie immer am besten. Die Gerechtigkeit erhebt ihre Stimme, aber es gelingt ihr nur schwer, sich im Tumult der Leidenschaften Gehör zu verschaffen.

Die Menschen können ungerecht sein, weil das in ihrem Interesse liegt und sie ihren Eigennutz dem Nutzen der anderen vorziehen. Sie handeln immer im Blick auf sich selbst. Niemand ist grundlos schlecht, es muß einen Grund geben, der ihn bewegt, und dieser Grund ist immer das eigene Interesse. Aber Gott kann niemals ungerecht handeln. Nimmt man einmal an, daß er erkennt, was gerecht ist, so muß er der Gerechtigkeit folgen, denn da er nichts braucht und sich selbst genug ist, müßte er die Bosheit selbst sein, wenn er ungerecht handelte, ohne ein Interesse daran zu haben. Selbst wenn es aber keinen Gott gäbe, müßten wir die Gerechtigkeit lieben, das heißt alles tun, um dem Wesen ähnlich zu sein, von dem wir uns eine so schöne Vorstellung machen und das, wenn es existierte, gerecht sein müßte. Wären wir das Joch der Religion los, so dürften wir das Joch der Gerechtigkeit doch nicht abwerfen.[1]

Deswegen denke ich, mein lieber Rhedi, daß die Gerechtigkeit ewig ist und nicht von menschlichen Konventionen abhängt. Hinge sie aber von diesen ab, wäre es eine so schreckliche Wahrheit, daß man sie vor sich selbst verbergen müßte. Wir sind von Menschen umgeben, die stärker sind als wir; sie können uns auf mannigfache Weise Schaden zufügen. In dreiviertel aller Fälle tun sie es ungestraft. Wie beruhigend ist es da zu wissen, daß es im Herzen aller Menschen ein inneres Gesetz gibt, das für uns ficht und uns vor all ihren Machenschaften schützt! Wäre dem nicht so, lebten wir in beständiger Angst. Wir verhielten uns unter Menschen wie unter Löwen und wären keinen Augenblick unseres Besitzes, unserer Ehre und unseres Lebens sicher.

All diese Gedanken lassen mich erzürnen über die Gelehrten, die uns Gott als ein Wesen vorstellen, das einen tyrannischen Gebrauch von seiner Allmacht macht, die ihn handeln lassen, wie wir selbst nicht handeln wollten, aus Furcht davor, ihm zu mißfallen, die ihn mit all den Fehlern belasten, die er an uns bestraft, und die ihn in ihrer widersprüchlichen Deutung einmal als eine Verkörperung des Bösen, ein andermal als jemanden darstellen, der das Böse haßt und es bestraft. Welche Genugtuung für einen Menschen, der sich selbst prüft und findet,

daß er ein gerechtes Herz hat! Diese Freude muß ihn entzücken, mag sie ihn auch zur Strenge zwingen. Er erblickt die Ungerechten so tief unter sich wie Tiger und Bären. Ja, Rhedi, wenn ich sicher wäre, stets unerschütterlich der Gerechtigkeit zu folgen, die ich vor Augen habe, dann hielte ich mich für den besten Menschen.
Zu Paris, am 1. des Gemmadi-Mondes 1715.

Vierundachtzigster Brief

RICA AN ***

Gestern war ich im Hôtel des Invalides. Wenn ich ein Fürst wäre, wollte ich lieber diesen Bau errichtet, als drei Schlachten gewonnen haben.[1] Überall spürt man die Hand eines großen Monarchen. Ich glaube, es ist die ehrwürdigste Stätte auf Erden.

Welches Schauspiel, an einem Ort all die Opfer des Vaterlandes versammelt zu sehen, die nur für seine Verteidigung existierten, die noch immer desselben Sinnes sind, auch wenn sie nicht mehr dieselbe Kraft haben und sich nur über ihr Unvermögen beklagen, sich nicht fürs Vaterland aufopfern zu können.

Was gibt es bewundernswerteres als zu sehen, wie diese verstümmelten Krieger in ihrem Ruhestand noch die gleiche Disziplin bewahren, die sie vor dem Feinde zeigten, wie das Bild des Krieges immer noch ihre ganze Genugtuung ist und wie sie ihr Herz und ihren Geist teils den religiösen, teils den militärischen Pflichten widmen? Ich wünschte, die Namen der Männer, die für das Vaterland gestorben sind, würden in den Tempeln verewigt und in Registern aufgezeichnet, die so etwas wie ein Quell des Ruhms und des Edelmuts wären.
Zu Paris, am 15. des Gemmadi-Mondes, 1, 1715.

Fünfundachtzigster Brief

USBEK AN MIRZA, IN ISPAHAN

Einige Minister Schah Solimans[1] hatten, wie Du weißt, Mirza, den Plan gefaßt, alle Armenier Persiens dazu zu zwingen, das Land zu verlassen oder Mohammedaner zu werden. Sie meinten, unser Land wäre auf ewig befleckt, wenn sich diese Ungläubigen darin befänden. Es wäre um die Größe Persiens geschehen gewesen, wenn das blinde Eiferertum in dieser Angelegenheit Gehör gefunden hätte. Wie der Plan fehlschlug, weiß man nicht. Die den Vorschlag gemacht hatten, wußten so wenig wie die, die ihn ablehnten, welche Folgen er gehabt hätte: Der Zufall spielte die Rolle der Vernunft und der Politik und rettete das Reich vor einer größeren Gefahr, als es der Verlust einer Schlacht und die Einnahme zweier Städte gewesen wären.

Wenn man die Armenier verbannt hätte, hätte man auf einen Schlag alle Kaufleute und fast alle Handwerker des Landes verwiesen. Ich bin sicher, daß der Große Schah Abbas[2] sich lieber zwei Arme hätte abnehmen lassen, als einen solchen Erlaß zu unterzeichnen. Dem Großmogul und den anderen Königen Indiens seine tüchtigsten Untertanen zuzuschicken, hätte für ihn bedeutet, auf die Hälfte seines Reiches zu verzichten. Die Verfolgungen, die unsere eifernden Mohammedaner den Gebern[3] haben zuteil werden lassen, haben sie dazu gezwungen, in Massen nach Indien auszuwandern. Sie haben Persien um diese in der Landwirtschaft so tüchtigen Leute gebracht; schließlich waren sie die einzigen, die mit ihrer Arbeit in der Lage waren, die Unfruchtbarkeit unseres Bodens zu überwinden. Den Eiferern blieb nur noch dieser zweite Schlag übrig: Damit hätten sie Handel und Wirtschaft ruiniert, das Reich wäre von selbst untergegangen und damit zwangsläufig auch die Religion, der man zum Blühen verhelfen wollte.

Unvoreingenommen gedacht weiß ich nicht, Mirza, ob es

nicht gut wäre, wenn in einem Staat mehrere Religionen existierten.[4] Man kann feststellen, daß die Anhänger einer tolerierten Religion sich ihrem Vaterland nützlicher erweisen als die, die der Staatsreligion angehören. Da man ihnen Ehren und Ämter verweigert, müssen sie sich durch Wohlstand und Reichtum auszeichnen; sie sind gezwungen, von ihrer Hände Arbeit zu leben und die beschwerlichsten Tätigkeiten in unserer Gesellschaft auszuüben. Da im übrigen alle Religionen der Gesellschaft nützliche Vorschriften enthalten, ist es gut, wenn sie pflichtgemäß erfüllt werden. Und was gäbe es, das diese Pflichten eifriger erfüllen ließe als eine Vielzahl von Religionen? Ihre Angehörigen sind Rivalen, die sich nichts verzeihen. Der Wettstreit erstreckt sich bis auf die einzelnen: jeder ist auf seiner Hut und scheut sich, etwas zu tun, was seiner Partei Unehre machen und dem strengen Tadel oder der Verachtung der Gegenpartei aussetzen würde. So hat man denn immer schon beobachten können, daß die Einführung einer neuen Sekte in einem Staat das sicherste Mittel war, die Mißbräuche der alten aus der Welt zu schaffen. Man behauptet also zu Unrecht, es läge nicht im Interesse eines Fürsten, mehrere Religionen in seinem Staate zu dulden. Selbst wenn alle Sekten der Welt sich darin versammelten, würde ihm das nicht schaden; denn alle schrieben sie Gehorsam vor und forderten Unterordnung.

Zugegeben: die Geschichte ist voller Religionskriege. Aber bei Licht besehen, ist es nicht die Vielzahl der Religionen, die diese Kriege verursacht, sondern der Geist der Unduldsamkeit, der die erfüllt, die sich für die Anhänger der Staatsreligion halten, dieser Geist der Proselytenmacherei, den die Juden von den Ägyptern übernommen haben und der von ihnen wie eine ansteckende Massenkrankheit zu den Mohammedanern und Christen übergegangen ist, dieser Wahnwitz, dessen Fortschreiten nur als eine gänzliche Verblendung der menschlichen Vernunft angesehen werden kann. Selbst wenn es nicht unmenschlich wäre, das Gewissen anderer zu belasten, und wenn die Intoleranz nicht all die üblen Folgen hätte, die sie tatsächlich hat, müßte man von Sinnen sein, dafür zu plädieren. Wer möchte, daß ich eine andere Religion annehme, tut das sicher nur, weil er die seine nicht verlassen will, und sei es durch Zwang. Er verwundert sich also darüber, daß ich nicht tue, was er selbst um alles in der Welt nicht tun würde.

Zu Paris, am 26. des Gemmadi-Mondes, 1, 1715.

Sechsundachtzigster Brief

RICA AN ***

Hierzulande scheinen die Familien über sich selbst zu bestimmen. Der Mann hat nur den Schatten einer Autorität über die Frau, der Vater nicht mehr über die Kinder und der Herr nicht mehr über seine Sklaven. Die Justiz mischt sich in all ihre Differenzen, und Du kannst sicher sein, daß sie sich immer gegen den eifersüchtigen Mann, den verärgerten Vater und den ungehaltenen Herren ausspricht.

Ich begab mich neulich an den Ort, wo Recht gesprochen wird. Bevor man dort hinkommt, muß man sich gegen eine Unzahl junger Verkäuferinnen wappnen, an denen man vorbeigeht und die einen mit Sirenenstimmen ansprechen. Zuerst ist der Anblick heiter, aber es wird traurig, sobald man die großen Säle betritt, wo man lauter Leute sieht, deren Kleidung noch düsterer ist als ihre Mienen. Schließlich gelangt man an die heilige Stätte, wo sich alle Geheimnisse der Familien offenbaren und wo die verborgensten Geschehnisse ans Tageslicht gezerrt werden. Da gesteht ein bescheidenes Mädchen die Qualen einer zu lange bewahrten Jungfernschaft, ihre Kämpfe und ihren schmerzlichen Widerstand. Mit ihrem Sieg ist sie alles andere als zufrieden, und die Niederlage scheint immerzu zu drohen. Damit ihr Vater einsieht, in welcher Not sie sich befindet, erklärt sie dem Volk alles. Eine unverschämte Frau gibt Erklärungen darüber ab, wie sie ihren Mann beleidigt hat und findet, das wäre ein Scheidungsgrund. Mit gleicher Zurückhaltung erzählt eine andere, sie sei es leid, nur Frau zu heißen, es aber nicht zu sein: Und sie enthüllt die verborgenen Geheimnisse ihrer Hochzeitsnacht, die sie vor den Augen der Sachkundigen ausbreitet, damit ein Urteilsspruch sie wieder in alle Rechte der Jungfernschaft einsetze. Manche wagen sogar ihre Männer herauszufordern: Sie verlangen von ihnen, daß sie ihnen in aller Öffentlichkeit die Schlacht liefern, die sich vor Zeugen so schwer schlagen läßt. Das ist eine Probe aufs Exempel, die für die Frau ebenso schimpflich ist wie für den Mann.[1]

Zahllose entführte oder verführte Mädchen machen die Männer viel schlechter als sie sind. Der Gerichtssaal hallt von Liebe wieder, man hört nur reden von erzürnten Vätern, mißbrauchten Töchtern, untreuen Liebhabern und bekümmerten Ehemännern. Von Gesetzes wegen gilt jedes Kind, das in der Ehe geboren wird, als ehelich: der Ehemann mag gute Gründe haben zu meinen, es sei nicht von ihm, das Gesetz glaubt es für ihn und enthebt ihn der Skrupel und Zweifel. Vor Gericht entscheidet die Stimmenmehrheit, aber es heißt, man habe herausgefunden, es wäre besser, die Stimmenminderheit entschiede. Das ist ganz natürlich, denn es gibt nur wenige Rechtschaffene, und jedermann weiß, daß es eine Unzahl falscher Zeugen gibt.

Zu Paris, am 1. des Gemmadi-Mondes, 2, 1715.

Siebenundachtzigster Brief

RICA AN ***

Der Mensch sei ein geselliges Wesen, sagt man. Was das anlangt, sind die Franzosen menschlicher als andere. Der Franzose wäre der Mensch par excellence, denn er scheint nur für die Gesellschaft geschaffen zu sein. Ich habe nicht nur gesellige Menschen unter ihnen gesehen, sondern solche, die die Gesellschaft selbst sind. Sie vervielfältigen sich an allen Ecken und Enden, sie bevölkern im Nu ganze Stadtviertel. Hundert Leute von der Sorte machen mehr her als zweitausend Bürger. Sie könnten in den Augen der Fremden die Verheerungen von Pest und Hungersnöten wettmachen. In der Schulphilosophie fragt man, ob ein Körper an mehreren Orten zugleich sein könne: diese Leute beweisen, daß das möglich ist.

Sie sind immer in Eile, denn sie müssen allen, die sie treffen, die wichtige Frage stellen, woher sie kommen und wohin sie gehen. Man kann ihnen nicht ausreden, es gehöre sich, tagtäglich das Publikum mit Besuchen im einzelnen zu beehren, von den Besuchen en gros, die sie Versammlungen abstatten, nicht zu reden. Da der Weg kurz ist, zählt er in den Regeln ihres Zeremoniells nicht. Sie setzen die Türklopfer mehr in Bewegung als Wind und Wetter. Sähe man die Listen der Türhüter durch, die meist Schweizer sind, fände man ihre Namen Tag für Tag auf die verschiedenste Weise schweizerlich verhunzt vor. Sie verbringen ihr Leben in Trauerzügen, bei Kondolenzbesuchen und Hochzeitsgratulationen. Läßt der König einem seiner Untertanen eine Gratifikation zukommen, lassen sie sich die Kutschfahrt kosten, ihre Freude zu bekunden. Schließlich kehren sie ganz ermüdet nach Hause zurück, um sich auszuruhen und am nächsten Tag ihr mühseliges Geschäft wieder aufzunehmen.

Einer von der Sorte starb neulich vor Erschöpfung. Auf seinem Grabstein stand der Spruch zu lesen: »Hier ruht, der sich niemals ausgeruht hat. Er hat an fünfhundertdreißig Beerdigungen teilgenommen, er hat über die Geburt von zweitausendsechshundertundachtzig Kindern seine Freude bekundet. Die Pensionen, zu denen er seinen Freunden auf immer neue Weise gratulieren konnte, belaufen sich auf zwei Millionen sechshunderttausend Pfund, der Weg, den er auf dem Pflaster zurückgelegt hat, auf neuntausendsechshundert Stadien, auf dem Lande beträgt er deren sechsunddreißig. Seine Konversa-

tion war unterhaltsam, er verfügte über einen Fonds von dreihundertfünfundsechzig Anekdoten, außerdem kannte er von Jugend an einhundertundachtzehn Spruchweisheiten der Alten, die er bei hervorragenden Anlässen zum Besten gab. Er starb im sechzigsten Jahr seines Lebens. Ich sage nicht mehr, oh Wanderer, denn wie vermöchte ich zu sagen, was er alles getan und was er gesehen hat?«
Zu Paris, am 3. des Gemmadi-Mondes, 2, 1715.

Achtundachtzigster Brief

USBEK AN RHEDI IN VENEDIG

In Paris herrscht Freiheit und Gleichheit. Geburt, Tüchtigkeit, selbst im Kriege erworbene Verdienste unterscheiden einen Mann, so glänzend sie sein mögen, nicht von der Menge, in der er untergeht. Rangstreitigkeiten gibt es hier nicht. Wer die besten Pferde vor seinem Wagen hat, der gilt in Paris als der erste Mann. Ein großer Herr ist der, der den König sieht, der mit den Ministern spricht, der Ahnen, Schulden und Pensionen hat. Wenn er dann noch seine Muße hinter einer geschäftigen Miene oder hinter vorgeblicher Vergnügungssucht zu verstecken vermag, darf er sich für den glücklichsten aller Menschen halten.

In Persien sind nur die groß, die der Herrscher an der Regierung teilnehmen läßt. Hier ist man groß vermöge seiner Geburt, aber deswegen hat man noch lange keinen Kredit. Die Könige sind wie geschickte Handwerker, die sich zur Herstellung ihrer Werke der einfachsten Vorrichtungen bedienen. Gunst ist die große Gottheit der Franzosen. Der Minister ist der Hohepriester, der ihr zahlreiche Opfer darbringt. Die ihn umgeben, sind nicht weiß gekleidet: teils Opferer, teils Opfer weihen sie sich und das ganze Volk ihrem Götzen.
Zu Paris, am 9. des Gemmadi-Mondes, 2, 1715.

Neunundachtzigster Brief

USBEK AN IBBEN IN SMYRNA

Die Ruhmsucht unterscheidet sich nicht vom Selbsterhaltungstrieb der Menschen. Wenn wir unser Gedächtnis an andere weitergeben können, ist das wie eine Mehrung unseres Seins, es ist wie ein neues Leben, das wir dadurch erwerben und das uns ebenso kostbar wird wie dasjenige, das wir vom Himmel erhalten haben. Aber da nicht alle Menschen gleich am Leben hängen, liegt ihnen auch nicht gleich viel am Ruhm. Zwar ist dies edle Gefühl in alle Herzen eingeprägt, aber Phantasie und Erziehung verändern es auf mancherlei Art und Weise. Und die Unterschiede, die in dieser Hinsicht zwischen einzelnen Menschen bestehen, sind noch größer zwischen den Völkern.

Grundsätzlich kann man annehmen, daß die Ruhmsucht mit der Freiheit der Menschen wächst und schwindet: wo Knechtschaft ist, gibt's keinen Ruhm.

Ein kluger Mann sagte neulich zu mir: »In Frankreich ist man in mancher Hinsicht freier als in Persien. Deswegen ist man hier auch auf Ruhm versessen. Diese glückliche Vorstellung läßt einen Franzosen mit Lust und Laune tun, was Euer Sultan von seinen Untertanen nur erreicht, wenn er ihnen Lohn oder Strafe vor Augen hält. So ist denn auch der König bei uns eifersüchtig auf die Ehre seines letzten Untertanen. Um sie hochzuhalten, gibt es Ehrengerichte[1], sie sind ein geheiligter Schatz der Nation. Zugleich ist es der einzige, über den der Souverän nicht verfügt, denn er kann ihn nicht antasten, ohne seinen eigenen Interessen zu schaden. Fühlt sich ein Untertan vom Fürsten in seiner Ehre verletzt, sei es durch Bevorzugung, sei es auch nur durch den geringsten Ausdruck der Geringschätzung, so verläßt er sofort den Hof und seine Stellung. Er quittiert den Dienst und zieht sich zurück.

Der Unterschied zwischen den französischen Truppen und

den Euren besteht darin, daß die letzteren, die aus Sklaven zusammengesetzt sind, denen die Feigheit angeboren ist, die Todesfurcht nur aus Furcht vor Strafe überwinden; das versetzt die Seele in einen gleichsam lähmenden Schrecken. Die unseren aber setzen sich mit Wonne den Hieben der Feinde aus und bannen die Furcht durch ein ihr überlegenes Gefühl der Befriedigung.

Das wahre Heiligtum der Ehre, der Reputation und der Tugend aber scheint in den Republiken errichtet zu werden und in den Ländern, wo man das Wort Vaterland in den Mund nehmen darf. In Rom, in Athen, in Sparta war die Ehre der einzige Lohn für hervorragende Dienste. Ein Eichen- oder Lorbeerkranz, ein Standbild, eine Lobrede galt als reichlicher Lohn für eine gewonnene Schlacht oder eine eingenommene Stadt. Da empfing ein Mann, der eine Heldentat vollbracht hatte, seinen Lohn in der Tat selbst. Traf er einen seiner Mitbürger, fühlte er sich veranlaßt, ihm Gutes zu tun: soviele Mitbürger, soviele gute Taten! Jedermann kann einem anderen Gutes antun, aber zum Glück einer ganzen Gesellschaft beitragen, heißt den Göttern gleichen.[2]

Muß solch edler Wettstreit nicht in den Herzen von euch Persern ganz und gar erloschen sein, wo doch Ämter und Würden einzig von der Laune des Monarchen abhängen? Wo Reputation und Tugend nur als eingebildet gelten, wenn sie nicht von der Gunst des Fürsten begleitet sind, mit der sie entstehen und vergehen? Wer sich der öffentlichen Gunst erfreut, kann nie sicher sein, daß er nicht am nächsten Tag entehrt wird: Eben war er noch Armeegeneral, da macht ihn der Fürst vielleicht zu seinem Koch – und es bleibt ihm kein anderer Lohn zu erhoffen als der, den er für ein gutes Ragout bekommt.«

Zu Paris, den 15. des Gemmadi-Mondes, 2, 1715.

Neunzigster Brief

USBEK AN DENSELBEN

Der allgemein verbreitete Hang der Franzosen zum Ruhm hat in den Köpfen einzelner etwas entstehen lassen, das man Point d'honneur nennt. Jeder Stand nimmt ihn für sich in Anspruch, aber am ausgeprägtesten tritt er bei den Kriegsleuten in Erscheinung: das ist der Point d'honneur im eigentlichen Sinne. Worum es dabei geht, ist schwer zu sagen, denn eine genaue Vorstellung haben wir nicht davon. Früher hielten sich die Franzosen, zumal die Adligen, nur an das Gesetz des Point d'honneur. Sie regelten ihr ganzes Leben danach, und das Gesetz war so streng, daß man mit Schlimmerem als der Todesstrafe rechnen mußte, wenn man auch nur im geringsten davon abwich, um von Verstößen dagegen nicht zu reden. Mußten Streitigkeiten geregelt werden, gab es so gut wie nur ein Verfahren: das Duell. Es behob alle Schwierigkeiten. Vom Übel war nur, daß die Entscheidung dabei nicht selten zwischen zwei Parteien fiel, die gar nicht direkt beteiligt waren an dem Streitfall. Es brauchte einer nur jemanden zu kennen, und schon konnte dieser sich dem Streit nicht entziehen, er mußte mit seiner Person dafür einstehen, als ob er selbst über die Sache wütend wäre. Er fühlte sich immer über seine Wahl geehrt und geschmeichelt. Manch einer, der keine drei Groschen für jemanden gegeben hätte, um ihn und seine ganze Familie vor dem Galgen zu retten, setzte auf die Weise hundertfach sein Leben aufs Spiel. Das war keine gute Einrichtung, denn wenn jemand geschickter oder stärker war als der andere, so brauchte er ja noch lange nicht das Recht auf seiner Seite zu haben.

Daher haben die Könige das Duell unter strengen Strafen verboten. Doch vergeblich: die Ehre, die immer bestimmen will, kennt keine Gesetze. So sind die Franzosen in einer schwierigen Lage: die Gesetze der Ehre zwingen einen Ehren-

mann dazu, sich zu rächen, wenn er beleidigt worden ist, die Justiz aber bestraft ihn aufs strengste, wenn er sich rächt. Folgt man den Gesetzen der Ehre, landet man auf dem Schafott, hält man sich an die Gesetze der Justiz, wird man für immer aus der Gesellschaft der Menschen verbannt. Es bleibt keine andere Wahl als das schreckliche: stirb – oder lebe in Schande.
Zu Paris, am 18. des Gemmadi-Mondes, 2, 1715.

Einundneunzigster Brief

USBEK AN RUSTAN IN ISPAHAN

Hier taucht ein Mensch auf, der sich als persischer Gesandter verkleidet hat. Er macht sich ganz unverschämt über zwei der größten Könige der Welt lustig.[1] Dem französischen Monarchen bringt er Geschenke mit, die unser Herrscher nicht einmal dem König von Georgien oder Irimetta anbieten würde, und mit seiner Schäbigkeit hat er die Majestät zweier Reiche entehrt.

Er hat sich bei einem Volk lächerlich gemacht, das behauptet, das höflichste von Europa zu sein, und hat im Abendland den Eindruck erweckt, der König der Könige herrsche nur über Barbaren. Er ist mit Ehren überhäuft worden, die er sich selbst verbitten zu wollen schien. Als ob dem französischen Hof die Größe Persiens mehr am Herzen läge als ihm, hat er einen Mann mit Würden empfangen, den sein eigenes Volk verachtet. Erzähle dies niemanden in Ispahan: schone den Kopf eines Unseligen. Ich möchte nicht, daß unsere Minister ihn wegen ihrer Unklugheit und wegen der unwürdigen Wahl, die sie getroffen haben, bestrafen.
Zu Paris, am letzten Tag des Gemmadi-Mondes, 2, 1715.

Zweiundneunzigster Brief

USBEK AN RHEDI IN VENEDIG

Der Monarch, der solange regiert hat, ist nicht mehr.[1] Zu seinen Lebzeiten hat er alle Welt von sich reden gemacht. Bei seinem Tod schwieg alles still. Fest und mutig bis zum letzten Augenblick, schien er nur dem Schicksal weichen zu wollen. Er starb wie der große Schah Abbas, der auch die Welt mit seinem Namen erfüllt hatte. Aber denke nicht etwa, dies große Ereignis habe hier nur zu moralischen Betrachtungen Anlaß gegeben. Jeder dachte an seine eigenen Angelegenheiten und wollte aus der Veränderung Nutzen ziehen. Da der neue König, ein Urenkel des Verstorbenen, erst fünf Jahre alt ist, ist sein Onkel zum Regenten erklärt worden.[2]

Der verstorbene König hatte ein Testament hinterlassen, das die Befugnisse des Regenten einschränkte. Dieser war geschickt genug, gleich zum Parlament zu gehen, alle Rechte seiner Geburt geltend zu machen und die Verfügungen des Verstorbenen aufzuheben, der sich überleben und noch nach seinem Tode weiterregieren wollte.

Die Parlamente[3] gleichen den Ruinen, die man zwar mit Füßen tritt, die aber die Erinnerung an Tempel wachhalten, die wegen der einstigen Religion der Völker berühmt sind. Um die Rechtsprechung kümmern sie sich gar nicht, und ihr Ansehen schwindet immer mehr dahin, es sei denn, daß irgendein unvorhergesehenes Geschehen ihnen wieder frisches Leben einhaucht. Diese großen Körperschaften teilen das Schicksal aller Dinge: Sie sind der Zeit, die alles zerstört, dem Sittenzerfall, der alles einebnet, und der absoluten Macht, die alles erniedrigt, zum Opfer gefallen. Aber der Regent wollte sich dem Volk in einem guten Lichte zeigen und hat diesem Symbol öffentlicher Freiheit gleich eine Reverenz erwiesen. Indem er Tempel und Götze scheinbar wieder aufrichtete, wollte er als eine Stüt-

ze der Monarchie und als ein Begründer legitimer Autorität dastehen.
Zu Paris, am 4. des Rhegeb-Mondes 1715.

Dreiundneunzigster Brief
USBEK AN SEINEN BRUDER SANTON[1] IM KLOSTER ZU KASBIN

Demütig werfe ich mich Dir zu Füßen, heiliger Santon: die Spuren Deiner Füße sind mir meine Augäpfel. Deine Heiligkeit ist so groß, daß du das Herz unseres heiligen Propheten zu besitzen scheinst, Deine Kasteiungen setzen den Himmel selbst in Erstaunen, die Engel haben Dich auf dem Gipfel Deines Ruhmes erschaut und gesagt: »Wie kann er noch auf Erden weilen, wo doch sein Geist bei uns ist und um den Thron herumschwebt, den die Wolken tragen?« Wie sollte ich Dich nicht verehren, der ich von unseren Weisen gelernt habe, die Derwische, selbst die der Abtrünnigen, seien immer so heilig, daß sie den Gläubigen verehrungswürdig sind. Gott hat überall auf Erden reinere Seelen als die anderen auserwählt, er hat sie von der sündigen Welt abgesondert, damit ihre Kasteiungen und ihre inbrünstigen Gebete seinen Zorn lindern, der sonst auf all die rebellischen Völker herabfiele.

Die Christen wissen wunder was von ihren ersten Santons zu berichten. Sie zogen sich zu Tausenden in die unwirtliche Wüste der Thebais[2] zurück. Paulus, Antonius und Pachomin waren ihre Anführer.[3] Wenn es wahr ist, was sie erzählen, so war ihr Leben ebenso voller Wunder wie dasjenige unserer geheiligten Imame. Manchmal verbrachten sie zehn volle Jahre, ohne einen Menschen zu sehen, aber Tag und Nacht pflegten sie Umgang mit den Dämonen. Die bösen Geister führten sie unaufhörlich in Versuchung, sie waren bei ihnen im Bett und bei Tisch: keinen Schutz gab es vor ihnen. Wenn das stimmt, ehrwürdiger Santon, dann muß man schon sagen, daß niemand je in schlechterer Gesellschaft gelebt hat.

Die vernünftigeren Christen erblicken in all diesen Geschichten ganz natürliche Allegorien, die uns das Elend unseres Menschendaseins zu erkennen geben. Vergeblich suchen wir in der Wüste einen Zustand der Seelenruhe, die Versuchungen verfolgen uns überallhin, unsere Leidenschaften, die die Dämonen versinnbildlichen, verlassen uns nicht; diese Quälgeister der Herzen, diese Illusionen des Geistes, diese eitlen Trugbilder des Irrtums und der Lüge erscheinen immer vor uns, um uns zu verführen, und sie verfolgen uns bis in unser Fasten und unsere Kasteiungen, das heißt bis in unsere Schutzwehr hinein.

Ich aber, ehrwürdiger Santon, weiß, daß der Abgesandte Gottes den Teufel in Ketten gelegt und in den Abgrund gestürzt hat: So reinigte er die Erde, die einst von seiner Herrschaft erfüllt war, und so hat er sie dessen würdig gemacht, ein Aufenthalt der Engel und Propheten zu werden.

Zu Paris, am 9. des Schachban-Mondes 1715.

Vierundneunzigster Brief

USBEK AN RHEDI IN VENEDIG

Noch nie habe ich jemanden vom öffentlichen Recht reden hören, ohne daß er emsig dem Ursprung der Gesellschaft nachgeforscht hätte. Mir kommt das lächerlich vor. Wenn die Menschen nicht in Gesellschaft lebten, wenn sie einander mieden, müßte man nach den Gründen dafür fragen und herauszubekommen suchen, warum sie voneinander getrennt leben: aber sie sind ja doch von Natur miteinander verbunden, der Sohn wird in der Nähe seines Vaters geboren und bleibt dabei, das ist die Gesellschaft und ihr Grund!

Das öffentliche Recht ist in Europa bekannter als in Asien, und doch kann man sagen, daß die Leidenschaft der Fürsten, die Geduld der Völker und die Schmeichelei der Schriftsteller alle Grundlagen dieses Rechts zerstört haben. So wie dieses Recht heute angesehen wird, ist es eine Lehre, die den Fürsten sagt, wie weit sie mit ihrer Rechtsverletzung gehen können, ohne ihren eigenen Interessen zu schaden. Was für eine Lehre, Rhedi, die das Unrecht zum System macht, um ihr Gewissen zu entlasten, die die entsprechenden Regeln anbietet und die Prinzipien formuliert, damit man seine Konsequenzen daraus ziehen kann!

Die unbegrenzte Machtbefugnis unserer erhabenen Sultane, die nur sich selbst zum Maßstab nimmt, bringt nichts Ungeheuerlicheres hervor als diese nichtswürdige Kunst, die das Recht beugen will, das doch unbeugsam ist. – Man möchte meinen, Rhedi, es gäbe zweierlei verschiedenes Recht: das eine, das die Angelegenheiten des einzelnen regelt, das Privatrecht – und das andere, das die Zwistigkeiten zwischen den Völkern regelt und dem öffentlichen Recht Abbruch tut, als ob das öffentliche Recht nicht dasselbe wäre wie das private, und das nicht nur in einem Land, sondern auf der ganzen Welt!

Ich will Dir im nächsten Brief meine Gründe weiter erläutern.

Zu Paris, am ersten Tag des Zilhage-Mondes 1716.

Fünfundneunzigster Brief

USBEK AN DENSELBEN

Die Justizbehörde hat für Gerechtigkeit im Verkehr der Bürger untereinander zu sorgen. Die Völker müssen sich selbst darum kümmern, daß sie anderen Völkern kein Unrecht antun. Für die Ausübung des Rechts gelten aber im zweiten Falle dieselben Grundsätze wie im ersteren. Von Volk zu Volk bedarf es in Streitfällen nur selten eines Dritten, weil deren Ursachen meist klar zutage liegen und leicht zu bestimmen sind. Die Interessen zweier Nationen laufen für gewöhnlich so deutlich auseinander, daß die Liebe zur Gerechtigkeit dazu ausreicht, diese auch zu finden. Man kann sich kaum selbst in eigener Sache übervorteilen. Anders liegen die Dinge bei Privatpersonen. Da sie in Gemeinschaft leben, vermischen und vermengen sich ihre Interessen derart, und gibt es deren auch so vielerlei verschiedenartige, daß ein Dritter erforderlich ist, um herauszubekommen, was die Begehrlichkeit der Parteien zu verbergen sucht.

Es gibt nur zweierlei gerechte Kriege: der eine wird geführt, um einen Angreifer zurückzuschlagen, der andere, um einem Verbündeten beizustehen, der angegriffen worden ist. Einen Krieg um privater Streitigkeiten eines Fürsten willen zu führen, wäre nicht gerecht, es sei denn, die Angelegenheit wäre so gravierend, daß sie den Tod des Fürsten oder des Volkes verlangte, der den Zwist vom Zaun gebrochen hat. So darf ein Fürst keinen Krieg führen, weil man ihm eine Ehrung verweigert hätte, auf die er Anspruch hat, weil man sich seinen Botschaftern gegenüber unpassend benommen hätte und dergleichen. Eine Privatperson darf ja auch nicht jemanden töten, der ihm etwa den Vortritt verweigert hätte. Da jede Kriegserklärung ein Rechtsakt sein muß, bei dem das Prinzip der Verhältnismäßigkeit der Mittel zu beachten ist, muß man sich fragen, ob der, dem man den Krieg erklärt, den Tod verdient: denn jemandem den Krieg erklären heißt, ihn mit dem Tode bestrafen wollen.

Im öffentlichen Recht ist der Krieg das äußerste Rechtsmittel, da es die Vernichtung einer Gesellschaft zur Folge haben kann. An zweiter Stelle kommen die Repressalien. Die Gerichte konnten nicht umhin, das Ausmaß der Strafe nach demjenigen der Untat zu bestimmen. Das dritte Mittel besteht darin, einem Fursten die Möglichkeit zu nehmen, zu seinem Nutzen zu regieren. Auch da gilt die Verhältnismäßigkeit der Mittel. Das vierte Rechtsmittel, dessen man sich international bedienen kann, ist, einem Staat, der einem Unrecht tut, das Bündnis aufzusagen. Dies muß am häufigsten angewendet werden. Man kann einem Fürsten keinen größeren Affront antun, als auf ein Bündnis mit ihm zu verzichten, so wenig wie es eine größere Ehre für ihn gibt, als ihm das Bündnis anzubieten. Es gibt nichts rühmlicheres und zugleich nichts nützlicheres für die Menschen, als Verbündete zu haben, die sich jederzeit für einen einsetzen. Aber damit ein Bündnis von Dauer sei, muß es gerecht sein. So ist ein Bündnis zweier Nationen, das zu dem Zwecke geschlossen wurde, einer dritten zu schaden, nicht gesetzmäßig: man darf es ungestraft brechen.

Es ist für einen Fürsten auch weder ehrenhaft noch würdig, sich mit einem Tyrannen zu verbünden. Es heißt, ein Herrscher Ägyptens[1] habe den König von Samos auf seine Grausamkeit und seine Tyrannei aufmerksam gemacht und verlangt, er solle sich ihrer entledigen. Als er es nicht tat, ließ er ihn wissen, er sage ihm Freundschaft und Bündnis auf. – Eroberungen verschaffen dem Eroberer keine Rechte. Wenn das unterjochte Volk am Leben bleibt, wird es ein Garant des Friedens und der Wiedergutmachung, wird es aber zugrunde gerichtet und in alle Winde zerstreut, so erinnert das ewig an die Tyrannei.

Friedensverträge sind so heilig unter Menschen, daß es scheint, es spräche die Stimme der Natur aus ihnen und forderte ihr Recht. Sie sind immer dann rechtens, wenn ihre Bedingungen den Fortbestand beider Völker erlauben. Tun sie das nicht, weihen sie eine Gesellschaft dem Untergang, und kann diese sich mit den natürlichen Mitteln des Friedens nicht erhalten, darf sie ihr Heil im Krieg suchen. Denn die Natur, die Stärke und Schwäche ungleich verteilt hat unter den Menschen, hat dafür gesorgt, daß die Schwäche durch den Mut der Verzweiflung der Stärke gleichkommen kann.

Das, mein lieber Rhedi, nenne ich öffentliches, internationales Recht, es ist das Recht der Völker oder vielmehr dasjenige der Vernunft.

Zu Paris, am 4. des Zilhage-Mondes 1716.

Sechsundneunzigster Brief

DER OBEREUNUCH AN USBEK IN PARIS

Aus Bombay sind indische Frauen angekommen.[1] Ich habe eine davon für Deinen Bruder, den Gouverneur von Mazenderan[2], erstanden, denn er hat mir vor einem Monat seinen erhabenen Auftrag dazu erteilt und hundert Tomans übersandt.

Ich kenne mich in Frauen aus, schon weil sie mich nicht beunruhigen und keine Herzensregungen meinen Blick trüben. Ich habe nie eine so ebenmäßige und vollkommene Schönheit erblickt: Ihre strahlenden Augen verleihen dem Antlitz Leben und lassen sie in Farben erglänzen, die den Zauber der Tscherkessinnen erbleichen lassen würden. Der Obereunuch eines Kaufmanns aus Ispahan handelte mit mir um die Wette, aber sie entzog sich verächtlich seinen Blicken und schien die meinen aufzusuchen, als ob sie mir sagen wollte, ein elender Kaufmann sei ihrer nicht würdig, sie sei für einen erlauchteren Gatten bestimmt. Ich gestehe es Dir, ich empfinde eine heimliche Freude, wenn ich an die Reize dieses schönen Mädchens denke, mir scheint, ich sehe sie schon in den Serail Deines Bruders eintreten, ich habe das Erstaunen all der anderen Frauen vor Augen, den unüberwindlichen Kummer der einen, die stumme, um so schmerzvollere Trauer anderer, den bösartigen Trost derjenigen, die nichts mehr zu hoffen haben und den aufgestachelten Ehrgeiz derjenigen, die noch Hoffnung haben.

Ich werde am anderen Ende des Königreiches einen ganzen Serail durcheinanderbringen. Was für Leidenschaften werde ich aufwühlen, was für Schmerzen und Ängste erregen! Unterdessen wird von dem Aufruhr im Inneren nichts nach außen dringen: alle Umwälzungen werden sich in den Herzen selbst abspielen, alle Kümmernisse müssen heruntergeschluckt werden, alle Freuden verborgen bleiben: der Gehorsam bleibt unangetastet, die Regeln bleiben gewahrt, aus dem Abgrund der

Verzweiflung wird nichts als die erzwungene Freundlichkeit ans Tageslicht treten.[3]

Wir wissen: je mehr Frauen uns unterstehen, desto weniger Schwierigkeiten machen sie uns. Sie müssen um so mehr Gefallen erregen, haben um so weniger Möglichkeiten, sich zusammenzutun, tragen mehr Unterordnung zur Schau, und all das schafft ihnen Fesseln. Die einen passen beständig auf die anderen auf, es ist, als ob sie, mit uns im Bunde, sich in noch größere Abhängigkeit begäben: sie nehmen uns einen Teil unserer Arbeit ab und öffnen uns die Augen, wenn wir sie einmal schließen sollten. Was sage ich? Sie hetzen immerzu den Herrn gegen ihre Rivalinnen auf und merken gar nicht, wie leicht sie selbst zu denen gehören können, die man straft. – Aber all das, erhabener Herr, all das ist nichts ohne die Gegenwart des Herren. Was vermögen wir schon vermittels dieses eitlen Abbilds einer Autorität, die doch nicht ganz glaubhaft ist? Wir stellen in unserer Schwäche nur die Hälfte von Dir dar, wir können ihnen immer nur die verhaßte Strenge zu spüren geben. Die linderst die Furcht durch die Hoffnung, Du herrschst noch uneingeschränkter, wenn Du liebst, als wenn Du drohst. Kehr' also zurück, erhabener Herr, kehre zurück, um an dieser Stätte die Zeichen Deiner Herrschaft wieder zu erkennen zu geben, komm, um die verzweifelten Leidenschaften zu stillen, komm, um die Liebe zu erfüllen, die zu murren beginnt, und der Pflicht ihre Annehmlichkeit zurückzugeben, komm auch, um deine treuen Eunuchen von einer Last zu befreien, die täglich schwerer wird.[4]

Im Serail zu Ispahan, am 8. des Zilhage-Mondes 1716.

Siebenundneunzigster Brief

USBEK AN HASSEIN, DERWISCH AUF DEM BERGE JARON

O weiser Derwisch, dessen Geist von so viel Wissen erleuchtet ist, höre, was ich Dir mitteilen will. – Es gibt hier Philosophen, die gewiß nicht bis zum Gipfel orientalischer Weisheit vorgedrungen sind: Sie sind weder zum Thron des Lichts emporgerissen worden, noch haben sie die unaussprechlichen Worte gehört, von denen der Chor der Engel widerhallt, noch haben sie das schreckerregende Herannahen göttlicher Begeisterung verspürt; sich selbst überlassen, von himmlischen Wundern unbeeinflußt, folgen sie in der Stille den Spuren der menschlichen Vernunft.[1] Du wirst nicht glauben, wie weit diese Führerin sie gebracht hat. Sie haben das Chaos entwirrt und mit einer einfachen Mechanik die Ordnung der göttlichen Baukunst erklärt. Der Schöpfer der Natur hat der Materie Bewegung eingegeben: Das war das einzige, dessen er bedurfte, um die wunderbare Vielfalt der Wirkungen hervorzubringen, die wir in der ganzen Welt erblicken.

Wenn die gewöhnlichen Gesetzgeber uns Gesetze vorschreiben, um die Gesellschaft der Menschen zu regeln, so sind es Gesetze, die dem Wandel des Geistes derer, die sie erlassen, ebenso unterliegen wie demjenigen der Menschen, die ihnen gehorchen: diese aber reden von allgemeinen, unveränderlichen und ewigen Gesetzen, die keine Ausnahme kennen und die in der Unendlichkeit der Räume für Ordnung, Regelmäßigkeit und sofortige Wirkung sorgen. Und worin meinst Du, göttlicher Derwisch, bestehen diese Gesetze? Vielleicht denkst Du, Du würdest von der Erhabenheit der Mysterien geblendet, wenn Du den Rat des Ewigen kennenlernst, Du gedenkst von vornherein auf sein Verständnis zu verzichten und nimmst Dir vor, ihn nur zu bewundern? Nein, Du wirst gleich eines Besseren belehrt. Diese Mysterien blenden nicht durch eine Hochachtung, die sie fälschlich verlangen, es liegt an ihrer Einfachheit, daß man sie so lange verkannt hat, und erst nach vielem Nachdenken hat man ihre ganze Fruchtbarkeit und ihr Ausmaß erkannt.

Das erste Gesetz bestimmt, daß jeder Körper dazu neigt, so lange eine gerade Linie zu verfolgen, bis ihn ein Hindernis davon ablenkt; das zweite, welches nur eine Folge davon ist, bestimmt, daß jeder Körper, der um einen Mittelpunkt kreist, dazu neigt, sich von ihm zu entfernen, denn je weiter er von ihm entfernt ist, desto mehr nähert sich seine Bewegung der Geraden an. – Dies, erhabener Derwisch, ist der Schlüssel der Natur: dies sind die fruchtbaren Grundsätze, deren Folgen unübersehbar sind!

Die Kenntnis von fünf oder sechs Wahrheiten hat ihre Philosophie mit Wundern erfüllt und sie instand gesetzt, ebensoviele Zeichen und Wunder zu tun, wie sie von unseren geheiligten Propheten berichtet werden. Ich bin jedenfalls überzeugt davon, daß all unsere Gelehrten in Verlegenheit gekommen wären, wenn man von ihnen verlangt hätte, sie sollten die ganze Luft, die die Erde umhüllt, auf einer Waage wiegen oder das ganze Wasser messen, das pro Jahr auf die Erdoberfläche niederfällt. Und wer wäre bei uns in der Lage gewesen, auf Anhieb zu sagen, wieviel Meilen der Schall in einer Stunde zurücklegt, wie lange ein Sonnenstrahl braucht, um bis zu uns zu kommen, wie viele Klafter es sind bis zum Saturn oder welches die beste Krümmung für ein Segelschiff ist, die man sich denken kann?

Wenn ein göttlicher Geist die Werke dieser Philosophen mit hochtönenden und erhabenen Worten verziert, wenn er sie mit kühnen Metaphern und dunklen Allegorien ausgestattet hätte, so hätte er gewiß ein schönes Werk hervorgebracht, das nur hinter dem heiligen Koran hätte zurückstehen müssen. Aber, wenn ich Dir sagen darf, was ich denke: ich mag die bilderreiche Schreibweise nicht.[2] In unserem Koran gibt es eine Vielzahl von Kleinlichkeiten, die mir immer so vorkommen, mögen sie auch von der Gewalt und der Lebhaftigkeit der Rede überhöht sein. Auf den ersten Blick sieht es so aus, als seien die heiligen Bücher voller göttlicher Gedanken in menschlicher Sprache, in unserem Koran aber findet man oft Gottes Sprache, aber die Gedanken der Menschen, als ob Gott in einer sonderbaren Laune die Worte diktiert, der Mensch aber die Gedanken gedacht habe.

Vielleicht meinst Du, ich spräche zu frei heraus über alles, was bei uns heilig ist; Du wirst denken, das sei die Frucht der Unabhängigkeit, in der man hierzulande lebt. Nein, Gott sei Dank hat der Geist mein Herz nicht verdorben, und solange ich lebe, wird Ali mein Prophet sein.

Zu Paris, am 10. des Schachban-Mondes 1716.

Achtundneunzigster Brief

USBEK AN IBBEN IN SMYRNA

In keinem Land der Welt ist das Glück so unbeständig wie hier. Alle zehn Jahre kommt es zu Umwälzungen, die den Reichen in Armut stürzen und den Armen auf schnellen Schwingen zum Gipfel des Reichtums emportragen. Den einen überrascht seine Armut, den anderen sein Wohlstand. Der Neureiche preist die Weisheit der Vorsehung, der Arme das Verhängnis des Schicksals. – Die die Steuern erheben, ertrinken im Geld. Unter ihnen gibt es Leute wie Tantalus. Wenn sie ihre Laufbahn antreten, pflegen sie jedoch arme Schlucker zu sein. Solange sie arm sind, werden sie verachtet wie der letzte Dreck, wenn sie reich sind, werden sie hochgeachtet. Daher unterlassen sie auch nichts, um sich Achtung zu erwerben.

Im Moment befinden sie sich in einer schrecklichen Lage. Es ist eine Kammer errichtet worden, die man Justizkammer nennt, weil die Justiz ihnen ihr Geld nehmen soll.[1] Sie können ihr Hab und Gut weder verstecken noch verhehlen, sie müssen unter Todesstrafe alles genau deklarieren. So müssen sie durch einen Engpaß hindurch: hier das Geld, dort das Leben! Zu allem Unglück beehrt ein Minister, der für seinen Witz bekannt ist, sie noch mit seinem Spott und macht über die Beratungen der Finanzdirektion Scherze. Einen Minister, der das Volk zum Lachen bringt, findet man nicht alle Tage: diesem muß man dafür dankbar sein, daß er es fertigbringt.[2]

Die Dienerschaft ist in Frankreich ehrwürdiger als anderswo. Sie ist die Pflanzschule großer Herren, sie füllt die Lücken in den anderen Ständen auf. Die ihr angehören, nehmen die Plätze der verunglückten Großen, der ruinierten Magistratspersonen, der im Kriege gefallenen Edelleute ein; und wenn sie nicht selbst an deren Stelle treten können, so helfen sie den großen Häusern mit ihren Töchtern auf, die wie eine Art Dünger sind, mit dem man das steinige Gebirgsland fruchtbar macht.[3]

Ich finde die Vorsehung in ihrer Art, die Reichtümer zu verteilen, bewundernswert, Ibben. Hätte sie sie nur den Guten gegeben, unterschiede man den Reichtum nicht genügend von der Tugend: man durchschaute seine Nichtigkeit nicht mehr. Aber wenn man einmal herausgefunden hat, wer die Leute sind, die mit dem Reichtum beladen sind, kommt man bald dazu, nicht nur die Reichen, sondern auch den Reichtum zu verachten.

Zu Paris, am 26. des Maharram-Mondes 1717.

Neunundneunzigster Brief

RICA AN RHEDI IN VENEDIG

Die Launen der Mode finde ich bei den Franzosen ganz erstaunlich. Sie haben schon vergessen, wie sie diesen Sommer gekleidet waren, sie wissen noch nicht, wie sie sich im Winter kleiden werden. Vor allem aber kann man sich gar nicht vorstellen, wie teuer es einen Mann zu stehen kommt, seine Frau modisch zu kleiden. Es lohnte sich nicht, Dir ihre Kleider und Frisuren zu beschreiben. Eine neue Mode machte meine Arbeit ebenso zunichte wie die der Schneider, bis Du meinen Brief hättest, wäre sie schon wieder anders.

Verläßt eine Frau Paris, um sich ein halbes Jahr auf dem Land aufzuhalten, so kehrt sie so veraltet zurück, als wäre sie dreißig Jahre dort geblieben. Der Sohn erkennt das Bild seiner Mutter nicht mehr, derart hat sich die Kleidung, mit der sie porträtiert wurde, verändert: er hält sie für eine Amerikanerin oder denkt, der Maler habe seiner Phantasie freien Lauf gelassen. Manchmal klettern die Frisuren unmerklich nach oben; dann läßt eine Umwälzung sie wieder herabfallen. Vor einiger Zeit ließ deren ungeheure Höhe das Gesicht der Frauen in ihrer Mitte erscheinen, zu einer anderen Zeit befanden sich dort ihre Füße: die Absätze bildeten ein Postament, das sie in die Höhe hob. Man sollte es nicht glauben: die Architekten mußten die Türen einmal höher, einmal niedriger, einmal breiter machen, je nachdem, wie die Aufmachung der Damen es verlangte. Die Regeln der Kunst mußten sich den Modelaunen fügen. Eben noch erblickte man auf den Gesichtern eine Riesenmenge von Schönheitspflästerchen, am nächsten Tag sind sie schon alle verschwunden. Gestern waren Taille und Zähne wichtig, heute spricht man davon bereits nicht mehr. Bei dieser wandelbaren Nation finden die Töchter, was auch die Lästermäuler sagen mögen, sie seien ganz anders als ihre Mütter.

Und die Lebensgewohnheiten wechseln wie die Moden: die Franzosen ändern ihre Sitten mit dem Alter ihres Königs. Der Monarch könnte die Nation sogar ernsthaft machen, wenn er es darauf angelegt hätte. Er prägt dem Hof seine Geistesart auf, der Hof die seine der Stadt und die Stadt die ihre dem Lande. Die Seele des Herrschers ist wie ein Modell, das alle anderen formt.

Zu Paris, am 8. des Saphar-Mondes 1717.

Hundertster Brief

RICA AN DENSELBEN

Ich habe Dir gestern von der kolossalen Unbeständigkeit der Franzosen in ihren Moden gesprochen. Zugleich ist es unglaublich, wieviel sie sich auf sie einbilden. Sie beziehen alles auf sie, es ist der Maßstab, den sie an alles, was bei anderen Nationen geschieht, anlegen: alles Fremde kommt ihnen lächerlich vor. Ich weiß gar nicht, wie man ihre Leidenschaft für die Moden mit der Unbeständigkeit in Übereinstimmung bringen soll, die sie kennzeichnet.

Wenn ich sage, sie verachteten alles Fremde, so spreche ich nur von den unwichtigen Dingen, in den wichtigen scheinen sie sich bis zu ihrer Erniedrigung selbst zu mißtrauen. Daß die anderen Völker weiser seien, wollen sie gern zugeben, vorausgesetzt, man hält die Franzosen für besser gekleidet. Sie sind bereit, sich den Gesetzen einer rivalisierenden Nation unterzuordnen, wenn nur die französischen Perückenmacher über die Perücken anderer Länder bestimmen. Nichts geht ihnen über die Vorstellung, ihre Köche herrschten von Nord bis Süd, und die Anordnungen ihrer Putzmacherinnen würden in ganz Europa befolgt. Bei soviel edlen Vorteilen kommt es ihnen nicht darauf an, den gesunden Menschenverstand vom Ausland zu importieren und alle Regeln für das private und öffentliche Leben von ihren Nachbarn zu übernehmen.

Wer hätte gedacht, daß das älteste und mächtigste Königreich Europas seit über zehn Jahrhunderten Gesetzen folgt, die nicht für es gemacht worden sind? Wenn die Franzosen erobert worden wären, wäre das nicht schwer zu verstehen, aber sie waren, im Gegenteil, die Eroberer.[1] Sie haben die von ihren ersten Königen in den Volksversammlungen erstellten Gesetze aufgegeben, und das Erstaunlichste ist, daß die römischen Gesetze, die sie an deren Stelle übernommen haben, von Herrschern teils gemacht, teils festgelegt wurden, die gleich alt waren wie ihre eigenen Könige.[2] Und um die Fremdbestimmung zu vervollständigen, haben sie alle päpstlichen Vorschriften, so unvernünftig sie auch sein mochten, übernommen und zu Bestandteilen ihres Rechts gemacht: eine neue Art Knechtschaft!

Zwar haben in jüngster Zeit einige Städte und Provinzen ihr Recht neu kodifiziert, aber sie haben fast alles vom römischen Recht entlehnt. Die Fülle übernommener, sozusagen eingebürgerter Gesetze ist so groß, daß sie die Rechtsprechung ebenso erschwert, wie sie die Richter belastet. Doch die Fülle der Gesetze ist nichts im Vergleich zu der Armee von Auslegern, Kommentatoren und Kompilatoren, die durch ihre Geistesschwäche ebenso auffallen wie durch ihre große Zahl. Und das ist noch nicht alles: die fremden Gesetze haben Formalitäten zur Folge gehabt, deren Ausmaß der menschlichen Vernunft spottet. Man wagt nicht zu entscheiden, ob sich diese in der Jurisprudenz oder in der Medizin unheilvoller auswirken, ob sie unter dem Talar der Richter oder dem Doktorhut der Ärzte heftiger wüten und ob sie bei den ersteren mehr Menschen ruiniert oder bei den letzteren mehr Menschenleben gekostet haben.

Zu Paris, am 17. des Saphar-Mondes 1717.

Hundertunderster Brief

USBEK AN ***

Alles redet hier von der päpstlichen Bulle.[1] Ich betrat kürzlich ein Haus, wo mir gleich ein Mann mit gerötetem Gesicht auffiel, der lauthals erklärte: »Ich habe meinen Hirtenbrief geschrieben, ich kann doch nicht auf alles antworten, was Sie mir sagen, aber lesen Sie ihn, diesen Hirtenbrief, Sie werden sehen, daß ich alle Zweifel behoben habe. Ich habe heftig geschwitzt, um ihn abzufassen«, sagte er und fuhr mit der Hand an die Stirn, »es bedurfte meiner ganzen Gelehrsamkeit, und ich habe nicht wenige lateinische Autoren lesen müssen.« – »Das glaube ich wohl«, sagte jemand, der in der Nähe stand, »es ist ein schönes Werk geworden, und der Jesuit, der Sie so oft besucht, hätte schwerlich ein besseres machen können.« – »Lesen Sie es doch«, fuhr der Erstere fort, »in einer Viertelstunde werden Sie besser über die Sache Bescheid wissen, als ob ich einen ganzen Tag lang darüber gesprochen hätte.«

So vermied er es, auf die Sache einzugehen und seine Kompetenz in Frage zu stellen. Aber als er in die Enge getrieben wurde, mußte er doch Farbe bekennen, und er fing an, eine große Menge theologischer Albernheiten von sich zu geben. Ein Derwisch unterstützte ihn dabei und gab ihm in aller Ehrfurcht recht. Als zwei Männer, die da standen, einen seiner Lehrsätze anfochten, entgegnete er sofort: »Die Sache ist gewiß, wir haben sie so beurteilt, und unser Urteil ist unfehlbar.« – »Wie können Sie unfehlbare Richter sein?« fragte ich. »Merken Sie nicht, daß der Heilige Geist uns inspiriert?« – »Das trifft sich günstig«, meinte ich, »denn so, wie Sie eben geredet haben, ist es offenkundig, daß Sie die Inspiration brauchen.«

Zu Paris, am 18. des Rebiab-Mondes, 1, 1717.

Hundertundzweiter Brief

USBEK AN IBBEN IN SMYRNA

Die mächtigsten Staaten Europas sind das Kaiserreich, die Königreiche der Franzosen, der Spanier und Engländer. Italien und ein großer Teil Deutschlands sind in eine Vielzahl kleiner Staaten zersplittert, deren Fürsten in Wirklichkeit Märtyrer der Souveränität sind. Unsere glorreichen Sultane besitzen mehr Frauen, als einige dieser Kleinfürsten Untertanen haben. Die italienischen sind am meisten zu beklagen, weil sie uneinig sind; sie sind wie Karawansereien, die beherbergen müssen, wer sich zuerst meldet. Sie müssen sich mit den großen Fürsten verbünden und ihnen einen Teil ihrer Furcht eher als ihrer Freundschaft abgeben.

Die meisten Regierungen Europas sind Monarchien, oder vielmehr: sie nennen sich so. Denn ich weiß nicht, ob es wirklich jemals Monarchien gegeben hat, zumindest dürften sie nie lange in Reinkultur bestanden haben.[1] Die Monarchie ist eine gewaltsame Staatsform, die immer zu einer Despotie oder einer Republik entartet. Nie verteilt sich die Macht gleichmäßig auf das Volk und den König, ein Gleichgewicht ist zu schwer zu erhalten. Die Macht verringert sich auf der einen Seite, indes sie sich auf der anderen vergrößert. Meist aber geschieht das zugunsten des Königs, der an der Spitze der Armee steht. So ist denn auch die Macht der europäischen Könige groß, man kann sagen, sie hätten soviel davon, wie sie wollen. Aber sie üben sie nicht so unbeschränkt aus wie unsere Sultane, einmal, weil sie Religion und Sitten der Völker nicht verletzen wollen, zum anderen, weil es in ihrem Interesse liegt, ihre Macht nicht so weit auszudehnen. Nichts nähert unsere Fürsten der Lage ihrer Untertanen mehr an als die unbeschränkte Gewalt, die sie über sie ausüben, denn nichts macht sie von den Launen und Rückschlägen des Glücks abhängiger. Ihre Gepflogenheit, all die, die ihnen mißfallen, umzubringen, sobald sie nur einen Mucks tun, wirft die Verhältnismäßigkeit über den Haufen, die zwischen Vergehen und Sühne herrschen muß, und sie ist die Seele der Staaten, die Harmonie der Reiche: dadurch, daß die christlichen Fürsten ihr sorgfältig Rechnung tragen, sind sie unseren Sultanen unendlich überlegen.

Hat ein Perser sich aus Unvorsichtigkeit oder durch einen unglücklichen Zufall die Ungnade seines Fürsten zugezogen, kann er sicher sein, daß er sterben muß: der geringste Fehler, die geringste Laune setzt ihn dieser Lage aus. Wenn er aber ein Attentat auf seinen Fürsten im Sinne gehabt oder dem Feind die Festungen seines Landes hätte übergeben wollen, kostete das ihm auch nur sein Leben: das Risiko ist im letzteren Falle also nicht größer als im ersteren. So kommt es, daß er, wo doch die geringste Ungnade ihn das Leben kosten kann und es etwas Schlimmeres gar nicht für ihn gibt, von Natur aus dazu neigt, gegen den Staat aufzustehen und gegen den Souverän zu konspirieren. Es ist der einzige Ausweg, der ihm bleibt. Ganz anders steht es um die Mächtigen in Europa: fallen sie in Ungnade, so kostet sie das nur das Wohlwollen und die Gunst des Herrschers. Sie ziehen sich vom Hofe zurück und denken an nichts anderes, als ihr Leben und die Vorzüge ihrer Geburt in Ruhe zu genießen. Da nur Majestätsverbrechen sie ihr Leben kosten, scheuen sie davor zurück, solche zu begehen: sie verlören dadurch alles und hätten wenig davon zu erhoffen. Daher gibt es hier wenig Revolten und wenige Fürsten, die eines gewaltsamen Todes sterben.

Wenn unsere Fürsten, bei der unbegrenzten Machtfülle, die sie besitzen, nicht so viel Vorsorge trügen, ihr Leben zu schützen, so lebten sie nicht mehr als einen Tag; stünde nicht eine so große Zahl von Soldaten in ihrem Sold, um den Rest der Untertanen in Zaum zu halten, so währte ihre Herrschaft nicht länger als vier Wochen.

Erst vor vier oder fünf Jahrhunderten hat ein französischer König sich eine Leibwache zugelegt.[2] Dem Usus der Zeit entsprach das nicht, und es geschah auch nur, weil er sich vor den Meuchelmördern schützen wollte, die ein kleiner asiatischer Fürst ausgesandt hatte, um ihn zu töten. Bis dahin lebten die Könige hier inmitten ihrer Untertanen so ruhig wie ein Vater in seiner Familie. Weit davon entfernt, von sich aus ihren Untertanen das Leben nehmen zu dürfen, wie es unsere Sultane tun, können die französischen Könige alle Verbrecher begnadigen. Es braucht einer nur das Glück zu haben, das erhabene Antlitz seines Königs zu erblicken, und schon ist er des Lebens nicht mehr unwürdig. Diese Könige sind wie die Sonne, die allenthalben Leben und Wärme spendet.

Zu Paris, am 8. des Rebiab-Mondes, 2, 1717.

Hundertunddritter Brief

USBEK AN DENSELBEN

Um mit den Überlegungen meines letzten Briefes fortzufahren: das Folgende sagte mir neulich ein recht kluger Europäer.

»Das Dümmste, was die asiatischen Fürsten tun konnten, war, sich vor dem Volk so zu verstecken, wie sie es tun. Sie wollten sich mehr Achtung verschaffen, aber die Achtung gilt nur der Herrschaft, nicht ihnen. Die Untertanen fühlen sich dann einem bestimmten Thron verbunden, aber nicht einer bestimmten Person. Eine unsichtbare Macht ist für das Volk immer dieselbe. Zehn Könige, die es nur dem Namen nach kennt, mögen einer nach dem anderen umgebracht worden sein, sie merken keinen Unterschied: es ist, als wären sie der Reihe nach von Geistern regiert worden. Hätte der verabscheuungswürdige Mörder unseres großen Königs Henri IV. seinen Dolch auf einen indischen König gerichtet, der das Siegel führte und Herr über einen unermeßlichen Schatz war, der scheinbar für ihn angehäuft wurde, so hätte er in aller Ruhe die Zügel des Königreiches ergriffen, ohne daß auch nur ein Mensch daran gedacht hätte, sich für den König, seine Familie und seine Kinder einzusetzen.

Es verwundert manche, daß es fast keine Änderungen in der Regierungsform der orientalischen Herrscher gibt: woher kommt das, wenn nicht daher, daß sie grausam und schrecklich ist? Änderungen können nur durch den Fürsten oder durch das Volk zustande kommen: dort denken die Fürsten nicht an solche. Sie stehen auf einem so hohen Gipfel der Macht, sie haben alles, was sie sich nur wünschen können: wenn sie etwas änderten, könnte es nur zu ihren Ungunsten sein. Was den Untertan anlangt, so kann er, wenn er etwas Derartiges vorhat, nichts gegen die Staatsform ausrichten. Er müßte mit einem Schlage ebenso mächtig werden wie der einzelne, stets furchtbare

Machthaber. Dazu hat er weder die Zeit, noch die Mittel. Aber er braucht nur direkt auf den Quell der Macht zuzugehen, er braucht nur einen Arm und einen Augenblick. Der Mörder besteigt den Thron, indes der Monarch herabsteigt, fällt und zu seinen Füßen das Leben aushaucht.

In Europa muß ein Aufrührer geheime Verbindungen aufnehmen, zum Feind übergehen, Festungen einnehmen und ohnmächtiges Murren bei den Untertanen erregen. In Asien geht er gleich auf den Fürsten zu, er überrumpelt ihn, stößt zu, wirft ihn nieder. So löscht er gleich auch die Erinnerung an ihn aus, und im gleichen Augenblick ist der Sklave Herr, Usurpator und rechtmäßiger Fürst. Wehe dem König, der nur einen Kopf hat! Auf ihn konzentriert sich alle Macht nur, um dem ersten besten Ehrgeizling die Stelle anzuzeigen, wo er sie sich nehmen kann.

Zu Paris, am 17. des Rebiab-Mondes, 2, 1717.

Hundertundvierter Brief

USBEK AN DENSELBEN

Nicht alle Völker Europas sind ihren Herrschern gleich untertan. So läßt die Ungeduld der Engländer zum Beispiel ihrem König kaum die Zeit dazu, seine Macht zu befestigen. Gehorsam und Unterordnung sind die Tugenden, auf die sie am wenigsten Wert legen. Sie haben die ungewöhnlichsten Ansichten darüber. Sie behaupten, es gäbe nur ein Band, das die Menschen aneinander binde: die Dankbarkeit. Ehemänner und Ehefrauen, Väter und Söhne seien nur durch die gegenseitige Liebe miteinander verbunden oder durch die Wohltaten, die sie sich antun. Diese verschiedenen Gründe zur Dankbarkeit seien auch der Ursprung aller Monarchien, aller Gesellschaften.

Will ein Fürst, anstatt seine Untertanen glücklich zu machen, sie unterdrücken und vernichten, so entfallen die Gründe für den Gehorsam. Nichts bindet, nichts fesselt die Untertanen mehr an den König, und sie kehren zu ihrer naturgegebenen Freiheit zurück. Jede unbegrenzte Macht ist in ihren Augen ungesetzlich, weil sie keinen legitimen Ursprung hat. Denn wir können einem anderen nicht *mehr* Macht über uns geben, als wir selbst haben: auch über uns selbst haben wir aber keine unbegrenzte Macht. Zum Beispiel dürfen wir uns nicht das Leben nehmen. Also hat niemand auf Erden dazu die Befugnis.

Das Majestätsverbrechen ist in ihren Augen auch nur ein Verbrechen, das der Schwache am Stärkeren übt, indem er ihm wie auch immer den Gehorsam verweigert. So erklärte das Volk von England, das zufällig stärker war als einer seiner Könige, es sei ein Majestätsverbrechen, gegen das Volk Krieg zu führen. Sie haben also Recht, wenn sie behaupten, es sei nicht schwierig, der Vorschrift ihres Koran zu folgen, die besagt, man solle der Obrigkeit gehorchen[1]; sie können dem gar nicht zuwiderhandeln, zumal sie nicht gezwungen werden, dem Besten zu gehorchen, sondern dem Stärksten. Die Engländer erzählen, als einer ihrer Könige einen Fürsten, der ihm die Krone streitig machte, besiegt und gefangengenommen hatte, da habe dieser ihm seine Treulosigkeit und Perfidie vorwerfen wollen: »Vor kurzem erst«, sagte da der unglückliche Fürst, »ist entschieden worden, wer von uns beiden der Verräter ist.«[2] Ein Usurpator erklärt alle diejenigen für Rebellen, die nicht wie er das Vaterland unterdrückt haben, und er läßt, in dem Glauben, wo es keine Richter gebe, da gebe es auch kein Gesetz, die Launen des Zufalls und der Glücksgöttin für Fügungen des Himmels ausgeben.

Zu Paris, am 20. des Rebiab-Mondes, 2, 1717.

Hundertundfünfter Brief

RHEDI AN USBEK IN PARIS

In einem Deiner Briefe hast Du mir viel davon erzählt, wie im Abendland die Wissenschaften und Künste gepflegt werden. Du wirst mich für einen Barbaren halten, aber ich weiß nicht, ob der Nutzen, den man von ihnen hat, den Nachteil wettmacht, den sie den Menschen durch ihren Mißbrauch tagtäglich bringen.

Ich habe sagen hören, allein die Erfindung der Bomben habe alle Völker Europas um ihre Freiheit gebracht. Da die Fürsten die Bewachung ihrer Städte nicht mehr den Bürgern überlassen konnten, die sich bei der ersten Bombe ergeben hätten, haben sie einen Vorwand dafür gehabt, sich stehende Heere in großer Zahl zuzulegen, mit denen sie dann ihre Untertanen unterjocht haben. Seit der Erfindung des Pulvers gibt es keine uneinnehmbaren Städte mehr, das heißt doch, Usbek, daß es auf Erden keine Zuflucht mehr vor der Ungerechtigkeit und der Gewalt gibt. Ich zittere immer davor, daß man eines Tages das Geheimnis entdecken werde, wie man auf einen Schlag die Menschen vernichten, die Städte zerstören und ganze Nationen auslöschen kann.[1]

Du hast ja die Historiker gelesen. Denke doch daran, wie fast alle Monarchien auf Unkenntnis der Künste gegründet waren und zugrunde gingen, weil sie zu viel gepflegt wurden. Das alte Perserreich kann uns als ein Beispiel aus unserer eigenen Geschichte dienen. Ich bin noch nicht lange in Europa, aber ich habe vernünftige Leute von dem Unheil reden hören, das chemische Mittel[2] anrichten können. Es sieht so aus, als wäre das die vierte Geißel, die die Menschen zwar als einzelne, aber dafür immerzu zugrunde richtete, indes der Krieg, die Pest und die Hungersnot sie zwar in Massen, aber doch nicht ununterbrochen vernichtet.

Wozu hat uns die Erfindung des Kompasses gedient, wenn nicht zur Entdeckung so vieler Völker, die uns anstelle ihrer Reichtümer ihre Krankheiten haben zukommen lassen.[3] Gold und Silber waren, durch ein allgemeines Übereinkommen, dazu bestimmt worden, als Preis aller Waren und Unterpfand ihres Wertes zu gelten. Was lag uns daran, es in aller Hände zu sehen, wo doch diese Metalle so selten und zu anderem Gebrauch nicht nütze waren? Nun haben wir anstelle einer Einheit deren drei, um den Wert einer Ware zu kennzeichnen.[4] Das macht die Sache nur schlechter. Zum anderen war diese Erfindung für die Länder, die entdeckt wurden, erst recht unheilvoll. Ganze Nationen wurden vernichtet, und die Menschen, die dem Tod entkamen, sind in so harte Knechtschaft geraten, daß die Nachricht davon selbst Mohammedaner erschüttert.

Gepriesen sei die Unwissenheit der Kinder Mohammeds! Holde Einfalt, die unserem heiligen Propheten so teuer war, Du erinnerst mich immer an die Geruhsamkeit, die im Herzen unserer Vorväter herrschte.

Zu Venedig, am 5. des Rhamazan-Mondes 1717.

Hundertundsechster Brief

USBEK AN RHEDI IN VENEDIG

Entweder denkst Du nicht so, wie Du sprichst, oder Du handelst besser, als Du denkst. Du hast Deine Heimat verlassen, um Dich zu bilden – und Du verachtest alle Bildung. Du kommst in ein Land, wo man die Künste pflegt, um sie kennenzulernen – und Du hältst sie für schädlich. Was soll ich Dir sagen, Rhedi, ich stimme besser mit Dir überein als Du selbst. Hast Du Dir klargemacht, in welchen barbarischen und unseligen Zustand uns der Verlust der Wissenschaften und Künste führen würde? Man braucht ihn sich gar nicht auszudenken: man kann es beobachten. Es gibt noch Völker auf der Erde, wo ein halbwegs angelernter Affe in Ehren bestehen könnte: er stünde ungefähr auf derselben Stufe wie die anderen Bewohner, man fände weder seinen Verstand absonderlich noch sein Betragen verwunderlich, er fiele nicht weiter auf und zeichnete sich sogar durch seine Artigkeit aus.

Du behauptest, die Staatengründer seien fast alle roh und ungebildet gewesen. Ich leugne nicht, daß es Barbarenstämme gegeben hat, die sich wie reißende Ströme über die Erde verbreiten und mit ihren wilden Horden zivilisierte Staaten überschwemmen konnten. Aber bedenke doch, sie haben sich entweder selbst gebildet oder die Besiegten die Künste pflegen lassen. Hätten sie das nicht getan, wäre ihre Macht verweht wie der Lärm des Donners und der Stürme.

Du befürchtest, sagst Du, man werde noch wirksamere Zerstörungsmittel erfinden als die, die schon in Gebrauch sind. Nein: wenn eine solche unselige Erfindung gemacht würde, würde sie das Völkerrecht bald verbieten, und alle Nationen wären sich einig, sie dem Vergessen anheimfallen zu lassen. Es kann nicht im Interesse der Regierenden liegen, mit solchen Mitteln Eroberungen zu machen: sie müssen auf Untertanen, nicht auf Länder erpicht sein.

Du beklagst Dich über die Erfindung des Schießpulvers und der Bomben, Du findest es befremdlich, daß es keine uneinnehmbaren Festungen mehr gibt: das heißt, Du findest es befremdlich, daß die Kriege heute rascher beendet werden als früher. In den Geschichtsbüchern mußt Du doch gelesen haben, daß die Schlachten seit der Erfindung des Pulvers weit weniger blutig sind, als sie waren, weil es kaum noch ein Handgemenge gibt.

Und wenn im Einzelfall eine Erfindung oder eine neue Technik schädlich wäre, muß man sie deswegen verwerfen? Meinst Du, die Religion, die unser heiliger Prophet vom Himmel zu uns gebracht hat, wäre schädlich, weil sie eines Tages dazu dienen wird, die treulosen Christen zuschanden zu machen?

Du meinst, Wissenschaft und Kunst verweichlichte die Völker und würde so zur Ursache ihres Untergangs. Du denkst an den Untergang des alten Perserreiches, der die Verweichlichung zur Ursache hatte. Aber das Beispiel beweist nichts, denn die Griechen, die die Perser so oft besiegt haben, pflegten Wissenschaften und Künste weit intensiver als sie. Wenn es heißt, die Künste verweichlichten die Menschen, so gilt das jedenfalls nicht für die, die sie ausüben, denn die gehen nicht müßig, und Müßiggang ist von allen Lastern dasjenige, das die Tatkraft am meisten erschlaffen läßt. Es kann sich also nur um diejenigen handeln, die den Nutzen daraus ziehen. Aber da in einem zivilisierten Lande die Nutznießer der Künste zwangsläufig ein anderes Geschäft betreiben, wenn sie nicht schändlicher Armut verfallen wollen, folgt daraus, daß Müßiggang und Verweichlichung unvereinbar sind mit der Pflege der Künste.[1]

Paris ist vielleicht die sinnlichste Stadt der Welt, diejenige, wo man die raffiniertesten Vergnügungen kennt, zugleich ist nirgendwo das Leben härter. Um einem Menschen ein luxuriöses Leben zu ermöglichen, müssen hundert andere pausenlos arbeiten. Hat eine Dame sich in den Kopf gesetzt, auf einer Gesellschaft in einer bestimmten Aufmachung zu erscheinen, müssen gleich fünfzig Handwerker auf ihren Schlaf verzichten und haben weder Zeit zum Essen noch zum Trinken: sie befiehlt, und man gehorcht ihr besser als unserem Monarchen, weil das Eigeninteresse der mächtigste Monarch auf Erden ist.[2]

Diese Arbeitswut, dieses Streben nach Reichtum überträgt sich von einem Stand auf den anderen, von den Handwerkern bis zu den Großen des Reiches. Keiner will ärmer sein als derjenige, den er unmittelbar unter sich hat. In Paris kann man Leute sehen, die bis zum jüngsten Tag ihr Auskommen hätten und trotzdem unaufhörlich weiterarbeiten: sie riskieren, ihr Leben abzukürzen, um sich, wie sie meinen, das für ihren Unterhalt Notwendige zu verschaffen. Dieselbe Gesinnung ergreift die ganze Nation: überall herrschen Fleiß und Arbeit. Wo ist da die Verweichlichung, von der Du so viel redest?

Nehmen wir einmal an, Rhedi, in einem Reiche würden nur die landwirtschaftlichen Techniken geduldet, die unbedingt notwendig sind – und das sind gar nicht so wenige –; alles, was der Kultivierung von Phantasie und Vergnügen dient, wäre dagegen verpönt. Ich behaupte, dieser Staat wäre einer der ärmsten, die es auf der Welt gibt. Wären die Bewohner energisch genug, auf alles zu verzichten, was der Befriedigung ihrer weiteren Bedürfnisse dient, so würde das Volk allmählich zugrunde gehen, und der Staat wäre so schwach, daß der kleinste Nachbar ihn erobern würde.

Ich könnte das leicht weiter ausmalen und beweisen, wie die Einkommen der einzelnen zusammenschrumpften und folglich diejenigen des Fürsten auch. Es gäbe kaum noch Vermögensbeziehungen unter den Bürgern. Der Austausch der Reichtümer und der Einkommenszuwachs, der sich aus der gegenseitigen Verflechtung der Künste ergibt, kämen zum Erliegen, jeder lebte nur noch von dem, was die Erde ihm gibt, und würde auch nur ernten, was er braucht, um nicht Hungers zu sterben. Da das aber nur den zwanzigsten Teil der Staatseinnahmen ausmacht, reduzierte sich die Bevölkerung dementsprechend, und es bliebe schließlich nur noch ein Zwanzigstel von ihr übrig.

Du mußt Dir klarmachen, wie groß die Einnahmen des Gewerbefleißes sind. Ein Grundbesitz bringt alljährlich nur den zwanzigsten Teil seines Wertes hervor; aber gib einem Maler für einen Taler Farbe, und er macht ein Bild daraus, das fünfzig Taler wert ist. Das gleiche gilt für die Goldschmiede, die Woll- und Seidenweber und alle möglichen Handwerker. – Aus alldem ist zu schließen, Rhedi, daß die Untertanen im Wohlstand leben müssen, damit ein Fürst mächtig ist. Er muß ihnen alle möglichen Überflüssigkeiten ebenso zukommen lassen wie das zum Leben Notwendige.

Zu Paris, am 14. des Schalwal-Mondes 1717.

Hundertundsiebter Brief

RICA AN IBBEN IN SMYRNA

Ich habe den jungen Monarchen gesehen. Sein Leben ist seinen Untertanen sehr teuer. Das gleiche gilt wegen der großen Unruhen, die sein Tod verursachen könnte, für ganz Europa.[1] Aber die Könige sind wie die Götter: solange sie leben, muß man sie für unsterblich halten. Sein Aussehen ist majestätisch und zugleich bezaubernd, eine gute Erziehung scheint sich zu einer glücklichen Veranlagung zu gesellen und stellt uns einen großen Fürsten in Aussicht.

Es heißt, man könne über einen abendländischen Herrscher kein sicheres Urteil abgeben, ehe er nicht zwei Proben bestanden hat: die der Beichtväter und die der Mätressen. Man wird sich beide demnächst um den Geist des jungen Monarchen bemühen sehen. Große Kämpfe werden dafür ausgetragen. Bei einem jungen König geht es um rivalisierende Einflüsse, erst bei einem alten König versöhnen sich beide miteinander und wirken zusammen. Einem jungen König gegenüber hat der Derwisch eine schwere Rolle zu spielen: dessen Kraft macht seine Schwäche aus; die Mätresse dagegen zieht aus der ersteren ebensoviel Nutzen wie aus der letzteren.

Als ich nach Frankreich kam, fand ich den verstorbenen König ausschließlich von Frauen geleitet, und doch hätte er in seinem Alter, denke ich, ihrer weniger bedurft als irgendein König auf Erden. Ich hörte eines Tages eine Frau sagen: »Für den jungen Oberstleutnant muß etwas getan werden: ich weiß, wie tapfer er ist. Ich will mit dem Minister über ihn sprechen.« Eine andere sagte: »Es ist wirklich verwunderlich, daß man diesen jungen Geistlichen vergessen hat: er müßte Bischof werden. Er ist aus gutem Hause, und ich kann für sein gutes Benehmen einstehen.« Aber glaube bitte nicht, daß die Damen, die das sagten, Favoritinnen des Fürsten waren: sie hatten ihn vielleicht nicht mehr als zweimal gesehen, so leicht das bei europäischen Fürsten auch möglich ist. Aber jeder, der in Paris oder in der Provinz lebt und der bei Hofe einen Posten hat, hat auch eine Frau zur Hand, die ihm die Vergünstigungen oder Benachteiligungen einbringt, um die es geht.

Diese Frauen stehen sämtlich miteinander in Verbindung. Sie bilden so etwas wie einen Staat im Staate, deren Bürger sich unermüdlich gegenseitig unter die Arme greifen. Und wer, in Paris oder in der Provinz, Minister, Beamte oder geistliche Würdenträger agieren sieht, ohne die Frauen zu kennen, die dahinter stehen, ist wie jemand, der eine Maschine zwar laufen sieht, aber ihre Antriebskräfte nicht kennt.

Meinst Du, Ibben, eine Frau wird die Mätresse eines Ministers, um mit ihm ins Bett zu gehen? Weit gefehlt. Sie wird es, um ihm jeden Morgen sechs oder sieben Gesuche zu übergeben. Und die Güte ihres Naturells ist an dem Elan zu messen, mit dem sie sich um eine Unzahl armer Unglücklicher kümmert, die ihr hunderttausend Pfund Rente einbringen. – In Persien klagt man darüber, daß das Reich von zwei oder drei Frauen regiert werde. In Frankreich ist es weit schlimmer: da haben die Frauen nicht nur im Allgemeinen, sondern auch im Speziellen alle Macht in Händen.

Zu Paris, am letzten des Schalwal-Mondes 1717.

Hundertundachter Brief

USBEK AN ***

Hier gibt es eine Art Bücher, die wir in Persien nicht kennen und die hoch im Kurs zu stehen scheinen, die Zeitungen.[1] Ihre Lektüre kommt der Faulheit entgegen: mit Vergnügen kann man dreißig Bände in einer Viertelstunde durchlesen. Bei den meisten Büchern liegen die Leser schon in den letzten Zügen, wenn der Autor seine Komplimente losgeworden ist: halb tot führt er einen an eine Materie heran, die in einem Meer von Worten ertrinkt. Der eine will durch einen Duodez-Band unsterblich werden, der nächste durch einen Quart-Band und der Dritte, von noch edleren Absichten getragen, macht's nicht unter einem Folianten. Dementsprechend muß der Gegenstand ausgewalzt werden, was denn auch ohne Rücksicht auf den armen Leser geschieht, der sich damit zu Tode quält zusammenzufassen, was der Autor mit so viel Mühe vor ihm ausgebreitet hat.

Ich weiß nicht, was für ein Verdienst darin besteht, solche Wälzer zu schreiben. Ich könnte das notfalls auch, wenn ich meine Gesundheit ebenso ruinieren wollte wie meinen Verleger. – Der größte Fehler der Journalisten ist, daß sie nur von den *neuen* Büchern sprechen: als ob die Wahrheit je neu wäre! Mir scheint, solange jemand all die alten Bücher nicht gelesen hat, hat er keinen Grund, zu den neuen zu greifen. Und wenn sie es sich zum Gesetz machen, nur von den Büchern zu sprechen, die noch warm aus dem Ofen kommen, zwingen sie sich selbst dazu, langweilig zu werden. Sie hüten sich, die Bücher zu kritisieren, über die sie berichten, wie berechtigt auch immer das sein mag: wer wäre so tollkühn, sich jeden Monat zehn oder zwölf Feinde zu machen?

Die meisten Autoren sind wie die Dichter, die eine Tracht Prügel ohne zu klagen hinnehmen würden, für die ihr Rücken aber zu schade wäre, wenn es darum ginge, daß ihre Werke auch nur der kleinsten Kritik ausgesetzt würden. Man muß sich also hüten, sie an so empfindlicher Stelle anzugreifen – und die Journalisten wissen das wohl. Sie tun also das genaue Gegenteil: Zuerst preisen sie den behandelten Gegenstand – damit beginnt die Langeweile; dann gehen sie zum Lob des Autors über, wobei sie mit Worten nicht sparen, denn sie haben es mit Leuten zu tun, die noch in voller Fahrt sind und die es nichts kostet, sich ihr Recht zu verschaffen und mit ihrer spitzen Feder dreiste Zeitungsschreiber zu Boden zu schmettern.

Zu Paris, am 5. des Zilkade-Mondes 1718.

Hundertundneunter Brief

RICA AN ***

Die Universität von Paris ist die älteste Tochter der Könige von Frankreich, und sie ist eine sehr alte Tochter, denn sie hat mehr als neunhundert Jahre auf dem Buckel.[1] Manchmal ist sie auch schon geistesabwesend.

Man hat mir erzählt, sie habe vor einiger Zeit einen heftigen Streit mit ein paar Gelehrten gehabt. Er ging um den Buchstaben Q, den die Universität wie ein K ausgesprochen haben wollte.[2] Der Disput erhitzte sich so sehr, daß einige dabei ihr Hab und Gut verloren. Das Parlament mußte den Streit schlichten. Es erteilte durch förmlichen Erlaß jedem Untertan des Königs von Frankreich die Erlaubnis, den fraglichen Buchstaben so auszusprechen, wie er es wollte. Was für ein Schauspiel, die beiden angesehensten Körperschaften Europas damit beschäftigt zu sehen, über das Schicksal eines Buchstabens aus dem Alphabet zu befinden!

Mir ist, mein lieber ***, als ob die bedeutendsten Köpfe schrumpften, sobald sie in einer Versammlung zusammenkommen, und je mehr Weise da sind, desto weniger Weisheit ist da. Die großen Gremien verlieren sich immer so sehr in Kleinigkeiten und eitlen Fragen der Prozedur, daß das Wesentliche dabei zu kurz kommt. Ein König von Aragon[3], so habe ich mir sagen lassen, rief einst die Vertreter Aragons und Kataloniens zusammen. In den ersten Sitzungen war man vollauf damit beschäftigt, darüber zu beraten, welcher Sprache man sich bedienen sollte. Der Streit wurde hitzig, und die Verhandlungen wären hundertmal abgebrochen worden, wenn man nicht auf den Einfall gekommen wäre, die Fragen sollten auf katalanisch gestellt und die Antworten auf aragonesisch gegeben werden.

Zu Paris, am 25. des Zilhage-Mondes 1718.

Hundertundzehnter Brief

RICA AN ***

Die Rolle einer hübschen Frau zu spielen, ist schwerer, als man denkt. Es gibt kein ernsthafteres Geschehen als dasjenige, das sich inmitten ihrer Dienerinnen morgens an ihrem Toilettentisch abspielt. Ein Armeegeneral ist nicht aufmerksamer darauf bedacht, den rechten Flügel oder die Nachhut richtig zu plazieren als sie ihr Schönheitspflästerchen, das falsch sitzen kann, von dem sie aber die erwünschte Wirkung voraussieht. Welche geistige Mühe, welche Anstrengung kostet es, die Interessen zweier Rivalen immerzu abzuwägen, unentschieden zu scheinen, indes man sich dem einen wie dem anderen zuwendet, und als Schlichterin all der Klagen aufzutreten, zu denen man selbst den Anlaß gibt! Wie beschäftigt ist man damit, Lustpartien zu erfinden und aufeinanderfolgen zu lassen und zugleich all die Vorfälle ins Auge zu fassen, die sie unterbrechen könnten! Bei alldem ist das anstrengendste nicht, sich zu amüsieren, sondern amüsiert zu erscheinen. Man kann die Frauen langweilen, soviel man will: es wird verziehen, solange es so aussieht, als hätten sie sich vergnügt.

Vor ein paar Tagen war ich zu einem Abendessen eingeladen, das Frauen auf dem Lande organisiert hatten. Unterwegs sagten sie immer nur: »Auf jeden Fall aber müssen wir uns gut amüsieren!« Die Gesellschaft war schlecht zusammengesetzt, folglich ziemlich griesgrämig. Eine der Frauen sagte: »Aber zugeben muß man, daß wir uns gut amüsieren! In ganz Paris gibt es keine unterhaltsamere Gesellschaft als die unsere.« Die Langeweile übermannte mich, da stieß eine Frau mich an und sagte: »Was meinen Sie, sind wir nicht guter Laune?« – »Gewiß«, antwortete ich gähnend, »ich glaube, ich platze gleich vor Lachen.« Unterdessen gewann Trübsal die Oberhand über alles Nachdenken und, was mich anlangt, so merkte ich, wie ich von einem

Gähnen ins andere fallend schließlich ganz schläfrig wurde. So endete für mich das Vergnügen.
Zu Paris, am 11. des Maharram-Mondes 1718.

Hundertundelfter Brief

USBEK AN ***

Die Herrschaft des verstorbenen Königs hat so lange gedauert, daß man zum Schluß ihre Anfänge vergessen hatte. Jetzt ist es Mode geworden, sich nur noch mit den Begebenheiten zu befassen, die sich zur Zeit der Minderjährigkeit des Königs zutrugen. Hier folgt die Rede, die ein General der Stadt Paris in einem Kriegsrat gehalten hat. Ich muß zugeben, daß ich nicht viel davon verstehe: »Meine Herren! Wenn unsere Truppen auch verlustreich zurückgeschlagen worden sind, so können wir das, meine ich, leicht wieder wettmachen. Ich habe sechs Strophen eines Liedchens parat, die, wenn sie erschienen sind, alles wieder ins Lot bringen werden. Ich habe ein paar laute Stimmen ausgesucht, die, wenn sie stark aus der Tiefe der Brust hervorgestoßen werden, das Volk aufs wunderbarste in Rührung versetzen werden. Die Melodie, auf die sie passen, hat bisher noch immer die beste Wirkung gehabt. Und wenn das nicht ausreicht, lassen wir einen Kupferstich erscheinen, auf dem man Mazarin am Galgen hängend erblickt.[1] Gott sei Dank spricht er nicht gut französisch; er redet ein solches Kauderwelsch, daß seine Unternehmungen schlecht ausgehen müssen. Wir werden das Volk gehörig darauf aufmerksam machen, wie lächerlich sein Akzent ist. Vor ein paar Tagen hat er einen grammatikalischen Fehler gemacht, der so grob war, daß man auf allen Plätzen Lieder sang, in denen er vorkam. In höchstens acht Tagen, hoffe ich, wird die Bevölkerung den Namen Mazarins verwenden, um damit sämtliche Last- und Zugtiere zu bezeichnen. Seit unserer Niederlage sind so viele Verschen auf seine Erbsünde gemacht worden, daß er, um seine Anhängerschaft nicht halbiert zu sehen, all seine Pagen nach Hause schicken mußte.[2]

Meine Herren! Verzweifeln Sie nicht, fassen Sie neuen Mut: wir werden ihn mit Pfiffen über die Alpen zurückjagen.«

Zu Paris, am 4. des Schachban-Mondes 1718.

Hundertundzwölfter Brief

RHEDI AN USBEK IN PARIS

Ich nutze meinen Aufenthalt in Europa dazu, die älteren und die neueren Geschichtsschreiber zu lesen. Ich vergleiche die Zeiten, es bereitet mir Vergnügen, sie sozusagen vor mir vorüberziehen zu lassen, und vor allem richte ich meine Aufmerksamkeit auf die großen Veränderungen, die die Zeiten voneinander unterscheiden, so daß die Erde sich selbst kaum noch gleicht.

Vielleicht ist Deiner Aufmerksamkeit entgangen, was mich tagtäglich mehr verwundert: warum ist die Welt im Vergleich zu früher so viel dünner besiedelt? Wie hat die Natur die wunderbare Fruchtbarkeit ihrer Frühzeit verlieren können? Sollte sie in ihr Alter eingetreten sein und der Erschlaffung verfallen?[1]

Ich bin mehr als ein Jahr in Italien gewesen und habe dort nur noch die Trümmer des alten, einst so berühmten Römischen Reiches gesehen. Obwohl alle Welt jetzt in der Stadt lebt, sind die Städte jetzt gänzlich verlassen und entvölkert. Es sieht so aus, als markierten sie nur noch die Stellen, wo einst die mächtigen Städte standen, von denen die Geschichte spricht. Manche Leute behaupten, Rom allein habe einst mehr Einwohner gehabt als eines der großen Königreiche von heute. Es gab römische Bürger, die besaßen zehn, ja zwanzigtausend Sklaven, diejenigen nicht gerechnet, die auf dem Lande arbeiteten, und da die Stadt vier oder fünfhunderttausend Bürger zählte, kann man die Gesamtzahl ihrer Bewohner gar nicht schätzen, ohne unglaubhaft zu erscheinen.

In Sizilien gab es mächtige Reiche und zahlreiche Stämme, die seitdem verschwunden sind: heute sind nur noch die Vulkane an der Insel bemerkenswert. Griechenland ist so entvölkert, daß es nicht einmal den hundertsten Teil seiner ehemaligen Bewohner mehr enthält. Spanien, einst dicht besiedelt, besteht heute nur noch aus unbewohnten Landstrichen. Und Frankreich ist auch nichts mehr im Vergleich zu dem alten Gallien, von dem Caesar spricht. Die nördlichen Länder sind erst recht dünn besiedelt: davon, daß wie einst ganze Volksstämme diese Länder verlassen mußten, um neue Gegenden zu besiedeln und Nationen zu gründen, kann keine Rede sein. Auch Polen und die europäische Türkei haben kaum noch Bewohner. In Amerika leben nur noch ein Fünfzigstel der Menschen, die einst so große Reiche gegründet hatten, und Asien ist in keinem besseren Zustand: Kleinasien, wo früher so mächtige Könige herrschten und so viele Städte blühten, besteht nur noch aus zwei oder drei Reichen. Das restliche Asien, das die Türken erobert haben, ist auch nicht dichter besiedelt. Was schließlich die Länder anlangt, die unser Schah regiert, so leben dort, wenn man an die früheren Zeiten denkt, als die Länder florierten, nur noch Bruchteile der Bevölkerung, die zu Xerxes' und Darius' Zeiten nicht zu zählen war.

Was aber die kleinen Staaten betrifft, die rund um diese großen Reiche herum bestehen, so sind sie erst recht öd und leer: so Irimetta, das Tscherkessengebiet und Guriel. In den ausgedehnten Ländereien dieser Kleinfürsten leben nicht einmal fünfzigtausend Menschen. Ägypten hat nicht weniger Bewohner eingebüßt.

Kurz, ich durchschweife die Erde und finde nichts als Verfall; man möchte meinen, sie sei soeben den Verheerungen der Pest und der Hungersnot entronnen. Afrika ist immer so unbekannt gewesen, daß man nicht mit gleicher Genauigkeit etwas darüber aussagen kann; denkt man aber an die Mittelmeerküsten, die alle Zeit bekannt waren, so ist ersichtlich, daß auch dort die Bevölkerung seit Karthago und den Römern zurückgegangen ist. Heute sind die Herrschenden in Afrika so schwach, daß ihre Reiche zu den kleinsten der Welt zählen.

Wenn ich eine so genaue Berechnung anstelle, wie sie bei derlei Dingen irgend möglich ist, finde ich, daß heute auf der Erde kaum noch der zehnte Teil der Menschen wohnt, die in alten Zeiten dort gelebt haben. Und am erstaunlichsten ist, daß sie sich noch immer weiter entvölkert. Wenn das so weitergeht, ist sie in zehn Jahrhunderten nur noch eine Wüste.

Dies ist die schrecklichste Katastrophe, mein Usbek, die je auf Erden eingetreten ist. Aber man hat es kaum wahrgenommen, so unmerklich und im Laufe von so vielen Jahrhunderten ist sie über uns gekommen: daran erkennt man die im Innern versteckte Krankheit, das heimliche Gift, das Siechtum, dem die Menschennatur anheimgefallen ist.

Zu Venedig, am 10. des Rhegeb-Mondes 1718.

Hundertunddreizehnter Brief

USBEK AN RHEDI IN VENEDIG

Die Welt, mein lieber Rhedi, ist gegen kein Verderben gefeit, nicht einmal die Himmel sind es. Die Sternkundigen sind die Augenzeugen ihres Wandels, und dieser ist eine ganz natürliche Folge der allgemeinen Bewegtheit der Materie. Die Erde unterliegt wie die anderen Planeten den Gesetzen des Wandels; sie ist in ihrem Inneren einem beständigen Kampf ihrer Elemente ausgesetzt. Das Meer und das Festland scheinen sich in einem fortwährenden Krieg miteinander zu befinden; jeder Augenblick bringt neue Konstellationen hervor. Die Menschen, die einen so wandelbaren Planeten bewohnen, sind nicht besser daran: zahllose Ursachen können sich vernichtend auf sie auswirken, erst recht natürlich ihre Zahl vermehren oder verringern.

Von den einzelnen Katastrophen, über die alle Historiker berichten und denen ganze Städte und Reiche zum Opfer gefallen sind, will ich gar nicht reden: es gibt allgemeinere, die die Menschheit oft genug an den Rand des Untergangs geführt haben. So findet man in allen Geschichtsbüchern Berichte über die große Pest, die immer wieder die Welt bedroht hat. Eine war so heftig, daß sie sogar die Wurzeln der Pflanzen verdorren ließ und sich bis nach China über den ganzen Erdball erstreckte. Ein Wirkungsgrad *mehr* und mit einem Schlag hätte die ganze Menschheit ausgelöscht werden können.[1]

Noch keine zwei Jahrhunderte ist es her, daß sich die schmählichste aller Krankheiten[2] in Europa, Asien und Afrika verbreitete. Sie hatte in kürzester Zeit die verheerendsten Auswirkungen. Hätte sie so weiter gewütet wie zu Beginn, wäre es um die Menschen geschehen gewesen. Von Geburt an mit ihren Gebresten behaftet, unfähig, die Lasten der Gesellschaft zu tragen, wären sie kläglich zugrunde gegangen. Was wäre geschehen, wenn das Gift ein bißchen wirksamer gewesen wäre? Und es wäre wirksamer gewesen, wenn es nicht das Gegengift gäbe, das man glücklicherweise gefunden hat![3] Vielleicht hätte diese Krankheit, die sich auf die Zeugung auswirkt, keine Zeugen der Menschheit mehr übriggelassen!

Aber warum spreche ich von der Vernichtung, die das Menschengeschlecht hätte ereilen *können?* Hat es sie nicht wirklich gegeben? Hat die Sintflut die Menschen nicht bis auf eine einzige Familie zugrunde gerichtet?

Es gibt Gelehrte, die unterscheiden zwischen zweierlei Schöpfung: der der Dinge und der des Menschen. Sie wollen nicht einsehen, daß die Materie und die erschaffenen Dinge nur sechstausend Jahre alt sein sollen: sollte Gott seinen Schöpfungsakt eine Ewigkeit lang aufgeschoben und erst gestern von seiner Schöpferkraft Gebrauch gemacht haben? Konnte er die

Welt nicht erschaffen, oder wollte er es nicht? War er aber zu *einer* Zeit zur Schöpfung unfähig, so war er es alle Zeit. Also wollte er nicht: da es aber bei Gott keine zeitliche Folge gibt, muß man annehmen, daß er, wenn er etwas *einmal* wollte, dies *immer* schon und von Anfang an gewollt hat. (Man muß also die Jahre der Welt nicht zählen: die Zahl der Sandkörner im Meer verhält sich wie ein Augenblick zu ihnen.)[4]

Und doch berichten alle Geschichtsschreiber von einem Stammvater: sie stellen uns die Geburt der Menschheit vor Augen. Liegt es nicht nahe zu denken, Adam sei der Überlebende eines Unheils gewesen, wie es Noah mit der Sintflut erging? Und daß solche Schreckensereignisse öfter auf Erden eintraten, seitdem die Welt erschaffen wurde? Nicht alle Zerstörungen treten freilich so plötzlich ein. An mehreren Stellen der Erde kommt es zu Ermüdungserscheinungen, die die Menschen ihrer Lebensgrundlage berauben. Was wissen wir, ob es nicht auch für die ganze Erde solche allgemeinen, langsam und unmerklich wirkenden Ermüdungserscheinungen gibt?

Es lag mir daran, diese prinzipiellen Gedanken zu entwikkeln, ehe ich auf die einzelnen Gründe für den Bevölkerungsrückgang seit siebzehn oder achtzehn Jahrhunderten eingehe. Ich will Dir beweisen, daß es neben den physischen auch psychische Gründe gegeben hat, die ihn bewirkt haben.
Zu Paris, am 8. des Schachban-Mondes 1718.

Hundertundvierzehnter Brief

USBEK AN DENSELBEN

Du fragst nach den Ursachen, die dazu geführt haben, daß die Erde heute weniger bevölkert ist als früher. Wenn Du genau hinsiehst, wird Dir klar werden, daß der große Wandel durch Veränderungen im Verhalten der Menschen zustande gekommen ist.

Seitdem Christentum und Islam das Erbe der Römer unter sich geteilt haben, hat sich vieles verändert. Und diese beiden Religionen wirken sich bei weitem nicht so günstig auf die Vermehrung der Menschheit aus, wie diejenige der Römer es tat. Sie untersagte die Polygamie und hatte dadurch dem Islam gegenüber einen großen Vorteil; aber sie erlaubte die Scheidung, und das gab ihr einen nicht minder großen Vorzug vor der christlichen Religion.

Nichts kommt mir widersprüchlicher vor als die Vielweiberei, die der heilige Koran gestattet, und die Gründe, die im selben Buch dafür angegeben werden. »Besucht eure Frauen«, sagt der Prophet, »denn sie bedürfen eurer wie ihrer Gewänder, und Ihr bedürft ihrer wie eurer Gewänder«.[1] Das ist ein Gebot, daß das Leben eines wahren Muselmannes recht mühsam macht. Wer auch nur die vier vom Gesetz vorgeschriebenen Frauen und ebensoviele Konkubinen oder Sklavinnen hat, ist der nicht mehr als reichlich mit Gewändern behangen? »Eure Frauen sind eure Äcker«, heißt es beim Propheten weiter, »geht also zu euren Äckern, tut Gutes für eure Seelen, und es wird euch eines Tages auch Gutes zuteil werden.«[2] Mir kommt der rechte Muselmann wie ein Athlet vor, der unaufhörlich zu kämpfen hat, der jedoch, von Anfang an geschwächt und erschlafft, voller Ermüdung auf dem Felde des Sieges selbst ermattet und sich sozusagen unter den Trophäen seines Sieges begräbt.

Die Natur geht immer langsam und ohne Kräfteverschwendung vor: sie überstürzt nichts, sie verlangt Mäßigung in allen Hervorbringungen, sie kennt weder Regellosigkeit noch Maßlosigkeit. Wenn man sie forciert, erschlaffen ihre Kräfte alsbald. Dann braucht sie ihre ganze Energie, um sich zu erhalten, sie verliert ihre Produktivität und Zeugungsgewalt. In diesen Zustand versetzt uns die Vielzahl der Frauen, die uns mehr Erschöpfung als Zufriedenheit verschafft. Es kommt bei uns oft vor, daß ein Mann mit einem riesigen Harem nur ganz wenige

Kinder hat, und diese Kinder sind infolge der Schlaffheit ihres Vaters zumeist schwächlich und ungesund. Und das ist nicht alles. Die Frauen, die zur Enthaltsamkeit gezwungen werden, brauchen Leute, sie zu bewachen. Das können nur Eunuchen sein. Die Religion, die Eifersucht und sogar die Vernunft gestattet anderen Männern keinen Zugang zu ihnen. Die Wächter müssen aber zahlreich sein, sowohl um die Ruhe im Inneren des Serails zu bewahren, wo die Frauen stets miteinander Krieg führen, als auch, um ihn vor äußeren Angriffen zu schützen. So braucht denn ein Mann, der zehn Frauen oder Konkubinen hat, mindestens ebensoviel Eunuchen, um sie zu hüten. Was für einen Verlust für die Gesellschaft stellt diese große Zahl von Männern dar, die von Geburt an als solche tot sind! Das muß Entvölkerung zur Folge haben.

Die Mädchen, die gemeinsam mit den Eunuchen den Frauen als Sklavinnen dienen, altern im Serail fast alle in einer bedrükkenden Jungfernschaft. Solange sie dort sind, können sie nicht heiraten, und wenn sich ihre Herrinnen einmal an sie gewöhnt haben, entlassen sie sie so gut wie nie. So beschäftigt also ein einziger Mann zu seinem Vergnügen derart viele Menschen beiderlei Geschlechts, bringt den Staat um ihren Nutzen und macht sie zur Fortpflanzung ihres Geschlechts unfähig.

Konstantinopel und Ispahan sind die Hauptstädte der beiden größten Reiche der Welt: dort strömt alles zusammen, dorthin begeben sich, auf tausenderlei Weise angelockt, die Menschen von überallher. Aber dort gehen sie auch von selbst zugrunde: die Städte bestünden schon nicht mehr, wenn die Herrschenden nicht fast in jeder neuen Ära ganze Stämme herbeiriefen, um sie wieder zu bevölkern. Dem Thema muß ich noch einen Brief widmen.

Zu Paris, am 13. des Schachban-Mondes 1718.

Hundertundfünfzehnter Brief

USBEK AN DENSELBEN

Die Römer hatten nicht weniger Sklaven als wir, sie hatten eher mehr. Aber sie machten einen besseren Gebrauch von ihnen. Fern davon, die Vermehrung der Sklaven gewaltsam zu verhüten, ermutigten sie sie vielmehr mit aller Macht. Sie verbanden sie so gut sie konnten miteinander durch eine Art Ehe. Auf diese Weise füllten sie ihre Häuser mit Dienstboten jeden Alters und Geschlechts und lieferten dem Staat eine zahlreiche Bevölkerung. Kinder, die auf die Dauer den Reichtum eines Herren ausmachten, kamen in großer Zahl auf die Welt, der Herr hatte sich nur um die Ernährung und Erziehung zu kümmern. Und die Väter, die sich von dieser Last befreit sahen, folgten ungehemmt dem Trieb ihrer Natur: sie vermehrten sich ohne Furcht vor einer zu großen Familie.

Ich sagte, die Sklaven seien bei uns nur dazu da, die Frauen zu hüten und weiter nichts, so daß sie im öffentlichen Leben völlig inaktiv sind. Alle Aktivität zugunsten von Kunst und Gewerbe, aller Landbau bleibt auf wenige freie Männer beschränkt, die sich der Sache so wenig widmen, wie es irgend geht. Bei den Römern war das anders. Die Republik nutzte das Sklavenvolk auf das vorteilhafteste. Jeder Sklave hatte seinen Spargroschen, der ihm gemäß den Bedingungen seines Herren zustand: damit wirtschaftete er und betrieb das Geschäft, das ihm am Herzen lag. Der eine wurde Bankier, der andere trieb Handel über See, einer verkaufte Waren im Detail, ein anderer wurde Handwerker oder bebaute ein Stück Land. Keiner ließ seinen Spargroschen ungenutzt, denn der verschaffte ihm zugleich Wohlergehen in der Sklaverei und die Hoffnung auf künftige Freilassung. Das machte das Volk betriebsam, es belebte Handwerk und Handel.

Schließlich wurden die Sklaven, die durch ihre Mühe und

Arbeit reich geworden waren, freigelassen und wurden Bürger. Die Republik erneuerte sich auf die Weise ständig und nahm in dem Maße, wie die alten Familien ausstarben, neue in ihren Schoß auf. Vielleicht kann ich in den folgenden Briefen beweisen, daß der Handel um so mehr floriert, je mehr Menschen es in einem Staat gibt. Ebenso gilt aber: je mehr der Handel floriert, desto stärker vermehren sich die Menschen. Beides geht Hand in Hand und begünstigt sich gegenseitig. Wenn dem so ist: um wieviel mehr mußten sich da all die vielen Sklaven vermehren, die so betriebsam waren? Gewerbefleiß und Wohlstand brachte sie in so großer Zahl hervor, sie aber förderten ihrerseits Wohlstand und Gewerbefleiß.

Zu Paris, am 16. des Schachban-Mondes 1718.

Hundertundsechzehnter Brief

USBEK AN DENSELBEN

Bisher haben wir nur von den islamischen Ländern gesprochen und die Gründe dafür gesucht, warum sie weniger bevölkert sind, als das zur Zeit der römischen Herrschaft der Fall war. Was aber hat bei den Christen dieselbe Folge gehabt?

War die Scheidung den Heiden erlaubt, so wurde sie den Christen verboten. Diese Veränderung, deren Auswirkungen zunächst so gering schienen, hatte allmählich Folgen von einem Ausmaß, das kaum glaublich erscheint. Man nahm der Ehe nicht nur ihre ganze Annehmlichkeit, sondern beeinträchtigte sie auch in ihrer Zielsetzung. Man wollte die Bindung festigen und lockerte sie in Wahrheit. Denn anstatt die Herzen zu vereinen, wie man es vorhatte, trennte man sie endgültig voneinander. In eine Handlung aus freiem Entschluß führte man den Zwang, die Notwendigkeit und sogar das schicksalhafte Verhängnis ein. Der Überdruß, die Launen, die Ungeselligkeit der Menschen zählten nicht mehr: man wollte das Herz festlegen, das doch das wandelbarste, unbeständigste Ding auf Erden ist. Leute, die einander zur Last geworden waren, die fast immer schlecht zueinander paßten, wurden heillos und hoffnungslos aneinander gefesselt. Man handelte wie die Tyrannen, die lebende Menschen an Leichname ketten.

Nichts hatte die gegenseitige Bindung mehr verstärkt als die Möglichkeit der Scheidung: Mann und Frau waren gewillt, die häuslichen Lasten gemeinsam und geduldig zu ertragen, weil sie wußten, sie konnten sie jederzeit abwerfen. Ihr Leben lang behielten sie diese Möglichkeit vor Augen, ohne von ihr Gebrauch zu machen, eben deswegen, weil sie wußten, sie besäßen die Freiheit, es zu tun.[1]

Anders ist das bei den Christen, deren gegenwärtige Mühsal ihnen alle Zukunftshoffnung nimmt. Die Unannehmlichkeiten der Ehe bedrücken sie um so mehr, als sie ihnen von Dauer, ja ewig zu sein scheinen: daher rühren Abscheu, Verachtung, Zwistigkeiten – und all das ist der Vermehrung abträglich. Kaum ist man drei Jahre verheiratet, liegt einem am ehelichen Verkehr nichts mehr, und man verbringt dreißig Jahre in Gleichgültigkeit. Heimliche Trennungen vollziehen sich, die ebenso radikal und vielleicht schädlicher sind als die öffentlichen. Jeder lebt allein vor sich hin – und all das zum Schaden der Nachkommenschaft. Alsbald wendet der Mann, den seine ewige Frau anekelt, sich den Freudenmädchen zu, einem schändlichen und der Gesellschaft so abträglichen Umgang, der bestenfalls die Vergnügungen der Ehe bewahrt, ohne deren Zweck zu erfüllen.

Und wenn von zwei dergestalt aneinander gebundenen Personen die eine zu der von der Natur vorgesehenen Mehrung der Art aus Gründen des Temperaments oder des Alters unfähig ist, begräbt sie die andere mit sich und macht sie ebenso unnütz, wie sie selbst es ist. Es ist daher nicht verwunderlich, daß so viele christliche Ehen nur so wenige Bürger hervorbringen. Die Scheidung ist abgeschafft, Partner, die nicht zueinander passen, können nicht wieder auseinandergehen, die Frauen gehen nicht, wie bei den Römern, von der Hand eines Ehemannes in die Hand des anderen über, der seinerseits den besten Nutzen aus der Verbindung zieht. Ich wage zu behaupten: wenn in einem Staat wie Sparta, wo harte und kluge Gesetze das Leben der Bürger regelten und wo es nur eine einzige Familie, nämlich die des Staates gab, die Regelung getroffen worden wäre, daß die Männer jedes Jahr ihre Frauen zu wechseln hätten, so wären zahllose Nachkommen daraus hervorgegangen.

Warum die Christen die Scheidung abgeschafft haben, ist schwer zu erklären. Die Ehe ist bei allen Nationen der Welt eine konventionelle Einrichtung: man hätte nur die Regelungen abzuschaffen brauchen, die ihr abträglich waren. Aber die Christen betrachteten die Dinge nicht von dieser Warte: woran ihnen eigentlich liegt, wissen sie kaum zu sagen. Die Sinnenfreude soll nicht ihr Zweck sein, im Gegenteil, ich sagte schon, es scheint, als wollten sie diese soweit als möglich aus ihr verbannen. Statt dessen machen sie sich eine symbolische Vorstellung von der Ehe, die ein Mysterium ist, das ich nicht verstehe.
Zu Paris, am 19. des Schachban-Mondes 1718.

Hundertundsiebzehnter Brief

USBEK AN DENSELBEN

Das Scheidungsverbot ist nicht der einzige Grund für die Entvölkerung der christlichen Länder. Die große Zahl von Eunuchen, die es unter ihnen gibt, ist ein nicht minder gewichtiger Grund. Ich spreche von den Priestern und Derwischen beiderlei Geschlechts, die ewige Enthaltsamkeit geloben. Diese gilt bei den Christen als höchste Tugend – wofür mir alles Verständnis abgeht, da ich nicht weiß, worin eine Tugend bestehen soll, aus der nichts hervorgeht. Ich finde, ihre Gelehrten widersprechen sich selbst, wenn sie sagen, die Ehe sei heilig und das Zölibat, das ihr Gegenteil ist, sei es erst recht. Im Bereich der Moral und der Lehre ist doch das Gute immer zugleich das Beste.

Die Zahl der Leute, die sich der Ehelosigkeit weihen, ist unglaublich. Früher verurteilten die Väter ihre Kinder von der Wiege an dazu, heute entschließen sich die Menschen mit vierzehn Jahren zur Ehelosigkeit, was ungefähr auf dasselbe herauskommt. . . .[1] Der Entschluß zur Enthaltsamkeit hat mehr Menschen das Leben gekostet als Pest und alle blutigen Kriege zusammen. In all den religiösen Häusern leben Familien, wo niemand geboren wird, und die auf Kosten der anderen leben. Diese Häuser stehen immer offen – wie Abgründe, in denen die zukünftige Menschheit versinkt.

Auch das war bei den Römern ganz anders. Sie bestraften diejenigen, die sich dem Gebot der Heirat widersetzten[2] und die sich einer dem öffentlichen Wohl so abträglichen Freiheit bedienen wollten. – Ich spreche bis jetzt nur von den katholischen Ländern. Wo die Protestanten herrschen, hat jeder das Recht, Kinder zu zeugen, dort duldet man weder Priester noch Derwische. Bei der Einrichtung dieser Religion sollte alles wieder so werden, wie es ursprünglich gewesen war. Die Gründer wurden denn auch der Zügellosigkeit geziehen. Wenn sie es gekonnt hätten, hätten sie sicher nicht nur allgemein die Ehe wieder eingeführt, sondern auch deren Joch erleichtert und so vollends die Barriere beseitigt, die in dieser Hinsicht die Jünger Jesu von denjenigen Mohammeds trennt.

Wie dem auch sei, die Religion verschafft den Protestanten auf jeden Fall einen ungeheuren Vorteil vor den Katholiken. Ich wage zu behaupten: wenn die Dinge in Europa so bleiben, kann die katholische Religion dort keine fünfhundert Jahre mehr bestehen. Vor dem Sieg über die spanische Weltmacht waren die Katholiken viel stärker als die Protestanten. Inzwischen ist es zu einem Gleichgewicht zwischen beiden gekommen. Die Protestanten werden jedoch reicher und mächtiger, die Katholiken schwächer. Die protestantischen Länder müssen zwangsläufig dichter bevölkert sein, und so ist es denn auch. Daraus folgt erstens, daß die Abgaben steigen, denn sie nehmen mit der Bevölkerung zu, zweitens, daß das Land besser bebaut wird, drittens, daß der Handel aufblüht, weil mehr Menschen ein Interesse daran haben, reich zu werden. Steigen die Bedürfnisse, so werden auch mehr Quellen zu ihrer Befriedigung erschlossen. Reicht dagegen die Bevölkerung nur eben dazu aus, das Land zu bebauen, geht der Handel notwendig zurück, und gibt es eben noch genug Leute für den Handel, so fehlt es an Menschen für die Landwirtschaft. Das heißt, alles geht bergab, wenn jeweils nur einer der beiden Zweige der Wirtschaft kultiviert wird.

Was aber die katholischen Länder anlangt, so liegt dort nicht nur das Land, sondern auch der Gewerbefleiß brach. Man lernt dort nur ein paar Worte einer toten Sprache. Kaum hat einer sich damit versehen, braucht er um sein Fortkommen nicht mehr besorgt zu sein: Im Kloster kann er geruhsam leben, während das Leben in der Welt ihn viel Schweiß und Mühe gekostet hätte. Außerdem haben die Derwische fast allen Reichtum in Händen: Es ist eine Gesellschaft von Habgierigen, die immer nur nehmen und nichts hergeben. Sie horten ihre Einkünfte um des Kapitals willen. All die Reichtümer verfallen sozusagen der Lähmung: kein Geld zirkuliert mehr, kein Handel floriert, keine Manufakturen entstehen.

Alle protestantischen Fürsten besteuern ihre Untertanen mehr als der Papst die seinen, und doch sind die letzteren arm, während die ersteren im Wohlstand leben. Der Handel belebt alles bei den einen, während das Mönchstum bei den anderen alles dahinsterben läßt.

Zu Paris, am 26. des Schachban-Mondes 1718.

Hundertundachtzehnter Brief

USBEK AN DENSELBEN

Über Asien und Europa ist nichts mehr zu sagen: gehen wir zu Afrika über. Man kann nur über die Küstengebiete dieses Kontinents etwas aussagen, weil das Innere unbekannt ist. Die Berberküste, wo der Islam sich ausgebreitet hat, ist nicht mehr so dicht besiedelt wie zu Zeiten der Römer. Die Gründe dafür habe ich schon genannt. Die Küste von Guinea sodann muß seit zweihundert Jahren fürchterlich dezimiert worden sein, seitdem die kleinen Könige oder Dorfhäuptlinge den europäischen Fürsten ihre Untertanen verkaufen, die dann in die amerikanischen Kolonien transportiert werden.

Eigenartig ist aber, daß auch Amerika, das Jahr für Jahr so viele neue Bewohner erhält, unbevölkert bleibt: es zieht keinen Nutzen aus den fortwährenden Verlusten Afrikas. Die Sklaven, die man in ein anderes Klima verfrachtet, gehen dort zu Tausenden ein. Die Arbeit in den Bergwerken, zu denen man sie und die Einheimischen verpflichtet, die ungesunden Dünste, die dem Innern der Erde entströmen, das Quecksilber, das sie ständig brauchen, dezimieren sie unaufhaltsam. Es gibt nichts Unsinnigeres, als unzählige Menschen zugrunde zu richten, um Gold und Silber aus der Erde zu holen, Metalle, die für sich genommen vollkommen wertlos sind und die nur deswegen einen Reichtum darstellen, weil man sie dazu auserwählt hat, dessen Zeichen darzustellen.[1]

Zu Paris, am letzten des Schachban-Mondes 1718.

Hundertundneunzehnter Brief

USBEK AN DENSELBEN

Die Fruchtbarkeit eines Volkes hängt manchmal von den geringsten Umständen, die man sich denken kann, ab. Bisweilen bedarf es nur einer neuen Richtung der Phantasie, um es viel zahlreicher zu machen, als es war.

Die Juden, die immer ausgerottet werden und immer wieder neu erstehen, haben ihre Verluste und Zerstörungen mit der Hoffnung wettgemacht, aus jeder ihrer Familien könnte ein mächtiger König hervorgehen, der sich die Erde untertan mache. Die alten Perserkönige hatten nur deswegen so viele Untertanen, weil, nach der Glaubenslehre der Magier, ein Kind zu zeugen, ein Feld zu bebauen und einen Baum zu pflanzen, die gottgefälligsten Taten sind. Wenn China so ungeheuer dicht besiedelt ist, so hängt das nur mit einer bestimmten Denkweise zusammen: Die Kinder verehren ihre Eltern dort wie Götter und verhalten sich ihnen bereits im Diesseits entsprechend; nach ihrem Tode aber bringen sie ihnen Opfer und glauben, ihre Seelen, die vom Tien[1] vernichtet wurden, erblühten dann zu neuem Leben. Jedermann will die Zahl der Familienmitglieder vergrößern, wo sie doch im Diesseits so fromm und für das Jenseits so notwendig sind.

Andererseits entvölkern sich die mohammedanischen Länder zusehends wegen eines Glaubens, der – aller Heiligkeit zum Trotz – der Vermehrung abträglich ist, wenn er sich einmal in den Gemütern eingenistet hat. Wir betrachten uns als Pilger, deren Gedanken sich auf eine andere Heimstätte richten sollen: Nützliche und dauerhafte Werke, Bemühungen, das Wohlergehen der Nachkommen zu sichern, Pläne, die über ein kurzes, flüchtiges Leben hinausreichen, kommen uns widersinnig vor. Unbesorgt wegen der Gegenwart, unbekümmert um die Zukunft, geben wir uns nicht die Mühe, die öffentlichen Gebäude instand zu halten, das Brachland urbar zu machen oder die Erde zu kultivieren, die sich zu kultivieren lohnt. Wir leben in einer allgemeinen Sorglosigkeit dahin und überlassen alles der Vorsehung.

Eitelkeit hat bei den Europäern das ungerechte Erstgeburtsrecht eingeführt, das insofern der Vermehrung im Wege steht, als alle Aufmerksamkeit der Väter sich auf das älteste Kind richtet und die anderen nicht beachtet: Um dem einen Kind ein sicheres Auskommen zu geben, werden die anderen vernachlässigt – und das ist auch der Gleichheit der Bürger abträglich, die deren Reichtum bedingt.

Zu Paris, am 4. des Rhamazan-Mondes 1718.

Hundertundzwanzigster Brief

USBEK AN DENSELBEN

Die Länder der Primitiven sind für gewöhnlich dünn besiedelt, weil diese Menschen fast alle Landarbeit und Ackerbau abgeneigt sind. Diese unselige Abneigung ist so stark, daß ein Eingeborener seinem Feind nichts Schlimmeres wünschen kann, als daß er verpflichtet sein möge, ein Feld zu bebauen. Sie glauben, nur die Jagd und der Fischfang seien ihrer würdige Beschäftigungen. Da es aber oft Jahre gibt, wo Jagd und Fischfang sehr unergiebig sind, dezimieren häufige Hungersnöte die Eingeborenen. Dazu kommt, daß kein Land für eine dichte Bevölkerung genug Wild und Fisch hat, weil die dichtbesiedelten Gebiete von den Tieren gemieden werden. Im übrigen unterstützen sich die Wilden, die weit voneinander entfernt und nur in Siedlungen von zwei- bis dreihundert Personen leben, nicht gegenseitig. Ihre Interessen gehen so weit auseinander wie diejenigen zweier Reiche, aber es fehlen ihnen die Mittel solcher Reiche, die im Ineinandergreifen der Teile und der Zusammenarbeit bestehen. Und dann gibt es bei den Wilden noch die schreckliche Unsitte, daß die Frauen abtreiben, um ihren Männern nicht zu mißfallen.

Hierzulande gibt es drakonische Gesetze gegen diese Übel: Jedes Mädchen, das dem Magistrat seine Schwangerschaft nicht gemeldet hat, wird mit dem Tode bestraft, wenn die Leibesfrucht umkommt. Keine Scham und keine Schande, nicht einmal Unfälle, entschuldigen es.[1]

Zu Paris, am 9. des Rhamazan-Mondes 1718.

Hunderteinundzwanzigster Brief

USBEK AN DENSELBEN

Kolonien pflegen gewöhnlich die Länder zu schwächen, die sie einrichten, ohne die Länder zu bevölkern, wo sie eingerichtet werden. Die Menschen sollten bleiben, wo sie sind. Es gibt Krankheiten, die rühren davon her, daß man eine gute gegen eine schlechte Luft eintauscht, andere kommen vom Wechsel selbst. Die Luft eines jeden Landes ist, wie die Pflanzen, von Partikeln der betreffenden Erde durchsetzt. Sie wirkt dergestalt auf uns, daß unsere Konstitution davon abhängt. Werden wir in ein fremdes Land versetzt, so erkranken wir. Die Flüssigkeiten unseres Körpers sind an eine gewisse Beschaffenheit gewöhnt, die festen Teile desgleichen, und beide verlangen eine ganz bestimmte Bewegung: andere vertragen sie nicht, und sie wehren sich gegen Veränderung.[1]

Ist ein Land wüst und leer, so liegt es an Mängeln des Terrains oder des Klimas. Beraubt man die Menschen eines bekömmlichen Klimas, um sie in ein solches Land zu schicken, so erreicht man genau das Gegenteil dessen, was man bezweckt hatte. Die Römer wußten das aus Erfahrung. Sie schickten ihre Verbrecher nach Sardinien, desgleichen die Juden. Ihr Verlust mußte verschmerzt werden, was den Römern wegen der Verachtung, die sie für diese Menschen hegten, nicht schwerfiel.

Schah Abbas der Große wollte den Türken die Möglichkeit nehmen, große Armeen an der Grenze zu postieren: er verjagte fast alle Armenier aus ihrem Land und schickte mehr als zwanzigtausend Familien in die Provinz Guilan, die alle in kurzer Zeit zugrunde gingen. Keiner der Transporte, die Menschen nach Konstantinopel brachten, war von Erfolg gekrönt. All die zahllosen Neger, von denen die Rede war, haben Amerika nicht bevölkert. Seit der Vertreibung der Juden unter Hadrian ist Palästina menschenleer. Die großen Verheerungen sind also irreparabel. Wenn einem Volk etwas fehlt, bleibt es im selben Zustand: sollte es sich wieder aufrichten, so braucht es Jahrhunderte dazu.

Wenn in einem dahinsiechenden Staat auch nur einige der Umstände zusammenkommen, von denen ich gesprochen habe, kommt er nicht mehr hoch und geht allmählich seinem Untergang entgegen. Die Vertreibung der Mauren aus Spanien ist noch spürbar wie am ersten Tag: nicht nur, daß die Leere sich nicht auffüllt, sie wird täglich größer. Seit der Verwüstung Amerikas haben die Spanier, die an die Stelle der ehemaligen Einwohner getreten sind, es nicht wieder bevölkern können. Im Gegenteil, die Zerstörer zerstören sich wie durch ein Verhängnis, das ich lieber ein Gottesurteil nennen möchte, selbst und reiben sich mehr und mehr auf.

Die Fürsten sollten nicht hoffen, weite Landstriche durch Kolonien besiedeln zu können. Nicht daß sie nicht manchmal damit Erfolg haben könnten: es gibt klimatisch so begünstigte Gegenden, daß die Menschen sich dort immer vermehren. Zum Beweise dessen kann die Insel Mauritius dienen, wo ein paar Schiffe ihre Kranken abgesetzt hatten, die gesund wurden und die Insel bevölkerten.[2] Aber selbst wenn die Kolonien aufblühen, so führen sie eher zu einer Reduzierung als zu einer Mehrung der Macht, es sei denn, es handelte sich um ganz kleine, wie es die Handelsniederlassungen sind.

Die Karthager hatten vor den Spaniern schon Amerika entdeckt, zumindest große Inseln, mit denen sie einen schwunghaften Handel trieben. Als sie aber die Zahl ihrer Stadtbevölkerung zurückgehen sahen, untersagte diese kluge Republik ihren Bewohnern den Handel über See. – Ich wage zu sagen: anstatt die Spanier nach Amerika zu bringen, müßte man die Indios und die Mischlinge nach Europa verpflanzen. Es müßten dieser Monarchie all die weitverstreuten Völker zurückgegeben werden. Wenn nur die Hälfte der Kolonien erhalten bliebe, würde Spanien die gefürchtetste Macht in Europa. Man kann die Reiche einem Baum vergleichen, dessen Äste zu weit ausladen, dem Stamm allen Saft entziehen und nur dazu dienen, Schatten zu spenden.

Kein Beispiel ist geeigneter, den Fürsten die Sucht nach weiten Eroberungen auszutreiben als dasjenige der Spanier und Portugiesen. Diese beiden Länder eroberten in unglaublicher Geschwindigkeit die ausgedehntesten Länder und trachteten nun, über ihre Siege mehr erstaunt als die Besiegten über ihre Niederlage, danach, wie sie sie behalten könnten. Sie gingen dabei ganz verschieden vor. Die Spanier glaubten nicht daran, die Unterjochten zu Treu und Glauben zwingen zu können und löschten sie aus. Aus Spanien schickten sie treuere Anhänger hinüber. Nie ist ein unmenschlicher Plan pünktlicher ausgeführt worden. Ganze Völkerscharen, nicht weniger zahlreich als die Völker Europas zusammengenommen, verschwanden von der Bildfläche bei der Ankunft dieser Barbaren, die mit der Entdeckung Amerikas nur entdeckten, bis zu welchem Unmaß die Grausamkeit gehen kann.[3]

Die Portugiesen beschritten dagegen einen anderen Weg. Sie führten sich nicht grausam auf. So wurden sie denn auch aus all den Ländern, die sie entdeckt hatten, bald verjagt. Die Holländer stifteten den Aufstand der Eingeborenen an und zogen ihren Nutzen daraus.[4]

Das Schicksal der Eroberer ist es, sich selbst damit zugrunde zu richten, daß sie Länder erobern, die sie alsbald wieder verlieren, oder aber die Völker zugrunde zu richten, die sie unterjocht haben – wie jener Verrückte, der alles aufbrachte, Statuen zu kaufen, die er ins Meer warf und Spiegel, die er alsbald zerbrach.

Zu Paris, am 18. des Rhamazan-Mondes 1718.

Hundertzweiundzwanzigster Brief

USBEK AN DENSELBEN

Eine milde Regierung trägt unglaublich viel zur Vermehrung der Bevölkerung bei. Alle Republiken beweisen das, vor allem aber Holland und die Schweiz, die beiden europäischen Länder, die von Natur am stärksten benachteiligt und doch am dichtesten besiedelt sind. Nichts zieht die Fremden so stark an wie die Freiheit und der Wohlstand, der ihr stets folgt. Die Freiheit sucht man um ihrer selbst willen auf, unsere Bedürfnisse veranlassen uns die Länder aufzusuchen, wo Wohlstand herrscht. In einem Lande, wo die Kinder im Überfluß leben, ohne daß deswegen den Eltern etwas abgeht, vermehrt sich die Bevölkerung. Die Gleichheit der Bürger, die in der Regel auch zu gleichen Vermögen führt, bringt Wohlstand und Leben in alle Teile des Gemeinwesens und verteilt ihn gleichmäßig.

Wo dagegen Willkür herrscht, ist das nicht der Fall: Der Fürst, die Höflinge und einige wenige einzelne besitzen allen Reichtum, alle anderen leben in äußerster Armut.

Wenn es einem Menschen schlechtgeht und er weiß, daß seine Kinder noch ärmer sein werden als er selbst, so heiratet er nicht, oder wenn er heiratet, muß er befürchten, eine zu große Zahl von Kindern könnte sein Vermögen vollends zerrütten, so daß die Kinder unter seinen Stand herabsinken würden. Ich gebe zu, daß Bauern und Landbewohnern, wenn sie einmal verheiratet sind, gleich viele Kinder zeugen, ob arm oder reich. Die Überlegung kümmert den Bauern nicht: Er hat ja seine Scholle zu vererben, so daß nichts ihn davon abhält, blindlings dem Drang der Natur zu folgen. Aber was nützen dem Staat all diese Kinder, die im Elend leben? Die meisten sterben gleich bei der Geburt; die wenigsten gedeihen. Schwächlich und debil, gehen sie als einzelne so oder so zugrunde, und im ganzen raffen die häufigen Krankheiten sie dahin, die sich infolge des Elends und der schlechten Ernährung einstellen. Wer das Mannesalter erreicht, ohne die entsprechenden Kräfte erlangt zu haben, siecht den Rest seiner Tage dahin.

Die Menschen sind wie die Pflanzen: sie wachsen nur kräftig heran, wenn sie gute Pflege erhalten. Im Elend kränkelt und degeneriert der Mensch. Frankreich kann zum Beispiel dafür dienen. Aus Furcht, zur Miliz gezwungen zu werden, heirateten viele Leute während der letzten Kriege[1] in jungen Jahren und in Armut. Aus all den Ehen gingen zwar Kinder hervor, aber man sucht sie noch heute in Frankreich vergeblich: Elend, Hungersnot und Krankheiten haben sie dahingerafft. Wenn in einem so gesunden Klima, in einem Staat, der so wohl geordnet ist wie Frankreich, derartiges zu beobachten ist, wie muß es dann erst in den anderen Staaten zugehen?
Zu Paris, am 23. des Rhamazan-Mondes 1718.

Hundertdreiundzwanzigster Brief

USBEK AN DEN MULLAH MEHEMET ALI, HÜTER DER DREI GRÄBER ZU KOM

Was nützt uns das Fasten der Imame, was nützen uns die Bußübungen der Mullahs? Gott hat seine Hand zweimal wider die Kinder des Gesetzes erhoben. Die Sonne verfinstert sich, um nur noch ihre Niederlagen zu erhellen, ihre Heere sammeln sich und werden zerstreut wie der Staub im Wind. Das Reich der Osmanen ist von zwei der schwersten Niederlagen erschüttert worden, die es je erlebt hat.[1] Ein christlicher Muphti hat es gerade noch retten können[2], der deutsche Großwesir[3] ist die Gottesgeißel, die Omars Anhänger züchtigt. Überall gibt er den Zorn des Himmels zu spüren, der über die Widerspenstigkeit und Treulosigkeit der Abtrünnigen empört ist.

Geheiligter Geist der Imame: Du beweinst Tag und Nacht die Kinder des Propheten, die der abscheuliche Omar[4] irregeleitet hat. Dein Innerstes erbebt beim Anblick ihres Unglücks, Du sehnst ihre Bekehrung, nicht ihren Untergang herbei, Du möchtest sie, von den Tränen der Heiligen bekehrt, sich um Alis Banner geschart wissen und nicht als verschreckte Ketzer in die Gebirge und Wüsten verstreut sehen.
Zu Paris, am 1. des Schalwal-Mondes 1718.

Hundertvierundzwanzigster Brief

USBEK AN RHEDI IN VENEDIG

Was mag der Grund für die außerordentliche Freigebigkeit der Fürsten für ihre Höflinge sein?[1] Wollen sie sie sich verpflichten? Sie stehen ihnen doch schon so eifrig zu Diensten, wie sie nur können! Übrigens verlieren sie dadurch, daß sie einige ihrer Untertanen kaufen, zwangsläufig viele andere, die verarmen. Wenn ich an die Lage der Fürsten denke, die immer von gierigen, unersättlichen Menschen umgeben sind, kann ich sie nur bedauern. Und ich bedauere sie um so mehr, als sie nicht die Kraft haben, die Bitten derjenigen abzuweisen, die immer auf Kosten derjenigen gehen, die nichts verlangen. Ich höre nie von der Freigebigkeit, den Gnaden und Gunstbezeigungen der Fürsten reden, ohne in tiefes Nachsinnen zu versinken und alle möglichen Ideen zu entwickeln. Mir ist, als vernähme ich die folgende Verlautbarung dazu:

»Nachdem die unermüdliche Standhaftigkeit einiger unserer Untertanen, von Uns Vergünstigungen zu begehren, Unsere königliche Großzügigkeit unentwegt herausgefordert hat, haben Wir der Vielzahl der Gesuche endlich stattgegeben, die die größte Anteilnahme für unseren Thron bekundet haben. Die Bittsteller haben kund und zu wissen getan, sie seien seit unserer Thronbesteigung stets beim Lever erschienen, wir hätten sie stets unbeweglich wie Grenzsteine am Wege stehen sehen, sie hatten sich auf die Zehen gestellt, um über die Schultern anderer hinweg Unserer Majestät ansichtig zu werden. Es sind Uns auch Bittgesuche von seiten des schönen Geschlechts zugegangen, deren Vertreter Uns untertänigst darauf aufmerksam gemacht haben, wie schwer es sei, den nötigen Unterhalt zu bekommen; einige hochbetagte Damen bemerkten überdies mit Kopfschütteln, sie hätten die Zierde des früheren Königs, Unseres Vorgängers, dargestellt, und wenn die Armeegeneräle den Staat durch ihre militärischen Taten ruhmreich gemacht hätten, so hätten sie den Hof nicht weniger berühmt gemacht durch ihre Intrigen. Da wir das Verlangen hegen, die Bittsteller gütlich zu behandeln und ihren Wünschen entgegenzukommen, haben wir verordnet, was folgt[2]:

1. Jeder Landarbeiter mit fünf Kindern hat täglich den fünften Teil des Brotes, das er ihnen gibt, einzusparen. Die Familienväter haben die Einsparung zu überwachen und dabei die genaueste Gerechtigkeit walten zu lassen.

2. Denjenigen, die ererbtes Land bearbeiten, wird strengstens untersagt, welche Art von Reparatur auch immer vorzunehmen; das gleiche gilt für die Pächter.

3. Wer niedrige Arbeiten verrichtet, von seiner Hände Arbeit lebt und niemals beim Lever Unserer Majestät zugegen war, darf weder für sich noch für seine Frau oder Kinder öfter als alle vier Jahre Kleider kaufen; außerdem sind all die kleinen Festlichkeiten, die diese Leute an den Hauptfeiertagen des Jahres zu begehen pflegen, künftig für sie und ihre Familien untersagt.

4. Da Uns zu Ohren gekommen ist, daß der größte Teil der Bürger Unserer guten Städte eifrig auf die Versorgung seiner Töchter, die sich Unserem Staat durch nichts als langweilige

Sittsamkeit empfohlen haben, bedacht ist, sollen dieselben künftighin mit der Heirat warten, bis sie nach Erreichung des vorschriftsmäßigen Alters durch Erlaß dazu angehalten werden.

5. Den Behörden wird untersagt, sich um die Erziehung ihrer Kinder zu kümmern.«

Zu Paris, am 1. des Schalwal-Mondes 1718.

Hundertfünfundzwanzigster Brief

RICA AN ***

Es fällt allen Religionen schwer, eine Vorstellung von den Freuden zu geben, die denen bevorstehen, die sich im Leben verdient gemacht haben. Die Bösen mit einer langen Folge schrecklicher Strafen zu bedrohen, ist nicht schwer, aber was man den Tugendhaften versprechen soll, weiß man nicht. Alle Freuden scheinen offenbar von Natur aus kurzlebig zu sein; andere vermag man sich nicht auszumalen. Ich habe Paradiesschilderungen vor Augen gehabt, die alle vernünftigen Leute abschrecken müssen. Einige lassen die seligen Geister immerzu Flöte spielen, andere verurteilen sie zur Strafe ewigen Spazierengehens, wieder andere, die sich die Seligen dort oben nach den Geliebten von hier unten zurücksehnen lassen, haben hundert Millionen Jahre nicht für eine zu lange Zeit gehalten, um ihnen die Lust an den Liebesleiden zu vertreiben.

Das Thema erinnert mich an die Geschichte eines Mannes, der im Reiche des Moguls gelebt hatte. Sie beweist, daß die indischen Priester nicht *mehr* Phantasie entwickeln, was die Vorstellungen von den Paradieseswonnen anlangt als alle anderen. Eine Frau, die eben ihren Mann verloren hatte, kam zum Gouverneur der Stadt, um ihn in aller Form um die Erlaubnis zu bitten, sich verbrennen zu dürfen. Da aber diese unmenschliche Sitte in den mohammedanischen Landesteilen weitgehend abgeschafft ist (und es sich um einen solchen handelte), lehnte der Gouverneur die Bitte kategorisch ab. Als die Witwe das erfuhr, geriet sie völlig außer sich: »Da sieht man, wie einem alles verwehrt wird«, sagte sie, »nicht einmal sich zu verbrennen wird einer armen Frau erlaubt, die das möchte! Hat es jemals so etwas gegeben? Meine Mutter, meine Tante und meine Schwestern haben sich alle verbrannt. Wenn ich aber zu dem vermaledeiten Gouverneur gehe und ihn bitte, mir dasselbe zu erlauben, schreit er mich an wie ein Wüterich.«

Zufällig befand sich ein junger Brahmane in der Nähe: »Hast Du die Frau zu ihrer Verrücktheit angestiftet?« fragte der Gouverneur ihn. – »Nein«, sagte er, »ich habe nie mit ihr gesprochen. Aber wenn es nach mir ginge, sollte sie ihr Opfer vollziehen. Sie würde Brahma eine gottgefällige Tat erweisen, und sie würde auch dafür belohnt werden, denn im Jenseits fände sie ihren Mann wieder und könnte ihn dort zum zweiten Mal heiraten.« – »Was sagst Du da?« erklärte die Frau voller Überraschung: »Ich soll meinen Mann wiedersehen? Nein, dann verbrenne ich mich nicht. Er war eifersüchtig, griesgrämig und außerdem so alt, daß, wenn Brahma nicht ein Wunder für ihn tut, er mich sicher nicht mehr braucht. Ich – mich für ihn verbrennen?... Nicht den kleinen Finger gäbe ich für ihn her, um ihn dem Höllenschlund zu entreißen! Zwei alte Bonzen, die mich herumgekriegt haben und die wußten, wie ich mit ihm lebte, haben mir wohlweislich nicht alles erzählt. Wenn Brahma mir kein anderes Geschenk anzubieten hat, verzichte ich auf die Seligkeit. Herr Gouverneur, ich bekehre mich zum Glauben der Mohammedaner. Und Du«, sagte sie, indem sie sich dem jungen Brahmanen zuwandte, »Du kannst, wenn Du willst, meinem Manne sagen, es ginge mir ausgezeichnet.«

Zu Paris, am 2. des Schalwal-Mondes 1718.

Hundertsechsundzwanzigster Brief

RICA AN USBEK IN ***

Morgen erwarte ich Dich hier. Unterdessen schicke ich Dir Deine Briefe aus Ispahan. Ich habe die Nachricht erhalten, der Gesandte des Großmoguls habe Order, das Königreich zu verlassen.[1] Außerdem ist der Onkel des Prinzen, der mit seiner Erziehung beauftragt war, verhaftet worden.[2] Man hat ihn aller Ehren beraubt und in eine Festung gebracht, wo er streng bewacht wird. Mir tut das Schicksal des Mannes leid.

Nie konnte ich Tränen fließen sehen, mein Usbek, ohne gerührt zu sein: ich empfinde Mitleid für die Unglücklichen, so als seien nur sie Menschen. Und die Großen, für die mein Herz voller Härte ist, solange sie herrschen, liebe ich, sobald sie gefallen sind. Was sollen sie auch mit meinem unnützen Mitgefühl anfangen, solange es ihnen gutgeht? Das gliche sie mir zu sehr an. Sie ziehen den Respekt vor, der nicht erwidert zu werden braucht. Sobald sie aber von ihrer Größe herabgesunken sind, können nur unsere Klagen diesen Respekt noch in Erinnerung rufen. Die Worte eines Fürsten, der seinen Feinden in die Hände fallen sollte und sah, wie seine Höflinge rundum Tränen vergossen, finde ich überzeugend und groß: »Ich entnehme Euren Tränen, daß ich noch Euer König bin«, sprach er zu ihnen.

Zu Paris, am 3. des Schalwal-Mondes 1718.

Hundertsiebenundzwanzigster Brief

RICA AN IBBEN IN SMYRNA

Du hast vom König von Schweden mehr als einmal reden hören: er belagerte eine Stadt in einem Reich, das Norwegen heißt. Als er, von einem Ingenieur begleitet, die Schützengräben besichtigte, traf ihn eine Kugel in den Kopf und tötete ihn.

Sein Premierminister wurde sofort verhaftet, die Stände versammelten sich und haben ihn zum Tode verurteilt.[1] Ihm wurde vorgeworfen, die Nation verleumdet und sie um das Vertrauen ihres Königs gebracht zu haben, eine Untat, die meines Erachtens hundertmal den Tod verdient. Denn wenn es schon eine böse Tat ist, den geringsten Bürger bei seinem König anzuschwärzen, was soll man dann erst zu dem sagen, der die ganze Nation schlechtmacht und ihr das Wohlwollen dessen entzieht, den die Vorsehung dazu ausersehen hat, ihr Glück zu machen?

Ich wollte, die Menschen sprächen zu den Königen wie die Engel zu unserem heiligen Propheten. Du weißt, daß ich es mir bei den geheiligten Gelagen, zu denen der Herr der Herren vom erhabensten Thron der Welt herabsteigt, um sich seinen Sklaven mitzuteilen, zum Gesetz gemacht habe, meine ungebärdige Zunge im Zaum zu halten. Ich habe nie auch nur ein Wort zuungunsten des letzten seiner Untertanen gesagt. Durfte ich mich nicht mehr zurückhalten, so blieb ich doch anständig, und bei dieser Tugendprobe habe ich nur mein Leben, nicht meine Ehre aufs Spiel gesetzt. Ich weiß nicht, woran es liegt, daß es keinen schlechten Herrscher gibt, der nicht einen noch schlechteren Minister hätte. Tut er eine üble Tat, hat man sie ihm fast immer eingegeben, so daß der Ehrgeiz der Fürsten immer noch weniger gefährlich ist als die Verworfenheit der Ratgeber. Aber kannst Du Dir erklären, wie jemand, der gestern erst in sein Amt kam und es morgen vielleicht schon wieder los sein wird, zugleich sein eigener Feind, der seiner Familie, seines Vaterlandes und des Volkes sein kann, das aus demjenigen hervorgeht, das er unterdrücken läßt? Ein Herrscher hat seine Launen, der Minister schürt sie: auf die Weise übt er sein Amt aus, ein anderes Ziel hat er nicht und will er nicht kennenlernen. Die Höflinge verlocken ihn mit Schmeicheleien, und er schmeichelt ihm noch gefährlicher durch seine Ratschläge, durch die Pläne, die er ihm nahelegt und durch die Leitsätze, die er ihm vorschlägt.

Zu Paris, am 25. des Saphar-Mondes 1718.

Hundertachtundzwanzigster Brief

RICA AN USBEK IN ***

Neulich ging ich mit einem Freund über den Pont Neuf. Er traf auf einen Bekannten, von dem er sagte, er sei Geometer. Das war nur zu deutlich, denn er war in tiefes Nachsinnen versunken. Mein Freund mußte ihn am Ärmel zupfen und lange schütteln, bis er zu sich kam, dermaßen beschäftigte ihn seit wahrscheinlich mehr als acht Tagen eine Kurve. Sie machten sich gegenseitig viele Komplimente und tauschten die neuesten literarischen Nachrichten aus. Unter diesen Reden kamen sie zu einem Café, in das ich mit ihnen eintrat.

Ich beobachtete, wie unser Geometer dort von allen eifrigst begrüßt wurde, und daß die Kellner weit mehr Aufheben von ihm machten als von zwei Musketieren, die in einer Ecke saßen. Er schien sich an dem Ort wohl zu fühlen, seine Stirn glättete sich, und er fing an zu lachen, als hätte er mit der Geometrie nichts mehr zu schaffen. Dennoch legte sein berechnender Geist an alles sein Maß an. Er glich dem Menschen, der in einem Garten mit seinem Schwert allen Blumen, die ihre Blüten über die anderen erhoben, den Kopf abhieb.[1] Ein Opfer seines kalkulierenden Verstandes, beleidigte ihn jeder Einfall, so wie eine schöne Aussicht durch eine zu grelle Beleuchtung verdorben wird. Nichts war ihm gleichgültig, wenn es nur exakt war. Die Unterhaltung verlief dementsprechend sonderbar.

Er war an diesem Tag mit jemandem vom Lande zurückgekehrt, der ein herrliches Schloß mit prachtvollen Gärten besichtigt hatte: er selbst hatte nur ein Gebäude von sechzig Fuß Länge und fünfunddreißig Fuß Breite gesehen, dazu einen Park, der eine Überlänge von zehn Klaftern hatte: Ihm wäre es lieber gewesen, die Gesetze der Perspektive wären dergestalt beachtet worden, daß die Parkwege allesamt gleich lang erschienen wären; er hätte eine unfehlbare Methode anzubieten gehabt, um das zu erreichen. Eine höchst sonderbar gebaute Sonnenuhr, die er dort entdeckt hatte, schien ihn äußerst zufriedengestellt zu haben: Er ereiferte sich sehr über einen Gelehrten, der neben mir saß und unglücklicherweise fragte, ob die Sonnenuhr die babylonische Zeit anzeigte.[2] Einer, der das Neueste wußte, erzählte von der Bombardierung des Schlosses von Fuenterrabia[3]: er beschrieb uns sogleich die Kurve, die die Geschosse in der Luft durchmessen haben mußten. Voller Begeisterung über sein Wissen interessierte ihn der Ausgang der Belagerung überhaupt nicht. Ein anderer beklagte sich über die Überschwemmung, die ihn im letzten Winter ruiniert hatte: »Das höre ich gern«, sagte der Geometer, »denn es bestätigt mich in der Richtigkeit meiner Behauptung, daß dieses Jahr zwei Fingerbreit mehr Wasser gefallen sind als im vergangenen Jahr.«

Gleich danach ging er. Wir folgten ihm. Da er schnell ging und nicht vor sich hinsah, stieß er mit einem anderen Menschen, der ihm entgegenkam, hart zusammen: beide stoben, wie durch einen Rückschlag beschleunigt, ihrem Körpergewicht entsprechend in entgegengesetzte Richtungen auseinander. Als sie sich ein wenig von ihrem Schock erholt hatten, sagte der Mann, der mit dem Geometer zusammengestoßen war, sich die Stirn reibend, zu ihm: »Wie gut, daß ich Sie treffe. Ich habe eine große Neuigkeit für Sie: mein Horaz ist erschienen!« – »Wie?« fragte der Geometer, »der ist doch schon vor zweitausend Jahren erschienen!« – »Sie verstehen mich nicht richtig«, sagte der andere: »Ich habe eine neue Übersetzung von ihm veröffentlicht; ich mache seit zwanzig Jahren nur Übersetzungen.« – »Seit zwanzig Jahren, mein Herr«, sagte da der Geometer, »denken Sie also nicht. Sie lassen andere für sich sprechen, die für Sie denken.« – »Mein Herr«, sagte der Gelehrte, »meinen Sie nicht, daß ich dem Publikum einen guten Dienst erweise, wenn ich ihm die Lektüre guter Autoren erleichtere?« – »Dagegen ist nichts zu sagen«, erwiderte der Geometer, »ich habe nicht weniger Hochachtung vor den großen Geistern, die

Sie verdolmetschen, als Sie: aber Sie werden ihnen nie gleichkommen. Denn wenn Sie immer nur übersetzen, wird man Sie nie übersetzen. Übersetzungen sind wie Kupfermünzen, die den gleichen Wert besitzen wie Goldstücke und die sogar größeren Umlauf haben, aber sie gelten doch nicht so viel: sie sind aus schlechterem Stoff. Sie wollen die illustren Toten zu neuem Leben erwecken, sagen Sie. Ich gebe zu, daß Sie ihnen einen neuen Leib geben, aber Leben geben Sie ihnen nicht: es fehlt der Geist, der sie belebt. Warum widmen Sie sich nicht lieber der Suche nach all den schönen Wahrheiten, die eine einfache Rechnung Ihnen jederzeit offenbaren kann?«

Nach diesem Vorschlag schieden die beiden, wie ich annehme, höchst unzufrieden voneinander.

Zu Paris, am letzten des Rebiab-Mondes, 2, 1719.

Hundertneunundzwanzigster Brief

USBEK AN RHEDI IN VENEDIG

Die meisten Gesetzgeber waren bornierte Menschen, die der Zufall an die Spitze der anderen gestellt hat und die fast immer nur ihre Launen und Vorurteile sprechen ließen. Sie haben offenbar Größe und Würde ihrer Aufgabe verkannt. Mit kindlichen Vorschriften haben sie sich den kleinen Geistern angepaßt, bei den Vernünftigen aber in Verruf gebracht. Sie haben sich auf unnütze Details gestürzt und sich um Einzelfälle gekümmert: das kennzeichnet ihre Beschränktheit, denn sie sieht nur das Einzelne und hat keinen Blick für das große Ganze.

Einige haben sich absichtlich einer anderen als der Umgangssprache bedient: etwas Absurderes gibt es für einen Gesetzgeber nicht, denn wie sollen Gesetze befolgt werden, die man nicht versteht? Oft haben sie auch unnötigerweise bestehende Gesetze abgeschafft und dadurch die Völker in die Unordnung gestürzt, die dem Wechsel zwangsläufig folgt. Zwar müssen gewisse Gesetze manchmal geändert werden, das ergibt sich eher aus den naturgegebenen Launen als dem geistigen Charakter der Menschen. Aber der Fall tritt selten ein. Und wenn er eintritt, darf man nur mit zitternder Hand an die Gesetze rühren: das muß mit soviel Feierlichkeit und soviel sorgfältiger Behutsamkeit geschehen, daß das Volk merkt, wie heilig die Gesetze sind (wo doch so viele Formalitäten beachtet werden müssen, wenn man sie ändert).

Oft sind die Gesetze zu spitzfindig und folgen eher einer in sich schlüssigen Logik als der natürlichen Gerechtigkeit. In der Folge empfindet man sie als zu hart, und aus Gerechtigkeitsgefühl glaubt man sich nicht mehr an sie halten zu müssen. Aber der Ausweg führt zu einem neuen Übel. Wie immer die Gesetze sein mögen, man muß sie immer einhalten und in ihnen das öffentliche Gewissen erblicken, dem jeder einzelne sich zu fügen hat. Einige Gesetze künden übrigens auch von großer Weisheit, so die, die den Vätern große Autorität über ihre Kinder geben. Nichts erleichtert die Behörden mehr, nichts erspart den Gerichten mehr Arbeit, nichts gibt einem Staate mehr Ruhe, da doch die Sitten immer bessere Bürger schaffen als die Gesetze. Von aller Machtausübung ist dies diejenige, die am wenigsten unter Mißbrauch leidet, es ist die heiligste Form von Obrigkeit, die einzige, die nicht von den Konventionen abhängt, denn sie ist älter als sie. Es ist zu beobachten, daß die Familien in den Ländern besser geordnet sind, wo man in die väterlichen Hände mehr Befugnis zu Lohn und Strafe legt: Die Väter sind das Abbild des Schöpfers der Welt, der die Menschen zwar mit Liebe lenken kann, sie aber zugleich durch Furcht und Hoffnung an sich bindet.

Ich kann den Brief nicht beenden, ohne auf die Wunderlichkeit der Franzosen zurückzukommen. Sie haben den römischen Gesetzen eine Unzahl unnützer Vorschriften entnommen, um nicht mehr zu sagen. Die väterliche Autorität aber, die die Römer als erste gesetzliche Gewalt eingesetzt hatten, haben sie nicht übernommen.

Zu Paris, am 4. des Gemmadi-Mondes, 2, 1719.

Hundertunddreißigster Brief

RICA AN ***

In diesem Brief will ich Dir von einem Völkchen erzählen, das man »Novellisten« nennt; es sind die Neuigkeitskrämer und Gerüchtemacher. Sie versammeln sich in einem wunderschönen Garten[1], wo ihr Müßiggang stets Beschäftigung findet. Dem Staat sind sie ganz unnütz. Und wenn sie fünfzig Jahre lang geredet haben, bewirkt das nicht mehr, als ob sie ebensolange geschwiegen hätten. Und doch halten sie sich für beachtenswert, weil sie von hochfliegenden Plänen und großen Unternehmungen handeln.

Grundlage ihres Geredes ist eine ebenso leichtfertige wie lächerliche Neugier. Kein Kabinettsbeschluß ist so geheim, daß sie ihn nicht zu kennen vorgäben. Daß es etwas gäbe, das sie nicht wissen, kommt ihnen unannehmbar vor. Sie wissen, wie viele Frauen unser erhabener Sultan hat und wie viele Kinder er jedes Jahr zeugt. Und wenn sie auch kein Geld für Spione ausgeben können, so wissen sie doch über die Maßnahmen Bescheid, die er getroffen hat, um die Herrscher der Türkei und Indiens zu demütigen.

Kaum haben sie die Gegenwart erschöpft, werfen sie sich auf die Zukunft. Sie eilen der Vorsehung voraus und kommen ihr in allen menschlichen Angelegenheiten zuvor. Sie führen einen General an der Hand und, nachdem sie ihn wegen hundert Dummheiten gelobt haben, die er nicht begangen hat, machen sie sich anheischig, ihm hundert andere aufzuerlegen, die er auch nicht begeht. Sie lassen Armeen wie die Kraniche ausschwärmen und Mauern fallen wie Kartenhäuser, sie kennen

Brücken über alle Flüsse, versteckte Wege über alle Gebirge und unermeßliche Vorratskammern im heißen Wüstensand: es fehlt ihnen nur der gesunde Menschenverstand.[2]
Zu Paris, am 7. des Gemmadi-Mondes, 2, 1719.

Hunderteinunddreißigster Brief

RHEDI AN RICA IN PARIS

Eines der Themen, die mich am meisten interessierten, als ich nach Europa kam, war die Geschichte des Ursprungs von Republiken. Wie Du weißt, haben die Orientalen zumeist keine Vorstellung von dieser Regierungsform. Ihre Phantasie reicht nicht weiter, als sich vorzustellen, die Welt kenne nur den Despotismus.

Die ältesten uns bekannten Regierungen waren monarchisch. Nur durch Zufall und im Verlauf von Jahrhunderten entstanden Republiken. Griechenland war von einer Sintflut überschwemmt worden: danach kamen neue Völkerstämme, es zu besiedeln. Es bezog fast all seine Bewohner aus Ägypten und aus dem benachbarten Asien. Und da diese Länder von Königen regiert wurden, übertrug sich diese Regierungsform auf Griechenland. Aber die Tyrannei wurde zu einer Last, die die Griechen abwarfen. Aus den Trümmern all der Königreiche erhoben sich die Republiken, die Griechenland aufblühen ließen als das einzig zivilisierte Land unter Barbaren. Freiheitsliebe und Königshaß erhielten Griechenlands Unabhängigkeit lange Zeit: überall dehnten sich Republiken aus. In Kleinasien fanden die griechischen Städte Verbündete. Sie legten dort Kolonien an, die ebenso frei waren wie sie und die gegen die Angriffe der Perserkönige als Schutzwehren dienten. Damit nicht genug, besiedelte Griechenland auch noch Italien, Spanien und vielleicht sogar Gallien. Das große Land Hesperien, das in der Antike so berühmt war, war ursprünglich Griechenland, in dem seine Nachbarn das Land der Glückseligkeit erblickten. Die Griechen, die diese bei sich nicht fanden, suchten sie in Italien, die dortigen suchten sie in Spanien, die Spanier in Portugal, so daß schließlich all diese Länder bei den Alten den Namen Hesperien trugen.

Die griechischen Siedler bewahrten sich in der Fremde den Geist der Freiheit, den sie in ihrer Heimat erworben hatten. So gab es in Italien, Gallien und Spanien in alter Zeit keine Monarchien. Die Völker des Nordens aber waren, wie Du gleich sehen wirst, nicht weniger frei. Was man bei ihnen für Spuren des Königtums gehalten hat, waren nur Anführer von Heeren oder Republiken, die man fälschlich Könige nannte. So war es in Europa. Denn Asien und Afrika sind immer despotisch regiert worden, wenn man von den wenigen kleinasiatischen Städten absieht, die ich schon erwähnt habe, sowie von der karthagischen Republik.

Dann teilten zwei mächtige Republiken sich die Welt, Rom und Karthago. Nichts kennt man besser als die Anfänge Roms, nichts schlechter als diejenigen Karthagos. Was nach Dido an afrikanischen Fürsten über Karthago herrschte, und wie diese ihre Macht verloren, weiß man nicht. Die gewaltige Vergrößerung der römischen Republik wäre ein Glück für die Menschheit gewesen, wenn es nicht die ungerechte Unterscheidung zwischen römischen Bürgern und besiegten Völkern gegeben, wenn man den Provinzgouverneuren weniger Macht verliehen und wenn man die geheiligten Gesetze, die ihrer Willkür vorbeugen sollten, eingehalten hätte. Diese Gesetze brachte man mit Hilfe eben der Schätze zum Schweigen, die man durch ihre Mißachtung zusammengerafft hatte. Caesar beendete die römische Republik und führte die Willkürherrschaft ein. Europa schmachtete lange unter einem militärischen und gewalttätigen Regime: die römische Milde wurde in grausame Unterdrükkung verwandelt. Eine Unzahl unbekannter Völker des Nordens ergoß sich unterdessen wie ein Strom über die römischen

Provinzen, und da sie es ebenso leicht fanden, Eroberungen zu machen, wie sich als Seeräuber zu betätigen, zerstückelten sie das Reich und gründeten Königsherrschaften. Die Völker aber waren freiheitlich gesinnt und schränkten die Macht ihrer Könige derart ein, daß diese eigentlich nur Häuptlinge oder Generäle waren. Waren ihre Staaten auch auf Gewalt gegründet, so litten ihre Bewohner doch nicht unter dem Joch der Eroberer. Als die Völker Asiens, die Türken und Tataren, ihre Eroberungen machten, die dem Willen eines einzelnen unterworfen wurden, da dachten sie nur daran, ihren Herrschern neue Untertanen zu verschaffen und seine Herrschaft mit Waffengewalt zu sichern. Die Völker des Nordens dagegen, die in ihrer Heimat frei gewesen waren, gaben ihren Anführern, nachdem sie die römischen Provinzen unterworfen hatten, keine unbeschränkte Herrschaftsgewalt. Einige von ihnen, so die Vandalen in Afrika und die Goten in Spanien, setzten sogar ihre Könige ab, als sie mit ihnen nicht mehr zufrieden waren. Die Macht der anderen war auf die verschiedenste Weise eingeschränkt: eine große Zahl von Feudalherren teilte sie mit ihnen, Kriege wurden nicht ohne ihre Zustimmung geführt, die Beute wurde unter den Anführern und den Kriegern aufgeteilt, Gesetze wurden in Volksversammlungen beschlossen. Das war die Grundlage all der Staaten, die aus den Trümmern des römischen Reiches entstanden.

Zu Venedig, am 20. des Regeb-Mondes 1719.

Hundertzweiunddreißigster Brief

RICA AN ***

Vor fünf oder sechs Monaten war ich in einem Café, dort beobachtete ich einen vornehmen, recht gut gekleideten Herren, dem alle zuhörten. Er sprach von dem Vergnügen, in Paris zu leben, und beklagte sich darüber, daß er gezwungen sei, in der

Provinz dahinzuvegetieren. »Ich habe fünfzehntausend Pfund Rente in Gestalt eines Pachteinkommens von meinen Gütern«, sagte er, »ich wäre glücklich, wenn ich nur ein Viertel dieses Geldes in bar hätte, das ich überall verbrauchen könnte. Vergeblich suche ich, meine Pächter noch mehr auszupressen und ihnen Gerichtskosten aufzubürden, ich mache sie nur insolventer dadurch. Nie kommen auch nur hundert Pistolen auf einmal zusammen. Wenn ich zehntausend Francs schuldete, müßte man meine Ländereien beschlagnahmen und mich ins Armenhaus sperren.«

Ich ging und dachte nicht weiter an das Gerede. Gestern aber war ich wieder im selben Viertel und betrat dasselbe Haus. Da sah ich einen würdigen Herren mit blassem und abgehärmtem Gesicht, der von fünf oder sechs Rednern umringt war und nachdenklich vor sich hinbrütete, bis er mit einmal das Wort ergriff: »Jawohl, meine Herren«, sagte er immer lauter werdend, »ich bin ruiniert, ich weiß nicht mehr, wovon ich leben soll. Ich habe im Augenblick zweihunderttausend Pfund in Banknoten zu Hause, dazu hunderttausend Taler in Silber. Ich befinde mich in einer schrecklichen Lage. Ich hielt mich für reich und lande im Armenhaus. Wenn ich nur ein Stückchen Land hätte, auf das ich mich zurückziehen könnte! Da wäre ich sicher, mein Auskommen zu haben. Aber ich besitze nicht soviel Land, wie dieser Hut bedeckt.«

Zufällig wandte ich mich nach der anderen Seite. Da erblickte ich einen Mann, der sich wie ein Besessener gebärdete. »Auf wen soll man sich künftig noch verlassen?« rief er aus. »Ich habe einem Schurken, den ich für meinen besten Freund hielt, mein Geld geliehen – und er hat es mir zurückgegeben! Was für eine Gemeinheit! Er kann tun, was er will, in meinen Augen ist und bleibt er ein Schurke.«[1]

Dicht daneben stand ein Mann in abgegriffenen Kleidern, der die Augen zum Himmel richtete und rief: »Gepriesen seien die Projekte unserer Minister! Die Aktien sollten auf zweitausend steigen, und alle Lakaien von Paris sollten reicher werden als ihre Herren.« Ich war neugierig und fragte nach seinem Namen. »Es ist ein gänzlich verarmter Mensch«, erfuhr ich, »und er hat auch ein armseliges Metier: er ist Genealoge und hofft darauf, es werde ihn reich machen, wenn das Schicksal weiter so mit uns spielt. Denn all die Neureichen brauchen ihn dann, um ihren Namen aufzubessern, ihre Vorfahren emporzustilisieren und ihre Kutschen mit Wappen zu zieren. Er meint, nach Belieben Adlige kreieren zu können, und erbebt vor Freude, seine Kundschaft sich mehren zu sehen.«[2]

Schließlich sah ich einen eingetrockneten und bleichen Greis den Saal betreten, in dem ich einen »Novellisten« erkannte, noch ehe er sich hingesetzt hatte. Er zählte allerdings nicht zur Schar derjenigen, die frohgemut über alles Unglück zu triumphieren und nichts als Siege und Triumphe vorauszusagen pflegen. Im Gegenteil, es war ein Zitterer, der nur schlechte Nachrichten zu verbreiten hat. »In Spanien stehen die Dinge schlecht«, sagte er, »wir haben keine Kavallerie an der Grenze stehen, und es steht zu befürchten, daß Fürst Pius[3], der ein großes Corps befehligt, in ganz Languedoc Kontributionen erhebt.« – Mir gegenüber saß ein ziemlich heruntergekommener Philosoph, dem der »Novellist« leid tat und der im selben Maße, wie der andere seine Stimme erhob, die Achseln zuckte. Ich näherte mich ihm, und er sagte mir ins Ohr: »Da unterhält uns dieser alberne Kerl schon eine Stunde lang mit seiner Angst um das Languedoc! Ich aber habe gestern abend einen Sonnenflekken beobachtet, der, wenn er noch größer würde, die ganze Natur zum Erstarren bringen müßte. Und ich habe kein Wort davon gesagt.«

Zu Paris, am 17. des Rhamazan-Mondes 1719.

Hundertdreiunddreißigster Brief

RICA AN ***

Gestern habe ich eine große Bibliothek besichtigt.[1] Sie befindet sich in einem Kloster, dessen Derwische die Bücherschätze hüten, aber zu gewissen Stunden verpflichtet sind, jedermann einzulassen. Bei meinem Eintritt bemerkte ich einen würdevollen Geistlichen, der sich zwischen der Unzahl der ihn umgebenden Bücher hin und her bewegte. Ich wandte mich ihm zu und bat ihn, mir zu sagen, was für Bücher das seien, die ich da in besserem Einband vor mir sah. »Ich bin hier fremd«, sagte er, »ich kenne hier niemanden. Viele Leute richten diese Frage an mich, aber Sie können sich doch denken, daß ich um deretwillen nicht all diese Bücher lesen kann. Ich habe einen Bibliothekar, der Sie zufriedenstellen kann, denn er ist Tag und Nacht damit beschäftigt, die Bücher zu entziffern, die Sie da sehen. Der Mann ist sonst zu nichts nütze und fällt uns zur Last, weil er nicht für das Kloster arbeitet. Aber da höre ich die Glocke aus dem Refektorium läuten. Wer, wie ich, einer Bruderschaft vorsteht, muß bei allen Gelegenheiten als erster dasein.« Mit diesen Worten schob mich der Mönch hinaus und schloß die Tür. Dann verschwand er vor meinen Augen, als wäre er davongeflogen.
Zu Paris, am 21. des Rhamazan-Mondes 1719.

Hundertvierunddreißigster Brief

RICA AN DENSELBEN

Am nächsten Tag kehrte ich in die Bibliothek zurück und traf dort einen ganz anderen Mann als den, den ich zuerst gesprochen hatte. Er gab sich einfach, sah intelligent aus und war sehr entgegenkommend. Sobald ich ihm mein Anliegen vorgetragen hatte, schickte er sich an, es zufriedenzustellen und mich, als Fremden, über alles zu informieren.

»Ehrwürdiger Vater«, redete ich ihn an, »was sind das für dicke Bände, die alle auf dieser Seite stehen?« – »Das sind die Exegeten der Heiligen Schrift«, sagte er. – »Das sind aber viele«, meinte ich, »die Heilige Schrift muß wohl früher sehr unverständlich gewesen sein, und jetzt ist sie klar. Oder bestehen immer noch Unklarheiten? Gibt es immer noch strittige Punkte?« – »Und ob«, entgegnete er mir: »es gibt deren weiß Gott fast ebensoviele wie gedruckte Zeilen.« – »Ist das so?« äußerte ich, »und wozu dienen dann all die Exegeten?« – »Sie haben bei ihrer Bibellektüre nicht danach gefragt, was man glauben soll, sondern gesagt, was sie selber glauben. Sie haben die Bibel nicht als ein Werk angesehen, in dem die Lehren enthalten sind, nach denen man leben sollte, sondern als ein Buch, das ihren eigenen Ideen Autorität verleihen könnte. Dafür haben sie all die Stellen der Tortur ihrer Exegese ausgesetzt und den Sinn verbogen. Hier ist das Gelände, in das die Vertreter aller Sekten sich begeben, um zu plündern; es ist das Schlachtfeld, auf dem die feindlichen Nationen sich begegnen und bekämpfen, wo man sich mit allen Mitteln, die einem zur Verfügung stehen, angreift und verteidigt.«

»Ganz in der Nähe stehen die frommen Erbauungsbücher, dahinter die weit nützlicheren Ethiken, dann die theologischen Schriften, die doppelt unverständlich sind, zum einen wegen der Materie, zum anderen wegen der Art und Weise, wie sie abgehandelt wird; dann die Mystiker, das heißt die Bücher der Frommen mit dem zärtlichen Herzen.« – »Ah, ehrwürdiger Vater, nicht so schnell: erzählen Sie mir etwas von den Mystikern!« – »Fromme Inbrunst erwärmt ihnen das zur Empfindsamkeit neigende Herz und treibt ihnen die Lebensgeister ins Gehirn, das sich erhitzt: daher rühren ihre Ekstasen und Verzückungen. Die fromme Raserei, zu der es dann kommt, steigert sich oft, vielmehr, sie entartet zum Quietismus.[1] Sie müssen wissen, daß ein Quietist nichts anderes ist als einer, der zugleich verrückt, devot und ausschweifend ist.

Da sind dann die Kasuisten, die die Geheimnisse der Nacht ans Tageslicht befördern. Sie lassen in ihrer Phantasie all die Ungeheuer erstehen, die der Dämon der Liebe hervorbringen kann, sie stellen sie zusammen, vergleichen sie und machen sie zu ihrem ewigen Studienobjekt. Wer sein Herz nicht an sie verliert, kann von Glück sagen: man wird leicht zum Komplizen all der Verirrungen, die sie so anschaulich darstellen.

Sie sehen, mein Herr, wie frei ich denke, und daß ich Ihnen alles sage, was ich denke. Ich bin von Natur offenherzig. Einem Fremden gegenüber, der wißbegierig ist und der erfahren will, wie die Dinge wirklich sind, bin ich es erst recht. Wenn ich wollte, könnte ich Ihnen von alldem mit Bewunderung sprechen, ich würde dann immerzu sagen: ›Wie himmlich ist das, wie ehrwürdig dieses, wie wunderbar jenes!‹ Dabei käme entweder heraus, daß ich Sie täuschte, oder daß ich mich in Ihren Augen blamierte.«

Soweit waren wir gekommen, als mein Derwisch zu irgendeiner Verrichtung abgerufen wurde und wir die Fortsetzung unseres Gesprächs auf den nächsten Tag verschieben mußten.
Zu Paris, am 23. des Rhamazan-Mondes 1719.

Hundertfünfunddreißigster Brief

RICA AN DENSELBEN

Ich kehrte zur vereinbarten Stunde zurück. Mein Derwisch führte mich genau an die Stelle, wo wir uns getrennt hatten. »Da stehen die Grammatiker, die Glossatoren und Kommentatoren«, sagte er. – »Ehrwürdiger Vater«, sagte ich, »brauchen diese Leute auch gesunden Menschenverstand?« – »Sie können ihn entbehren, und das fällt nicht einmal auf«, sagte er, »ihre Werke leiden nicht darunter, und das ist praktisch für sie.« –

»Das ist wahr«, sagte ich, »ich kenne viele Philosophen, die täten gut daran, sich an diese Art Wissenschaft zu halten.«

»Hier sind die Prediger«, fuhr er fort, »die die Gabe haben, unabhängig von Gründen zu überzeugen; da die Mathematiker, die einen wider Willen, und wie die Tyrannen zu Überzeugungen zwingen. Dort sind die Metaphysiker, die sich mit so großen Fragen beschäftigen und bei denen man überall auf das Unendliche stößt, hier die Physiker, für die die Ordnung der ganzen Welt nicht komplizierter ist als eine Maschine für einen schlichten Mechaniker. – Die medizinischen Werke stehen da: es sind Monumente der natürlichen Gebrechlichkeit des Menschen und der Macht der Heilkunst; sie lassen einen bei der Behandlung der geringsten Krankheiten erzittern, dermaßen nahe rücken sie den Tod an uns heran; aber wenn sie von der Heilkraft ihrer Arzneien sprechen, wiegen sie uns in Sicherheit, ganz so, als ob wir unsterblich wären.

Nahe dabei stehen die anatomischen Werke, die weniger die Beschreibung der menschlichen Körper als all die barbarischen Namen enthalten, die man den Knochen gegeben hat, womit sie weder den Kranken von seiner Krankheit noch den Arzt von seiner Unwissenheit befreien. – Dann die Chemie, die teils im Krankenhaus, teils im Irrenhaus beheimatet ist, zwei Bereichen, denen sie gleichermaßen zuzurechnen ist.[1]

Hier befinden sich die Bücher der okkulten Wissenschaft, vielmehr der okkulten Unwissenheit, solche, die Teufelswerk beschreiben und die für die meisten Leute verwerflich, für mich aber nur bemitleidenswert sind. Dort die Bücher der Astrologie oder Sterndeuterei ...« – »Was sagen Sie da, ehrwürdiger Vater«, warf ich voll Eifer ein, »die Werke der Astrologie? Sie sind für uns in Persien die wichtigsten! Sie regeln all unser Tun, sie bestimmen unser ganzes Handeln. Die Sterndeuter sind geradezu unsere Direktoren, mehr noch, sie sind an der Regierung unseres Staates beteiligt.« – »Wenn dem so ist«, sagte der Mönch, »leben Sie unter einem härteren Joch als dem der Vernunft. Denn dies ist die sonderbarste aller Herrschaftsformen. Mir tut jede Familie, erst recht eine Nation leid, die sich von den Planeten so stark bestimmen läßt.« – »Wir bedienen uns der Astrologie, wie Sie sich der Algebra bedienen«, sagte ich, »jede Nation hat eine Wissenschaft, von der sie ihre Politik leiten läßt. Und alle Astrologen zusammen haben nicht soviel Unheil angerichtet wie ein einziger Ihrer Mathematiker.[2] Glauben Sie nicht, daß der Zufallslauf der Sterne eine ebenso gute Richtschnur für unser Handeln abgibt wie die überklugen Gedanken Ihrer Systemdenker? Zählte man in Persien und in Frankreich die Stimmen dafür und dagegen zusammen, so ergäbe das einen schönen Sieg für die Astronomie. Die Rechenmeister würden gedemütigt: welch beschämendes Ergebnis für sie!«

Da wurde unser Gespräch wieder unterbrochen, und wir trennten uns.

Zu Paris, am 26. des Rhamazan-Mondes 1719.

Hundertsechsunddreißigster Brief

RICA AN DENSELBEN

Bei meinem nächsten Besuch führte der gelehrte Mönch mich in ein Nebenzimmer. »Hier sind die neueren Geschichtsbücher«, sagte er, »zuerst diejenigen, die die Geschichte der Kirche und der Päpste enthalten. Ich lese sie, um mich zu erbauen, und oft haben sie die gegenteilige Wirkung auf mich. Dort sind die Werke, die den Untergang des gewaltigen Römischen Reiches schildern, eines Reiches, das auf den Trümmern so vieler Königtümer aufgebaut war, und nach dessen Untergang sich ebensoviele neu bildeten. Eine Unzahl barbarischer Völker, die ebenso unbekannt gewesen waren wie die Länder, die sie bewohnten, überschwemmte mit einmal das Reich, verwüstete und zerstückelte es, und dann wurden all die Königreiche gegründet, die es heute noch gibt. Eigentlich waren diese Völker gar nicht barbarisch, denn sie waren frei, aber sie sind dann barbarisch geworden, weil sie sich Einzelherrschern unterwarfen und die süße Freiheit verloren, die der Vernunft, der Menschlichkeit und der Natur so sehr entspricht.

Hier sehen Sie die Geschichtsschreiber des deutschen Kaiserreiches, das nur ein Schatten des alten Reiches war, das aber, glaube ich, die einzige Macht auf Erden gewesen ist, die innere Zersplitterung nicht geschwächt hat. Die einzige auch, glaube ich erst recht, die ihre Verluste stärken und die, wenn sie auch nur langsam vorankommt, durch ihre Niederlagen unbezwinglich wird. – Hier dagegen die Geschichtsschreiber Frankreichs, die schildern, wie sich die Macht der Könige herausbildete, zweimal zugrunde ging und wieder erstand, dann jahrhundertelang dahinsiechte, schließlich wieder erstarkte, von überall Zuwachs bekam und auf den Gipfel gelangte, den Flüssen gleich, die in ihrem Lauf ihr Wasser verlieren oder unterirdisch weiterfließen, dann wieder an die Oberfläche dringen und vom Zufluß einmündender Ströme anschwellen, so daß sie schließlich alles mit sich fortreißen, was sich ihnen in den Weg stellt.

Dort können Sie sehen, wie sich die spanische Nation aus ihren Bergen erhebt, die Mohammedaner vertreibt, die sie unterjocht hatten und so viele Königtümer zu einer umfassenden Monarchie vereint, daß sie die einzig übriggebliebene zu sein scheint. Von ihrer eigenen Größe und von ihrem trügerischen Wohlstand erdrückt, hat sie ihre Kraft und ihr Ansehen verloren: übriggeblieben ist nur der Stolz auf die einstige Macht. – Hier dann sehen Sie die Historiker Englands, von denen man erfahren kann, wie die Freiheit den Feuern der Zwietracht und der Rebellion entspringt, wie sich ein immer schwankender Herrscher auf einem unerschütterlichen Thron halten kann, wie eine Nation zugleich ungeduldig und in ihrem Wüten weise sein kann und wie sie als Herrin der Meere (was es bisher nie gegeben hat) Handelsmacht und Weltmacht zugleich ist.

Gleich daneben stehen die Historiker der anderen Seefahrernation, der Republik Holland, die in Europa so hochgeschätzt und in Asien gefürchtet wird, wo sich die Könige vor ihren Kaufleuten verneigen. – Die Geschichtsschreiber Italiens schildern das Schicksal einer Nation, die einst Herrin der Welt war und heute allen anderen unterlegen ist, deren Fürsten schwach und zerstritten sind und sich nur noch vermittels politischer Intrigen an der Macht halten können. Da sind auch die Geschichtsschreiber der anderen Republiken, der Schweiz, die das Urbild der Freiheit ist, Venedigs, dessen Macht nur auf dem Handel beruht, und Genuas, das sich die »Prächtige« nennt, aber diesen Ruf nur noch auf ihre Bauten stützen kann. – Schließlich die Geschichtsschreiber der Nordländer und diejenigen Polens, das seine Freiheit und das Recht, seine Könige zu wählen, so schlecht zu nutzen weiß, daß es scheint, es wolle die benachbarten Völker, die beides verloren haben, damit trösten.«

Darauf trennten wir uns erneut bis zum nächsten Tage.

Zu Paris, am 2. des Schalwal-Mondes 1719.

Hundertsiebenunddreißigster Brief

RICA AN DENSELBEN

Am folgenden Tage führte er mich in ein anderes Zimmer. »Hier sind die Dichter aufgestellt«, sagte er. »Das heißt die Autoren, deren Handwerk darin besteht, den gesunden Menschenverstand in Fesseln zu legen und den Verstand unter Wortgepränge zu begraben, wie man einst die Frauen unter Gold und Edelsteinen begrub. Sie kennen sie ja, denn im Orient, wo eine heißere Sonne die Phantasie zu entzünden scheint, sind sie nicht selten. Hier zunächst die epischen Dichtungen ...« – »Was sind das, epische Dichtungen?« fragte ich. – »Ehrlich gesagt, ich weiß es auch nicht«, sagte er, »die Kenner behaupten, es gäbe deren eigentlich nur zwei[1], die anderen, die sich auch so nennen, seien keine. Ich kann das nicht beurteilen. Außerdem heißt es, man könne keine neuen machen, das finde ich erst recht befremdlich.

Hier befinden sich die Theaterdichter, die ich für die Dichter par excellence halte[2]; sie herrschen über die Leidenschaften. Es gibt davon zwei Sorten: die Lustspieldichter, die uns so wohltuend anregen, und die Tragödiendichter, die unsere Sinne gewaltig erhitzen und verwirren. – Dann die Lyriker, die ich ebenso geringschätze, wie ich die Dramatiker hochschätze, denn sie machen aus ihrer Kunst eine tönende Überspanntheit.[3] Dort stehen die Idylliker und die Schäferdichter, die sogar den Hofleuten gefallen, weil sie ihnen eine Art Muße vorgaukeln, die ihnen abgeht, und weil sie Höflinge in Schäfertracht vorführen.[4]

Hier sehen Sie dann die gefährlichsten von all den Autoren, die wir kennen: die Epigrammatiker, die Verse schmieden, die wie kleine, spitze Pfeile wirken und Wunden aufreißen, gegen die es kein Heilmittel gibt. – Daneben stehen die Romanschreiber, auch eine Art Dichter. Sie übersteigern die Sprache des Herzens ebenso wie die des Verstandes; sie verbringen ihr Leben damit, sich der Natur anzunähern und bekommen sie nie zu fassen; ihre Helden sind uns so fremd wie beflügelte Drachen und Zentauren.«[5]

»Ich habe ein paar Ihrer Romane gelesen«, sagte ich. »Wenn Sie die unseren kennten, fänden Sie sie noch fremdartiger. Sie sind ebenso unnatürlich und überdies belastet durch unsere Sitten. Bis ein Liebender auch nur das Gesicht seiner Geliebten zu sehen bekommt, muß er zehn Jahre schmachten. Und doch müssen die Verfasser ihre Leser diese langweiligen Präliminarien durchstehen lassen. Was dabei geschieht, ist immer dasselbe. So greift man zu einem Kunstgriff, der schlimmer ist als das Übel, das man aus der Welt schaffen will: zu den Wundern. Sicher würden Sie es auch nicht gutheißen, wenn eine Zauberin eine Armee aus der Unterwelt hervorzaubert oder wenn ein

Held ganz allein ein Heer von hunderttausend Mann in die Flucht schlägt. So aber sind unsere Romane: ihre abgechmackten Abenteuer, die sich immer wiederholen, langweilen uns, und ihre Wunder glauben wir nicht.«

Zu Paris, am 6. des Schalwal-Mondes 1719.

Hundertachtunddreißigster Brief

RICA AN IBBEN IN SMYRNA

Die Minister folgen hier aufeinander, und sie vertreiben ihre Vorgänger wie die Jahreszeiten. Seit drei Jahren habe ich vier neue Finanzsysteme einführen sehen. Heute noch erhebt man in der Türkei und in Persien die Steuern wie zur Zeit der Gründer dieser Reiche. Hier ist das ganz anders. Allerdings gehen wir dabei auch nicht so ausgeklügelt vor. Wir meinen, es bestünde nicht *mehr* Unterschied zwischen der Vermögensverwaltung eines Fürsten und der eines Privatmannes als zwischen der Zählung von hunderttausend und hundert Tomans. Hier gibt es mehr Feinheiten und mehr mysteriöse Dinge. Große Geister müssen Tag und Nacht darüber brüten, sie müssen – mit Schmerzen – unaufhörlich neue Pläne aushecken, die Ansichten unzähliger Leute anhören, die für sie arbeiten, ohne darum gebeten worden zu sein, sie müssen sich zurückziehen und in Kabinetten hausen, die den Großen unzugänglich, den Kleinen heilig sind, ihre Köpfe müssen immer von wichtigen Geheimnissen schwirren und voll wunderbarer Projekte und neuer Systeme stecken, so daß sie, in ihre Meditationen versunken, bisweilen den Gebrauch der Rede und sogar den der Höflichkeit vergessen.

Sobald der alte König die Augen geschlossen hatte, gedachte man eine neue Verwaltung zu schaffen. Man spürte, daß es schlecht um den Staat stand, aber wie die Dinge zu bessern seien, wußte man nicht. Die unbegrenzte Macht der Minister war ihm nicht gut bekommen, sie sollte geteilt werden. So wurden zu dem Zweck sechs oder sieben Räte gegründet, und das neue Ministerium hat wahrscheinlich Frankreich vernünftiger regiert als alle früheren. Aber es bestand nicht lange – und auch die wohltuende Wirkung war nicht von Dauer.[1] – Frankreich war beim Tode des letzten Königs ein an tausend Wunden leidender Leib. N *** ergriff ein Messer, schnitt die wuchernden Geschwüre auf[2] und wandte einige örtlich wirkende Heilmittel an. Aber es blieb immer noch das innere Übel zu heilen. Ein Fremder[3] kam, der sich der Heilung annehmen wollte. Mit ein paar Gewaltkuren glaubte er, Frankreich seine alte Körperfülle wiedergegeben zu haben – er hat es nur aufgedunsen.

Wer vor sechs Monaten noch reich war, ist jetzt arm, und wer damals kein Brot hatte, schwimmt jetzt im Überfluß. Nie kamen die Extreme einander so nah. Der Fremde hat den Staat umgekrempelt wie ein Flickschneider einen Rock: er hat das Unterste zuoberst gekehrt, und was obenauf war, ist jetzt unten darunter. Was für unverhoffte Reichtümer überkamen manche, die es selbst nicht glauben wollten! Selbst Gott konnte die Menschen nicht geschwinder aus dem Nichts erschaffen. Wie viele Lakaien werden heute schon von ihren Kameraden bedient, und morgen mögen es ihre Herren sein, die sie bedienen. Das führt zu den seltsamsten Erscheinungen. Die Diener, die noch unter der vergangenen Herrschaft Fortüne gemacht haben, rühmen sich jetzt ihrer hohen Geburt. Sie bekunden in einer gewissen Straße[4] denen, die soeben erst ihre Livree ausgezogen haben, die ganze Verachtung, die man ihnen gegenüber vor sechs Monaten bekundet hatte. Lautstark erklären sie: »Der Adel ist ruiniert, der Staat in Unordnung! Alle Rangunterschiede sind eingeebnet, die obskursten Leute kommen jetzt hoch!« – Ich sage Dir: die nachfolgenden Emporkömmlinge werden sich an ihren Vorgängern rächen und in dreißig Jahren nur noch von sich reden machen.

Zu Paris, am 1. des Zilkade-Mondes 1720.

Hundertneununddreißigster Brief

RICA AN DENSELBEN

Höre, welch schönes Beispiel ehelicher Liebe nicht nur eine Frau, sondern eine Königin abgab: die Königin von Schweden wollte um jeden Preis den Prinzen, ihren Gemahl, an der Herrschaft beteiligen. Um alle Schwierigkeiten aus dem Wege zu räumen, sandte sie der Ständeversammlung eine Botschaft, in der sie erklärte, sie werde von der Regierung zurücktreten, wenn ihr Mann gewählt würde.[1]

Vor mehr als sechzig Jahren verzichtete schon einmal eine schwedische Königin auf den Thron: sie hieß Christine und wollte sich ganz der Philosophie widmen. Ich weiß nicht, welches dieser Beispiele wir mehr bewundern sollen. Obwohl ich es gut finde, wenn jeder sich auf dem Posten hält, den die Natur ihm gegeben hat, und ich die Schwäche derjenigen nicht gutheiße, die sich ihrer Stellung nicht gewachsen fühlen und sozusagen desertieren, so beeindruckt mich doch die Seelengröße dieser beiden Fürstinnen, von denen die eine bewies, daß ihr Geist ihrem Amt überlegen war, während es bei der anderen das Herz war, das sich überlegen zeigte. Christine suchte die Zeit, die andere nur zu genießen trachten, zur Erkenntnis zu nutzen, die andere Königin will nur genießen unter der Bedingung, daß ihr ganzes Glück in den Händen ihres erhabenen Gatten liegt.

Zu Paris, am 27. des Maharram-Mondes 1720.

Hundertundvierzigster Brief

USBEK AN RICA IN ***

Das Pariser Parlament ist soeben in eine kleine Stadt namens Pontoise verbannt worden.[1] Der Staatsrat hat ihm eine Erklärung, die es entehrt, zur Registrierung und Billigung übersandt[2], es hat sie auf eine Weise registriert, die den Staatsrat entehrt. Einige andere Gerichtshöfe des Königreichs bedroht man mit gleicher Behandlung.

Diese Organe sind immer verhaßt: sie kommen auf die Könige nur zu, um ihnen die traurige Wahrheit zu sagen, und während eine Menge Höflinge ihnen unaufhörlich das Bild eines unter ihrer Regierung glücklichen Volkes vorgaukelt, dementieren die Parlamente die Schmeichelei und bringen die Seufzer und Tränen, die ihnen anvertraut wurden, vor den Thron. – Wenn es darum geht, sie den Fürsten vorzutragen, mein lieber Usbek, ist die Wahrheit eine schwere Last. Die Fürsten sollten sich sagen, daß man sie ihnen nur gezwungenermaßen offenbart: wenn es nicht aus Pflicht, Achtung und sogar Liebe geschähe, würden die Parlamente den Königen nicht mit so traurigen und sie bedrückenden Anliegen kommen.
Zu Paris, am 21. des Gemmadi-Mondes, 1, 1720.

Hunderteinundvierzigster Brief
RICA AN DENSELBEN

Am Wochenende werde ich Dich besuchen. Mögen wir die Tage angenehm miteinander verbringen![1] – Vor ein paar Tagen wurde ich einer Hofdame vorgestellt, die auf meine fremdartige Gestalt neugierig war. Ich fand sie schön, der Zuwendung unseres Monarchen würdig und würdig des hohen Ranges an der geheiligten Stätte, wo sein Herz ausruht. Sie stellte mir zahllose Fragen über die Sitten der Perser und über die Lebensweise der Perserinnen. Ich hatte den Eindruck, das Leben im Serail sei nicht nach ihrem Geschmack, und die Vorstellung, daß ein Mann zehn oder zwölf Frauen haben könne, wäre ihr zuwider. Sie vermochte das Glück des einen nicht ohne Neid und die Lebensbedingungen der anderen nicht ohne Mitleid zu sehen. Da sie gern liest, vor allem Gedichte und Romane, wünschte sie, ich sollte ihr von unseren Dichtern und Romanciers erzählen. Was ich ihr erzählte, machte sie doppelt neugierig. Sie bat mich, ihr einen Teil dessen, was ich ihr vorgetragen hatte, zu übersetzen, was ich auch tat. Ich schickte ihr ein paar Tage später eine persische Erzählung. Vielleicht freut es Dich, sie hier in dem fremden Gewand vorgeführt zu bekommen.[2]

Die Geschichte von Ibrahim und Anaïs

Zur Zeit des Scheichs Ali Khan lebte in Persien eine Frau namens Zulema. Sie wußte den ganzen heiligen Koran auswendig, kein Derwisch kannte die Geschichte der heiligen Propheten besser, die arabischen Gelehrten konnten keine noch so verschlüsselten Aussage machen, deren Sinn sie nicht enträtselte, und sie verband mit all der Gelehrsamkeit eine muntere Geistesart, die es einem nicht leicht machte zu erkennen, ob sie ihre Zuhörer amüsieren oder belehren wollte.

Als sie eines Tages mit ihren Gefährtinnen in einem der Räume des Serails zusammensaß, fragte eine der Frauen sie, was sie vom Leben nach dem Tode hielte, und ob sie an die alte Überlieferung glaubte, derzufolge das Paradies nur für die Männer da sei. – Das ist allgemein der Glaube, sagte sie: man hat alles getan, unser Geschlecht herabzuwürdigen.[3] Es gibt sogar einen Volksstamm in Persien, der, auf die Autorität seiner heiligen Bücher gestützt, behauptet, wir hätten keine Seele: das sind die Juden. Aber diese für uns so schmählichen Vorstellungen haben keinen anderen Ursprung als die Anmaßung der Männer, die ihre Überlegenheit über das irdische Leben hinaus erhalten möchten und nicht wissen, daß am jüngsten Tage alle Geschöpfe gleich nichtig vor Gott erscheinen werden und es dann nur noch den Unterschied zwischen ihnen geben wird, der sich auf die jeweilige Tugend zurückführen läßt.

Gott wird seinen Belohnungen keine Schranken setzen und wie die Männer, die im Leben Gutes getan und ihre Herrschaft über uns auf Erden nicht mißbraucht haben, sich im Paradies von lauter himmlischen und zauberhaften Schönheiten umringt sehen werden, dergestalt, daß, wenn ein Sterblicher das wüßte, er sich sofort das Leben nehmen würde, um in diesen Genuß zu kommen, so werden auch die tugendhaften Frauen an einen Ort der Freuden gelangen, wo ein Strom der Wollust sie trunken machen und göttliche Männer sich zu ihnen gesellen werden, die ihnen zu Diensten stehen: eine jede wird einen Harem haben, in dem ihre Männer sich aufhalten, gehütet von noch treueren Eunuchen, als wir sie kennen.

Ich habe in einem arabischen Buch gelesen, fuhr sie fort, wie ein Mann namens Ibrahim von unerträglicher Eifersucht beseelt war. Er besaß zwölf äußerst schöne Frauen, die er sehr streng behandelte. Er hielt sie fast immer hinter Schloß und Riegel in ihren Zimmern eingeschlossen, ohne daß sie miteinander reden oder sich auch nur sehen konnten. Selbst unschuldige Freundschaften flößten ihm Eifersucht ein, alles, was er tat, war von seiner naturgegebenen Grausamkeit geprägt, niemals sprach er ein freundliches Wort, niemals gab er irgend etwas von sich, das die Härte des Sklavendaseins seiner Frauen erleichtert hätte.

Eines Tages, als er all seine Frauen in einem Raum des Serails um sich versammelt hatte, warf eine davon, kühner als die anderen, ihm seine Schlechtigkeit vor: Wenn man auf nichts so sehr aus ist als darauf, Furcht einzuflößen, sagte sie, macht man sich zunächst einmal vor allem verhaßt. Es geht uns so elendiglich, daß wir nicht umhin können, einen Wandel herbeizusehnen. Andere würden Ihnen den Tod wünschen, ich sehne nur den meinen herbei, und da es nur diesen Weg gibt, auf dem ich hoffen kann, von Ihnen getrennt zu sein, wird mir diese Trennung lieb und wert sein. – Diese Worte, die den Mann hätten rühren sollen, machten ihn rasend vor Zorn: er zog seinen Dolch und erstach die Frau. Meine teuren Gefährtinnen, sagte sie mit sterbender Stimme, wenn der Himmel sich meiner Tugend erbarmt, werdet ihr gerächt werden. – Mit diesen Worten hauchte sie ihr unglückliches Leben aus, um zu der Stätte der Freuden zu gelangen, die den Frauen, die im Leben Gutes taten, im Jenseits bevorstehen und die sich dort ewig erneuern.

Zuerst erblickte sie eine lachende Wiese, deren Grün von den leuchtenden Farben der Blumen belebt war; ein Bach, dessen Wasser klarer war als Kristall, schlängelte sich in zahllosen Windungen dahin. Dann betrat sie liebliche Haine, deren Schweigen nur vom Gesang der Vögel unterbrochen wurde. Wundervolle Gärten boten sich ihren Blicken dar: die Natur hatte sie mit ihrer Schlichtheit und ihrem ganzen Prunk geziert. Schließlich stand sie vor einem stolzen Palast, der für sie hergerichtet war, und er war voll göttlicher Männer, deren Bestimmung es war, ihrer Lust zu dienen. Zwei davon schickten sich sogleich an, sie zu entkleiden, andere führten sie ins Bad und besprengten sie mit duftenden Essenzen. Ihr wurden unvergleichlich reichere Kleider gereicht, als die ihren es gewesen waren, dann geleitete man sie in einen großen Saal, wo ein Feuer mit wohlriechenden Hölzern angezündet war, ein Tisch war reich gedeckt mit den köstlichsten Speisen. Alles schien die Sinne um die Wette entzücken zu wollen: hier erklang eine um so himmlischere Musik, als sie zärtlich war, dort sah sie die göttlichen Männer, die nur ihr zu gefallen suchten, tanzen. All die Genüsse sollten jedoch nur dazu dienen, sie noch größeren Wonnen zuzuführen. Man geleitete sie in ihr Zimmer, und, nachdem man sie erneut entkleidet hatte, legte man sie in ein herrliches Bett, wo zwei bezaubernd schöne Männer sie in ihre Arme schlossen. Da wurde sie trunken, und ihr Entzücken übertraf selbst ihr Verlangen. »Ich bin ganz außer mir«, sagte sie, »ich glaubte, ich müßte sterben vor Lust, wenn ich nicht wüßte, daß ich unsterblich bin. Es ist genug, laßt mich, ich erliege der Gewalt der Lust. Ja, ihr gebt meinen Sinnen wieder etwas Ruhe, ich fange wieder an, Atem zu holen und zu mir zu kommen. Warum hat man die Fackeln fortgetragen? Ich kann ja eure göttliche Schönheit nicht mehr sehen... Aber wozu sehen? Ach, ihr laßt mich noch einmal die Lust von vorhin erleben. O Himmel, wie wonnevoll ist dieses Dunkel! Wie? ich soll unsterblich sein – und unsterblich mit euch? Ich soll... Nein, ich bitte, gebt mir Schonung, denn ich merke wohl, ihr würdet sie von euch aus nicht gewähren.«

Sie mußte es mehrmals befehlen, da gehorchten sie ihr, doch taten sie es nicht, bevor sie es nicht allen Ernstes verlangte. Selig ruhte sie sich aus und schlief in ihren Armen ein. In kurzer Zeit hatte sie sich erholt, zwei Küsse weckten sie, die ihre Glut aufs neue entfachten und sie die Augen aufschlagen ließ. »Ich bin beunruhigt«, sagte sie, »ich fürchte, ihr liebt mich nicht mehr.« Die Furcht sollte ihr nicht lange erhalten bleiben, denn sie wurde bald so spürbar davon befreit, wie sie es nur wünschen konnte. »Ich habe mich getäuscht«, rief sie, »verzeiht, verzeiht, ich bin eurer Liebe gewiß. Ihr sagt nichts zu mir, aber ihr beweist es mir besser, als Worte es vermöchten. Oh ja, ich gestehe es: heißer ist nie jemand geliebt worden. Und ihr macht euch beide die Ehre streitig, mich davon zu überzeugen! Ach, wenn dieser Streit andauert, wenn ihr euch auch noch gegenseitig übertreffen und mich zum Erliegen bringen wollt, dann bin ich verloren. Ihr seid beide Sieger, nur ich will besiegt sein, aber den Sieg will ich euch schwermachen.«

All dies wurde erst vom Tag unterbrochen. Treue und liebenswürdige Diener kamen ins Zimmer, hießen die beiden jungen Männer sich erheben, und zwei Greise führten sie an einen Ort, wo sie für ihre Freuden aufbewahrt wurden. Dann erhob sie sich und erschien zuerst im schlichten Negligé vor dem Hof, der sie vergötterte, danach in den prächtigsten Gewändern. Die Nacht hatte sie verschönt, sie hatte ihren Teint belebt und ihrer Anmut neuen Ausdruck gegeben. Den ganzen Tag über wurde nur getanzt, musiziert, gefeiert, gespielt und lustwandelt; von Zeit zu Zeit konnte man beobachten, wie Anaïs sich davonschlich, um zu ihren beiden jugendlichen Helden zu eilen.

Nach einigen kostbaren Minuten kehrte sie zum Kreis ihrer Begleiter zurück, die sie verlassen hatte – mit immer heitererem Antlitz. Gegen Abend schließlich verlor man sie ganz aus den Augen: sie schloß sich im Serail ein, wo sie, wie sie sagte, mit den unsterblichen Gefangenen Bekanntschaft schließen wollte, mit denen sie ewig zusammenleben sollte. Sie ging die entlegensten und bezauberndsten Räume besichtigen und zählte fünfzig Sklaven von wunderbarer Schönheit. Die ganze Nacht eilte sie von einem Zimmer zum anderen, empfing überall eine andere und doch immer dieselbe Huldigung.

So brachte die unsterbliche Anaïs ihr Leben zu, teils in öffentlichen Lustbarkeiten, teils in heimlichen Freuden, bewundert von einer glänzenden Gesellschaft oder von einem liebestrunkenen Geliebten geliebt. Bisweilen verließ sie den Zauberpalast, um eine ländliche Grotte aufzusuchen. Die Blumen schienen unter ihren Schritten zu erblühen, die Spiele sie zu umtändeln. Über acht Tage schon befand sie sich in diesem Glückszustand und sie hatte, stets außer sich, noch nicht eine einzige Überlegung angestellt. Sie hatte ihr Glück genossen, ohne es zu wissen und ohne einen einzigen Moment jener Ruhe zu finden, wo die Seele sich sozusagen über sich Rechenschaft ablegt und bei schweigenden Leidenschaften sich selbst zuhört.

Die Freuden der Glückseligen sind so lebhaft, daß sie diese Geistesfreiheiten nur selten zu kosten bekommen. Sie sind dem Gegenwärtigen so unlösbar verhaftet, daß sie die Erinnerung an das Vergangene völlig verlieren, und nichts von dem, was sie im Leben gekannt oder geliebt haben, sie mehr kümmert. Anaïs aber, die einen wahrhaft philosophischen Geist besaß, hatte fast ihr ganzes Leben mit Nachdenken zugebracht und sie hatte tiefer nachgedacht, als man es von einer sich selbst überlassenen Frau erwarten würde. Die strenge Zurückgezogenheit, zu der ihr Mann sie gezwungen hatte, ließ ihr nur diese Wahl. So hatte sie die Geistesstärke erworben, die sie die Furcht nicht achten ließ, von der ihre Gefährtinnen erfüllt waren, so erlitt sie den

Tod, der das Ende ihres Leidens und den Beginn ihres Glücks bedeuten sollte.

Sie erwachte daher allmählich aus dem Taumel ihrer Lust, schloß sich in eine Wohnung ihres Palastes ein und überließ sich wohligem Nachdenken über ihr vergangenes Leben und ihr gegenwärtiges Glück. Sie konnte nicht umhin, sich des Schicksals ihrer Gefährtinnen zu erbarmen, denn man ist für Leiden empfindlich, die man einmal geteilt hat. Und Anaïs überschritt die Grenzen des bloßen Mitleids; sie empfand *mehr* für die Unglücklichen und wollte ihnen helfen. Einem der jungen Männer, die sie umgaben, befahl sie, die Gestalt ihres Mannes anzunehmen, in seinen Serail zu gehen, sich dort zum Herren zu machen und ihn daraus zu verjagen. Er sollte solange dort bleiben, bis sie ihn wieder riefe.

Der junge Mann führte den Befehl aus. Er durchschnitt die Lüfte und gelangte an die Pforte des Serails. Ibrahim war nicht da. Er klopft, es wird ihm geöffnet, die Eunuchen fallen ihm zu Füßen. Er eilt in die Gemächer, wo Ibrahims Frauen eingesperrt waren. Im Vorübergehen hatte er sich unsichtbar gemacht und dem Eifersüchtigen die Schlüssel entwendet. Er betritt die Zimmer, und alle sind über sein sanftes und liebenswürdiges Wesen überrascht. Bald überrascht er die Frauen noch mehr durch sein Drängen und die Geschwindigkeit seines Vorgehens. Alle bekamen sie ihren Anteil an der Überraschung, und sie hätten es für einen Traum gehalten, wenn die Sache nicht so wirklich gewesen wäre.

Indes sich diese Szenen im Serail abspielen, kehrt Ibrahim zurück. Er nennt seinen Namen, schreit und wütet. Nach mancherlei Schwierigkeiten dringt er ein, und die Eunuchen geraten in äußerste Verwirrung. Er schreitet energisch voran, aber prallt zurück, als er den falschen Ibrahim, sein täuschendes Abbild, erblickt, der sich alle Freiheiten eines Herren herausnimmt. Er ruft um Hilfe, die Eunuchen sollen ihm helfen, den Betrüger umzubringen, aber keiner gehorcht ihm. Da bleibt ihm nur eine schwache Hoffnung: sich auf das Urteil seiner Frauen zu berufen. In einer einzigen Stunde aber hatte der falsche Ibrahim sie alle verführt. Der wahre wird verjagt und gnadenlos aus dem Serail gezerrt. Er wäre hundertmal getötet worden, wenn sein Rivale nicht befohlen hätte, man solle ihn am Leben lassen. Der neue Ibrahim war jedoch Sieger auf dem Schlachtfeld geblieben und erwies sich der getroffenen Wahl durch Wundertaten, wie man sie noch nie erlebt hatte, als würdig. »Sie gleichen Ibrahim nicht mehr«, sagten die Frauen. »Sagt lieber, der Betrüger gliche mir nicht«, entgegnete triumphierend Ibrahim: »was kann man noch tun, um Euer Gatte zu sein, wenn das, was ich tue, nicht genügt?«

»Wir werden uns hüten, an Ihrer Echtheit zu zweifeln«, sagten die Frauen: »Wenn Sie nicht Ibrahim sind, verdienten Sie doch, es zu sein – und das genügt uns. Sie sind an einem Tag *mehr* Ibrahim, als er es im Laufe von zehn Jahren war.« – »Ihr versprecht mir also«, sagte er, »mich gegen den Betrüger in Schutz zu nehmen?« – »Ohne Zweifel«, sagten sie im Chor: »Wir geloben Ihnen ewige Treue, wir sind zu lange mißbraucht worden, der Verräter ahnte nichts von unserer Tugend, er kannte nur seine Schwäche. Es ist offenkundig, daß Männer nicht gebaut sind wie er, Ihnen, nur Ihnen gleichen sie. Ach, wenn Sie wüßten, wie sehr wir den alten Ibrahim nun verabscheuen.« – »Ich will euch oft Anlaß geben«, sagte der falsche Ibrahim, »zu diesem Abscheu: Noch wißt ihr gar nicht, welchen Tort er Euch angetan hat.« – »Wir empfinden sein Unrecht in dem Maße, wie Ihre Rache sich verstärkt«, warfen sie ein. – »Recht so«, sagte der göttliche Mann, »ich habe das Strafmaß dem Verbrechen angepaßt: ich freue mich, daß Ihr meine Strafaktion gutheißt.« – »Aber was sollen wir tun, wenn der Betrüger wiederkommt?« fragten die Frauen. – »Er kann Euch schwerlich täuschen«, antwortete er, »denn auf dem Posten, den ich einnehme, hält man sich nicht durch List und Betrug. Außerdem schicke ich ihn so weit fort, daß Ihr nie mehr von ihm hören werdet. Dann übernehme ich die Sorge für Euer Glück. Ich werde nicht eifersüchtig sein, ich werde Euer sicher sein, ohne Euch lästig zu fallen, ich vertraue auf meine eigene Tüchtigkeit, um anzunehmen, daß Ihr mir treu sein wollt. Wäret Ihr nicht tugendhaft[4] mit mir, mit wem solltet Ihr es dann sein?«

Die Unterhaltung zwischen ihm und den Frauen dauerte noch lange, und die Frauen dachten nicht einmal daran, das Rätsel zu lösen, weil der Unterschied zwischen den beiden Ibrahims sie ungleich mehr frappierte als deren Ähnlichkeit. Schließlich aber tauchte der verzweifelte Ehemann doch zu ihrem Ärger noch einmal auf. Sein ganzes Haus war trunken vor Freude, seine Frauen mißtrauten ihm mehr denn je. Ein Eifersüchtiger konnte sich an dem Ort nicht halten: er mußte zornerfüllt weichen. Einen Augenblick später folgte der falsche Ibrahim ihm, ergriff ihn, entführte ihn durch die Lüfte und setzte ihn zweitausend Meilen von da ab.

Barmherziger Gott! wie trostlos waren die Frauen, als ihr teurer Ibrahim fort war. Schon begannen die Eunuchen ihre naturgegebene Hartherzigkeit wieder zu zeigen, das ganze Haus löste sich in Tränen auf, die Frauen dachten, alles sei nur ein Traum gewesen, sie schauten sich gegenseitig an und riefen sich alle Einzelheiten des seltsamen Abenteuers in Erinnerung. Endlich kehrte der himmlische Ibrahim zurück und war noch liebenswürdiger als zuvor. Seine Reise, so schien ihnen, konnte nicht anstrengend gewesen sein. Der neue Herr beschritt einen dem früheren so entgegengesetzten Weg, daß alle Nachbarn erstaunten. Er verabschiedete sämtliche Eunuchen und öffnete sein Haus jedermann. Er wollte nicht einmal mehr dulden, daß seine Frauen verschleiert gingen. Welch einzigartiges Schauspiel, sie mit einmal bei den Festlichkeiten mitten unter Männern zu erblicken, genauso frei wie sie. Ibrahim dachte zu Recht, die Landessitten seien für Bürger wie ihn nicht geschaffen. Unterdessen scheute er keine Ausgaben: Aufs großzügigste

gab er das Geld des Eifersüchtigen aus, so daß dieser, als er nach drei Jahren aus den fernen Landen, wohin er abtransportiert worden war, zurückkehrte, nur noch seine Frauen und sechsunddreißig Kinder vorfand.
Zu Paris, am 26. des Gemmadi-Mondes 1720.

Hundertzweiundvierzigster Brief

RICA AN USBEK IN ***

Hier folgt ein Brief, den ich gestern von einem Gelehrten erhielt. Er wird Dir merkwürdig vorkommen.

»Sehr geehrter Herr!

Vor sechs Monaten habe ich die Erbschaft eines sehr reichen Onkels übernommen. Er hat mir fünf- oder sechshunderttausend Pfund und ein prunkvoll möbliertes Haus hinterlassen. Es macht Freude, vermögend zu sein, wenn man einen guten Gebrauch davon zu machen versteht. Ich bin weder ehrgeizig noch vergnügungssüchtig. Fast immer schließe ich mich in mein Arbeitszimmer ein und führe das Leben eines Gelehrten. Da findet man mich als einen wißbegierigen Liebhaber der verehrungswürdigen Antike. Als mein Onkel die Augen geschlossen hatte, hätte ich ihn am liebsten nach dem Ritual der alten Griechen und Römer beerdigt. Aber es fehlten mir damals die Tränengefäße, die Urnen und die antiken Lampen. Inzwischen habe ich mir diese seltenen Kostbarkeiten besorgt. Vor ein paar Tagen habe ich mein silbernes Besteck verkauft, um die Tonlampe zu erstehen, die einem stoischen Philosophen gedient hatte. Ich habe mich all der Spiegel entledigt, die mein Onkel an fast allen Wänden seiner Wohnung hatte anbringen lassen, und einen kleinen, etwas zersprungenen Spiegel erstanden, den einst Vergil benutzt hat. Ich bin entzückt, wenn ich an der Stelle des Schwans von Mantua darin mein Antlitz erblicke. Und damit nicht genug: ich habe für hundert Louisdor fünf oder sechs Kupfermünzen erstanden, die vor zweitausend Jahren im Umlauf waren. Ich wüßte nicht, daß sich noch ein einziges Möbelstück in meinem Haus befände, das nicht vor dem Niedergang des Römischen Reiches hergestellt worden ist.

Ich besitze ein kleines Kabinett mit überaus kostbaren und teuren Manuskripten. Obgleich ich mir meine Augen damit verderbe, lese ich sie viel lieber als die gedruckten Bücher, die nicht so fehlerfrei sind und die jedermann in Händen hat. Zwar verlasse ich fast niemals das Haus, aber dennoch bin ich von dem leidenschaftlichen Wunsch beseelt, sämtliche Straßen der alten Römer kennenzulernen. Nicht weit von hier führt eine vorüber, die vor ungefähr zwölfhundert Jahren ein Prokonsul in Gallien anlegen ließ. Wenn ich mich auf mein Landhaus begebe, benutze ich sie immer, mag sie auch sehr holprig sein und meinen Weg um mehr als eine Meile verlängern. Wütend macht mich allerdings, daß man in regelmäßigen Abständen hölzerne Pfosten angebracht hat, um die Entfernung bis zur nächsten Stadt anzuzeigen. Diese elenden Wegweiser, anstelle der Meilensteine von einst, bringen mich zur Verzweiflung. Es wird mir hoffentlich gelingen, die Steine durch meine Erben wiederherstellen zu lassen, die ich testamentarisch zu dieser Anschaffung verpflichte.

Sollten Sie ein persisches Manuskript besitzen, mein Herr, so wäre ich Ihnen sehr dankbar, wenn Sie es mir zukommen ließen. Ich bezahle jeden Preis dafür. Außerdem würde ich Ihnen dazu noch das eine oder andere meiner Werke übersenden, aus dem Sie entnehmen könnten, daß ich kein unnützes Mitglied der Gelehrtenrepublik bin. Darunter befindet sich unter anderem eine Abhandlung, der zu entnehmen ist, daß die Kränze, deren man sich einst bei Triumphen bediente, nicht aus Lorbeer, sondern aus Eichenlaub geflochten wurden. In einer anderen beweise ich mit Argumenten, die ich auf die glaubwürdigsten griechischen Autoren stütze, daß Kambyses am linken

Bein, nicht am rechten verletzt wurde. Eine dritte schließlich dient dem Beweise, daß eine niedrige Stirn bei den alten Römern als ein Merkmal besonderer Schönheit galt. Und dann sende ich Ihnen noch einen Quartband, in dem ein Vers des sechsten Buches von Vergils ›Aeneis‹ erklärt wird. All das sollen Sie in wenigen Tagen erhalten.«[1]

Zu Paris, am 9. des Schachban-Mondes 1720.

Hundertdreiundvierzigster Brief

RICA AN NATHANAEL LEVI, JÜDISCHER ARZT IN LIVORNO[1]

Du fragst mich, was ich von der Wirksamkeit der Amulette und der Kraft der Talismane halte. Warum wendest Du Dich an mich? Du bist Jude, ich Mohammedaner, das heißt, wir sind beide gleichermaßen gläubig. Ich trage immer mehr als zweitausend Sprüche aus dem heiligen Koran auf mir, an meinem Arm hängt ein Päckchen, in dem die Namen von mehr als zweihundert Derwischen festgehalten sind, die Namen Alis, Fatmes und aller Reinen sind an über zwanzig Stellen meines Gewandes versteckt angebracht.

Dennoch mißbillige ich es nicht, wenn andere nicht an die Wirksamkeit solcher Dinge glauben. Wir haben es viel schwerer, ihren Argumenten etwas entgegenzustellen, als sie es haben, gegen unsere Erfahrung anzugehen. Ich trage diese frommen Symbole auf mir, weil ich es seit langem gewohnt bin und ich damit einem allgemein üblichen Brauch entspreche. Ich denke, wenn sie nicht *mehr* bewirken als die Ringe und anderen Schmuckstücke, die man anlegt, so haben sie auch nicht weniger Wirkung. Du aber hängst Dein ganzes Herz an ein paar mysteriöse Buchstaben, und ohne sie befändest Du Dich in ständiger Aufregung.

Die Menschen sind wirklich unglücklich! Sie schwanken

ständig zwischen trügerischen Hoffnungen und eingebildeten Ängsten hin und her, und, anstatt sich auf die Vernunft zu stützen, denken sie sich Ungeheuer aus, die sie ängstigen, oder Phantasiegebilde, die sie verführen. Welche Wirkung sollen denn ein paar aneinandergereihte Buchstaben haben? Was soll es schaden, wenn sie durcheinandergeraten? Was kann sie mit den Winden verbinden, daß sie Stürme legen könnten, was mit dem Schießpulver, daß es nicht mehr wirkte, was mit dem, das die Ärzte die »schädlichen Säfte« oder die »krankmachenden Ursachen« nennen, daß sie Krankheiten heilten? Es ist doch höchst auffällig, daß es diejenigen, die ihren Verstand abmühen, um gewisse Vorgänge auf okkulte Ursachen zurückzuführen, nicht weniger Mühe kostet, die wahren Ursachen zu übersehen. Du wirst einwenden, gewisse Wunder hätten gewisse Schlachten gewinnen lassen, ich aber behaupte, man muß blind sein, um nicht zu sehen, daß die Lage des Terrains, Zahl oder Tapferkeit der Soldaten und die Erfahrung ihrer Anführer hinreichende Gründe zur Erklärung der Wirkung bieten, deren Ursachen Du ignorieren willst. Ich will Dir einmal zugestehen, daß es Wunder gibt, gestehe Du mir gleichermaßen zu, daß es keine gibt: das ist ja nicht unmöglich. Dein Zugeständnis ändert nichts daran, daß zwei Armeen aufeinanderprallen: sollte in dem Fall keine von beiden den Sieg davontragen können? Meinst Du, ihre Lage bliebe notwendig ungewiß, solange keine unsichtbare Macht sich ihrer annimmt? So daß alle Schüsse umsonst gefallen, alle Klugheit eitel und aller Mut vergeblich wären? Denkst Du, daß der Tod, der bei solcher Gelegenheit auf die verschiedenste Weise drohen mag, nicht die panischen Ängste auslösen kann, die man anders kaum zu erklären vermag? Glaubst Du, es könnte nicht unter den hunderttausend Mann einer Armee ein Angsthase sein, so daß dessen Mutlosigkeit diejenige des nächsten hervorrufen und dieser Nächste den dritten und den vierten zum Aufgeben veranlassen könnte? Mehr braucht es nicht, um die Siegeszuversicht eines ganzen

Heeres mit einmal dahinschwinden zu lassen – und dies um so rascher, je größer es ist.

Jedermann weiß es und jedermann fühlt es, daß die Menschen, wie alle Lebewesen, die ihr Leben erhalten möchten, mit allen Fasern an ihrem Dasein hängen. Im allgemeinen weiß man das ja, aber dann fragt man sich, warum sie bei bestimmten Gelegenheiten das Leben nicht verlieren wollten? Mögen auch die heiligen Schriften aller Völker voll von Berichten über panische oder übernatürliche Schrecken sein, ich kann mir nichts Unglaubwürdigeres vorstellen, denn, um sicher zu sein, daß ein Ereignis, das tausend verschiedene Ursachen haben kann, übernatürliche Voraussetzungen haben muß, müßte man erst festgestellt haben, daß keine dieser Ursachen in Frage kam, und das ist unmöglich.

Mehr möchte ich nicht schreiben, Nathanael: mir scheint, der Gegenstand verdient keine ernsthaftere Untersuchung.[2]
Zu Paris, am 20, des Schachban-Mondes 1720.

Hundertvierundvierzigster Brief

USBEK AN RICA

Vor ein paar Tagen traf ich in einem Haus auf dem Lande zwei Gelehrte, die hierzulande sehr berühmt sind. Ihr Charakter schien mir bewundernswert. Auf eine Formel gebracht, beschränkte sich die Rede des ersteren auf die Behauptung: »Was ich gesagt habe, ist wahr, weil ich es gesagt habe.« Die Rede des zweiten lief im wesentlichen darauf hinaus, was er nicht gesagt habe, sei nicht wahr, weil er es nicht gesagt habe.

Ich hatte nichts gegen den ersteren, denn daß jemand starrsinnig ist, stört mich nicht; nur wenn einer anmaßend ist, mag ich es nicht. Der erstere verteidigt seine Ansichten, das ist sein gutes Recht. Der zweite greift die Meinungen anderer an, und diese sind Gemeinbesitz. – Ach, mein Rica[1], wie schlecht steht die Eitelkeit denen, die davon mehr haben, als für die Erhaltung der Art vonnöten ist! Diese Leute wollen oft dafür bewundert werden, daß sie Mißfallen erregen. Sie wollen anderen überlegen sein und kommen ihnen nicht einmal gleich.

Kommt zu mir, Ihr Bescheidenen, ich möchte Euch umarmen! Ihr macht das Leben angenehm und liebenswürdig. Ihr glaubt, nichts zu besitzen, und ich sage: Ihr besitzt alles. Ihr glaubt, niemanden zu beschämen und beschämt doch alle. Und wenn ich Euch in meiner Vorstellung mit den allwissenden Menschen vergleiche, dann stürze ich diese von ihrem Richtstuhl herab und lege sie Euch zu Füßen.

Zu Paris, am 22. des Schachban-Mondes 1720.

Hundertfünfundvierzigster Brief

USBEK AN ***

Ein geistvoller Mann tut sich meist schwer in Gesellschaft.[1] Nur wenige sind nach seinem Geschmack. Unter vielen langweilt er sich und spricht von »schlechter Gesellschaft«. Er kann seinen Abscheu nicht ganz verhehlen – und schon hat er sich Feinde gemacht. Wenn er nur wollte, würde er sicher überall Anklang finden, aber er bemüht sich meist nicht darum. Er neigt zur Kritik, weil er weiter sieht und klarer denkt als die anderen. Fast immer ruiniert er sein Vermögen, weil ihm dazu so viele Möglichkeiten einfallen. In seinen Unternehmungen erlebt er immerzu Fehlschläge, weil er zu viel riskiert. Sein Blick, der sich in die Ferne richtet, läßt ihn Gegenstände ins Auge fassen, die zu weit weg sind, ganz abgesehen davon, daß, wenn er einen Plan ausheckt, ihn die sachbedingten Schwierigkeiten weniger frappieren als die Mittel, sie zu beheben, die ihm sein eigener Erfindungsgeist eingibt. Die kleinen Einzelheiten beachtet er nicht: von ihnen hängt aber der Erfolg fast aller größeren Unternehmungen ab.

Der mittelmäßige Geist hingegen sucht aus allem seinen Nutzen zu ziehen: er weiß wohl, daß er durch Nachlässigkeit nichts aufs Spiel setzen darf. Für gewöhnlich gilt dem Mittelmäßigen die allgemeine Zustimmung. Man freut sich, sie ihm zu geben; doch mit Vergnügen entzieht man sie jenem. Indes sich der Neid über den einen ergießt und man ihm nichts verzeiht, ist man dem anderen gegenüber nachsichtig: die Eitelkeit spricht für ihn.

Wenn aber geistreich zu sein, so viele Nachteile hat, was soll man da erst von den Schwierigkeiten des Gelehrtendaseins sagen?[2] Früher wurden alle Gelehrten der Magie beschuldigt. Das wundert mich nicht. Jedermann sagte sich: »Ich bin mit meiner Begabung soweit gekommen wie nur irgend möglich, ein gewisser Gelehrter aber hat mich übertroffen – da muß doch Teufelei dahinterstecken.« Jetzt sind solche Anklagen aus der Mode gekommen. Man geht anders vor. Fast unvermeidlich wird den Gelehrten vorgeworfen, sie seien Ungläubige und Ketzer. Mag die Menge ihn auch freisprechen, die Wunde ist aufgerissen, sie wird nie mehr ganz heilen. Es bleibt immer eine wunde Stelle. Dreißig Jahre später kommt irgendein Widersacher daher und erklärt in aller Bescheidenheit: »Ich will um Gottes willen nicht behaupten, an der Beschuldigung, die man gegen ihn vorgebracht hat, sei etwas daran. Immerhin mußte er sich dagegen zur Wehr setzen.« So wendet sich sogar die Rechtfertigung gegen ihn.

Wenn er Geschichte schreibt, rechtschaffen ist und geistige Vornehmheit besitzt, so zieht er sich damit zahllose Anfeindungen zu. Die Obrigkeit wird gegen ihn aufgehetzt wegen einer Sache, die sich vor tausend Jahren zugetragen hat. Wenn seine Feder schon nicht käuflich ist, soll sie wenigstens in Fesseln gelegt werden. Glücklicher sind in der Tat die feigen Menschen, die um einer lumpigen Pension willen ihre Überzeugung verraten, Menschen, die, wenn man ihre Verleumdungen im einzelnen betrachtet, sie gar nicht so billig verkaufen, die Staatsverfassungen zerstören, die die Rechte einer Macht schmälern, um die einer anderen zu stärken, die den Fürsten alles geben und den Völkern alles nehmen, die veraltete Rechte wiederaufleben lassen, den Leidenschaften des Tages und den Lastern auf dem Thron schmeicheln und die die Nachwelt um so empörender hinters Licht führen, als sie kaum die Möglichkeit hat, ihr Zeugnis zu widerlegen.

Aber nicht genug, daß einem Schriftsteller all diese Schmähungen drohen, nicht genug, daß er in beständiger Ungewißheit lebt, welchen Erfolg sein Werk haben wird! Endlich ist es erschienen, dieses Werk, das ihn soviel Mühe gekostet hat, da fällt man von allen Seiten über es her. Wie soll er den Streit vermeiden? Er hatte eine bestimmte Meinung, sie hat er in seiner Schrift verfochten – daß zweihundert Meilen von ihm entfernt jemand das Gegenteil behauptet hat, wußte er nicht. Und doch wird ihm nun der Krieg erklärt. – Selbst das ginge aber noch an, wenn er wenigstens auf Anerkennung hoffen könnte. Aber nein! Bestenfalls wissen ihn diejenigen zu schätzen, die derselben Wissenschaft obliegen wie er. Der Philosoph verachtet den Faktenträger, dafür erblickt, wer ein gutes Gedächtnis hat, im Philosophen einen Visionär. Wer sich seiner Unwissenheit brüstet, möchte am liebsten, daß das Menschengeschlecht ebenso in Vergessenheit geraten möge wie sie selbst. Wem eine Begabung fehlt, der entschädigt sich dafür, indem er sie verächtlich macht. So beseitigt er das Hindernis, das zwischen ihm und dem Verdienst besteht – und so meint er das Niveau zu erreichen, auf dem der steht, dessen Arbeiten er fürchtet. Und dazu kommt, daß man seinen fragwürdigen Ruf mit dem Verzicht auf das Vergnügen und dem Verlust der Gesundheit bezahlt.

Zu Paris, am 26. des Schachban-Mondes 1720.

Hundertsechsundvierzigster Brief

USBEK AN RHEDI IN VENEDIG

Es ist lange her, daß man gesagt hat, Rechtschaffenheit sei die Seele eines großen Ministeriums. Ein Privatmann kann sich der Verborgenheit erfreuen, in der er sich befindet; er bringt sich nur bei wenigen Leuten in Verruf, den anderen offenbart er sich nicht. Ein Minister aber, der unredlich ist, hat so viele Zeugen und so viele Richter, wie es Leute gibt, die er regiert. Wage ich es zu sagen? Das größte Unheil, das ein solcher Minister anrichtet, ist nicht, daß er seinem Fürsten schadet und das Volk verdirbt, es gibt einen Schaden, der hundertmal größer ist: sein schlechtes Beispiel.

Du weißt ja, daß ich lange in Indien war.[1] Dort habe ich erlebt, wie eine von Natur rechtschaffene Nation im Handumdrehen, von den geringsten Untertanen bis zu den größten Herren, durch das schlechte Beispiel eines Ministers verdorben wurde. Ich habe erlebt, wie ein Volk, dem Edelmut, Großzügigkeit, Redlichkeit und Ehrlichkeit seit je wie angeboren erschienen, mit einmal auf die niedrigste Stufe herabsank: das Übel verbreitete sich und machte auch vor dem gesündesten Teil des Volkskörpers nicht halt. Die anständigsten Menschen begingen ihrer unwürdige Taten, verletzten die Grundgesetze der Gerechtigkeit – und all das unter dem Vorwand, daß man ihnen diese verletzt habe. Sie beriefen sich zur Beschönigung der übelsten Vergehen auf widerwärtige Gesetze und nannten Unrecht und Treuebruch Notwendigkeit.

Ich habe erlebt, wie Verträge gebrochen, wie die heiligsten Gesetze mißachtet, wie alle Familienbande zerrissen wurden. Ich habe erlebt, wie habgierige Schuldner, stolz auf ihre schamlose Insolvenz, schändliche Werkzeuge schmählicher Gesetze, auf die Härte der Zeit pochend, zu zahlen vorgaben, anstatt zu bezahlen, und so ihren Wohltätern den Dolch ins Herz stießen.

Ich habe erlebt, wie andere, noch Gewissenlosere, für fast nichts Blätter kauften, vielmehr sie vom Boden auflasen, um sie an die Stelle des Unterhalts für Witwen und Waisen treten zu lassen. Ich habe erlebt, wie mit einmal in allen Herzen eine unstillbare Gier nach Reichtum ausbrach. Ich sah, wie sich in kürzester Zeit eine abscheuliche Verschwörerbande zusammentat, die nicht mit ehrlicher Arbeit und tüchtigem Gewerbefleiß, sondern indem sie den König, den Staat und die Mitbürger zugrunde richteten, Reichtum erwerben wollten. Ich habe einen ehrenwerten Mitbürger gekannt, der in dieser unglückseligen Zeit mit den Worten schlafen ging: »Heute habe ich eine Familie ruiniert, morgen kommt die nächste daran.«

»Ich werde«, sagte ein anderer, der sich mit einem schwarzgekleideten Mann mit einem Schreibblock in Händen und einer Feder hinterm Ohr zusammengetan hatte, »ich werde alle umbringen, denen ich Geld schulde.« Wieder ein anderer sagte: »Jetzt bringe ich meine Angelegenheiten in Ordnung: zwar stimmt es schon, daß ich vor drei Tagen eine Zahlung zu leisten hatte und dadurch eine Familie ins Elend stürzte, die Mitgift zweier ehrbarer Töchter aufbrauchte und einen kleinen Jungen um sein Schulgeld brachte – der Vater wird vor Kummer sterben, die Mutter vor Trauer umkommen –: aber ich habe nur getan, was das Gesetz erlaubt.«

Gibt es ein größeres Verbrechen als das eines Ministers, der die Moral eines ganzen Volkes verdirbt, der die ehrlichsten Menschen korrumpiert, das Ansehen der Würdenträger schädigt, die Tugend selbst herabwürdigt und die zuhöchst Geborenen mit in den allgemeinen Strudel der Erniedrigung herabzieht? Was wird die Nachwelt sagen, wenn sie über die Schande ihrer Väter erröten muß? Was werden die kommenden Geschlechter sagen, wenn sie das Eisen ihrer Ahnen mit dem Gold derer vergleichen, denen sie unmittelbar ihr Leben verdanken? Ich bin sicher, daß die Adligen eine Generation Unwürdiger aus ihrem Stammbaum tilgen werden, die sie entehrt und die

die heutige in das schauderhafte Nichts geführt hat, in dem sie sich befindet.

Zu Paris, am 11. des Rhamazan-Mondes 1720.

Hundertsiebenundvierzigster Brief

DER OBEREUNUCH AN USBEK IN PARIS

Die Lage hat sich hier so zugespitzt, daß sie unerträglich geworden ist. Deine Frauen bilden sich ein, Deine Abwesenheit bedeute völlige Straffreiheit für sie. Es geschehen hier schreckliche Dinge. Ich erbebe selbst bei dem grauenhaften Bericht, den ich Dir erstatten muß. Zelis ließ, als sie neulich zur Moschee ging, ihren Schleier fallen und erschien mit fast entblößtem Gesicht vor allem Volk. Zachi habe ich im Bett mit einer ihrer Sklavinnen angetroffen, was das Gesetz des Serails verbietet. Aus purem Zufall entdeckte ich den Brief, den ich an Dich weitersende. An wen er sich richtet, habe ich nicht herausfinden können. Gestern abend wurde ein junger Mann im Garten des Serails angetroffen, der sich mit einem Sprung über die Mauer davonmachte. Füge dem hinzu, was ich nicht in Erfahrung bringen konnte: mit Sicherheit herrscht Verrat in Deinem Harem.

Ich erwarte Deine Befehle. Bis zu dem glücklichen Augenblick, wo ich sie in Händen habe, schwebe ich in Lebensgefahr. Wenn Du aber nicht alle Deine Frauen meiner Befehlsgewalt unterstellst, stehe ich für keine ein – und werde Dir weiterhin nur solche Schreckensnachrichten senden können.

Im Serail zu Ispahan, am 7. des Rhegeb-Mondes 1717.[1]

Hundertachtundvierzigster Brief

USBEK AN DEN OBEREUNUCHEN
IM SERAIL ZU ISPAHAN

Hiermit gebe ich Dir unbeschränkte Vollmacht über den ganzen Harem. Herrsche dort mit der gleichen Autorität wie ich selbst. Furcht und Schrecken sollen Deine Schritte begleiten. Begib Dich eilends von einer Wohnung in die nächste, züchtige und strafe! Alles soll in Bestürzung geraten, alles in Tränen vor Dir stehen. Frage den ganzen Harem aus. Beginne mit den Sklavinnen. Schone meine Lieben nicht. Alles soll vor Deinem Schreckensgericht erbeben. Bring die geheimsten Geheimnisse ans Licht. Reinige den besudelten Ort. Laß die daraus vertriebene Tugend dort wieder einziehen. Denn von nun an soll die geringste Verfehlung Dich den Kopf kosten. Ich vermute, Zelis ist diejenige, an die sich der Brief richtete, den Du entdeckt hast. Untersuche es mit Luchsaugen.
Zu ***, am 11. des Zilhage-Mondes 1718.

Hundertneunundvierzigster Brief

NARSIT AN USBEK IN PARIS

Der Obereunuch, ehrwürdiger Herr, ist gestorben. Da ich der älteste Deiner Sklaven bin, habe ich seinen Platz eingenommen – solange, bis Du mitgeteilt hast, wen Du an seine Stelle treten lassen willst.

Zwei Tage nach seinem Tod hat man mir den Brief übergeben, den Du an ihn gerichtet hattest. Ich hütete mich, ihn zu öffnen. Ich habe ihn respektvoll verschnürt und verschlossen und warte nun darauf, daß Du mir Deinen heiligen Willen bekanntgibst.

Gestern kam mitten in der Nacht ein Sklave zu mir: er berichtete, er habe einen jungen Mann im Serail angetroffen. Ich stand auf, überprüfte die Sache und fand, daß es ein Hirngespinst war.

Ich küsse Dir die Füße, erhabener Herr, und bitte Dich, auf meinen Diensteifer ebenso zu bauen wie auf meine Erfahrung und mein Alter.
Im Serail zu Ispahan, am 5. des Gemmadi-Mondes, 1, 1718.

Hundertundfünfzigster Brief

USBEK AN NARSIT IM SERAIL ZU ISPAHAN

Unseliger, der Du bist! Du hast Briefe in Händen, die dringliche und strenge Befehle enthalten. Die geringste Verzögerung kann mich in Verzweiflung stürzen, und Du verhältst Dich unter einem eitlen Vorwand tatenlos. – Es geschehen schreckliche Dinge. Vielleicht verdient die Hälfte meiner Sklaven den Tod. Ich sende Dir den Brief, den der Obereunuch mir darüber vor seinem Tod schrieb. Hättest Du den Umschlag geöffnet, der an ihn adressiert ist, hättest Du die unnachsichtigsten Befehle vorgefunden. Lies Sie gefälligst, diese Befehle: wenn Du sie nicht ausführst, wird es Dich den Kopf kosten.
Zu ***, am 25. des Schalwal-Mondes 1718.

Hunderteinundfünfzigster Brief

SOLIM AN USBEK IN PARIS

Wenn ich länger schwiege, machte ich mich genauso schuldig wie all die Verbrecher in Deinem Serail. Ich war der Vertraute des Obereunuchen, des treuesten Deiner Sklaven. Als er sein Ende kommen sah, ließ er mich rufen und sagte: »Ich sterbe. Doch der einzige Kummer, der mich beim Abschied von diesem Leben bedrückt, ist, daß meine letzten Blicke die Frauen meines Herren im Aufruhr vorfinden. Der Himmel möge Dich vor all dem Unheil bewahren, das ich kommen sehe! Möge nach meinem Tod mein drohender Schatten die Frevlerinnen an ihre Pflicht erinnern und noch einmal einschüchtern! Hier sind die Schlüssel zu den furchterregenden Zimmern. Bring sie, so schnell Du kannst, dem ältesten Schwarzen! Sollte es ihm aber nach meinem Tode an Wachsamkeit fehlen, so benachrichtige meinen Herrn.« Mit diesen Worten verschied er in meinen Armen.

Ich weiß, daß er Dir einige Zeit vor seinem Tod über das Verhalten der Frauen berichtet hat. Im Serail befindet sich ein Brief, der überall Schrecken verbreitet hätte, wenn er geöffnet worden wäre. Der nachfolgende Brief ist drei Meilen von hier aufgefangen worden. Woran das liegt, weiß ich nicht, aber alles geht hier schief.

Unterdessen kennen Deine Frauen keine Zurückhaltung mehr. Seit dem Tode des Obereunuchen halten sie alles für erlaubt. Einzig Roxane hält sich in den Grenzen der Pflicht und bleibt untertänig. Die Sitten werden täglich loser. Von der strengen und herrischen Tugend, die sich einst auf den Gesichtszügen Deiner Frauen abzeichnete, findet man keine Spur mehr; eine neue Ausgelassenheit verbreitet sich und bezeugt, meine ich, unfehlbar, wie man sich zufriedengestellt hat. Bei den geringfügigsten Anlässen bemerkt man Freiheiten, die es bisher nicht gab. Unter Deinen Sklaven hat sich eine gewisse Nachlässigkeit ihren Pflichten, eine Gleichgültigkeit den Regeln gegenüber verbreitet, die mich erstaunt: der glühende Eifer, Dir zu dienen, der früher den Serail erfüllte, ist erloschen.

Deine Frauen waren acht Tage auf dem Land, in einem der abgelegensten Häuser. Der Sklave, der sie bewachte, soll bestochen worden sein. Einen Tag vor ihrer Ankunft soll er zwei Männer in einer Mauernische versteckt haben, von wo aus sie sich am Abend, als wir uns zurückgezogen hatten, in den Hauptraum begeben haben sollen. Der alte Eunuch, der uns jetzt vorsteht, ist ein Schwachkopf, dem man alles weismacht, was man will.

In mir kocht der Zorn auf all die Freveltaten. Wenn der Himmel es zum Wohle Deiner Herrschaft wollte, daß ich Dir befähigt erschiene, die Zügel in die Hand zu nehmen, so garantiere ich Dir: wenn Deine Frauen auch nicht wieder tugendhaft würden, gehorchen würden sie Dir.

Im Serail zu Ispahan, am 6. des Rebiab-Mondes, 1, 1719.

Hundertzweiundfünfzigster Brief

NARSIT AN USBEK IN PARIS

Roxane und Zelis wünschten aufs Land zu gehen: ich glaubte es ihnen nicht verwehren zu sollen. Glücklicher Usbek! Du hast treue Frauen und wachsame Sklaven. Ich befehle an einem Ort, wo die Tugend ihre Zuflucht hat. Verlasse Dich darauf, daß nichts geschieht, das Deinen Augen verborgen bleiben müßte.

Nur ein Unglück ist geschehen, das mich bedrückt. Armenische Kaufleute, die eben gerade aus Ispahan angekommen waren, hatten einen Brief von Dir an mich mitgebracht. Ich habe einen meiner Sklaven ausgesandt, ihn abzuholen. Auf dem Rückweg wurde er bestohlen, und der Brief ist verloren. Schreibe mir gleich, denn ich kann mir denken, daß Du nach der Veränderung, die sich hier zugetragen hat, Wichtiges mitzuteilen hast.

In Fatmes Serail, am 6. des Rebiab-Mondes, 1, 1719.

Hundertdreiundfünfzigster Brief

USBEK AN SOLIM IM SERAIL ZU ISPAHAN

Ich gebe Dir das Heft in die Hand. Ich vertraue Dir an, was mir jetzt das teuerste in der Welt ist: meine Rache. Übernimm das

neue Amt, aber laß Dich von Deinem Herzen und von Deinem Mitleid nicht rühren! Ich teile meinen Frauen mit, daß sie Dir blindlings gehorchen sollen. Aus Reue über so viele Vergehen werden sie Dir zu Füßen fallen. Dir muß ich mein Glück und meine Seelenruhe verdanken. Stelle die Ordnung im Serail wieder so her, wie sie war, als ich ihn verließ. Aber beginne mit den Strafen: rotte die Schuldigen aus und laß' die erzittern, die im Begriffe waren, schuldig zu werden. Für Verdienste wie diese kannst Du von Deinem Herrn alles erwarten. Es liegt nur an Dir, Dich über Deinen bisherigen Stand zu erheben und alle Belohnungen zu erhalten, die Dein Herz begehrt.
Zu Paris, am 4. des Schachban-Mondes 1719.

Hundertvierundfünfzigster Brief

USBEK AN SEINE FRAUEN IM SERAIL ZU ISPAHAN

Möge dieser Brief sein wie ein Wetterstrahl, der im Gewittersturm blitzend herniederfährt! Solim ist Euer oberster Eunuch, nicht um Euch zu bewachen, sondern um Euch zu bestrafen. Der ganze Harem falle vor ihm nieder! Er soll über die Taten der Vergangenheit Urteil sprechen und Euer Leben in Zukunft einem so harten Joch unterwerfen, daß Ihr Euch nach Eurer Freiheit zurücksehnen sollt, wenn Ihr schon Eure Tugend nicht wiedererlangen könnt.
Zu Paris, am 4. des Schachban-Mondes 1719.

Hundertfünfundfünfzigster Brief

USBEK AN NESSIR IN ISPAHAN

Glücklich, wer den Wert eines friedlichen und geruhsamen Daseins kennt und sein Herz im Schoße seiner Familie ausruhen lassen kann, glücklich, wer nie das Land seiner Geburt verließ! Ich lebe in einem Barbarenland; was mich umgibt, ist mir lästig, was mir am Herzen liegt, ist fern. Düstere Trauer erfüllt mich, tiefste Niedergeschlagenheit hat mich ergriffen. Ich bin wie zu Boden geschmettert und finde nur zu mir selbst zurück, wenn die schwarze Eifersucht in mir aufflammt, um in meiner Seele die Angst, das Mißtrauen, den Haß und die Reue zu wekken.

Du kennst mich, Nessir, Du hast immer in meinem Herzen gelesen, als wäre es das Deine. Du hättest Mitleid mit mir, wenn Du meinen jammervollen Zustand kenntest. Manchmal warte ich sechs Monate auf Nachrichten aus dem Serail, ich zähle die Tage, die vergehen, meine Ungeduld verlängert sie immerzu, und wenn der langersehnte Brief kommt, revoltiert mein Herz mit einmal: meine Hand zittert, eine Unheilsbotschaft zu empfangen. Die Ungeduld, die mich zur Verzweiflung brachte, kommt mir dann wie der glücklichste Zustand vor, und ich befürchte, mit einem Schlag aus ihm entrissen zu werden, der hundertmal grausamer ist als der Tod.

Wie begründet es auch gewesen sein mag, mein Vaterland zu verlassen, ja, wenn ich dem sogar mein Leben verdanke: ich kann nicht mehr! Ich kann in diesem schrecklichen Exil nicht mehr leben. Müßte ich hier nicht auch vor Kummer sterben? Ich habe Rica unzählige Male gedrängt, die Fremde zu verlassen, er widersetzt sich all meinen Wünschen, ihn halten hier tausend Vorwände fest, es scheint ganz so, als habe er seine Heimat vergessen, vielmehr, als haber er auch mich vergessen, so hartherzig reagiert er auf meinen Schmerz.

Ich Unglücklicher! Ich möchte mein Vaterland wiedersehen und wäre dort vielleicht erst recht unglücklich. Was stünde mir dort bevor? Ich legte meinen Feinden meinen Kopf zu Füßen. Und überdies kehrte ich dann in den Serail zurück: dort muß ich Rechenschaft verlangen für die unselige Zeit meiner Abwesenheit – und wenn ich die Schuldigen finde, was soll ich dann tun? Wenn die Vorstellung mich schon von ferne bedrückt, was wird aus ihr, wenn ich dort anwesend bin? Wie werde ich reagieren, wenn ich erfahren und einsehen muß, daß Dinge geschehen sind, an die ich nicht ohne Bangen zu denken wage? Wie wird mir zumute sein, wenn ich strafen muß, ich, der ich die Strafen als ewige Zeichen meiner Verfehlung und meiner Verzweiflung empfände?

Ich werde mich zwischen Wänden eingesperrt finden, die mich mehr schrecken als meine Frauen. All meine Verdächtigungen werden mich bedrücken, ihr Entgegenkommen kann sie nicht aus der Welt schaffen: in meinem Bett, in ihren Armen wird meine Sorge mich verzehren, in Momenten, die nicht für das Nachdenken geschaffen sind, wird die Eifersucht mich dazu zwingen. Unwürdiger Abschaum der Menschennatur, Ihr elenden Sklaven, deren Herz für immer der Liebe entsagt hat, Ihr würdet Euer Los nicht mehr beklagen, wenn Ihr mein eigenes Unglück kenntet!

Zu Paris, am 4. des Schachban-Mondes 1719.

Hundertsechsundfünfzigster Brief

ROXANE AN USBEK IN PARIS

Schrecken, Nacht und Entsetzen herrschen im Serail. Grauen umgibt ihn. Ein Tiger läßt seiner Wut freien Lauf. Er hat die weißen Eunuchen gefoltert: sie haben ihre Unschuld beteuert. Er hat einen Teil unserer Sklavinnen verkauft und uns gezwungen, die restlichen gegeneinander auszutauschen. Zachi und Zelis sind im Dunkel der Nacht einer schmählichen Züchtigung unterzogen worden. Der Ruchlose hat sich nicht gescheut, seine gemeine Hand an sie zu legen. Er hält uns einzeln in unseren Zimmern gefangen und zwingt uns, auch wenn wir allein sind, Schleier zu tragen. Wir dürfen nicht mehr miteinander sprechen. Uns Briefe zu schreiben, wäre ein Verbrechen. Es bleibt uns nur noch die Freiheit, zu weinen. Eine Anzahl

neuer Eunuchen ist im Serail angekommen und bewacht uns Tag und Nacht. Unser Schlaf wird fortwährend von ihren Bekundungen echten oder vorgetäuschten Mißtrauens unterbrochen. Mich tröstet nur, daß das nicht lange dauern wird und daß meine Pein mit meinem Leben endet. Es wird nicht mehr lange währen, grausamer Usbek: Du sollst nicht die Zeit dazu haben, mit Deinen Mißhandlungen vorher aufzuhören.
Im Serail zu Ispahan, am 2. des Maharram-Mondes 1720.

Hundertsiebenundfünfzigster Brief
ZACHI AN USBEK IN PARIS

Beim Himmel! ein Barbar hat mich sogar durch die Art seiner Strafe besudelt. Er hat die Züchtigung über mich verhängt, mit der zuerst die Scham verletzt wird, die Züchtigung, die einen zutiefst erniedrigt und einen sozusagen in die Kindheit zurückversetzt. Meine Seele, die zunächst wie von der Schande ausgelöscht schien, kam wieder zu sich, und meine Schreie hallten vom Gewölbe meines Gemachs wider. Man hörte mich zum elendesten aller Sterblichen um Gnade flehen und an sein Erbarmen appellieren, je unerbittlicher er wurde. Seitdem fühlt sich seine unverschämte und knechtische Seele über die meine erhaben. Seine Anwesenheit, seine Blicke, seine Rede, all dies Unheil drückt mich zu Boden. Bin ich allein, habe ich wenigstens den Trost, Tränen zu vergießen, doch wenn ich ihn sehe, packt mich die Wut – aber da sie ohnmächtig ist, verfalle ich der Verzweiflung.

Der Tiger wagt zu behaupten, Du habest all diese Greuel befohlen. Er möchte mir meine Liebe nehmen und sogar die Empfindungen meines Herzens auslöschen. Wenn er den Namen dessen nennt, den ich liebe, weiß ich mich nicht mehr zu halten: ich kann nur noch sterben.

Ich habe Deine Abwesenheit ertragen und durch die Gewalt

meiner Liebe meine Liebe am Leben erhalten. Die Tage, die Nächte, alle Augenblicke waren für Dich. Ich war voller Zuversicht, dank meiner Liebe, und die Deine verschaffte mir hier Achtung. Aber nun ... Nein, ich kann die Demütigung, die mir angetan wurde, nicht überstehen. Bin ich unschuldig, so komm, mich zu lieben, aber komm auch, wenn ich schuldig bin, damit ich zu Deinen Füßen mein Leben aushauche.
Im Serail zu Ispahan, am 2. des Maharram-Mondes 1720.

Hundertachtundfünfzigster Brief

ZELIS AN USBEK IN PARIS

Aus tausend Meilen Entfernung hältst Du mich für schuldig, aus tausend Meilen Entfernung bestrafst Du mich. Wenn ein Barbar von einem Eunuchen seine ekelhaften Hände an mich legt, geschieht es auf Deinen Befehl: der Tyrann beleidigt mich, nicht der, der die Tyrannei ausübt. Du kannst Deine Mißhandlungen nach Belieben verdoppeln: mein Herz ist ruhig, seitdem es Dich nicht mehr liebt. Deine Seele erniedrigt sich, Du wirst grausam. Sei dessen gewiß, daß Du damit nicht glücklich wirst. Adieu.
Im Serail zu Ispahan, am 2. des Maharram-Mondes 1720.

Hundertneunundfünfzigster Brief

SOLIM AN USBEK IN PARIS

Ich beklage mich, erhabener Herr, und ich beklage Dich: niemals ist ein treuer Diener in solche Tiefen der Verzweiflung herabgestiegen, wie die meine es ist. Erfahre mein Unglück und das Deine. Ich schreibe mit Zittern. Ich schwöre bei allen Propheten des Himmels, daß ich, seitdem Du mir Deine Frauen anvertraut hast, Tag und Nacht über sie gewacht habe. Nicht einen Augenblick habe ich in meiner Sorgsamkeit nachgelassen. Ich begann meinen Dienst mit Züchtigungen, ich habe sie unterbrochen, ohne von meiner natürlichen Strenge abzuweichen. Aber was sage ich? Warum soll ich Dir eine Wachsamkeit rühmen, die Dir nichts genützt hat? Vergiß all meine früheren Dienste, erblicke einen Verräter in mir und bestrafe mich mit all den Strafen, die ich verdient habe.

Roxane, die stolze Roxane, oh Himmel, wem soll man noch trauen? Dir war Zelis verdächtig, Roxane vertrautest Du blindlings. Ihre unzugängliche Tugend war eine grausame Täuschung. Damit verhüllte sie ihre Frevel. Ich habe sie in den Armen eines jungen Mannes überrascht, der sich auf mich stürzte, als ich ihn entdeckt hatte. Er hat mir zwei Dolchstöße versetzt. Die Eunuchen eilten bei dem Lärm herbei und umringten ihn. Er hat sich lange verteidigt und mehrere verwundet, er wollte sogar in Roxanes Gemach zurück, um, so sagte er, vor ihren Augen zu sterben. Schließlich erlag er doch der Übermacht und brach vor unseren Füßen zusammen.

Erhabener Herr, ich weiß nicht, ob ich Deine strengen Befehle abwarten soll. Du hast meinen Händen Deine Rache anvertraut. Ich darf mit ihrer Ausübung nicht zögern.
Im Serail zu Ispahan, am 8. des Rebiab-Mondes, 1, 1720.

Hundertundsechzigster Brief

SOLIM AN USBEK IN PARIS

Ich habe mich entschlossen: Deine Schmach soll gesühnt werden, ich werde bestrafen. Eine heimliche Freude erfüllt mich bereits: meine Seele und die Deine sollen ruhig sein. Wir werden das Verbrechen auslöschen, die Unschuldigen sollen erblassen.

Oh Ihr, die Ihr nur geschaffen zu sein scheint, Eure Sinne zu verkennen, unwürdig selbst Eurer Begierden, ewige Opfer der

Scham und der Schande, wenn ich Euch doch scharenweise in den unglücklichen Serail zurücktreiben könnte, um zu sehen, wie Euch all das Blut, das ich dort zu vergießen gedenke, entsetzt!

Im Serail zu Ispahan, am 8. des Rebiab-Mondes, 1, 1720.

Hunderteinundsechzigster Brief

ROXANE AN USBEK IN PARIS

Jawohl, ich habe Dich getäuscht! Ich habe Deine Eunuchen verführt, ich habe mich an Deiner Eifersucht geweidet und aus Deinem abscheulichen Serail eine Stätte der Lust und der Freuden gemacht. Ich sterbe nun. Das Gift wird meine Adern durchströmen, denn was soll ich hier noch, wo der einzige Mann, der mich im Leben zurückhielt, nicht mehr ist? Ich sterbe, aber mein Schatten entflieht in guter Begleitung: ich habe die verfluchten Wächter, die das edelste Blut der Welt vergossen haben, vor mir ins Jenseits befördert.

Wie konntest Du meinen, ich sei so leichtgläubig, mir einzubilden, ich sei nur dazu da, Deine Launen anzubeten? Und während Du Dir alles erlaubst, hättest Du das Recht, all meine Begierden brachliegen zu lassen? Oh, ich mag wohl in Knechtschaft gelebt haben, in Wahrheit aber war ich frei. Ich habe Deine Gesetze zugunsten derjenigen der Natur gebrochen, und mein Geist ist immer unabhängig gewesen.

Du solltest eigentlich für das Opfer dankbar sein, das ich Dir gebracht habe: ich habe mich dazu herabgelassen, Dir treu zu erscheinen und feige in meinem Herzen verschlossen, was ich aller Welt hätte offenbaren sollen, ja, ich habe den Begriff Tugend mißbraucht, indem ich duldete, daß man mit ihm meine Unterwerfung unter Deine Launen bezeichnete. Dich hat es erstaunt, in mir nicht die Stürme der Liebe zu finden: Hättest Du mich besser gekannt, hättest Du das Wüten des Hasses dort angetroffen. Du hast lange den Vorzug genossen zu glauben, ein Herz wie das meine sei Dir untertan. Beide waren wir glücklich: Du hieltest mich für die Getäuschte – und ich täuschte Dich.

Diese Sprache wird Dir zweifellos neu vorkommen. Sollte es mir gelingen, Dich, nachdem ich Dich zutiefst bekümmert habe, dazu zu bringen, meinen Mut zu bewundern?

Aber es geht mit mir zu Ende. Das Gift verzehrt mich, meine Kräfte verlassen mich, mir fällt die Feder aus den Händen, selbst mein Haß läßt nach: ich sterbe.

Im Serail zu Ispahan, am 8. des Rebiab-Mondes, 1, 1720.

ANHANG

Vorrede zur Ausgabe von 1754

EIN PAAR GEDANKEN ÜBER DIE PERSERBRIEFE[1]

Nichts hat an den *Perserbriefen* besser gefallen, als daß man in ihnen unvermutet so etwas wie einen Roman vorfand. Da gibt es einen Anfang, ein Fortschreiten, ein Ende der Handlung, und die einzelnen Personen stehen in einem festen Zusammenhang miteinander. Je länger der Aufenthalt der Perser in Europa dauert, desto mehr verlieren die Lebensgewohnheiten dieses Erdteils in ihren Köpfen an Verwunderlichem und Fremdem, und es verblüfft sie auch dieses Fremde und Verwunderliche ganz unterschiedlich, je nachdem, wie sie veranlagt sind. Andererseits steigert sich die Unordnung im Serail, in Asien, in dem Maße, wie Usbek ihm fernbleibt, das heißt: Im selben Maße wächst dort die Wut und verringert sich die Liebe. Im übrigen pflegen Romane dieser Art deswegen so viel Anklang zu finden, weil man sich darin selbst über seine jeweilige Lage Rechenschaft ablegt. So ergreifen einen die Leidenschaften weit mehr, als das der Fall wäre, wenn nur in Erzählform über sie berichtet würde. Das ist auch der Grund für den Erfolg einiger reizender Werke, die in der Folge der Perserbriefe erschienen sind.[2] Bei den gewöhnlichen Romanen sind Abschweifungen nur erlaubt, wenn sie selbst wieder einen neuen Roman bilden, und gedankliche Auseinandersetzungen gehören da nicht hinein, weil die Personen ja nicht zusammengekommen sind, um zu diskutieren: das würde dem Plan des Werks und seiner Natur widersprechen. Geht es aber um Briefe, wo die handelnden Personen nicht frei gewählt sind und die behandelten Gegenstände von keinem vorgefaßten Plan, keiner bestimmten Absicht abhängen, ist der Autor in der günstigen Lage, in den Roman Philosophie, Politik und Moral einbringen zu können und das Ganze sozusagen mit einer verborgenen, unbekannten Kette aneinanderzubinden.

Die *Perserbriefe* fanden gleich einen so reißenden Absatz, daß die Buchhändler alle Hebel in Bewegung setzten, um Fortsetzungen zu bekommen. Wen sie trafen, faßten sie am Ärmel und sagten: »Mein Herr, machen Sie mir Perserbriefe!«[3] Was ich gesagt habe, reicht jedoch aus, deutlich zu machen, daß sie keine Fortsetzungen vertragen, geschweige denn, daß sie durchsetzt werden dürften mit Briefen, die von anderer Hand – und sei es auch eine noch so geschickte – geschrieben wurden.

Viele Leute haben gewisse Einzelheiten für zu gewagt gehalten. Sie werden hiermit gebeten, den Charakter dieses Werkes zu bedenken. Die Perser, die darin eine so große Rolle spielen, fanden sich mit einem Mal nach Europa versetzt, das heißt in eine ganz andere Welt. Eine Zeitlang mußten sie notwendigerweise als unwissend und voller Vorurteile dargestellt werden. Es kam nur darauf an, die Entstehung und Entwicklung ihrer Gedanken zu zeigen. Ihre ersten Einfälle mußten absonderlich sein: offensichtlich war es nur erforderlich, ihnen diejenige Absonderlichkeit zu geben, die zu ihrer Geistesart paßte. Es galt zu schildern, welchen Eindruck ihnen die Dinge gemacht hatten, die ihnen so befremdlich vorgekommen waren. Fern davon, Grundsätze unserer Religion in Frage zu stellen, sollte nicht einmal der Verdacht aufkommen, sie könnten unvorsichtig sein. Alle ihre Äußerungen dazu sind mit dem Gefühl der Überraschung und des Staunens verbunden, nicht mit der Absicht, zu überprüfen oder gar zu kritisieren. Wenn sie von unserer Religion sprechen, durften diese Perser nicht wissender erscheinen, als wenn sie von unseren Sitten und Gewohnheiten sprechen. Und wenn sie unsere Glaubenssätze bisweilen sonderbar finden, so hängt dieses Gefühl immer mit der vollkommenen Unkenntnis zusammen, die sie von den Zusammenhängen zwischen diesen Sätzen und unseren anderen Glaubensinhalten haben.

Diese Rechtfertigung erfolgt aus Liebe zu den großen Glaubenswahrheiten und ganz abgesehen von der Hochachtung für das Menschengeschlecht, das man gewiß nicht an seiner empfindlichsten Stelle treffen wollte. Der Leser möge also die Einzelheiten, von denen hier die Rede ist, stets als Auswirkungen der Überraschung betrachten, die unabweislich war, oder als Paradoxien von Leuten, die gar nicht in der Lage waren, solche zu ersinnen.[4] Ihm möge bewußt sein, daß der ganze Reiz der Sache in dem fortwährenden Kontrast zwischen den Dingen selbst und der ungewöhnlichen, naiven oder verschrobenen Sicht bestand, in der sie hier erscheinen. Eigenart und Absicht dieser *Perserbriefe* liegen so offen zutage, daß sie immer nur diejenigen täuschen werden, die sich täuschen lassen wollen.[5]

Anmerkungen zur Vorrede von 1754

1 Diese Vorrede dient vor allem der Selbstverteidigung Montesquieus. Gegen den Vorwurf eines gewissen Abbé Gaultier, der die »Lettres persanes« der Antichristlichkeit bezichtigt hatte, setzt der Autor sich zunächst mit dem Hinweis auf den fiktionalen Charakter des Werkchens zur Wehr. In der Folge manifestiert sich dann aber auch der Stolz über den Erfolg der »Perserbriefe«, den Montesquieu insbesondere auf den Briefroman-Charakter zurückführt, den er zutreffend analysiert. 1761 kamen die »Lettres persanes« dennoch auf den Index librorum prohibitorum.

2 In einer erhaltenen Frühfassung dieser Vorrede wird gesagt, welches die »reizenden Werke« sind, auf die hier angespielt wird. Es sind Richardsons »Pamela« (1741) und die »Lettres d'une Péruvienne« von Mme. de Grafigny (1747) – wovon allein die letzteren an das Vorbild der »Lettres persanes« angelehnt sind.

3 Die »Lettres persanes« Montesquieus haben in der Tat einen ganzen Kometenschweif von Nachbildungen, von Repliken und verschiedensten Werken vergleichbarer Art nach sich gezogen. Genannt seien hier nur – außer den schon erwähnten »Peruanischen Briefen« von Madame de Grafigny – die »Lettres turques« von Poullain de Saint-Foix (1730), die »Lettres cabbalistiques« (1737), die »Lettres juives« (1738) und die »Lettres chinoises« (1739/40) des Marquis d'Argens, sowie die »Lettres siamoises« von Landon (1751) und die »Lettres iroquoises« von Maubert de Gouvest (1752). Die Tradition solcher Briefe fremder, meist »primitiver« Besucher in zivilisierten Ländern reicht übrigens bis in unsere Tage, wie etwa die 1984 neu aufgelegte »Forschungsreise des Afrikaners Lukanga Mukara ins innerste Deutschland« von Hans Paasche bezeugt. Darin wird das wilhelminische

Deutschland aus der Sicht eines führenden »Jugendbewegten« kritisiert.

4 Der Satz ist schwer verständlich. Wahrscheinlich soll verstanden werden, daß die Perser Montesquieus ja gegen die allgemeine Meinung in Europa gar nicht angehen konnten, weil sie sie nicht kannten. Das knüpft an den Wortsinn von Paradoxie an.

5 Der Schlußsatz resümiert die fadenscheinige Selbstverteidigung des Autors: denn natürlich sind die »Lettres persanes« zumindest *auch* christentumskritisch zu verstehen...

Anmerkungen zur Einleitung

1 Hier gilt es, sich daran zu erinnern, daß zur Zeit der Abfassung der *Lettres persanes* noch kein *copy right* existierte: kaum versprach ein Buch erfolgreich zu sein, erschien ein Raubdruck nach dem anderen, für den der Autor nichts bekam. Die traditionelle Weise, mit seinen Publikationen etwas zu »verdienen«, bestand daher in Widmungen, die in meist sehr schmeichelhaften Worten an hohe Herren als »Widmungsepistel« dem Text vorangestellt wurden. Seit Ludwig XIV. selbst alle Macht an sich gerissen hatte, konnte man letztlich nur noch von ihm Unterstützung erhoffen. Dem entsprechen die untertänigen Widmungen der Zeit. Montesquieu konnte natürlich für sein freches Werkchen keine derartige Unterstützung erwarten.

2 Das ist eine jener »Beglaubigungen«, die die Authentizität des Textes betonen sollten – die aber schon damals vermutlich nicht allzuviel Glauben fanden.

3 Auch das ist einerseits eine »Beglaubigung«, andererseits eine Schutzmaßnahme: als Übersetzer brauchte Montesquieu für die ketzerischen Meinungen seiner Perser nicht gerade zu stehen. Zahllose Aufklärer werden zu demselben Trick greifen (darunter Voltaire, der seinen *Candide* für eine Übersetzung aus dem Deutschen ausgab); natürlich fiel die Zensur nicht darauf herein. Aber wenn es einmal einen nachsichtigen Zensor gab, so konnte er leichter die Augen zudrücken und beispielsweise statt eines Verbots eine »stillschweigende Erlaubnis« erteilen. Das hatte Montesquieu sich vom Zensor erhofft; dieser aber (er hieß Veissière) reagierte schroff ablehnend: »reprouvé absolument« (gänzlich abgelehnt) lautete sein Urteil. Das bezog sich hauptsächlich auf Stellen wie die im 24. Brief, wo unverkennbar der Papst und der französische König anvisiert (und als Magier bezeichnet) werden.

Anmerkungen zu den Briefen

1. BRIEF

1 In Kom, einer Stadt nördlich von Ispahan, wurde Fatme, die Tochter eines gewissen Musa al Kakim, verehrt; Montesquieu scheint sie mit der gleichnamigen Tochter Mohammeds zu verwechseln, die nach schiitischer Tradition zur Mutter der zwölf Nachfolger des Propheten wurde.

2 Tauris ist das heutige Täbris in Aserbeidschan.

3 Montesquieu behält die Jahreszahlen nach dem gregorianischen Kalender bei, übernimmt aber die Monatsbezeichnungen der Perser, so wie sie der Reiseschriftsteller Chardin überliefert hat. Man kann diese ungefähr den folgenden Monaten gleichsetzen (das Jahr beginnt im März):

Maharram = März
Saphar = April
Rebiab I = Mai
Rebiab II = Juni
Gemmadi I = Juli
Gemmadi II = August
Rhegeb = September
Schachban = Oktober
Ramazan = November
Schalwal = Dezember
Zilkade = Januar
Zilhage = Februar

Die Chronologie der Perserreise sieht demnach so aus: im März 1711 reisen Usbek und Rica, begleitet von einer Eskorte schwarzer Eunuchen, von Ispahan ab; am 14. April kommen sie in Täbris, an der persischen Grenze, an, von Juni bis mindestens August sind sie in der Türkei, erst im April 1712 kommen sie nach Livorno; Anfang Mai treffen sie schließlich in

Paris ein, wo sie mehr als sieben Jahre bleiben. Die Korrespondenz erstreckt sich über die Jahre 1713 bis 1720, mündet also über den Tod Ludwigs XIV. (1715) in die »Régence«, die Regierungszeit des Herzogs Philippe von Orléans. Die Briefe aus dem Serail werden so wiedergegeben, wie sie Usbek erreicht haben: dabei gibt es manche Überschneidungen, keine regelrechte Korrespondenz mit Frage und Antwort. Einige Briefe sind offenbar auch verloren gegangen. All das trägt zum »authentischen« Charakter des Briefromans bei.

6. BRIEF (SCHLUSS)

1 Jetzt erst schreibt Usbek von Erzerum aus, wohin er bereits die vorausgehenden Briefe 4 und 5 hatte schicken lassen. Erzerum ist die Hauptstadt des türkischen Armenien.

11. BRIEF

1 Die Geschichte der Troglodyten hat Montesquieu Herodot und Pomponius Mela, einem griechischen und einem römischen Historiker, entnommen, aber seinen Absichten gemäß ausfabuliert. Nach den Briefen mehr oder minder lasziven (und voyeuristischen) Charakters folgt hier nun die moralische Lektion: beides gehört zum Gesamtbild der frühaufklärerischen Schrift, die vom frivolen Ton des Rokoko ebenso geprägt ist wie von der Tugendpredigt der Empfindsamkeit.

14. BRIEF (SCHLUSS)

1 »Tugend« ist ein Leitwort der Perserbriefe: Führen die Haremswächter das Wort im Mund, bedeutet es die Keuschheit der Frau, hier aber ist es politisch zu verstehen: der Schluß der Troglodytenfabel ist nicht uninteressant, wenn man an die Rolle denkt, die Montesquieu der Tugend im L'esprit des lois

zusprechen wird. Wie die Angst das Element der Despotie, die Ehre die Grundbedingung der Monarchie ist, so gilt die Tugend dort – als Selbstdisziplin und Gemeinsinn verstanden – als der Zentralbegriff der republikanischen Staatsform, also der Demokratie. Wo sie fehlt, gibt Montesquieu dieser auch keine Chance, was eine bedenkenswerte Erkenntnis sein dürfte.

16. BRIEF

1 Die drei Gräber sind die von Fatme, König Sefi I. und Abbas II.

2 Ali hieß der Schwiegersohn und Nachfolger Mohammeds.

3 Die »Imams«, zwölf an der Zahl, sind die direkten Nachkommen Alis. Wenn Usbek seinen Adressaten den »dreizehnten Imam« nennt, ist das eine religiöse Schmeichelei höchsten Grades.

4 Die bildliche Wendung entstammt dem Koran II, 183. Montesquieu las ihn in der Übersetzung von Du Ryer (1685). Er macht sich sicher indirekt lustig über den Stil dieses »heiligen Buches«, so wie Voltaire sich im Zadig über den biblischen Stil lustig macht. In Brief 97 wird Usbek ausdrücklich den Stil des Koran ablehnen, die cartesianische Philosophie bejahen und erklären, das sei nicht erst einem Sinneswandel seit seinem Aufenthalt im Westen zuzuschreiben. Freilich behauptet er in dem späteren Brief auch, er bleibe dennoch ein Anhänger Mohammeds. Dem Leser bleibt es vorbehalten, die Sorgen Usbeks so ernst zu nehmen, wie sie zu sein scheinen, oder nicht.

17. BRIEF

1 Usbeks Argumente erinnern verdächtig an den Sensualismus eines Locke: demnach hätte sein Aufklärungsprozeß schon vor der Ankunft in Frankreich begonnen, zumindest sind die Keime dazu bereits in ihm angelegt.

18. BRIEF

1 Wörtlich: die Kommentare der Gottesgelehrten zum Koran und zu Mohammeds Worten.

2 Die folgende Geschichte klingt wie eine Parodie auf die Heilige Schrift. Montesquieu hat sie einem Werk von Hermannus Dalmata über die Lehre Mohammeds und der Sarazenen (»Machumetis Saracenorum principis doctrina«) entnommen, das er in einer italienischen Übersetzung gelesen hatte (erschienen 1550). – Das Ganze ist eine Groteske, die Montesquieu dem gelehrten Mullah nur in den Mund legen konnte, um seine Buchgelehrsamkeit lächerlich zu machen – sagt dieser doch von sich schließlich gar, er stünde der Bibliothek Gottes näher als andere Sterbliche...

19. BRIEF

1 Stadt in Kapadokien, Karawanen-Etappe zwischen Smyrna und Persien.

2 Gemeint sind wohl die Malteserritter.

20. BRIEF

1 Vielleicht ist hier der Hinweis darauf angebracht, daß Montesquieu die Entrüstung beabsichtigt hat, die bei einem Brief wie diesem im Leser aufkommen mag: am Schluß wird Usbek die gerechte Strafe ja ereilen, wenn die Revolte im Harem ausbricht und Roxane, seine Lieblingsfrau, sich das Leben nimmt. Die orientalische Inhumanität in Gestalt der Männerherrlichkeit des Haremsbesitzers anzuprangern, ist zweifellos eine der Absichten, die Montesquieu mit seinen Perserbriefen verfolgt. Es geht darin nicht zuletzt um ein Plädoyer für die Menschenwürde, für Freiheit und Autonomie der Frau. Daß dieses Plädoyer mit libidinösen Ideen und mit einem blickfän-

gerischen Ausnutzen voyeuristischer Verlockungen arbeitet, wurde schon angedeutet. Aber es gilt, Mittel und Zweck zu unterscheiden.

23. BRIEF

1 Hier beginnt der »europäische Teil« der *Lettres persanes* und damit die Serie der Beobachtungen, die den Sitten und Gewohnheiten der Menschen im christlichen Abendland gelten. Verständlicherweise (das zeigt die Kohärenz der Gestaltung) fällt Usbek, dessen Gedanken bei seinen Frauen im Serail weilen, die Lebensweise der Frauen zuerst auf. Im übrigen kann er das Fremde noch nicht fassen, das er spürt. Allmählich wird – auf dem Umweg über das Staunen – die Kritik einsetzen, um derentwillen die *Perserbriefe* hauptsächlich geschrieben wurden. Übrigens erinnert die Feststellung über Livorno als junge Stadt an Beobachtungen, wie Montesquieu sie selbst als Italienreisender zu machen pflegte. Wie Usbek interessierte schon Montesquieu sich mehr für die Politik, für Handel und Wandel als für die Kunstwerke oder Naturschönheiten des Landes.

2 Die Perserinnen trugen *vier* Schleier, nicht bloß *einen!*

24. BRIEF

1 In den letzten 25 Jahren seiner Herrschaft änderte Ludwig XIV. den Geldwert wiederholt. 1706 und 1707 zwang er seine Gläubiger, sogenannte »Billets de monnaie« anstelle einer Bezahlung anzunehmen. Es war also nicht erst der Schotte Law, von dem später mehrfach die Rede sein wird, der das Papiergeld erfunden hat.

2 Gemeint ist die Bulle *Unigenitus* vom 8. September 1713. Sie wurde in Frankreich allgemein »La constitution« genannt, vom lateinischen »Constitutio«. Ricas Brief (der in einem weit weniger ernsten Tone geschrieben ist als diejenigen Us-

beks) ist 1712 datiert: das stimmt mit dem Datum des Erlasses der Bulle »vor zwei Jahren« nicht überein. Vielleicht hat Montesquieu selbst diesen Brief 1715 geschrieben und an sich, statt an Rica, als Schreiber gedacht.

3 In der Bulle wird in der Tat den Frauen untersagt, die Bibel zu lesen!

4 Mit den »Derwischen« sind natürlich die Jesuiten gemeint, während die »unsichtbaren Feinde« Ludwigs XIV. die Jansenisten sind, die der König mit Feuer und Schwert bekämpfte und doch nicht ausrotten konnte.

26. BRIEF

1 Wieder ist es nicht zufällig Roxane, an die sich dieser Brief richtet, aus dem die selbstgefällige Blindheit des orientalischen Mannes spricht. Usbek ist, im Gegensatz zu seinem Freund Rica, im Geiste noch gar nicht so recht von zu Hause fort. Um so schlimmer wird ihn das Schicksal schließlich treffen.

2 Diese Schlußwendung zeigt, daß Usbek zu Mitleid fähig ist, nicht aber dazu, die entsprechenden Konsequenzen zu ziehen. Er ist halbherzig. Ob ihn das menschlich sympathischer macht, ist die Frage.

27. BRIEF

1 Die Sonnenstadt ist natürlich Ispahan.

28. BRIEF

1 Die adligen Gecken saßen ja damals noch auf der Bühne. Was Wunder, daß Rica keinen Unterschied zwischen Schauspielern und Zuschauern macht. Die folgende Beschreibung spricht dann aber auch dafür, daß die ersteren über die Rampe sprangen und sich unters Volk mischten. Bis 1782 *stand* übrigens das Publikum im Parterre.

29. BRIEF

1 Irimette, richtiger: Imirette und Georgien sind kaukasische Länder, die Persien tributpflichtig waren.

2 »Distinction« schreibt Montesquieu: das Wort bedeutet im theologischen Sprachgebrauch die verschiedenen Bezeichnungsmöglichkeiten, die es für ein und dieselbe Sache gibt.

3 Mit dem »Stückchen Stoff an zwei Bändern« ist das Skapulier der katholischen Geistlichen gemeint; mit der Provinz Galizien, in die man sich aufgemacht haben müsse, die Pilgerfahrt nach Santiago de Compostela.

4 Wer von der Inquisition zum Feuertod verurteilt war, wurde in ein gelbes Hemd gekleidet, das mit Flammen und Teufeln bemalt war. Des näheren beschreibt Voltaire diese Hemden im *Candide*, Kap. 6. Voltaire nennt sie »San-Benito« (nach dem Heiligen Benedikt). Die Inquisition war ein Lieblingsthema der Aufklärer, sie galt als der Inbegriff des religiösen Fanatismus, der denn auch hier angeprangert wird. Vgl. dazu Brief 85!

32. BRIEF

1 Das Blindenhaus, das Rica besucht, »l'hospice des Quinze-vingts« genannt, wurde von Saint Louis um 1254 gegründet. Es war ursprünglich für dreihundert von den Sarazenen geblendete Ritter bestimmt.

33. BRIEF

1 Reisende, auf deren Bericht Montesquieu hier zurückgreift, haben verschiedentlich von den euphorisierenden Getränken der Perser berichtet, sei's daß der Kaffee, sei's daß Mohngetränke gemeint waren.

2 Hier spricht Usbek wie ein Apologet der Empfindsamkeit! In Wirklichkeit referiert er (im Folgenden) nur die Lehre Galens,

die von arabischen Gelehrten überliefert wurde: Es ist die »Säftelehre«, die die verschiedenen Temperamente erklären sollte.

35. BRIEF

1 *Polygamia triumphatrix* von Johann Leyser (Lyserus), einem Protestanten, erschienen 1682.

36. BRIEF

1 Wahrscheinlich ist das Café Procope gemeint, in dem sich die »Schöngeister« der Zeit trafen.

2 Homer ist gemeint, und die Anspielung bezieht sich auf den »Streit um Homer«, der von Mme. Daciers relativ wortgetreuer Übersetzung (Ilias 1699, Odyssee 1708) ausgelöst wurde, gegen die sich der Klassizist La Motte mit einer modernisierenden und gekürzten Version gewandt hatte, um die Überlegenheit des modernen französischen Geschmacks über den der alten Griechen zu beweisen. Der Homerstreit wird als die letzte Phase der »Querelle des anciens et des modernes« bezeichnet.

3 Gemeint ist das scholastische Latein der Theologen.

4 Das bezieht sich auf die irischen Katholiken, von denen sich etliche nach Frankreich flüchteten, als 1688 Wilhelm von Oranien den englischen Thron bestieg.

37. BRIEF

1 Der Minister (richtiger: Staatssekretär) von 18 Jahren war ein gewisser Marquis de Cany; mit der Mätresse ist natürlich Mme. de Maintenon gemeint, die 1635 geboren wurde und die der König 1684 geheiratet hatte (die Ehe wurde geheim gehalten).

38. BRIEF

1 Gemeint sind die Sarmaten, über deren Sitten Pomponius Mela berichtet.

39. BRIEF

1 Wieder folgt Montesquieu hier dem Bericht des Hermannus Dalmata (vgl. Brief 18).

2 »Isben Abben« ist der arabische Geschichtsschreiber Iben Aber.

40. BRIEF

1 Das berichten die Reiseschriftsteller Tavernier und Bernier, die Montesquieu gelesen hat.

44. BRIEF

1 Hier bezieht sich Montesquieu auf die »Relation d'un voyage aux côtes d'Afrique« von Froger, Paris 1698.

2 Wahrscheinlich ist das eine Anspielung auf Makkabäer I, 1, 3.

45. BRIEF

1 Flanel (gestorben 1418) soll den »Stein der Weisen« gefunden und durch die künstliche Herstellung von Gold ungeheure Reichtümer erworben haben.

2 Auch Raimundus Lullus (1235–1315) zählt zu den Figuren, die in der Geschichte der Alchemie immer wieder genannt werden.

48. BRIEF

1 Die Steuerpächter zählten zu den im Ancien régime zunehmend verhaßten Bürgerlichen, die reich geworden waren, sich ihre Ämter gekauft hatten und dann vornehmlich die Ärmsten der Armen auspoverten. Montesquieus Satire ist noch relativ harmlos. Ungleich heftiger sind etwa die Angriffe, die 1709 Lesage in seiner Komödie »Turcaret« auf sie richtete.

2 Genauer: einer jener Laienpriester, die sich für befugt hielten, Beichten abzunehmen. Man nannte sie »Directeurs de

conscience«; ihr Unwesen ist besonders durch Molières »Tartuffe« bekannt geworden, der ein solcher »Gewissenslenker« war.

3 Anspielung auf das Sprichwort »Fiunt oratores, nascuntur poetae«: Redner kann man werden, zum Dichter muß man geboren sein.

4 Französisch: »un homme à bonnes fortunes«; man könnte vielleicht auch von einem »Don Juan« sprechen, aber im Munde des persischen Beobachters wäre das kein passender Ausdruck.

49. BRIEF

1 Kasbin ist die ehemalige Hauptstadt von Persien.

51. BRIEF

1 Hier steht in unserer Textvorlage lediglich »qui a le ciel pour marchepied«, also: »der den Himmel zur Fußbank«, zum »Fußschemel« oder zum »Trittbrett« hat. Sieht man unterm Stichwort »marchepied« in Littrés »Dictionnaire de la langue française« nach, findet man jedoch – als Zitat aus unserem Brief – den Wortlaut: »Le roi des rois, qui a le ciel pour dais et la terre pour marchepied«. Diese Fassung muß auch Strothmann vorgelegen haben, denn er übersetzt: »... der König der Könige, welcher den Himmel zum Throne und die Erde zu seinem Fußschemel hat...«. Wir ziehen die davon nur wenig abweichende Formulierung Luthers vor, der die Wendung in der Bibel (Jesaias, 66, 1) so wiedergibt, wie sie hier steht.

2 Der tiefere Sinn dieses – sicher auch seiner lustigen Paradoxie wegen eingefügten – Briefes aus Moskau dürfte das philosophische Hauptthema der »Lettres persanes« sein, die Relativität von Normvorstellungen. Dazu paßt jedenfalls das hier Geäußerte (als eine Extremvariante der vom Autor kritisierten Borniertheit und Starrheit).

3 Peter der Große (1682–1721), Zar der Moskowiter, später ganz Rußlands.

60. BRIEF

1 Die Juden wurden 1492 aus Spanien vertrieben, was zum wirtschaftlichen Ruin des Landes beitrug.
2 Anspielung auf die Vertreibung der Hugenotten, die soeben noch von einem Geistlichen gepriesen wurden. Vgl. Brief 85 und 121.

61. BRIEF

1 Anspielung auf Ereignisse, die sich beim Einmarsch der Mandschus in China, im 17. Jahrhundert, abgespielt haben.
2 Kaiser Theodosius eroberte Thessaloniki im Jahre 390, und Ambrosius verweigerte ihm den Zutritt zur Kathedrale von Mailand.

67. BRIEF

1 Gebern oder Parsen hießen die Anhänger Zarathustras, die von den Mohammedanern verfolgt und unterdrückt wurden.
2 Die hier eingeflochtene Erzählung sprengt ein wenig den Rahmen der Perserbriefe. Es ist eine orientalische Geschichte des Typs, wie sie in Frankreich mit den Märchen von 1001 Nacht Mode wurden: Es fehlt weder der Mädchenverkauf noch der Harem, noch die Eifersucht des impotenten Eunuchen, dem der Liebende seine Geliebte entreißt. Dem modernen Leser mag manches daraus parodiereif erscheinen, denn sie steckt voller Klischees. Interessant ist immerhin die Selbstverständlichkeit, mit der hier das Inzest-Tabu übergangen wird, als existierte es nicht. Daß Montesquieu die inzestuöse Liebe als etwas ganz Natürliches hinstellt, paßt in die Thematik der Perserbriefe: was gilt da nicht alles als »natürlich«! Außerdem mag man die Verquickung von Religion und Eros kurios finden: weil die Schwester ihren Bruder liebt und

die Religion das erlaubt, kehrt das Mädchen zum Glauben ihrer Väter zurück. Auch das mochte Montesquieu als ganz »natürlich« gelten: Religion im Dienste der Triebe!

3 Kambyses war König der Perser von 529–522 vor Christi. Vgl. Herodot III, 31.

4 Tiflis ist die Hauptstadt von Georgien, am Kaukasus gelegen.

5 Beiram ist ein anderes Wort für den Harem.

6 Die Sassaniden sind gemeint. Ihr letzter Abkömmling wurde im 7. Jahrhundert von den Arabern geschlagen.

7 Zarathustras »heiliges Buch« ist das Awesta, das im 3./4. Jahrhundert redigiert wurde. Zend Awesta heißt die Schrift, wenn ihr ein mittelpersischer Kommentar beigegeben ist.

8 Balk ist Baktra, die Hauptstadt Baktriens, und gilt als Zarathustras Geburtsort.

9 Gustaspe, oder Vistaspa, ehemaliger Herrscher Baktriens, wurde von Zarathustra besiegt.

10 Hohoraspe hieß der legendäre Vater des obigen.

11 Persische Münze im Wert von ca. 45 Pfund damaliger Währung.

69. BRIEF

1 Der Maler war Zeuxis, die Anekdote berichtet Plinius d. Ä. (35, 36).

2 Nachdem die Argumentation Usbeks – zumindest, wenn man zwischen den Zeilen zu lesen versteht – alles andere als orthodox, sondern im Gegenteil ziemlich aufklärerisch genannt werden konnte, überrascht der fromme Schluß einigermaßen. Ihn hat Montesquieu übrigens erst der Ausgabe von 1754 hinzugefügt. Längst ist Usbek nicht mehr nur frommer Mohammedaner, sondern aufgeklärter Kritiker geworden. Diese Doppelgesichtigkeit gehört zu den »Tricks« des Autors: »honni soit qui mal y pense!«

71. BRIEF

1 Vgl. 5. Buch Mose 22, 13–21.
2 Tochter Mohammeds und Frau des Propheten Ali.

72. BRIEF

1 Tavernier verfaßte Reiseberichte über seine Orientreisen (1676/77), desgleichen der Juwelier Chardin, aus dessen »Voyage en Perse et aux Indes orientales« Montesquieu einen großen Teil seiner Informationen über diese Länder bezog (erstmals 1686).

73. BRIEF

1 Gemeint ist das Wörterbuch der Académie française, das 1694 erschien und als veraltet angesehen wurde. Vier Jahre vorher war Furetières Dictionnaire erschienen.

75. BRIEF

1 Die Mohammedaner wollten angeblich Venedig nicht erobern, weil sie dort kein sauberes Wasser für ihre religiösen Waschungen fänden (Anmerkung von Montesquieu).

77. BRIEF

1 Diesen Brief hat Montesquieu fast bis zur Unverständlichkeit verkürzt. Er bezieht sich auf die Suizidthematik, die im vorigen Brief behandelt wurde. Mit den »zwei Wesen« sind offenbar Körper und Seele gemeint. In den auf Schloß La Brède hinterlassenen Papieren Montesquieus finden sich zwei ausführlichere Fassungen dieses Briefes, die jedoch die Sache auch nicht viel klarer machen. Vielleicht ist die Unklarheit

beabsichtigt – denn was Montesquieu über den erlaubten Selbstmord ausführt, ist alles unorthodox. Auch hier spricht Usbek als Aufklärer!

78. BRIEF

1 Cervantes »Don Quijote« ist natürlich gemeint.
2 Wie immer liegt Montesquieu daran, die beiden Seiten der Medaille zu zeigen: Nach der vernichtenden Spanienkritik folgt eine – wenn auch nur kurze – Frankreichkritik, die nicht minder vernichtend ist.

80. BRIEF

1 Hier spricht bereits der Autor des späteren »Esprit des Lois«.
2 Osman II. wurde 1622 entthront und erdrosselt, ihm folgte Mustapha I., der jedoch auch nur ein Jahr regierte.

81. BRIEF

1 Einmal im 12./13. Jahrhundert durch Dschingis Khan, das zweite Mal im 17. Jahrhundert (gemeint ist die Eroberung Chinas durch die Mandschus).
2 Gemeint ist Kyros, der Gründer des Perserreiches im 5. Jh. vor Christi.
3 S. Brief 67, Anmerkung 9.

83. BRIEF

1 Montesquieu formuliert hypothetisch: immerhin vermag er sich eine Gesellschaft »ohne Religion« – aber eben nicht ohne Gerechtigkeit – vorzustellen. Man kann die Kühnheit solcher Gedanken (für die Zeit) nicht deutlich genug unterstreichen. Freilich hatte vor Montesquieu schon Pierre Bayle, der Autor

des »Dictionnaire historique et critique« (1697) betont, eine Gesellschaft von Atheisten vermöge zu bestehen, nicht aber eine Gesellschaft von Abergläubischen, denn die ersteren könnten tolerant sein, die letzteren nicht. – Auch dieser Brief läßt den künftigen Autor des »Esprit des lois« vorausahnen: es spricht Begeisterung aus seiner Verehrung der Gerechtigkeit, d. h. des Rechts!

84. BRIEF

1 Das »Hôtel des Invalides« wurde 1670 von Ludwig XIV. für die Veteranen seiner Kriege erbaut. (Als Leser des 20. Jahrhunderts mag man Mühe haben, die Begeisterung des Autors für die Opfer der Eroberungskriege des »Sonnenkönigs« zu teilen! Briefe wie dieser müssen eben »historisch« verstanden werden. Es bleibt Aktuelles genug in den »Lettres persanes« – so gleich das Thema des nächsten Briefes: die Toleranz.)

85. BRIEF

1 Schah Soliman herrschte von 1666 bis 1694 über Persien. Allein schon die Daten seiner Herrschaft legen es nahe, an Ludwig XIV. zu denken, der von 1643 bzw. 1661 bis 1715 regierte. Die Folge macht dann vollends deutlich, daß Montesquieu Schah Soliman sagt und den französischen König meint, der – auf Betreiben seiner jesuitischen Berater – die Hugenotten des Landes verwies. Wie die Armenier waren sie die tüchtigsten Händler und Handwerker im Lande. Montesquieu nimmt also in diesem Brief Stellung zur »Révocation de l'édit de Nantes«, der Widerrufung des Toleranzedikts, das Henri-IV. 1593 erlassen hatte und das den Hugenotten in Frankreich relative Religionsfreiheit gewährt hatte. Es ist evident, daß er für die Toleranz plädiert.

2 Schah Abbas regierte von 1587 bis 1629. Wieder passen die Daten ungefähr auf einen französischen König, nämlich Hen-

ri IV., der von 1589 bis 1610 regierte. Montesquieu zählt mit dieser versteckten, aber doch durchsichtigen Anspielung auf den Verfechter der Toleranz, den »guten König Heinrich«, zu den Lobrednern dieses Herrschers, dem aus demselben Grunde schon Voltaire seine *Henriade* gewidmet hatte (1723). Mit dem Versteckspiel, das der Autor in diesem Brief betreibt, dreht er übrigens sozusagen den Spieß um: sonst pflegen seine Perser die französischen Verhältnisse aus ihrer orientalischen Perspektive zu kritisieren, hier nun nehmen sie ihre heimatlichen Verhältnisse ins Visier, um sie, und damit indirekt die französischen, zu kritisieren. Sicher hat die französische Zensur den Autor zu diesem Versteckspiel animiert.

3 Zu den »Gebern«, vgl. Anmerkung 1 zu Brief 67!

4 Wenn auch in Form einer rhetorischen Frage, spricht sich Montesquieu hier doch unzweideutig für religiösen Pluralismus aus.

86. BRIEF

1 Diese öffentliche »Probe aufs Exempel« (preuve du congrès) wurde zwar 1677 in Frankreich abgeschafft, aber ein Prozeß wegen Impotenz des Mannes, den die Marquise de Gesvre 1714 geführt hatte, beschäftigte den Juristen Montesquieu.

89. BRIEF

1 Das Tribunal des Maréchaux de France. Vgl. dazu »Esprit des Lois«, Buch III, Kap. 5–8 und Buch XXVIII, Kap. 17–27.

2 Hier spricht der begeisterte Humanist! Man darf daran erinnern, daß Montesquieu auch eine Schrift über »Größe und Untergang Roms« verfaßte: »Considérations sur la cause de la grandeur des Romains et de leurs décadence«, 1734.

91. BRIEF

1 Mehemet Riza Beg, der 1715 nach Paris kam, war kein Scharlatan, wie angenommen wurde, er entledigte sich nur seiner Aufgabe schlecht.

92. BRIEF

1 Ludwig XIV. starb am 1. September 1715.

2 Philippe von Orléans trat danach die Regentschaft an und setzte sogleich das Parlament von Paris, das Ludwig XIV. entmachtet hatte, in seine alten Rechte wieder ein. Der Adel atmete auf – und damit mag es auch zusammenhängen, daß alsbald ein anderer Ton zu herrschen anfing: Freiere Lebensverhältnisse, aber auch Leichtfertigkeit und Frivolität bestimmten das Klima der Régence (1715–1723).

3 Die Parlamente waren im Ancien régime Gerichtshöfe; vor allem das Pariser Parlament hatte sehr weitgehende, grundsätzlich die Königsmacht einschränkende Befugnisse.

93. BRIEF

1 Santons hießen in Persien die Mitglieder religiöser Orden. In Brief 35 war schon von einem Geistlichen unter Usbeks nahen Verwandten die Rede. Er gehörte ja auch der Oberschicht an, der Diplomaten und geistliche Würdenträger entstammen mochten.

2 Südägyptische Einöde, in die sich die Eremiten zurückgezogen haben sollen.

3 Paulus von Theben, der erste Einsiedler, floh vor der Christenverfolgung des Kaisers Decius in die Wüste. Seinem Beispiel soll der heilige Antonius gefolgt sein, der hier als zweiter genannt wird. Pachomin war einer seiner Jünger, der zahlreiche Jünger um sich versammelte.

95. BRIEF

1 König Amasis von Ägypten soll die Beziehungen zu Polykrates, dem Tyrannen von Samos, so abgebrochen haben, wie es hier geschildert wird (Diodor von Sizilien, I, 95).

96. BRIEF

1 Im Original steht, es seien »viele gelbe Frauen« aus Visapur gekommen, letzteres ist eine Region bei Bombay.
2 Persische Provinz am Südufer des kaspischen Meers.
3 Dem Leser wird nicht entgangen sein, daß der Obereunuch in immer ungünstigerem Licht erscheint, nicht nur grausam, sondern auch noch auf naive Weise zynisch wirkt. So kann man seinen Tod, über den in Brief 149 berichtet wird, mit Erleichterung aufnehmen. Das ist bewußte Strategie, »Antipathie-Lenkung«!
4 Wir sind im Januar 1716: im September 1717 wird der Aufruhr im Serail ausbrechen – aber jetzt schon berichtet der Obereunuch, »die Last« der Eunuchen werde täglich »schwerer«. Montesquieu läßt seine »Romanhandlung« nicht aus dem Auge!

97. BRIEF

1 Dies markiert einen entscheidenden Schritt in der Verwestlichung Usbeks! Nun ist er erst recht zum Aufklärerdenken übergeschwenkt (wobei seine Position zwischen Descartes und Newton nicht ganz leicht zu bestimmen sein dürfte). Die bewundernden Wendungen über die östliche Weisheit klingen jedenfalls wie Beschwichtigungsformeln an die Adresse des frommen Derwischs.
2 Auch das ist ein Schritt fort vom Orient. Wenn Usbek sich weiterhin der blumenreichen Rede der Orientalen bedient, so

offenbar nur aus Höflichkeit. Auch Voltaires »Zadig« wird den »style de la raison« schließlich der orientalischen Metaphorik vorziehen.

98. BRIEF

1 Nach der zeitüblichen Kritik an den Steuereinnehmern folgt nun ein Hinweis auf die »chambre de justice«, die Philippe von Orléans 1716 einrichten ließ, um den Mißbräuchen der Steuereinnehmer zu steuern und diese ihrer verdienten Strafe zuzuführen. Man kann bei diesem Thema kaum umhin, an die Behandlung desselben in Lesages »Turcaret« zu denken (1709).

2 Dies ist wahrscheinlich eine Anspielung auf Adrien-Maurice de Noailles, der von 1715–18 Präsident des Finanzhofes war.

3 Zwar nicht die Töchter der Diener, aber die Diener und Zofen selbst sieht man auch im »Turcaret« und anderen Komödien der Régence in die höheren Gesellschaftsschichten aufsteigen.

100. BRIEF

1 Montesquieu denkt an die Franken, deren germanisches Recht ihm das autochthone zu sein scheint.

2 Justinian ist wohl gemeint. Er ließ bekanntlich (im 5. Jahrhundert nach Christi) das römische Recht kodifizieren.

101. BRIEF

1 »Unigenitus« betitelt, erlassen im September 1713, vgl. Brief 24. Es kann sich nur um eine nachträgliche Debatte darüber handeln. Im Original ist nur von »constitution« die Rede.

102. BRIEF

1 »In Reinkultur« (»dans leur pureté«) ist ein Zusatz von 1758; vgl. dazu Buch VIII des »Esprit des Lois«.
2 Philippe-Auguste (1165–1223). Angeblich soll sein Rivale Richard Löwenherz ihn durch einen gedungenen Meuchelmörder aus dem Orient haben umbringen lassen wollen.

104. BRIEF

1 Römerbrief XIII, 1
2 Die Anekdote soll sich auf Eduard IV. beziehen, der Heinrichs VI. Sohn in der Schlacht von Tewkesbury besiegte (1471).

105. BRIEF

1 Auch die Atombombe ist also schon in Gedanken vorweggenommen worden. Einige der Überlegungen in diesem und dem folgenden Brief sind von einer unheimlichen Aktualität.
2 Damals stand die »chemische« Arzneimittelfabrikation erst in ihren Anfängen; immerhin gab es auch damals schon Medikamente, die, in zu großen Dosen genommen, lebensgefährlich sein konnten. Darauf bezieht sich die Sorge Rhedis.
3 Gemeint ist natürlich die Syphilis, deren amerikanische Herkunft allgemein angenommen wurde.
4 Anspielung auf die allgemeine Geldentwertung, die sich in der Folge der Edelmetallimporte aus Amerika einstellte.

106. BRIEF

1 Das Thema wird also nicht erst seit Rousseaus Preisschrift von 1750 kontrovers behandelt. Unter »Künsten« hat man sich den gesamten Bereich von Handwerk und Kunst sowie

einen Teil der Wissenschaften vorzustellen (lateinisch: »artes«).

2 »... l'interêt est le plus grand monarque de la terre«: diesen Grundsatz des »Kapitalismus« spricht der Altadlige Montesquieu aus! Die folgenden Ausführungen, deren Echo man bis in unsere Tage vernehmen kann, erinnern teilweise bis ins einzelne an Voltaire, der in seinem Gedicht »Le Mondain« auch vom Luxus, dieser »so notwendigen Sache« sprach (»Le superflu, chose très-nécessaire« (1736)).

107. BRIEF

1 Nicht zuletzt deswegen, weil die spanischen Bourbonen einen Anspruch auf den französischen Königsthron erhoben.

108. BRIEF

1 Gemeint sind literarische Zeitschriften, nicht Tageszeitungen.

109. BRIEF

1 Montesquieu folgt hier der Legende, derzufolge Karl der Große schon die Universität Paris gegründet habe.

2 Näheres über diesen Disput erfährt man aus dem Artikel »Ramus« von P. Bayles »Dictionnaire historique et critique«, das hier auch Montesquieus Quelle sein dürfte.

3 Ferdinand von Aragon.

111. BRIEF

1 Durch die während der Fronde kursierenden Pamphlete gegen Mazarin, den sog. Mazarinaden, weiß man, wie verhaßt der landfremde Nachfolger Richelieus in Frankreich war.

2 Insbesondere wurde Mazarin Päderastie nachgesagt, dies seine »Erbsünde«!

112. BRIEF

1 Mit diesem Brief beginnt die Auseinandersetzung Montesquieus mit dem Problem des Bevölkerungsrückgangs, so wie er es sah. Die Meinung, die »Natur« habe ihre ursprüngliche Kraft eingebüßt, findet man auch in der Debatte über die Fortschrittsfrage, die sog. »Querelle des Anciens et des Modernes«.

113. BRIEF

1 Diese Aussage bezieht sich vermutlich auf die Pest von 1348.
2 Die Syphilis.
3 Das Quecksilber, mit dessen Hilfe man die Syphilis bekämpfte.
4 Der Passus in Klammern ist eine Hinzufügung Montesquieus von 1754 und spricht für die zunehmende Skepsis des Autors.

114. BRIEF

1 Koran, II, 183.
2 Koran, II, 223.

116. BRIEF

1 Dies ist einer jener Gedanken, von denen man sagen kann, sie hätten ihre Aktualität bewahrt, obwohl sie in einem Kontext von allerlei Irrtümern stehen, denn daß das Verbot der Ehescheidung zur Abnahme der Bevölkerung beigetragen hätte, müßte erst noch bewiesen werden. Das Thema hat viele kritische Beobachter der Zeit beschäftigt, so noch Diderot, dessen »Supplément au voyage de Bougainville« 1773 die angeblich so freien Liebessitten der Tahitianer mit der Notwendigkeit erklärte, möglichst viele Kinder auf die Welt zu bringen. Heute sind diese Sorgen natürlich einigermaßen anachronistisch geworden, im Gegenteil...

117. BRIEF

1 Im Konzil von Trient wurde das Alter, bis zu dem man sich zur Ehelosigkeit entschlossen haben mußte, auf 16 (nicht 14) Jahre festgelegt.

2 Anspielung auf die Lex Julia und die Lex Pappia Poppea, die Augustus erlassen hatte.

118. BRIEF

1 Montesquieu wird verschiedentlich auf das Thema zurückkommen, so in Buch 22 des »Esprit des Lois«. Daß Gold und Silber keinen Wert an sich darstellen, ist eine in der kolonialkritischen Literatur der Zeit öfters anzutreffende Behauptung. Meist wird sie »edlen Wilden« in den Mund gelegt.

119. BRIEF

1 Chinesisches Wort, das den Himmel bezeichnet.

120. BRIEF

1 Das Gesetz wurde schon 1556 erlassen, 1708 wurde es erneuert.

121. BRIEF

1 Montesquieu argumentiert naturwissenschaftlich, auch wenn seine Feststellung irrig ist: das Wie bleibt interessant, mag das Was auch nicht stimmen.

2 Réunion, die Anekdote beruht auf Berichten eines Reiseschriftstellers namens Flacourt (»Histoire de la grande isle de Madagascar«, 1658).

3 Natürlich ist Montesquieu in die lange Reihe der Leser von

Las Casas einzureihen, der die Grausamkeiten der spanischen Konquistadoren angeprangert hatte (und woraus das entstand, was patriotische Spanier die »schwarze Legende«, »la leyenda negra« nannten).

4 Das kann sich nicht auf das heutige Brasilien, sondern nur auf gewisse Besitzungen der Portugiesen in der Karibik beziehen.

122. BRIEF

1 Nach einem (humanen!) Gesetz von 1688 (erneuert 1701) durften nur unverheiratete Männer zu Soldaten gemacht werden!

123. BRIEF

1 Die Türken hatten 1716 Temesvár und 1717 Belgrad verloren.

2 Vielleicht ist der Kardinal Alberoni gemeint, der im Auftrag des spanischen Königs den Sultan unterstützte.

3 Prinz Eugen von Savoyen, der Oberbefehlshaber der kaiserlichen Heere.

4 Omar I., der Anführer der Sunniten, die die schiitischen Perser – damals wie heute – haßten.

124. BRIEF

1 Anspielung auf Ludwigs XIV. Praxis, sich die am Hofe versammelten Günstlinge zu verpflichten. Montesquieu spricht hier als Feudalherr, dem die »Günstlingswirtschaft« des Sonnenkönigs ein Graus ist.

2 Um die Karikatur des Amtsstils zu verdeutlichen, haben wir die einzelnen Punkte dieser »Verordnung« durchnumeriert.

126. BRIEF

1 Der Botschafter des spanischen Königs am französischen Hof, ein Fürst von Cellamare, wurde 1718 wegen eines Komplotts gegen den Regenten verhaftet.

2 Der Duc du Maine, unehelicher Sohn Ludwigs XIV., also Onkel von Ludwig XV. und dessen Erzieher, war in das Komplott des Fürsten von Cellamare verwickelt.

127. BRIEF

1 Karl XII. von Schweden starb, wie es hier geschildert wird. Sein Premierminister war der Baron v. Goertz, der 1719 hingerichtet wurde.

128. BRIEF

1 Tarquinis Superbus, nach Livius I, 54. Indem er dem Mohn die Blüten abhieb, soll er seinem Sohn Sextus klargemacht haben, welches Schicksal den Gabiern drohte, wenn sie sich gegen ihn erhöben.

2 Zeiteinteilung, die vom Sonnenaufgang zum Sonnenuntergang reichte und auf älteren Sonnenuhren zu finden ist.

3 1719 wurde diese spanische Stadt vom Marschall v. Berwick eingenommen. Die Datierung stimmt!

130. BRIEF

1 Das Wort »nouvelliste«, das Montesquieu hier gebraucht, hat im Deutschen keine Entsprechung. Gemeint ist eine Person, die Neuigkeiten verbreitet und Prophezeiungen macht. Wir behalten das Wort (etwas an unsere »Novelle« angelehnt) bei, setzen es in Anführungszeichen und geben zwei Verdeutschungen, die das Gemeinte verdeutlichen. Die »Novellisten« trafen sich im Tuileriengarten.

2 Montesquieu veranschaulicht in der Folge, wie die Prophezeiungen der »Novellisten« auszusehen pflegten. Da er den Argumentationszusammenhang des Briefes zerreißt, bringen wir den Text an dieser Stelle:
Ein Mann, der dasselbe Haus bewohnt wie ich, erhielt den folgenden Brief eines »Novellisten«. Da er mir interessant vorkam, habe ich ihn aufgehoben. Hier ist er:

Sehr geehrter Herr,

bei meinen Voraussagen über Zeitereignisse täusche ich mich selten. Am 1. Januar 1711 sagte ich voraus, daß der Kaiser Joseph im Laufe dieses Jahres sterben würde. Da er bei bester Gesundheit war, glaubte ich allerdings, man würde sich über mich lustig machen, wenn ich mich unmißverständlich ausdrückte. Daher habe ich mich einer etwas verschlüsselten Ausdrucksweise bedient. Aber wer denken kann, hat mich trotzdem verstanden. Am 17. April des Jahres starb er an den Pocken.

Kaum war der Krieg zwischen dem Kaiser und den Türken erklärt, da suchte ich meine Kollegen im Tuileriengarten auf. Ich rief sie in der Nähe des Wasserbeckens zusammen und sagte voraus, daß Belgrad belagert und eingenommen werden würde. Glücklicherweise traf das von mir Prophezeite auch ein. Zugegeben: die Belagerung war ungefähr zur Hälfte absolviert, da wettete ich 100 Pistolen, daß sie am 18. August zu Ende sein würde. Belgrad fiel am 19. August: kann man sich um weniger vertun?

Als die spanische Flotte in Sardinien landete, wußte ich im voraus, daß die Insel erobert werden würde. Ich prophezeite es und traf die Wahrheit. Übermütig geworden durch diesen Erfolg, fügte ich hinzu, die siegreiche Flotte werde in Finale Ligure landen, um die Provinz Mailand zu erobern. Man wollte mir das nicht glauben, und ich bestand selbstsicher auf meiner Behauptung: ich wettete 50 Pistolen und verlor auch sie, denn Alberoni, dieser Teufelskerl, schickte seine Flotte, den Abmachungen entgegen, nach Sizilien und täuschte auf die Weise zugleich zwei große Politiker: den Herzog von Savoyen und mich.

Das hat mich so durcheinandergebracht, daß ich zwar immer noch prophezeie, aber nicht mehr wette. Früher kannten wir auch in den Tuilerien den Usus zu wetten nicht: der Graf von L. *** duldete ihn nicht. Seitdem aber eine Anzahl von Gecken unter uns ist, weiß man nicht mehr, was sich gehört. Kaum haben wir den Mund aufgemacht, um eine Neuigkeit vorzubringen, da wettet einer von diesen jungen Leuten schon dagegen.

Neulich schlug ich gerade mein Manuskript auf und wollte meine Brille auf die Nase setzen, da ergriff einer von diesen Prahlhänsen zwischen meinem ersten und meinem zweiten Wort die Gelegenheit, um zu sagen: »Ich wette 100 Pistolen, daß das Gegenteil eintreffen wird.« Ich tat so, als hätte ich es nicht gehört, und fuhr mit um so lauterer Stimme fort: »Da der Herr Marschall von *** erfahren hat, daß...« – »Falsch, schon wieder falsch!«, schrie mein Widersacher, »Ihre Prophezeiungen stimmen nie, es steckt kein Fünkchen gesunder Menschenverstand drin!« –

Ich bitte Sie, verehrter Herr, mir dreißig Pistolen zu leihen, denn all diese Wetten haben mich ziemlich ruiniert, das muß ich ehrlich sagen. Anbei folgt die Kopie zweier Briefe, die ich dem Minister geschrieben habe.

Hochachtungsvoll, usw.

Euer Gnaden,

ich bin der eifrigste Untertan des Königs, den es je gegeben hat. Ich war es, der einen seiner Freunde gebeten hat, den Plan eines Buches auszuführen, in dem dargetan wird, daß Ludwig der Große der größte aller Fürsten war, die je den Titel »der Große« erhalten haben. Seit langem arbeite ich an einem Werk, das unserer Nation noch mehr Ruhm bringen soll, wenn Euer Gnaden mir das Druckprivileg erteilen will: Es ist meine Absicht zu beweisen, daß die Franzosen seit Beginn der Monarchie nie geschlagen worden sind. Was die Geschichtsschreiber bisher darüber geschrieben haben, sind regelrechte Verleumdungen. Ich fühle mich verpflichtet, sie bei vielen Gelegenheiten zu korrigieren und wage mich dessen zu brüsten, daß ich vor allem in den Korrekturen Hervorragendes leiste.

Hochachtungsvoll, usw.

Euer Gnaden,

seitdem wir den Verlust des Herrn Grafen von L. *** erleiden mußten, bitten wir Euer Gnaden inständig, uns zu erlauben, daß wir einen neuen Präsidenten wählen. Unsere Versammlungen sind in Unordnung geraten, und die Staatsangelegenheiten werden nicht mehr mit demselben Ernst behandelt, wie das früher der Fall war. Unser junger Nachwuchs hat keinen Respekt vor den Älteren und ist disziplinlos. Es geht bei uns zu wie in der Judenschule. Vergeblich versuchen wir den jungen Leuten klarzumachen, daß wir friedliche Besitzer des Tuileriengartens waren, lange ehe sie auf die Welt kamen. Ich befürchte, sie werden uns am Ende daraus vertreiben. Wenn wir diese Stätte verlassen müssen, wo wir so oft die Schatten unserer Nationalhelden heraufbeschworen haben, müssen wir schließlich in den zoologischen Garten umziehen. Vielleicht sogar an einen noch entlegeneren Ort.

Hochachtungsvoll, usw.

132. BRIEF

1 In diesem Brief werden offenbar die verschiedenartigen Folgen des Finanzexperiments von Law geschildert, das die einen verarmte, andere über Nacht reich machte, auf jeden Fall

aber eine allgemeine Unsicherheit in das gesamte Finanzwesen brachte. 1720 machte dann Law mit seinen Bankgründungen Bankrott, weil zuviel mit den Landverschreibungen in Übersee, auf die er Schecks ausgestellt hatte, spekuliert worden war. Daß jemand darüber unglücklich ist, daß ihm das Geld, das er verliehen hatte, zurückgezahlt wird, bleibt schwer zu erklären: vielleicht sollte es ungeheure Zinsen bringen?

2 Hier wird auf die Neureichen angespielt, die Laws Finanzexperiment in größerer Zahl produzierte: natürlich versuchten sie, ihre adlige Abstammung zu beweisen.

3 Fürst Pius von Savoyen befehligte die spanischen Truppen in Katalonien und drohte ins Languedoc einzufallen.

133. BRIEF

1 Wahrscheinlich die Klosterbibliothek von St. Victor, die 1707 in eine öffentliche Bibliothek umgewandelt wurde.

134. BRIEF

1 Der Quietismus – nicht mit unserem deutschen Pietismus zu verwechseln, obwohl er in einigen Zügen damit verwandt sein mag – ist eine Frömmigkeitsbewegung, die, von Bischof Fénelon und seiner Anhängerin, Mme. Guyon, verbreitet, die christliche Vollkommenheit im Verzicht auf den eigenen Willen und in der gänzlichen Hingabe an Gott erblickte.

135. BRIEF

1 Es ist klar, daß hier die Alchemie mitgemeint sein muß.

2 Dieser Mathematiker dürfte der Schotte Law sein, über den das folgende Spottlied umging:

Cy gît cet Ecossais célèbre,
Ce calculateur sans égal,
Qui par les règles de l'algèbre
A mis la France à l'hôpital.

(Hier ruht der berühmte Schotte / Dieser unvergleichliche Rechenmeister, / Der mit seinen algebraischen Regeln / Frankreich ins Krankenhaus gebracht hat.)

137. BRIEF

1 Homer und Vergil.

2 Das Urteil spricht für die Nähe zur französischen Klassik, in der wir uns hier noch befinden – denn diese war ja vor allem eine »Theaterklassik«!

3 Das ist bereits eine typisch aufklärerische Äußerung: wer von den großen Autoren der Aufklärung hätte schon Sinn für Lyrik gehabt?

4 In der Tat sind ja die Schäfer der Hirtendichtung alles andere als wirkliche Schäfer. Zumindest die Autoren der Gattung, die Montesquieu vor Augen haben konnte, Sannazaro, Tasso oder Honoré d'Urfé, ließen in ihren Werken eher verkleidete Höflinge als echte Schäfer auftreten.

5 Auch die Kritik am Roman ist typisch für die klassizistische Einstellung, die Montesquieus »aufgeklärter« Bibliothekar von Sankt Viktor bekundet.

138. BRIEF

1 Schon 1718 wurden die sieben »conseils«, die der Regent ins Leben gerufen hatte, wieder abgeschafft.

2 N. *** ist der Herzog von Noailles (vgl. Brief 98).

3 Wieder ist John Law gemeint, der schottische Finanzreformer, der mit seinem Banknoten- und Aktiensystem Frankreichs Wirtschaft sanieren zu können hoffte, dessen Aktienpapiere aber schon 1720 durch Spekulationen, mit denen er

nicht gerechnet hatte, nichts mehr wert waren. So waren einige rasch zu Reichtum gekommen, andere aber hatten ebenso rasch ihr ganzes Geld verloren.

4 Die Rue Quincampoix, wo Laws Bank eingerichtet worden war.

139. BRIEF

1 Ulrike Eleonore von Schweden, Schwester Karls XII. und Frau des deutschen Prinzen Friedrich von Hessen-Kassel.

140. BRIEF

1 Das Pariser Parlament wurde in der Tat nach Pontoise »verbannt« und mußte von Juli bis Dezember 1720 dort tagen.

2 Es war ja die Aufgabe des Pariser Parlaments, Regierungserlasse zu »registrieren« und damit rechtsgültig zu machen. Wenn es dies nicht tat, konnte nur der König durch seine persönliche Anwesenheit bei der entsprechenden Parlamentssitzung seinen Willen durchsetzen.

141. BRIEF

1 Denkt man an die Rebellion im Serail, die schon längst ausgebrochen ist, kann von »angenehmen Tagen« Ricas bei Usbek nicht die Rede sein. Ob dies eine (unterschwellige) Anspielung darauf ist? Denn sonst werden die Ereignisse im Serail konstant verschwiegen: der allmählich ernster werdende Ton der Briefe Usbeks mag allenfalls darauf schließen lassen, daß dort nicht alles in bester Ordnung ist.

2 Merkwürdig ist, daß Rica behauptet, das persische Märchen selbst übersetzt zu haben: hier hätte es also der angeblichen Übersetzertätigkeit des Herausgebers nicht bedurft!

3 In nuce spiegelt die Geschichte von Ibrahim und Anaïs die Entwicklung – sagen wir: – vom »machistischen« zum »femi-

nistischen« Tenor, die die Perserbriefe insgesamt kennzeichnet! Auf jeden Fall kündigen die Wunscherfüllungen im Märchen die Freiheiten an, die sich Usbeks Haremsfrauen schließlich nehmen werden. Die eingeschobene Erzählung ist kein Fremdkörper im »Roman«.

4 Muß betont werden, welchen Sinn der »falsche Ibrahim«, das heißt die Erzählerin hier dem Wort »tugendhaft« gibt? (Gemeint ist etwa das, was man heute »Lustbejahung« nennen würde.)

142. BRIEF

1 Hier folgt in Montesquieus Text die folgende allegorische Geschichte, die wir in die Anmerkungen verlegen, weil sie (wie die Zusätze zu Brief 130) den als solchen bereits abgerundeten Brief zu übermäßiger Länge aufblähen. Der Text bedarf wegen seines allegorischen Charakters überdies einer Reihe zusätzlicher Anmerkungen, die wir im Anschluß anbringen.
Zunächst schicke ich Ihnen erst einmal das folgende Fragment eines alten griechischen Mythologen, das bisher unediert ist. Ich habe es in einer verstaubten Bücherei entdeckt. Aber ich muß Sie nun allein lassen: eine dringende Angelegenheit ruft mich: eine schöne Stelle im älteren Plinius muß bereinigt werden: Schreiber des 5. Jahrhunderts haben sie schändlich korrumpiert.

Hochachtungsvoll, usw.

Fragment einer alten Sage

Auf einer Insel in der Nähe der Orkaden[1] wurde einst ein Kind geboren, das Äolus, den Gott der Winde, zum Vater und eine kaledonische Nymphe zur Mutter hatte. Es war ein Knabe und es heißt, er habe ganz allein mit den Fingern zählen gelernt. Im Alter von vier Jahren soll er schon die verschiedenen Metalle[2] so gut haben unterscheiden können, daß er, als seine Mutter ihm einen Ring aus Messing anstelle eines goldenen Ringes habe geben wollen, den Betrug sofort erkannte und den Ring zu Boden warf.

Als er groß war, lehrte ihn sein Vater das Geheimnis, wie man Wind in Schläuche füllt, die man dann den Reisenden verkaufen kann. Da diese Ware sich aber in seinem Lande keiner großen Beliebtheit erfreute, verließ er es und machte sich in Gesellschaft des blinden Glücksgottes auf die Wanderschaft in die weite Welt.

Auf seinen Reisen erfuhr er, daß im Lande Bätica[3] überall Gold glänze. So eilte er schnurstracks dorthin. Saturn, der dazumal in dem Lande herrschte, empfing ihn unwirsch, als aber seine Herrschaft auf Erden zu Ende gegangen war, begab der junge Mann sich an die Straßenkreuzungen und rief mit rauher Stimme: ›Volk von Bätica, Ihr haltet Euch für reich, weil Ihr Gold und Silber habt. Euer Irrtum dauert mich. Glaubt mir,

1 Die Orkaden und Kaledonien spielen auf Schottland, John Laws Herkunftsland, an. Daß der Schotte als Äolus' Sohn bezeichnet wird, mag man als ein Symbol für seine »windige Gestalt«, das unernste Spekulantentum ansehen, das ihn in Montesquieus Augen kennzeichnete.

2 Damit ist die eigentliche Begabung des Finanz-Experten gekennzeichnet.

3 Bätica, eigentlich die Bezeichnung der alten Römer für Andalusien, meint natürlich Frankreich, Saturn ist Ludwig XIV.

verlaßt das Land der eitlen Metalle und folgt mir ins Reich der Phantasie. Ich verspreche Euch Reichtümer, die Euch baß erstaunen werden.‹ Alsbald öffnete er einen großen Teil der Schläuche, die er mitgebracht hatte, und verteilte seine Ware unter den Interessenten.

Am nächsten Tag erschien er wieder an den Kreuzwegen und rief: ›Volk von Bätica, wollt Ihr reich werden? Stellt Euch vor, wie reich ich bin und wie reich auch Ihr seid. Ihr müßt Euch nur jeden Morgen einbilden, Euer Vermögen habe sich während der Nacht verdoppelt. Dann steht Ihr auf und, wenn Ihr Gläubiger habt, bezahlt Ihr sie mit dem Eingebildeten – sagt ihnen nur, sie sollten sich ihrerseits ihren Reichtum einbilden.‹

Wenige Tage später erschien er wieder und sagte: ›Volk von Bätica, ich sehe, daß Eure Phantasie nicht mehr so lebhaft ist wie an den ersten Tagen. Laßt Euch von mir leiten, ich will Euch jeden Morgen ein Plakat vor Augen halten[1], das der Quell all Euren Reichtums sein soll. Es stehen nur vier Worte darauf, aber sie sind bedeutungsschwer. Denn nach ihnen richtet sich die Mitgift für Eure Frauen, das Erbteil für Eure Töchter und die Zahl Eurer Dienstboten. Was aber Euch angeht (sprach er zu den Leuten, die am nächsten bei ihm standen), Ihr, meine lieben Kinder – denn so darf ich Euch nennen, verdankt Ihr mir doch eine zweite Geburt – so sollt Ihr meinem Plakat den Prunk Eurer Equipagen und Eurer Freudenfeste verdanken, ebenso die Zahl Eurer Mätressen und das Geld für ihren Unterhalt.‹

Wieder ein paar Tage später erschien er ganz außer Atem abermals an der Kreuzung, und zornerfüllt rief er: ›Volk von Bätica, ich habe Euch geraten, Eure Phantasie anzustrengen,

1 Damit sind die Anschläge gemeint, denen der jeweilige Kurs der Aktien zu entnehmen war, die Law eingeführt hatte und die mit Ländereien gedeckt sein sollten, die der Compagnie des Indes gehörten.

und Ihr tut es nicht. Nunmehr befehle ich es Euch.‹ – Darauf verließ er sie abrupt, aber es fiel ihm etwas ein, das ihn innehalten ließ: ›Ich habe erfahren, daß einige von Euch die Unverschämtheit besitzen, ihr Gold und Silber zu behalten. Silber, das ginge noch an... Aber Gold!... Gold! Das entrüstet mich... Ich schwöre, bei meinen geweihten Schläuchen, wenn man mir das Gold nicht abliefert, werde ich die Leute schwer bestrafen.‹ – Und voller Überzeugungskraft fügte er hinzu: ›Denkt Ihr, ich verlangte das um dieser elenden Metalle willen? Den Beweis dafür, daß ich ehrlich bin, gab doch die Tatsache, daß, als Ihr mir vor ein paar Tagen das Gold abgeliefert habt, ich Euch die Hälfte gleich wieder zurückgegeben habe.‹

Am darauffolgenden Tage erschien er wieder, und von weitem schon hörte man ihn sich mit sanfter und süßer Stimme in die Gemüter seiner Zuhörer einschmeicheln: ›Volk von Bätica (sagte er), ich höre, Ihr habt einen Teil Eurer Schätze ins Ausland abgeschoben. Ich bitte inständig: laßt es zurückkommen, es würde mir Freude machen, und ich wäre Euch ewig dankbar dafür.‹

Der Sohn des Äolus sprach zu Leuten, die keine Lust hatten zu lachen. Sie konnten sich dessen dennoch nicht enthalten, und das brachte ihn in Verwirrung. Doch er fing sich wieder und versuchte es noch einmal mit einer kleinen Bitte: ›Ich weiß auch, daß Ihr Edelsteine besitzt (sagte er), bei Jupiter, rückt sie heraus! Nichts macht ärmer als Edelsteine, gebt sie her! sage ich. Und wenn Ihr es nicht selbst tun wollt, habe ich tüchtige Gewährsleute, die das besorgen können. Wieviel Reichtum wird sich über Euch ergießen, wenn Ihr meinem Rat folgt. Ich verspreche Euch das edelste, was in meinen Schläuchen steckt.‹

Schließlich bestieg er ein Podest, nahm eine noch selbstsicherere Stimme an und sprach: ›Volk von Bätica, ich habe den Glückszustand, in dem Ihr Euch nun befindet, mit dem verglichen, in dem Ihr Euch befandet, als ich kam: Ihr seid jetzt das reichste Volk der Welt. Aber, um Euer Glück voll zu machen, gestattet, daß ich Euch die Hälfte Eures Vermögens wegnehme.‹

Nach diesen Worten verschwand Äolus' Sohn auf leichten Schwingen durch die Lüfte und hinterließ seine Zuhörer in einer unbeschreiblichen Bestürzung. Deshalb kam er am folgenden Tage noch einmal zurück und sprach: ›Ich habe gemerkt, daß meine gestrige Rede Euch mißfallen hat. Nun, tut so, als hätte ich nichts gesagt. Ich gebe zu: die Hälfte ist zu viel. Es gibt noch andere Mittel und Wege, zu dem Ziel zu gelangen, das ich vor Augen habe. Tun wir unsere Reichtümer an ein und demselben Ort zusammen. Das können wir leicht, denn sie brauchen nicht viel Platz.‹ Und schon waren drei Viertel davon verschwunden.

143. BRIEF

1 In Livorno hatten ja die reisenden Perser Station gemacht. Dort muß Rica den jüdischen Arzt kennengelernt haben. Thematisch mag dieser Brief dadurch motiviert sein, daß Rica darin etwa ebenso dem orientalischen Aberglauben abschwört, wie Usbek es getan hatte: beide Perser sind von der Aufklärung angesteckt!

2 In einem gewissen Widerspruch zu der Behauptung, die man am Schluß dieses Briefes lesen konnte, folgt im Original (d. h. in der Textfassung »letzter Hand«, der wir folgen) ein »Postscriptum«, das folgendermaßen lautet:

P.s. Ich hatte den Brief beendet, als ich einen Straßenverkäufer einen Brief anpreisen hörte, den ein Provinzarzt an einen Pariser Arzt geschrieben haben soll (denn hier werden alle Bagatellen gedruckt, veröffentlicht und gekauft). Ich hielt es für richtig, ihn Dir zu schicken, denn er bezieht sich auf unser Thema:

Brief eines Provinzarztes an einen Pariser Arzt

In unserer Stadt gab es einen Kranken, der schon 35 Tage lang nicht mehr geschlafen hatte. Sein Arzt verschrieb ihm Opium. Aber er konnte sich nicht entschließen, es einzunehmen. Den Becher in der Hand, wurde er plötzlich unschlüssig. Schließlich sagte er zu seinem Arzt: »Bitte geben Sie mir wenigstens bis morgen Aufschub. Ich kenne jemanden, der zwar nicht Arzt ist, aber doch eine große Anzahl von Schlafmitteln besitzt. Erlauben Sie, daß ich ihn holen lasse. Wenn ich die nächste Nacht auch nicht schlafen kann, verspreche ich, wieder zu Ihnen zu kommen.« – Der Arzt ging, der Kranke zog die Vorhänge zu und sagte zu seinem Diener: »Eile zu Herrn Anis[1] und sag ihm, er soll kommen.« Herr Anis kam. »Mein lieber Anis, ich sterbe, ich kann nicht schlafen. Hätten Sie nicht in Ihrem Laden die Werke von G... oder irgendein Erbauungsbuch vom Jesuitenpater X...[2], das unverkauft geblieben ist? Denn oft sind die unverkäuflichen Mittel die besten.« – »Ich habe den ›Heiligen Hof‹ des Paters Caussin in sechs Bänden, Ihnen zu Diensten (sprach Anis). Die können Sie haben. Mögen Sie Ihnen wohl bekommen. Wenn Sie dazu noch die Werke des spanischen Jesuiten Rodriguez haben wollen: scheuen Sie sich nicht! Aber meiner Meinung nach genügen die Werke

1 Anis ist der Buchhändler Anisson, der mit frommen Erbauungsbüchern handelte.

2 Unnötig, die Anspielungen zu entschlüsseln: es handelt sich (wie angegeben) um jesuitische Theologen. Auch der einschläferndste aller Autoren, Caussin, war Jesuit (übrigens ein beliebter Prediger und Beichtvater Ludwigs XIII.) Der Titel »Geheiligter Hof« ist authentisch: »Cour Sainte, ou Institution chrétienne des Grands« (Caussin lebte 1583–1651), Voltaire wird den »Gag« der einschläfernden Jesuitenlektüre in seinem »Bericht über die Krankheit, den Tod... (usw.) des Jesuitenpaters Berthier nachahmen (in den »Dialogues philosophiques«).

des Paters Caussin: mit Gottes Hilfe kann ein Satz von ihm genauso wirksam sein wie ganze Kapitel von G... Anis eilte, die Medizin aus seinem Laden zu holen. Der »Heilige Hof« wird übergeben, der Staub abgewischt, der Sohn des Kranken, ein Schüler noch, fängt an zu lesen und spürt sogleich die Wirkung: bei der zweiten Seite angelangt, konnte er nur noch flüstern, und schon ermüdete die ganze Gesellschaft. Einen Augenblick später schnarchte alles außer dem Kranken, der noch eine kleine Weile litt und dann auch einschlief.

Am nächsten Morgen kommt der Arzt wieder. »Nun, haben Sie mein Opium eingenommen?« Keine Antwort: Frau, Tochter und der kleine Junge weisen alle freudig erregt auf den Pater Caussin hin. Er fragt, was los sei, sie sagen: »Es lebe der Pater Caussin! Man müßte ihn einbinden lassen! Wer hätte das geglaubt? Ein Wunder ist geschehen! Hier haben Sie den Pater Caussin, dieser Band hat unserem Vater den Schlaf zurückgegeben.« Darauf erzählte man dem Arzt, wie die Sache sich zugetragen hatte.

(Folgen weitere Beispiele einschläfernder Lektüre, die Montesquieu dem Text hinzugefügt, aber selber für die Ausgabe von 1754 wieder gestrichen hat.)

144. BRIEF

1 Im Text steht »mein Usbek«, was nur ein Irrtum sein kann, denn Usbek ist ja der Verfasser des Briefes.

145. BRIEF

1 Vielleicht spiegeln sich in diesem Brief gewisse Erfahrungen des Autors, der zwar viel in Gesellschaft verkehrte, aber kein amüsanter Gesellschafter gewesen sein soll. Die leichte Verbitterung, die man aus dem Brief heraushören kann, paßt aber auch in das sich verdüsternde Klima der »Perserbriefe«.

2 An dieser Stelle unterbricht Montesquieu wieder den Gedankengang, um eine Anekdote einzuflechten, die wir hier wiedergeben, weil sie (nach unserer Überzeugung) eine Aufschwemmung des Textes darstellt, von der man fast annehmen möchte, er habe sie (wie die Einschübe des vorletzten Briefes) einem Verleger zuliebe hinzugefügt, der »mehr Buch fürs Geld« haben wollte. So etwas war damals durchaus üblich. Hier der Wortlaut:

Ich kann nie an die Schwierigkeiten der Gelehrten denken, ohne daß mir ein Brief eines solchen einfiele, den er einem Freund schrieb. Hier ist er:

Sehr geehrter Herr,

Ich bin ein Mensch, der jede Nacht aufsteht, um mit einem dreißig Fuß langen Fernrohr die großen Himmelskörper zu betrachten, die über unseren Häuptern schweben. Wenn ich mich aber erholen will, greife ich zu meinem Mikroskop und beobachte eine Wanze oder Milbe. – Ich bin nicht reich und bewohne nur ein Zimmer. Ich wage kein Feuer anzumachen, weil ich hier mein Thermometer habe und die künstliche Wärme es zu hoch treiben würde. Letzten Winter wäre ich vor Kälte beinahe gestorben, und obwohl mein Thermometer, das ganz unten angelangt war, mir sagte, meine Hände würden erfrieren, habe ich mich nicht darum gekümmert. So habe ich den Trost, genauestens über die wirklichen Temperaturschwankungen des vergangenen Jahres im Bilde zu sein. Ich verkehre kaum mit Menschen, und von den Leuten, die ich sehe, kenne ich keinen näher. Aber in Stockholm, in Leipzig und in London lebt jemand, den ich nie gesehen habe, mit dem ich in ständiger Korrespondenz stehe. Sobald Post kommt, antworte ich sofort.

Obwohl ich niemanden in meinem Viertel kenne, stehe ich dort in denkbar schlechtem Ruf. Ich werde es wohl eines Tages verlassen müssen. Vor fünf Jahren schon hat mich eine meiner Nachbarinnen rüde beschimpft, weil ich einen Hund seziert hatte, von dem sie behauptete, er habe ihr gehört. Die Metzgersfrau, die dabei war, schloß sich dem Geschimpfe an. Indes die eine mich mit ihren Vorwürfen überhäufte, schlug die andere mit einem Stein auf mich ein; sie brachte dem Doktor, der bei mir war, eine schreckliche Wunde an Schläfenbein und hinterer Schädeldecke bei, wovon er ganz wunderlich im Gehirn wurde.

Seitdem ist es immer gleich ausgemacht, wenn ein Hund sich auf der Straße davongemacht hat, daß er durch meine Hände gegangen ist. Eine wackere Bäckersfrau, die einen Schoßhund verloren hatte, den sie, wie sie sagte, mehr liebte als ihre eigenen Kinder, kam neulich in mein Zimmer und sank dort in Ohnmacht. Da sie den Hund nicht bei mir fand, verklagte sie mich vor Gericht. Ich glaube, ich werde nie vor der lästigen Bösartigkeit dieser Frauen sicher sein, die mich mit ihrem Gezeter aufstören, das die Grabrede ihrer vor zehn Jahren verstorbenen Automaten[1] darstellt.

Hochachtungsvoll, usw.

146. BRIEF

1 Für »Indien« kann man getrost Frankreich setzen! Wieder beklagt sich Usbek – sprich: Montesquieu – über die unheilvollen Folgen des Versuchs von John Law, im Auftrage der Regierung die Staatsfinanzen zu sanieren. Daß Law gute Absichten gehabt haben könnte, kommt unserem Autor nicht in den Sinn. Und hier ist die Kritik moralisch – und bitterböse, wie es Usbeks Stimmung entsprechen mag (während die Sache in der allegorischen Darstellung des »alten Mythologen« in Brief 142 eher humorvoll dargestellt worden war – dort war freilich auch Rica der Berichterstatter gewesen!)

1 Dies ist eine Anspielung auf Descartes' Auffassung von den Tieren, die er »Maschinen« oder »Automaten« nannte.

147. BRIEF

1 Man beachte das Datum: seit fast drei Jahren also ist in Usbeks Harem der Aufstand ausgebrochen, ohne daß wir davon etwas erfahren hätten. Montesquieu hat die letzten 14 Briefe nicht mehr mit diversen Betrachtungen seiner Perser in Paris unterbrechen wollen, um den dramatischen Schluß zu voller Geltung zu bringen: dem »Romancier« wollte er das letzte Wort geben.

Anmerkung zur Textgrundlage und zur vorliegenden Übersetzung

Die vorliegende Neuübersetzung beruht auf der Ausgabe von J. Starobinski (Montesquieu: »Lettres persanes«) in der Taschenbuchreihe FOLIO, Paris (Gallimard) 1973.

Bei der Wahl einzelner Worte oder Wendungen hat sich hie und da die Übersetzung von Adolf Strodtmann (1866) als nützlich erwiesen, später konnte ich mir auch die neuere Übersetzung von Fritz Montfort (1947) beschaffen und habe mich in einigen wenigen Fällen an sie angelehnt. Strodtmanns Übersetzung ist insgesamt sicher veraltet, die Übersetzung von Montfort ist moderner, aber nicht fehlerfrei. Bei meiner Übersetzung ging es mir nicht zuletzt darum, einen besser lesbaren Text zu bieten als Strodtmann und Montfort. Daß ich mich um Genauigkeit der Wiedergabe bemüht habe, versteht sich – und manchmal hat das zweifellos zu gewissen Umständlichkeiten der Diktion geführt. Im ganzen aber habe ich lieber ein bißchen geglättet, als dem Text bis in die letzten Wendungen hinein hautnah zu folgen. Die Sprache der »Lettres persanes«, von der Paul Valéry begeistert war (»Nichts Eleganteres wurde je geschrieben« heißt es in seinem Essay über die »Perserbriefe«), ist im allgemeinen flüssig, manchmal – vor allem in Ricas Briefen – von einer fast übermütigen Leichtigkeit. Wenn der Autor sich philosophisch gibt, wenn er Religionskritik übt oder »metaphysische Fragen« erörtert, wird sie freilich komplizierter und zähflüssiger. An einigen wenigen Stellen ist sie fast unverständlich. Ich konnte sie bestenfalls ein wenig aufhellen, nicht gänzlich klar machen. Die poetischen Passagen und die mehr oder minder parodistisch-überladenen Stellen im »orientalischen Stil« habe ich versucht, deutlich von der glatt-laufenden Berichtssprache (die überwiegt) zu unterscheiden.

J. v. St.

Nachwort

MONTESQUIEUS PERSERBRIEFE

Die Entdeckung des Orients

Im Jahre 1800 veröffentlichte Madame de Staël, die mit einem späteren Buch das Deutschlandbild der Franzosen bis in unsere Tage bestimmen sollte, ein Werk über die Literatur »betrachtet in ihren Beziehungen zu den gesellschaftlichen Institutionen«. Mit der ihr eigenen Gabe der Vereinfachung teilte sie die Geschichte der Weltliteratur in eine ältere Phase ein, die sie »Dichtung des Südens« nannte, und in eine neuere, die sie als »Dichtung des Nordens« pries. Ihr gehöre, so meinte Mme. de Staël, die Zukunft. Mit Ossian, Goethe und Shakespeare sollte die Phantasie der Menschen des Nordens, »die sich zu den Wolken aufschwingt und die Grenzen des Horizonts überschreitet«, an die Stelle der klaren, von südlicher Sonne geprägten Poesie der Antike und ihrer Nachahmer treten. In diesem Bild, das die Romantik als den Beginn einer neuen Ära – der unseren – ansieht, fehlte der Osten, von dem frühere Generationen gemeint hatten, er sei die Quelle des Lichts, das die Menschen zu erleuchten und ihnen die Weisheit zu bringen vermöchte: »ex oriente lux«!

Der Ursprung dieser Vorstellung verliert sich im Dunkel der Zeiten, eine reale, historische Bedeutung aber bekommt die Formel erstmals im frühen achtzehnten Jahrhundert, denn das war die Zeit, wo der Orient begann, in der Literatur des Abendlandes eine Rolle zu spielen. Die Orientrezeption, die im Frankreich der Frühaufklärung einsetzte und deren markantestes literarisches Zeugnis Montesquieus »Perserbriefe« sind, die 1721 erschienen, hat in unserem historischen Bewußtsein nicht den Stellenwert erhalten, den Mme. de Staël und ihre Nachfahren der romantischen Revolution zugesprochen haben.

Ob aber die Horizonterweiterung, die diese Rezeption bedeutete, wirklich um soviel geringer einzuschätzen ist, ist eine offene Frage. Natürlich dachten die Aufklärer, die in Frankreich ihrer Epoche den Namen »Zeitalter des Lichts« gaben, zunächst an die menschliche Vernunft, den kritisch-prüfenden Verstand des Individuums: er war das »lumen naturale«, das Licht, das die Natur dem Menschen als rationales Wesen verliehen hatte, und von dem es nun endlich den richtigen Gebrauch zu machen galt. Dennoch paßte in die aufschlußreiche Übernahme der Metapher, die einst religiös gefärbt, nun aber säkularisiert worden war, die Formel vom »Licht aus dem Osten« auch gut hinein. Wollte man die Antwort auf die Frage vorwegnehmen, wie Montesquieu dazu kam, seine frühaufklärerische, zeit- und sittenkritische Schrift in die merkwürdige Form einer Folge von Briefen zu fassen, die persische Frankreichreisende an ihre Freunde und Frauen schrieben, so könnte man schon sagen: weil ihm daran lag, der *Vernunft* (im erwähnten Sinne) das Wort zu geben. Im einzelnen komplizieren sich freilich die Dinge, die Standpunkte verschränken sich bis zu mancherlei beabsichtigten Verkehrungen und Verschleierungen, so daß man oft nicht weiß, wo nun in dem Briefwechsel die Vernunft anzusiedeln ist, im Westen oder im Osten, aber daß aus der Konfrontation beider, aus der Reibung, zu der es bei der Berührung von Ost und West kommt, der Funke der kritischen Vernunft herausspringen sollte, ist letztlich evident: Montesquieu brauchte die persischen Reisenden, um die Werte des Westens in Frage zu stellen ebenso, wie er die mannigfache Kritik an den orientalischen Verhältnissen nur aus dem Rückblick entfalten konnte, den die im Westen gewonnene Erfahrung den Reisenden auf ihr Heimatland zu werfen erlaubte. Eine reziproke, eine Über-Kreuz-Entwicklung ist es, um die es dem Autor ging. Das wird in der Folge noch zu verdeutlichen sein.

Zunächst aber stellt sich die Frage, wie es dazu kam: wie entstand der neue Kontakt zum Orient, der die »Lettres persanes«

mitsamt ihren zahllosen Nachfolgerinnen ermöglichte? Zur Beantwortung dieser Frage brauchen wir nicht weiter als bis ins letzte Drittel des 17. Jahrhunderts zurückzugehen. Damals begannen sich zwischen Frankreich und den Länden des nahen wie des ferneren Orients zunächst gewisse diplomatische, dann aber bald intensivere Handelsbeziehungen zu entwickeln. 1669 erschienen – offenbar vom Glanz des »Sonnenkönigs« angelockt – Abgesandte des Sultans Soliman in Versailles. Sie erregten die Aufmerksamkeit der neugierigen Hofgesellschaft. Man weiß das unter anderem von Molière, der in seine Komödie vom »Bürger als Edelmann« nicht die groteskkomische Schlußzeremonie eingebaut hätte, in der Monsieur Jourdain zum »Mamamouchi« ernannt wird, wenn die »Turquerie« nicht eben gerade Mode geworden wäre. Das war 1670. 1672 produzierte dann Racine ein Trauerspiel, »Bajazet«, das von derselben Mode profitierte. Es spielt am Hofe des Sultans Amurat in Konstantinopel. Der Titelheld ist dessen jüngerer Bruder. Während der Sultan außer Landes geht, um Krieg zu führen, soll seine Frau den Thronrivalen umbringen. Aber diese, Roxane mit Namen (wie später Usbeks Lieblingsfrau), liebt Bajazet und will ihn heiraten. Bajazet liebt jedoch schon eine andere, so daß nur das tragische Ende übrigbleibt: Bajazet muß sterben, Roxane wird von einem Emissär des Sultans umgebracht, und die Geliebte des Bajazet folgt ihm in den Tod. Es ist eine blutrünstige Geschichte, und man hat sicher nicht zu Unrecht gesagt, daß sie die Vorstellungen der Franzosen von der Leidenschaftlichkeit und Grausamkeit der Orientalen spiegele (obgleich es in den anderen Tragödien Racines auch nicht viel zahmer zugeht). Tatsache ist, daß ein Kenner der orientalischen Szene, Frankreichs Botschafter an der Pforte, Racine den Stoff für seine Tragödie geliefert hat. (Ein französischer Diplomat soll auch für die Erfindung von Molières »Turquerie« verantwortlich gewesen sein.)

1660 wurde die »Compagnie des Indes orientales«, Frankreichs indische Handelsgesellschaft, gegründet: den Diplomaten folgten die Kaufleute. Einige von ihnen waren geschickte Schriftsteller, so Tavernier, der 1676 einen Bericht über seine Reisen in die Türkei, nach Persien und Indien veröffentlichte, so Chardin, ein Adliger hugenottischer Abstammung, dessen »Voyages en Perse et autres lieux de l'Asie« 1686 erschienen, so schließlich Bernier, ein Schüler des Philosophen Gassendi, Freund Molières und anderer Großer der Zeit, der sich insgesamt zwölf Jahre in Indien aufhielt. All diese Reiseberichte kannte Montesquieu. Im Jahre 1702 erschienen dann die ersten Berichte der jesuitischen Missionare aus dem fernen Osten. Sie handeln zwar hauptsächlich von China, aber wir dürfen die geographischen Kenntnisse der Zeitgenossen nicht überschätzen. Auch was diese Missionare schrieben, galt allgemein als »orientalisch« und verstärkte das Interesse für alles Exotische. Im fernen Osten herrschte, so hieß es, Toleranz und Gastlichkeit, ja, dort gab es sogar auch aufgeklärte Herrscher. Und die Jesuiten taten alles, um ihre Arbeit attraktiv und aussichtsreich hinzustellen, denn sie brauchten Nachwuchs aus Europa. Auf jeden Fall trugen die spannend-geschriebenen Berichte voller Abenteuer und Anekdoten erneut zur Horizonterweiterung und zur Relativierung der Werte bei, auf die schließlich auch Montesquieus »Perserbriefe« hinausliefen.

Als dritter, womöglich noch wirksamerer Orienteinfluß müßten sodann die Märchen von 1001 Nacht genannt werden, die der französische Orientalist Antoine Galland von 1704 an in französischer Übersetzung herausbrachte. Ein gut Teil dieser Märchen war ursprünglich persisch. Der historische Zufall hatte dafür gesorgt, daß Gallands Märchenübersetzung in die seit kurzem in Paris aufgekommene Mode der »Feenmärchen« einsteigen konnte. 1694 war die erste Sammlung solcher Märchen von Charles Perrault erschienen (einige davon sollten später bei den Gebrüdern Grimm wiederauftauchen). Auf Perrault folgten Madame d'Aulnoy, Mme. de Murat, Mademoiselle de la Force und andere Damen der »haute société«, die alle anfingen, Märchen niederzuschreiben: nicht weniger als 20 Sammlungen waren 1702 auf dem Markt, als Gallands Märchensammlung zu erscheinen anfing. Mindestens zwei der episodisch in die »Lettres persanes« eingeflochtenen Erzählungen gehören dem Typus an (die Geschichte der Geschwisterliebe zwischen Apheridon und Astarte in Brief 67 und die sogar als »conte persan« bezeichnete Geschichte von Ibrahim und Anaïs in Brief 141). Aber man kann wohl sagen, daß die orientalische Aura der »Perserbriefe« insgesamt vom Einfluß der Märchen von 1001 Nacht geprägt ist. Die Reiseberichterstatter wußten auch von den orientalischen Sitten, vom Sultan und vom Großmogul, von Muphtis, Mullahs, Wesiren, Derwischen und Imams zu berichten, der Erotismus der Briefe, die vom Harem handeln, von der Impotenz und der Herzlosigkeit der Eunuchen, von der zynischen Überheblichkeit der Männer und der »tugendhaften« Unterwerfung der Frauen, die nur an die Liebe zu denken scheinen; dieses für den Voyeurismus westlicher Leser wie geschaffene Klima, das Montesquieu ungeniert nutzt, dürfte jedoch mehr von den Märchen der Scheherezade herstammen als von den meist eher sachlich-informativen Reiseberichten. Von diesen wiederum hat Montesquieu nicht nur die persischen Namen und Fakten, sondern auch gewisse Ideen entnommen. Von Chardin stammt zum Beispiel die Datierung der Briefe nach dem persischen Kalender, den Montesquieu freilich den westlichen Monaten angeglichen hat. Mehr noch: Chardin, der als Hugenott im Orient vermutlich fand, was er suchte, lieferte auch die Information über Gastlichkeit, Toleranz und Humanität der Perser: kein Wunder, wo es doch dort so mancherlei verschiedene Religionen gab! Das Bild des Orients, das Reiseschriftsteller, Märchen und Missionare ihren französischen Lesern lieferten, trug ebenso utopische wie widerspruchsvolle Züge. Als kennzeichnend galten der Gleichmut, die fatalistische Gelassenheit, ja die Weisheit und asketische Frömmigkeit, galten Humanität und Duldsamkeit der Orientalen einerseits, aber Grausamkeit, hemmungslose Leidenschaftlichkeit und Despotie andererseits. All das spiegeln die »Lettres persanes« getreulich wider.

Aber damit nicht genug: nicht einmal der Einfall, einen Orientalen nach Europa reisen zu lassen, ihn dort Beobachtungen sammeln und darüber in Briefen Bericht erstatten zu lassen, stammt von Montesquieu. Ihn hatte ein Genuese namens Marana gehabt, der 1684 in Paris ein Buch in italienischer Sprache veröffentlichte, das den Titel trug: »L'Esploratore turco e le di lui relazioni segrete alla Porta ottomana...«, zu deutsch: »Der türkische Spion und die von ihm verfaßten geheimen Berichte an die ottomanische Pforte...«. Unter dem abgekürzten Titel »L'Espion turc« erschien das Buch alsbald auf französisch, erlebte Auflage auf Auflage und wurde in viele andere Sprachen übersetzt. Es befand sich auch in Montesquieus Bibliothek. Marana erzählt die Geschichte eines Türken, der 45 Jahre lang über die Geheimnisse europäischer Höfe berichtet (der Autor war selbst aus politischen Gründen von Genua geflohen), und diese Geschichte faszinierte das europäische Publikum, das damals wie heute auf Hofklatsch erpicht war. Natürlich sollte das Werk türkisch geschrieben sein: Marana figurierte lediglich als Übersetzer und Herausgeber. Auch das hat Montesquieu ihm nachgemacht. Nicht nur in Konstantinopel, sondern auch in seinem eigenen Harem wurden übrigens gegen den »türkischen Spion« Kabalen geschmiedet, und Marana berichtet ausführlich darüber. Im übrigen ist Verschiedenartigkeit und Abwechslung seine Parole. Er interessiert sich für Politik ebenso wie für Moral, für Geschichte ebenso wie für Galanterie und nicht zuletzt für religiöse Fragen. Sonst ist Marana zwar weniger kritisch als Montesquieu, aber seine Religionskritik kann man schon aufklärerisch nennen. Zum Beispiel berichtet er scheinbar indigniert über die Christen, die in die Kirche gehen, um dort Liebesabenteuer zu erleben. All das führt uns bereits ganz nah an Montesquieu heran. Ja, neben der Hauptperson von Maranas »Bestseller«, Mahmud mit Namen, der ernster, nachdenklicher sowie politisch und historisch interessiert zu sein scheint, steht Fousi, sein Freund, der jung, lebenslustig und unbeschwert ist: sogar diese Personenkonstellation hat Montesquieu übernommen; und wie Usbek sehnt auch Mahmud sich eher schwermütig nach seiner Heimat zurück, während der Leichtfuß Fousi sich im galanten Frankreich ganz wohl zu fühlen scheint, genau wie Rica.

Für unsere Zwecke ist es nicht nötig, nach diesen frappanten Ähnlichkeiten noch weitere Vorlagen aus dem Bereich der »orientalischen Literatur« der Zeit aufzuspüren: es gibt deren noch etliche, aber die genannten sind die wichtigsten – mit einer nicht- orientalischen Ausnahme, den »Caractères ou mœurs de ce siècle« von La Bruyère. Diese, neben, oder nach La Rochefoucauld wichtigste moralistische Schrift aus der Zeit der französischen Klassik (erstmals 1688 erschienen, dann aber in erweiterter Form in mehreren Neuauflagen verbreitet), ist ein Lieblingsbuch der französischen Frühaufklärung gewesen. Von La Bruyère hat Montesquieu die Kunst der satirischen Portraitierung von Personen aller Stände erlernt und sie hat er, wie noch zu zeigen sein wird, in aufklärerischer Absicht weiterentwickelt. Montesquieu-Kenner wie der Engländer Shackleton bezeichnen La Bruyères »Caractères« noch vor der »orientalischen Literatur«, die wir vorgeführt haben, als die wichtigste Inspirationsquelle für die Perserbriefe.

Die »Perserbriefe« als Roman

Der Autor der »Perserbriefe« war also weniger ein Erfinder als ein Vollender, einer, der aus schon bestehenden Formen mehr zu machen wußte als seine Vorgänger, der aus vorgegebenen

Traditionen etwas herauszuholen vermochte, was keiner zuvor darin gefunde hatten. Das gilt vor allem für den philosophischen Gehalt, der sich wie von selbst aus der Übernahme der vorliegenden Muster ergab, den aber erst Montesquieu voll entfaltet. Es ist die Lehre des Relativismus, zu der unten noch etwas gesagt werden muß. Formale Gestalt und ideeller Gehalt fügen sich in den »Perserbriefen« wie selbstverständlich zusammen – das unterscheidet seine »orientalische« Schrift von ihren Vorlagen und macht sie erst recht zu einem literarischen Kunstwerk–. Dann aber hat Montesquieu der Tradition doch auch wenigstens ein Strukturelement noch hinzugefügt: die romanhafte Fabel, das heißt einen Aufbau, der wenigstens zu Anfang und am Schluß an einen Roman erinnert. Viel *mehr* sollte man eigentlich nicht sagen. Usbek und Rica sind zwar – ähnlich wie ihre eben genannten Vorfahren Mahmud und Fousi – einigermaßen deutlich erkennbare Charaktere. Vor allem Usbek, die Hauptperson, erhält mit ihrem Ernst und ihren widerspruchsvollen Gefühlen ein gewisses Profil. Ihn, den hohen persischen Adligen, der aus politischen Gründen emigriert, den die Fremde interessiert, der sich aber nach seinen Frauen zurücksehnt, die er – als übersättigter Haremsherr – zwar nicht liebt, als deren Herr und Besitzer er sich jedoch fühlt, diesen tyrannischen und humanitären, theoretisch aufgeklärten und praktisch inhumanen Usbek kann man allenfalls eine lebendige Romanfigur nennen. Für Rica gilt das weit weniger: was ist er noch, außer jung und wendig, witzig und weltzugewandt? Was aber für ihn gilt, gilt für die anderen Figuren erst recht: viel Leben haben sie alle nicht, Rhedi nicht und die Frauen auch nicht, um von den Eunuchen zu schweigen. Selbst Roxane lebt ja als Rebellin erst gegen Schluß auf. Zuvor wußte man kaum mehr von ihr als von den anderen Frauen im Harem.

So unsinnig es also von der personalen Gestaltung her wäre, die »Lettres persanes« einen Roman zu nennen, so schwierig ist die Gattungszugehörigkeit von der Fabel her zu entscheiden.

Hier hat sich auch die Wissenschaft in den letzten Jahren besonders schwergetan. Ausgelöst hat den Streit der Autor, Montesquieu selbst, denn von ihm stammt die Behauptung, die »Perserbriefe« hätten nicht zuletzt deswegen einen so großen Erfolg gehabt (wie sie ihn wirklich hatten), weil die Leserschaft sie für einen Roman, genauer: für einen Roman in Briefform gehalten habe. Die Behauptung stammt aus dem Jahre 1754 und steht in einer Vorrede, die der Autor für die Neuauflage dieses Jahres geschrieben hatte. Wir wissen, daß sie zugleich den Charakter einer Selbstverteidigung trug, denn kurz zuvor war eine vernichtende Kritik der »Perserbriefe« von einem Abbé Gaultier erschienen, in der Montesquieu als Feind der christlichen Religion angeprangert wurde. (Dank seiner guten Beziehungen war Montesquieu der Zensur bisher wenigstens insoweit entgangen, als ihm eine »stillschweigende« Druckerlaubnis erteilt worden war. Vorsichtshalber hatte er seine »Perserbriefe« dennoch in Holland erscheinen lassen – und zwar anonym.)

Indem der Autor seine Schrift als Roman kennzeichnete, wollte er sie – der Geringschätzung der Gattung entsprechend – herabwerten. Er betonte den fiktionalen Charakter aber auch, um die Verantwortung für das darin Gesagte von sich zu weisen: erstens war er ja nur der Übersetzer und Herausgeber dieser »Perserbriefe«, zweitens konnten die Verfasser der Briefe in ihrer Unwissenheit, in ihrem Unvermögen, die wirklichen Zusammenhänge zu durchschauen, nicht anders, als ihrem Staunen, ihrer Überraschung über das Vorgefundene Ausdruck zu geben. Wer sich von diesen Äußerungen »täuschen lasse«, sei selber schuld. So die verharmlosende Selbstaussage, die durchsichtig genug ist. Immerhin: wenn die Zensur es wollte, konnte sie sich davon »täuschen lassen« – und das war schon etwas. Interessanter als diese Tarnmanöver, die in der Literatur der Aufklärung zur Regel zählen, von der man die Ausnahmen suchen muß, sind die Aussagen des Autors zum Briefromancharakter der »Lettres persanes«. Eine unsichtbare »Kette«, liest man da, verbinde die scheinbar so heterogenen Teile miteinander. Diese »chaîne secrète« hat die Wissenschaft viel beschäftigt. Offenbar war damit nicht nur die Haremshandlung gemeint, von der zu Anfang des Vorworts die Rede war. Daß sich die Orientalen im Laufe ihres siebenjährigen Frankreichaufenthaltes mehr und mehr »verwestlichen«, sich zugleich aber die Verhältnisse im fernen Harem verschlimmern, bis es zur Schlußkatastrophe kommt, in der Usbek sich als unverbesserlicher Tyrann entpuppt, kann als solches zwar eine ideelle Entwicklung, aber doch kaum eine Romanhandlung genannt werden. Anders sehen die Dinge aus, wenn man an die paradoxen Vorgänge denkt, die sich im Innern Usbeks abspielen. Er war ja nach Frankreich emigriert; in gewisser Weise macht er das allgemeine Emigrantenschicksal durch, das unser Sprichwort kennzeichnet, welches besagt, man kehre nicht in denselben Fluß zurück.

Zwar hat Usbek sich den europäischen Denkweisen angenähert, er entwickelt andere Moralvorstellungen, lernt dort nicht nur die relativen politischen Freiheiten kennen und schätzen, sondern plädiert selbst für Milde in Regierung und Recht, ja, er verurteilt sogar die Polygamie (Brief 114), aber trotz alledem nennt er das westliche Lebensklima »barbarisch« (Brief 155) und möchte zu den Seinen heimkehren, denen er sich ja doch entfremdet hat. So hat Usbek sich »zwischen die Stühle« gesetzt: er ist heimatlos geworden. Das ist schon ein schweres Schicksal, aber seine gleichsam wider besseres Wissen in letzter Not entwickelte Härte, sein Durchgreifbefehl an dic Adresse des obersten Eunuchen, macht ihn erst recht unglücklich: denn zu seinem früheren Ich, zum Stil eines persischen Haremsherren alten Schlages kann er ja doch auch nicht zurückkehren. Wenn man das widersprüchliche Verhalten Usbeks überhaupt erklären kann (das so etwas wie eine romanhafte Seelenentwicklung darstellt), so allenfalls aus der negativen Anthropologie der klassischen Moralisten: La Rochefoucauld war es vor allem, der nicht müde wurde zu betonen, daß der Mensch nur *meine*, seine Handlungen willentlich und wissentlich bestimmen zu können, in Wahrheit verfügten die Leidenschaften über ihn. »Der Mensch denkt, der Affekt lenkt«: so könnte man diese skeptische Auffassung vom Menschen in eine Formel fassen. Eben dies veranschaulicht Montesquieu mit seinem Usbek. Die Sache wird noch bedenklicher durch den großen Anteil aufklärerischen Denkens, den Usbeks Weltanschauung aufgenommen hatte. Daß einer an die Vernunft glauben, der Ratio den höchsten Stellenwert einräumen und dennoch handeln könne wie ein ganz und gar unvernünftiger, nicht aufgeklärter Mensch, wirft ein düsteres Licht auf die Hauptgestalt der »Lettres persanes«. Wahrscheinlich ist es als eine Warnung vor zuviel aufklärerischem Optimismus zu deuten. Vielleicht aber schlägt da auch jene andere Tendenz der Epoche durch, die man mit dem Begriff »Empfindsamkeit« gekennzeichnet hat. Kenner wie der schon genannte Shackleton halten die »Perserbriefe« geradezu für ein Dokument der empfindsamen Strömung, die sich in der Frühaufklärung ankündigt. Die übergroße Rolle, die die Liebesleidenschaft in dem »Roman« spielt, paßte in diese Deutung: Romane sind in aller Regel Liebesromane. Einen »Liebesroman« könnte man die »Lettres persanes« denn auch wohl nennen, zumindest vom Thema her, das ja auch in den eingeflochtenen Erzählungen die größte Rolle spielt. Sollte die »chaîne secrète« darauf zu beziehen sein?

Dafür, daß eine solche Vermutung (so vage sie sein mag) nicht ganz abwegig ist, spricht erst recht, was Montesquieu in seiner Vorrede von 1754 sonst noch über den Briefroman sagt. Er definiert ihn – in ganz moderner Weise – als die Gattung der Spontaneität. Daß man sich selbst über seine jeweilige Lage Rechenschaft ablege, mache Briefromane so spannend, heißt es da. Empfindungen und Gefühle, die nicht von dritter Seite beschrieben, sondern von den Fühlenden und Empfindenden selbst ausgedrückt werden, ergriffen den Leser ungleich mehr, meinte Montesquieu – und wenn auch sein eigener »Roman« kein besonders gutes Beispiel für diese Theorie bietet, so trifft sie doch auf den Briefroman generell ausgezeichnet zu. Und dieser ist, eben als Ausdruck der Empfindsamkeit, nie beliebter gewesen als im 18. Jahrhundert. Montesquieu ist – aus Anlaß der »Perserbriefe« – zum ersten Theoretiker der Romanform geworden, die ein neuerer Literaturwissenschaftler, Jean Rousset, eine »Kardiogramm-Literatur« genannt hat, weil es darin um die Aufzeichnung von Herzensregungen geht, auf die der Verstand so gut wie keinen Einfluß hat. Mag all das, wie gesagt, auch nur zum Teil auf die »Perserbriefe« zutreffen, die Tatsache, daß ihr Verfasser sie so gesehen hat, verdient festgehalten zu werden. Montesquieu hatte in einer Variante seines Vorworts von 1754 sogar Richardson und Mme. de Graffigny genannt, den größten englischen Briefromanautor und eine der erfolgreichsten Autorinnen der Gattung in Frankreich: beide hätten, meinte er, bewiesen, wie erfolgreich das Rezept der »Lettres persanes« sei – die ja selbst auch schon ein Bestseller waren. Madame de Graffigny trat mit ihren »Lettres d'une Péruvienne« (1747) tatsächlich in Montesquieus Spuren, Richardson freilich nicht. Die »Briefe einer Peruanerin« sind wirklich ein empfindsamer Roman: Madame de Graffigny stand Rousseau nicht fern, dessen »Nouvelle Héloïse« den französischen Gipfelpunkt der Gattung darstellt. Blickt man von da auf Montesquieu zurück, kann man nicht umhin, die Zugehörigkeit der »Lettres persanes« zu der empfindsamen Gattung doch wieder in Zweifel zu ziehen. Sie sind und bleiben in erster Linie ein frühaufklärerisches, überwiegend rationalistisches Werk – zumindest wenn wir an den sozialkritischen Aspekt denken, von dem nun doch die Rede sein muß. Die »verborgene Kette« in allen Ehren, den Romancharakter der »Perserbriefe« zu stark betonen, hieße dem Werk nicht gerecht werden. Montesquieu war weniger Menschenschöpfer als Ideenbeweger. Wie die meisten literarischen Werke der Aufklärung, sind auch die »Perserbriefe« vor allem Ideenliteratur: zum Nachdenken, nicht zum Nacherleben geschrieben.

Politik, Recht und Religion in den »Perserbriefen«

1717 bis 1721 entstanden, sind die »Perserbriefe« ein Werk der *Régence*. Als Ludwig XIV. nach mehr als einem halben Jahrhundert absolutistischer Herrschaft 1715 endlich starb, atmete die Nation auf. War das Regime des »Sonnenkönigs« anfangs wenigstens noch glanzvoll und, dank Colberts energischer Finanzpolitik, einigermaßen erfolgreich gewesen, konnte zu dessen Beginn der höfische Prunk die Augen blenden, so waren die Schulden allmählich immer schlimmer, die Kriege immer verlustreicher und die Hungersnöte im Lande schließlich entsetzlich geworden; auch um den höfischen Glanz war es geschehen, seitdem der alternde Monarch immer frommer und reuiger geworden war. Montesquieu, 1689 geboren, war alt genug, den Niedergang der Ära bewußt zu erleben, die als die klassische in die französische Geschichte eingehen sollte. Er entstammte einem alten Adelsgeschlecht, das jedoch durch das Weingut unweit von Bordeaux, das ihm gehörte, nicht so verarmt war wie die meisten anderen Adelsfamilien in Frankreich. Um so deutlicher mußte dem jungen Montesquieu die Degradierung seiner Standesgenossen vor Augen stehen, die der König an seinen Hof gezogen und zu einem müßigen Hofschranzendasein verurteilt hatte. Auch daß die Aufsteiger aus dem Bürgertum vom Schlage Colberts, auf die der König sich um so lieber stützte, als sie ihm alles verdankten und er sich auf sie verlassen konnte, dem Altadligen ein Dorn im Auge gewesen sind, dürfen wir wohl annehmen. Auf jeden Fall begann die Politik mit dem Beginn der Regentschaft des Philippe von Orléans wieder interessant zu werden. Nachdem die Lage Montesquieus unter Ludwig XIV. – zumindest als eine Art »innerer Emigration« – derjenigen Usbeks am persischen Hofe ähnlich gesehen haben dürfte, konnte man nun um so mehr auf Besserung hoffen, als die erste Amtshandlung des Regenten, wie in Brief 92 geschildert, darin bestanden hatte, dem Parlament, das heißt der Adelsvertretung im Königreich, wieder seine alten Rechte zurückzugeben, die Ludwig XIV. ihm praktisch genommen hatte. Die Régence, die mit der Inthronisation von Ludwigs Urenkel 1723 offiziell endete, aber deren Klima doch noch eine Zeit lang anhielt, ist denn auch vor allem die Zeit aufblühender Adelshoffnungen gewesen. Damit hängt der sei's freiheitliche, sei's libertine Zug zusammen, der die Zeit kennzeichnet. Der Regent selbst war vor allem letzteres, wie man weiß. Nun konnten all die freigeistigen Strömungen, die unterirdisch weitergelebt hatten, wieder ans Tageslicht treten. Nie sind mehr ketzerische, experimentierfreudige, ja revolutionäre Schriften erschienen als im Frankreich dieser Jahre, auch nicht in den Jahren vor der Revolution, die eher konservativer gestimmt waren. Fontenelles Frühschriften, darunter der Entwurf einer atheistischen Staatsutopie, Pierre Bayles Werke, die dem Aberglauben auf den Leib rückten und in denen man Behauptungen wie die finden konnte, ein Staat von Atheisten könne bestehen, einer, der sich aus Abergläubischen zusammensetze, nicht, denn von den ersteren könne man Toleranz erwarten, von den letzteren schwerlich, die Friedenspläne des Abbé Saint Pierre und viele andere kühne Entwürfe und Kritiken erschienen. In ihrer Mitte sind die »Lettres persanes« zu plazieren, von deren Gedankenkühnheit der Leser sich hat ein Bild machen können. Nun kann es sicher nicht der Sinn eines Nachworts sein, diese Gedanken sämtlich zu wiederholen – aber ein paar zusätzliche, gruppierende oder erläuternde Anmerkungen dazu mögen vielleicht doch angebracht sein. Zunächst zum Thema *Politik*, das den Emigranten Usbek wie den oppositionellen Adligen Montesquieu verständlicherweise zuvörderst interessieren mußte.

Hier wäre vor allem ein Wort zur Geschichte der Troglodyten zu sagen, die Montesquieu in den Briefen 11 bis 14 erzählen läßt. Die Kommentatoren weisen dabei auf Hobbes hin, den Verfechter der pessimistischen Lehre vom »Menschen als dem Wolf des Menschen«. Montesquieu will mit seiner Fabel dartun, daß ein Staatswesen, das auf den Egoismus gegründet wäre, auf Dauer nicht bestehen kann. Ohne Recht geht es nicht, Besitz will geschützt sein, und ein Herrscher, der dächte wie seine zügellosen Untertanen, würde auch bald ermordet. Einen Urzustand der Menschen, in dem jeder gegen jeden kämpfte, kann es nicht gegeben haben, zumindest verlangte das von Natur aus soziale Wesen Mensch nach Regelungen, die das Zusammenleben ermöglichen. Das wird in der Fortsetzung der Geschichte dargestellt, in der sich der gute Kern einiger weniger Familien zu einem Musterstaat erweitert, in dem die »Tugend«, das heißt politische Verantwortung, Altruismus und Sittsamkeit herrschen. Die Erzählung mag von dem Moment an sentimental oder gar rührselig wirken, zur Demonstration seiner politischen Ideen brauchte Montesquieu sie. Entscheidend ist dabei, daß dem Menschen die »Tugend« nicht etwa angeboren ist, wie Rousseau es später annehmen wird, sondern daß sie ein Erziehungsprodukt ist, ohne das der Mensch nicht auskommt, eben weil er ein soziales Wesen ist. All das wird Montesquieu später in seinem Hauptwerk, dem »Geist der Gesetze« (1748), weiterentwickeln. Man hat die scheinbar so frivolen und bunt zusammengewürfelten »Lettres persanes« zu Recht ein »Vorwort« zum »Esprit des Lois« genannt. Die Leichtigkeit des Tones, die Durchsetzung des Werkchens mit allerlei, nicht selten sicher als Lockmittel für die (männlichen) Leser konzipierten Erotica darf über den ernsthaften Gedankengehalt nicht hinwegtäuschen. Im Gegenteil, der »Leichtsinn«, der dem Geist der Régence entspricht – und bei dem man auch von einem Rokokoton sprechen könnte – dürfte geradezu die Voraussetzung dafür gewesen sein, daß in Schriften wie den »Lettres persanes« vor keinem noch so ernsten Thema zurückgeschreckt wird. Es ist, als habe Montesquieu, wie Fontenelle, wie Bayle, wie der junge Marivaux und andere, vom Ballast der vorhergehenden Zeit befreit, erleichtert aufgeatmet und eben daraus den Mut bezogen, alle möglichen Tabus anzupacken.

Ist der Mensch von Natur ein »homo sociabilis« (und nicht »homo homini lupus«, wie Hobbes meinte), so ist diejenige Regierungsform die beste, die mit den geringsten Mitteln ihr Ziel erreicht: so die ebenso einfache wie geniale Bestimmung Montesquieus. Sie wäre ohne das Beispiel Englands, das der Autor der »Perserbriefe« bewunderte, so nicht zustande gekommen. Zwar bewundert er die (idealisierten) Republiken der Antike, das frühe Rom, Sparta oder Athen noch mehr – aber er weiß vor allem: jedes Volk muß die seinen Anlagen entsprechende Regierungsform bekommen – und das mochten denn im 18. Jahrhundert wohl eher konstitutionelle Monarchien sein. Noch ist der Entsprechungsgedanke, der im »Esprit des Lois« zentral sein wird, nicht zu voller Klarheit ausgereift, aber im Ansatz haben wir ihn schon in den »Perserbriefen« vor uns. Ohne Tugend, so lehrt bereits die Troglodytengeschichte, kann es kein freiheitliches Staatswesen geben (der weise Alte weigert sich mit dem klugen Hinweis darauf, man könne zugunsten *seiner* Tugend auf die eigene verzichten wollen, die Königswürde anzunehmen – und tut es, nur seufzend, dann doch). Auch die »Ehre« bzw. der »Ruhm« spielt in den Perserbriefen schon andeutungsweise die Rolle, die das Prinzip im »Geist der Gesetze« zugesprochen bekommen wird: es ist dasjenige, auf dem Monarchien aufbauen. Die Furcht vor Strafe – wie sie die persischen Untertanen und Soldaten beseelt – ist für Montesquieu dagegen ein schlechteres, kostspieligeres Prinzip: dasjenige der Despotie. Auf jeden Fall sind milde Herrschaftsformen, milde Gesetze den strengen vorzuziehen: auch das erklärt Montesquieu rein rational (sie provozieren nicht so leicht die Gegenreaktion des Aufruhrs, an der keinem Staat gelegen sein kann). Insofern ist das persische Beispiel ein abschreckendes Beispiel. Das kann dazu führen, daß Analogien zwischen ihm und dem Frankreich Ludwigs XIV. angedeutet werden. Es kann aber auch vorkommen – siehe Brief 85 –, daß die Perser sich vernünftiger verhalten als die Franzosen, indem sie zum Beispiel die andersgläubigen Armenier nicht des Landes verweisen, während Ludwig XIV. die Hugenotten außer Landes trieb und sich so eines gut Teils seiner tüchtigen Händler und Handwerker beraubte. Den Handel gilt es zu fördern wie die Engländer. Wer's nicht tut, dem geht es wie den Türken, die sichtlich auf einem absterbenden Ast sitzen...

Soviel (andeutungsweise) zur politischen Thematik der »Perserbriefe«. Man kann sicher sagen, daß sie – so wie Montesquieu sie behandelt – uns noch immer angeht. Natürlich ist sie vom Thema des *Rechts* nicht zu trennen. Montesquieu war bei den Oratorianern zur Schule gegangen, nicht bei den Jesuiten: dort hatte er ein wenig mehr von der Moderne erfahren, als es bei den Jesuiten üblich war; sogar cartesianische Philosophie pflegten die Oratorianer zu lehren. Dann aber studierte der junge Adlige Jura. Er wurde 1716 in der Nachfolge seines Vaters Präsident des Gerichtshofes von Bordeaux und hat diese Funktion bis 1726 ausgeübt. Er kannte sich also in der Praxis der Rechtsprechung aus. Vor allem aber dürfen wir ihn einen Rechtsgelehrten und einen Rechtshistoriker nennen. Daß Gesetze eingehalten werden müssen, selbst wenn sie nicht ideal sein sollten, war für den Autor der »Perserbriefe« eine Selbstverständlichkeit (Brief 129). Wer schlechte Gesetze bricht, ermutigt andere, auch die guten nicht einzuhalten. (Nicht anders wird Kant denken.) Im übrigen gilt für das Recht, was für die Politik, für die Staatsverfassungen allgemein gilt: sie müssen den gegebenen Verhältnissen angepaßt sein. Wie das geschieht, kann nur Beobachtung und Vernunft bestimmen. Insofern ist Montesquieu nicht nur Rationalist (das war er vor allem), sondern, wie Voltaire und die Mehrzahl der französischen Aufklärer der Zeit, auch Empiriker, somit Schüler Lockes. Brief 94 und 95 sind regelrechte kleine juristische Abhandlungen; sie enthalten Kritik an Rechtsmißbräuchen (so, wenn im öffentlichen Recht – gemeint ist die Staatsräsonlehre – den Fürsten gesagt wird, wie sie das Recht umgehen können), sie enthalten aber auch Empfehlungen zu dessen Verbessserung – bis hin zum Entwurf eines Völkerrechts in Brief 95.

Ebensowenig wie das Recht ist sodann die *Religion* von der Politik zu trennen. Bei der Behandlung des Religionsthemas in den »Perserbriefen« muß man sich vor Augen halten, wie eng damals noch Staat und Kirche zusammenwirkten. Der französische König beanspruchte, genau wie sein Hauptgegner, der spanische, der Repräsentant des Christentums schlechthin zu sein. Die Einheitlichkeit des Glaubens zu garantieren schien Ludwig XIV. ein selbstverständliches Gebot. Wir haben schon gesehen, daß Montesquieu hier ganz anders dachte: er plädierte, um der Toleranz willen, für religiösen Pluralismus – genau wie Voltaire das in seinen »Lettres philosophiques« von 1734 tun wird. Und wie bei Voltaire steht zumindest *auch* ein wirtschaftliches Denken dahinter: daß die Gesellschaft wirtschaftlich floriere, ist beiden weit wichtiger als die Sorge um das »Seelenheil« des einzelnen (das Montesquieu so wenig interessierte wie Voltaire). Das ist aufklärerisches, diesseitsorientiertes Denken. Vergessen wir nicht: uns mag dies Denken selbstverständlich sein, aber das war es weder vor Montesquieu und Voltaire in Europa, noch ist es das außerhalb Europas heute. Daß von unserem Autor ausgerechnet am Beispiel Persien die Gefahr der Intoleranz und des religiösen Fanatismus aufgezeigt wird, kann man heutzutage kaum anders als unheimlich nennen.

Im übrigen heißt das Thema Religion in den »Lettres persanes« natürlich vor allem *religiöse Kritik.* Wie ungescheut da Institutionen (wie etwa die Inquisition), Personen (vom einfachen Beichtvater über die Bischöfe bis zum Papst) und Glaubenslehre angegriffen werden, ist wirklich erstaunlich. Montesquieu ist in der Hinsicht überhaupt nicht ängstlich. Man denke nur an die Kritik der Erbsündelehre – in Brief 69 –, die Voltaire nicht schärfer hätte ausdrücken können. (Wie kann Gott, der doch wissen mußte, was kam, Adam und Eva im Paradies verbieten, von einer bestimmten Frucht zu essen und sie dann doch davon naschen lassen, damit sie sich sündig machen?) Das Dogma der Christen kann Montesquieu so wenig akzeptieren wie (auch hier) sein großer Zeitgenosse Voltaire. Wahrscheinlich war er Deist, also in einer allgemeinen, mehr oder minder vagen Form »gottgläubig«. Dafür spricht jedenfalls, was Usbek in Brief 69 schreibt. Dieser hat freilich, als Mohammedaner, eher mehr Religiosität, mehr Sinn zumindest für die rituellen Formen des Kults als unser Autor. Klingt der Ton von Usbeks Briefen an seinen Vetter, den Derwisch des Klosters zu Tauris, oder an seinen Bruder, den heiligmäßigen Anachoreten, nicht ein wenig zu hyperbolisch, um nicht parodistisch aufgefaßt zu werden? Als eine Parodie ist auf jeden Fall die Geschichte zu verstehen, die Mehemed-Ali erzählt, um zu erklären, warum Schweinefleisch den Jüngern Mohammeds als unrein gilt (Brief 18). Hier distanziert sich der Autor von seinen Figuren. Nicht parodistisch klingt dagegen die poetische Erzählung, wie sich die Vögel, der Wind und die Wolken um die Wette darum bemühen, Mohammed aufzuziehen (Brief 39). Hier verwendet Montesquieu ein geradezu lyrisches Register. Auch das gehört zur Vielfalt der Töne, die die »Perserbriefe« kennzeichnet.

Etwas echter Respekt, aber sehr viel mehr respektlose Kritik: auf diesen Nenner könnte man die Behandlung des religiösen Themas in den »Perserbriefen« bringen. Es spricht ein aufgeklärter Staats- und Rechtsdenker, kein frommer Autor zu uns!

Von der Moralistik zur Aufklärung

Die »Perserbriefe« sind ein gedankenreiches Werk: das macht für einen Leser von heute, der auf romanhafte Spannung zu verzichten bereit ist, einen ihrer Hauptreize aus. Aber noch höher würden wir, wenn es denn sein müßte, den künstlerischen Wert einstufen, den die Schilderung einzelner Personen, die Charakter- und Typenportraits haben. Wir kommen damit auf das Erbe La Bruyères, den moralistischen Aspekt der »Perserbriefe« zurück. Wie da der Alchemist in seinem Dachstübchen geschildert wird (Brief 45), wie die Strategie der zwei Schöngeister dargestellt wird, die sich gegenseitig ihre witzigen Einfälle soufflieren (Brief 54), wie der Geometer verulkt wird (Brief 128), wie die Glücksritter beschrieben werden (Brief 48), wie der eitle Schwätzer, der alles besser weiß, portraitiert wird (Brief 72), wie der Herr, der so gut zu »repräsentieren« versteht, vor unseren Augen erscheint (Brief 74): das – und vieles Ähnliche mehr – ist bestes moralistisches Erbe. Hier steht Montesquieu nicht hinter La Bruyère zurück. Aber es gibt doch auch Unterschiede. Da sie den Standort unseres Autors zwischen Moralistik und Aufklärung kennzeichnen, muß davon zum Schluß noch die Rede sein.

Zum ersten: es fehlte bei la Bruyère die orientalische Perspektive. Man hat sie diejenige des »naiven Blicks« genannt, und das kann man cum grano salis übernehmen. Als Menschen eines anderen Kulturkreises sind Usbek und Rica zwar keine »edlen Wilden«, die wirklich mit »naivem Blick« auf die Zivilisationsgesellschaft schauen (die erste derartige Schrift erschien 1704, ihr Verfasser war ein verarmter Adliger namens La Hontan, der nach Kanada ausgewandert war). Nein, Usbek und Rica sind keine »edlen Wilden«, keine »unbeschriebenen Blätter«, sie bringen ihre eigenen Denkgewohnheiten, ihre eigenen »Vorurteile« mit. Aber ihre Beobachtungen im Westen sind doch von einem Staunen geprägt, das mit dem »naiven Blick« verwandt ist. Es genügt, die christlichen Geistlichen »Derwische« zu nennen – und schon springt, worauf es dem Autor ankommt, die Lektion des Relativismus dabei heraus. Um eben diese Lektion ist Montesquieu reicher als La Bruyère: er ist ein »philosophischer«, das heißt aufklärerischer Moralist. La Bruyère hatte nur beobachten und beschreiben wollen und es dem Leser weitgehend überlassen, sich selbst ein Urteil darüber zu bilden. Montesquieu strebt eine Infragestellung tradierter Werte an, um nicht gleich schon mit Nietzsche von einer »Umwertung aller Werte« zu sprechen. (Aber die Richtung ist eingeschlagen!) Das ist das eine.

Das zweite, was es im Unterschied zu La Bruyère festzuhalten gilt, ist, daß Montesquieu mehr auf Repräsentanten sozialer Gruppen und auf Institutionen aus ist als der klassische Moralist. Darum geht es ihm, wenn er die Priester oder die Gelehrten, die Journalisten, die Theaterleute oder die Herren von der »Académie française« aufs Korn nimmt. Ja, er kritisiert diese ehrwürdige Institution selbst (Brief 73) und ebenso die Sorbonne (Brief 109). Das sieht doch alles weit mehr nach Sozialkritik aus, als wir es von La Bruyère her gewohnt sind. Bei Montesquieu gibt die Sozialkritik der Personalbeschreibung erst recht ihren Sinn, sie strebt über die Grenze des Amüsements und der bloßen Erkenntnisgewinnung hinaus: sie will ändern, zumindest aufrütteln. Damit ist nicht nur der Weg zu Nietzsche, sondern auch der zu Marx betreten.

Wir haben – am Beispiel Usbeks – gesehen, daß Montesquieu dem skeptischen Menschenbild der Moralistik noch durchaus verhaftet war. Es wäre sicher falsch, ihn gänzlich von dieser so typisch-französischen Tradition der desillusionierenden Menschenkunde loslösen zu wollen. Aber er ist doch zugleich auch *mehr* als ein Moralist: waren La Rochefoucauld und La Bruyère etwa Rechtsgelehrte, interessierte sie so etwas wie »der Geist der Gesetze«? Von seinen Vorfahren oder Vordenkern, den Moralisten, hat Montesquieu das Interesse am Individuum, am einzelnen Fall übernommen. Davon profitiert sein Denken, das immer noch anthropologisch genannt werden kann – so wenn er erklärt, wir urteilten immer nur »mit einem heimlichen Rückbezug auf uns selbst« (Brief 59). Für den alten Krieger war Ludwig XIV. ein hervorragender König, weil er ihm immer pünktlich seine Pension zukommen ließ, für den Ängstlichen war er gut, weil er das Duell untersagte und für den frommen Eiferer deswegen, weil er die Hugenotten verjagte. So sieht ein jeder die Dinge – relativ – nur mit seinen eigenen Augen. Aber Montesquieu stellt sich darüber: er sucht, über das Einzelne, über das individuelle Meinen hinaus, Gesetzmäßigkeiten. Als Beobachter der Gesellschaft, als Jurist wie als Historiker ist er, so würden wir heute sagen: ein Wissenschaftler. Kann man seine Bedeutung besser kennzeichnen? Es versteht sich, daß sich das weniger auf seine Ergebnisse als auf sein Vorgehen bezieht: wieviele Irrtümer finden sich nicht in all den Überlegungen über den Bevölkerungsrückgang, der Montesquieu so sehr beängstigte (Brief 112 bis 122)! Und doch enthalten auch diese, in den Prämissen wie in ihren Resultaten oft unrichtigen Briefe eine Fülle von Denkanstößen, die nicht veraltet sind. Die Briefe über die Entvölkerung der Welt ließen es mehr als alle anderen fragwürdig erscheinen, ob eine Neuausgabe der »Perserbriefe« heute noch angebracht sei. Wenn unser Plädoyer Glauben fände, daß es auf das *Wie* mehr ankomme als auf das *Was*, wären diese Bedenken widerlegt. Aber das letzte Wort darüber kommt niemand anderem zu als dem Leser.

J. v. St.

Inhalt

Perserbriefe

Anhang

Französische Literatur
im insel taschenbuch

Alain: Im Haus des Menschen. Betrachtungen. Übersetzt und mit einem Nachwort herausgegeben von Franz Joseph Krebs. it 1922
– Sich beobachten heißt sich verändern. Betrachtungen. Auswahl, Übersetzung und Nachwort von Franz Josef Krebs. Neuübersetzung. it 1559

Honoré de Balzac: Die alte Jungfer. Aus dem Französischen von Hedwig Lachmann. it 1904
– Das Chagrinleder. Aus dem Französischen von Hedwig Lachmann. it 1918
– Die Chuoans - Rebellen des Königs. Aus dem Französischen von Johannes Schlaf. it 1917
– Eine dunkle Affaire. Aus dem Französischen von Felix Paul Greve. it 1920
– Eugénie Grandet. Aus dem Französischen von Gisela Etzel. Herausgegeben von Eberhard Wesemann. it 1127
– Eugénie Grandet. Vorwort zur menschlichen Komödie von Balzac. Einleitung von Hugo von Hoffmannsthal. it 1901
– Die Frau von dreißig Jahren. Aus dem Französischen von Hedwig Lachmann. it 1914
– Die Geschichte der Dreizehn. Aus dem Französischen von Ernst Hardt. it 1907
– Glanz und Elend der Kurtisanen. Aus dem Französischen von Felix Paul Greve. it 1908
– Gobseck. Das Haus zu ›Ballspielenden Katze‹. Aus dem Französischen von Johannes Schlaf. it 1913
– Ein Junggesellenheim. Aus dem Französischen von Felix Paul Greve. it 1903
– Der Landarzt. Aus dem Französischen von Felix Paul Greve. it 1915
– Die Lilie im Tal. Aus dem Französischen von René Schickele. it 1916
– Oberst Chabert. Aus dem Französischen von Felix Paul Greve. it 1912
– Pierrette. Aus dem Französischen von Christina Mansfeld. it 1905
– Tante Lisbeth. Aus dem Französischen von Arthur Schurig. it 1909
– Tolldreiste Geschichten. Aus dem Französischen von Benno Rüttenauer. Mit Illustrationen von Gustave Doré. it 911
– Ursule Mirouet. Aus dem Französischen von Johannes Schlaf. it 1902
– Vater Goriot. Aus dem Französischen von Gisela Etzel. it 1911
– Das verfluchte Kind. Aus dem Französischen von Erika Wesemann, Karla Büschel und Felix Paul Greve. it 1919
– Verlorene Illusionen. Aus dem Französischen von Hedwig Lachmann. it 1906

152/1/12.96

Französische Literatur im insel taschenbuch

Honoré de Balzac: Vetter Pons. Aus dem Französischen von Franz Franzius. it 1910

Charles Baudelaire: Die Blumen des Bösen. Übertragen von Carlo Schmid. it 120

Pierre Augustin Caron de Beaumarchais: Die Figaro-Trilogie. Der Barbier von Sevilla oder Die nutzlose Vorsicht. Der tolle Tag oder Figaros Hochzeit. Die Schuld der Mutter oder Ein zweiter Tartuffe. Deutsch von Gerda Scheffel. Nachwort von Norbert Miller. Mit zeitgenössischen Illustrationen. it 228

George Clémenceau: Claude Monet. Betrachtungen und Erinnerungen eines Freundes. Mit farbigen Abbildungen und einem Nachwort von Gottfried Boehm. it 1152

Alphonse Daudet: Briefe aus meiner Mühle. Aus dem Französischen von Alice Seiffert. it 446

– Tartarin von Tarascon. Die wunderbaren Abenteuer des Tartarin von Tarascon. Mit 45 Zeichnungen von Emil Preetorius. it 84

Denis Diderot: Die Nonne. Mit einem Nachwort von Robert Mauzi, die Übersetzung des Nachworts besorgte Margaret Carroux. it 31

Alexandre Dumas fils: Die Kameliendame. Aus dem Französischen von Walter Hoyer. Mit Illustrationen von Paul Gavarni. it 546

Alexandre Dumas père: Die drei Musketiere. Aus dem Französischen von Herbert Bräuning. it 1131

– Der Graf von Monte Christo. 2 Bde. Bearbeitung einer alten Übersetzung von Meinhard Hasenbein. Mit Illustrationen von Pavel Brom und Dagmar Bromova. it 266

Gustave Flaubert: Bouvard und Pécuchet. Aus dem Französischen übersetzt von Georg Goyert. Mit Illustrationen von András Karakas. Mit einem Vorwort von Victor Brombert und einem Nachwort von Uwe Japp. it 373

– Bouvard und Pécuchet. it 1861

– Drei Erzählungen. it 1862

– Lehrjahre des Gefühls. Geschichte eines jungen Mannes. Übertragen von Paul Wiegler. Mit einem Essay und einer Bibliographie von Erich Köhler. it 1863

– Madame Bovary. Aus dem Französischen von Maria Dessauer. it 1864

– November. Aus dem Französischen von Ernst Sander. Mit einem Nachwort von Monika Bosse. it 1765 und it 1865

– Reise in den Orient. Aus dem Französischen von Reinhold Werner und André Stoll. it 1866

152/2/12.96

Französische Literatur im insel taschenbuch

Gustave Flaubert: Salammbô. Herausgegeben und mit einem Nachwort versehen von Monika Bosse und André Stoll. Aus dem Französischen übersetzt von Georg Brustgi. it 342 und it 1867
– Ein schlichtes Herz und andere Erzählungen. Aus dem Französischen von Cora van Kleffens und André Stoll. Großdruck. it 2314
– Die Versuchung des heiligen Antonius. Aus dem Französischen von Barbara und Robert Picht. it 1868
Edmond und Jules de Goncourt: Tagebücher. Übertragen und herausgegeben von Justus Franz Wittkop. Mit zeitgenössischen Abbildungen. it 1834
Victor Hugo: Der Glöckner von Notre-Dame. Roman. Aus dem Französischen von Else von Schorn. Mit zeitgenössischen Illustrationen. it 1781
Choderlos de Laclos: Schlimme Liebschaften. Mit 14 Kupferstichen. Übertragen und eingeleitet von Heinrich Mann. it 12
Jean de La Fontaine: Die schönsten Fabeln. Aus dem Französischen von Thomas Keck. Mit farbigen Illustrationen von Rolf Köhler und einem Nachwort von Jürgen von Stackelberg. it 1451
Guy de Maupassant: Bel-Ami. Aus dem Französischen von Josef Halperin. Mit zeitgenössischen Illustrationen. it 280
Prosper Mérimée: Carmen. Mit Zeichnungen von Pablo Picasso. Aus dem Französischen übersetzt von Franz Schnabel. it 361
Honoré-Gabriel Mirabeau: Der gelüftete Vorhang oder Lauras Erziehung. Aus dem Französischen von Eva Moldenhauer. Nachbemerkung von Norbert Miller. it 32
Molière: Der eingebildete Kranke. Aus dem Französischen von Johanna Walser und Martin Walser. it 1014
– Der Menschenfeind. Nach dem Französischen des Molière von Hans Magnus Enzensberger. it 401
Michel de Montaigne: Essais. Herausgegeben und mit einem Nachwort versehen von Ralph-Rainer Wuthenow. Revidierte Fassung der Übertragung von Johann Joachim Bode. it 220
– Tagebuch einer Reise durch Italien. Aus dem Französischen von Otto Flake. it 1074
Blaise Pascal: Größe und Elend des Menschen. Aus den »Pensées«. Auswahl, Übersetzung und Nachwort von Wilhelm Weischedel. it 441
Renate Wiggershaus: Marcel Proust. Leben und Werk in Texten und Bildern. it 1348

152/3/12.96

Französische Literatur
im insel taschenbuch

François Rabelais: Gargantua und Pantagruel. Mit Illustrationen von Gustave Doré. Herausgegeben von Horst und Edith Heintze. Erläutert von Horst Heintze und Rolf Müller. 2 Bände. Übersetzung auf Grund der maßgebenden französischen Ausgabe, unter Benutzung der deutschen Fassung von Ferdinand Adolf Gelbcke. it 77

Arthur Rimbaud: Sämtliche Werke. Französisch und deutsch. Übertragen von Sigmar Löffler und Dieter Tauchmann. Mit Erläuterungen zum Werk und einer Chronologie zum Leben Arthur Rimbauds, neu durchgesehen von Thomas Keck. it 1398

Jean-Jacques Rousseau: Bekenntnisse. Aus dem Französischen von Ernst Hardt. Mit einer Einführung von Werner Krauss. it 823

Marquis de Sade: Justine oder Die Leiden der Tugend. Mit einem Essay von Albert Camus. Aus dem Französischen von Raoul Haller. it 1257

– Verbrechen der Liebe. Heroische und tragische Novellen. Aus dem Französischen von Christian Barth. it 1448

George Sand: Geschichte meines Lebens. Aus ihrem autobiographischen Werk ausgewählt und mit einer Einleitung versehen von Renate Wiggershaus. it 313

– Indiana. Aus dem Französischen von A. Seubert. Mit einem Essay von Annegret Stopczyk. it 711

– Lélia. Aus dem Französischen von Anna Wheill. Mit einem Essay von Nike Wagner. it 737

– Lucrezia Floriani. Roman. Aus dem Französischen von Anna Wheill. it 858

Misia Sert: Pariser Erinnerungen. Aus dem Französischen von Hedwig Andertann. Mit einem Bildteil. it 1180

Madame de Sévigné: Briefe. Herausgegeben und übersetzt von Theodora von der Mühl. Mit zeitgenössischen Kupferstichen. it 395

Anne Germaine Madame de Staël: Über Deutschland. Vollständige und neu durchgesehene Fassung der deutschen Erstausgabe von 1814 in der Gemeinschaftsübersetzung von Friedrich Buchholz, Samuel Heinrich Catel und Julius Eduard Hitzig. Herausgegeben und mit einem Nachwort versehen von Monika Bosse. Mit einem Register, Anmerkungen und einer Bilddokumentation. it 623

Stendhal: Die Kartause von Parma. Vollständige Ausgabe. Aus dem Französischen von Arthur Schurig. it 1222

– Rot und Schwarz. Vollständige Ausgabe. Aus dem Französischen von Arthur Schurig. Mit einem Nachwort von Uwe Japp. it 1210 und it 1642

– Über die Liebe. Vollständige Ausgabe. Aus dem Französischen und mit einer Einführung von Walter Hoyer. it 124

152/4/12.96

Französische Literatur im insel taschenbuch

Paul Verlaine: Poetische Werke. Französisch und deutsch. Übertragen von Sigmar Löffler. it 1556

François Villon: Sämtliche Dichtungen. Zweisprachige Ausgabe. Aus dem Französischen von Walther Küchler. it 1039

Voltaire: Candide oder der Optimismus. Mit Zeichnungen von Paul Klee. it 11

– Sämtliche Romane und Erzählungen. Mit einer Einleitung von Victor Klemperer und Stichen von Moreau le jeune. Aus dem Französischen übersetzt von Ilse Lehmann. it 209

Emile Zola: Das Geld. Aus dem Französischen von Leopold Rosenzweig. it 1749

– Germinal. Aus dem Französischen von Armin Schwarz. Mit Illustrationen von Renate Sendler-Peters. it 720

– Nana. Aus dem Französischen und mit einem Nachwort versehen von Erich Marx. Illustrationen von Renate Sendler-Peters. it 398 und it 1646

– Thérèse Raquin. Aus dem Französischen von Ernst Hardt. it 1146

152/5/12.96

Literatur und Reisen im insel taschenbuch

Alt-Prager Geschichten. Gesammelt von Peter Demetz. Mit Illustrationen von Hugo Steiner-Prag. it 613

Alt-Wiener Geschichten. Gesammelt von Joseph Peter Strelka. Mit sechs farbigen Abbildungen. it 784

Ernst Batta: Römische Paläste und Villen. Annäherung an eine Stadt. Mit zahlreichen Abbildungen. it 1324

Bodensee. Reisebuch. Herausgegeben von Dominik Jost. Mit zahlreichen Abbildungen. it 1490

Bonn. Ein Städte-Lesebuch. Herausgegeben von Doris Maurer und Arnold E. Maurer. Mit zahlreichen Abbildungen. it 1224

Budapest. Reisebuch. Herausgegeben von Wilhelm Droste, Susanne Scherrer und Kristin Schwamm. Mit zahlreichen Fotografien. it 1801

Friedrich Dieckmann: Dresdner Ansichten. Spaziergänge und Erkundungen. Mit farbigen Fotografien. it 1766

Dresden. Ein Reisebuch. Herausgegeben von Katrin Nitzschke. Unter Mitarbeit von Reinhard Eigenwill. Mit zahlreichen Abbildungen. it 1365

Flandern. Lesarten einer Stadt. Herausgegeben von Werner Jost und Joost de Geest. it 1254

Florenz. Lesarten einer Stadt. Herausgegeben von Andreas Beyer. Mit zahlreichen Illustrationen. it 633

Florida. Reisebuch. Herausgegeben von Katharina Frühe und Franz Josef Görtz. Mit zahlreichen Abbildungen. it 1492

Theodor Fontane: Jenseit des Tweed. Bilder und Briefe aus Schottland. Mit zahlreichen Abbildungen und einem Nachwort herausgegeben von Otto Drude. it 1066

– Ein Sommer in London. Mit einem Nachwort von Harald Raykowski. it 1723

Georg Forster: Reise um die Welt. Herausgegeben und mit einem Nachwort von Gerhard Steiner. it 757

Frankfurt. Reisebuch. Herausgegeben von Herbert Heckmann. Mit zahlreichen Abbildungen. it 1438

Johann Wolfgang Goethe: Italienische Reise. Mit vierzig Zeichnungen des Autors. Herausgegeben und mit einem Nachwort versehen von Christoph Michel. it 175

Johann Wolfgang Goethe: Tagebuch der Italienischen Reise 1786. Notizen und Briefe aus Italien. Mit Skizzen und Zeichnungen des Autors. Herausgegeben und erläutert von Christoph Michel. it 176

– Kampagne in Frankreich 1792. Belagerung von Mainz. Herausgegeben und mit einem Nachwort von Jörg Drews. Mit zeitgenössischen Abbildungen. it 1525

158/1/12.96

Literatur und Reisen
im insel taschenbuch

Walter Haubrich / Eva Karnofsky: Die großen Städte Lateinamerikas. Sechzehn Städtebilder. Von Walter Haubrich und Eva Karnofsky. Mit farbigen Fotografien. it 1601

Hamburg. Ein Städte-Lesebuch. Herausgegeben von Eckart Kleßmann. it 1312

Victor Hehn: Olive, Wein und Feige. Kulturhistorische Skizzen. Herausgegeben von Klaus von See unter Mitwirkung von Gabriele Seidel-Leimbach. Mit farbigen Abbildungen. it 1427

Heidelberg-Lesebuch. Stadt-Bilder von 1800 bis heute. Herausgegeben von Michael Buselmeier. it 913

Heinrich Heine: Italien. Mit farbigen Illustrationen von Paul Scheurich. it 1072

Hermann Hesse: Luftreisen. Berichte und Gedichte. Herausgegeben und mit einem Nachwort versehen von Volker Michels. Mit zahlreichen Abbildungen. it 1604

– Mit Hermann Hesse durch Italien. Ein Reisebegleiter durch Oberitalien. Mit farbigen Fotografien. Herausgegeben von Volker Michels. it 1120

– Tessin. Betrachtungen, Gedichte und Aquarelle des Autors. Herausgegeben von Volker Michels. it 1494

Mit Hermann Hesse reisen. Betrachtungen und Gedichte. Herausgegeben von Volker Michels. it 1242

Erhart Kästner: Griechische Inseln. Aufzeichnungen aus dem Jahre 1944. Mit einem Nachwort von Heinrich Gremmels. it 118

– Kreta. Aufzeichnungen aus dem Jahre 1943. Mit einem Nachwort von Heinrich Gremmels. it 117

– Ölberge, Weinberge. Ein Griechenland-Buch. Mit Zeichnungen von Helmut Kaulbach. it 55

– Ölberge, Weinberge. Die Stundentrommel vom heiligen Berg Athos. 2 Bände in Kassette. it 55/56

– Die Stundentrommel vom heiligen Berg Athos. it 56

Harald Keller: Die Kunstlandschaften Italiens. Toskana. Florenz. Umbrien. Rom. Lombardei. Emilia. Venedig. Zwei Bände in Kassette. Mit zahlreichen Abbildungen. it 1576

Kunstführer durch Sachsen und Thüringen. Herausgegeben von Katharina Flügel. Mit farbigen Abbildungen. it 1327

London. Eine europäische Metropole in Texten und Bildern. Herausgegeben von Norbert Kohl. it 322

158/2/12.96

Literatur und Reisen
im insel taschenbuch

Doris Maurer / Arnold E. Maurer: Literarischer Führer durch Italien. Ein Insel-Reiselexikon. Mit zahlreichen Abbildungen, Karten und Registern. it 1071

Günter Metken: Reisen durch Europa. Andere Wege zu Kunst und Kultur. Von Günter Metken. Mit zahlreichen Fotografien. it 1572

Mit Fontane durch die Mark Brandenburg. Herausgegeben von Otto Drude. Mit farbigen Fotografien von Christel Wollmann-Fiedler. it 1798

Mit Rilke durch das alte Prag. Herausgegeben von Hartmut Binder. Mit zahlreichen Abbildungen. it 1489

Michel de Montaigne: Tagebuch einer Reise durch Italien. Aus dem Französischen von Otto Flake. it 1074

Moskau. Ein literarischer Führer. Von Sigrun Bielfeldt. Mit zahlreichen Abbildungen. it 1382

München. Ein Lesebuch. Herausgegeben von Reinhard Bauer und Ernst Piper. Mit zahlreichen Abbildungen. it 827

Ernst Penzoldt: Sommer auf Sylt. Liebeserklärungen an eine Insel. Mit farbigen Zeichnungen des Verfassers. Herausgegeben von Volker Michels. it 1424

Potsdam. Ein Reisetagebuch. Herausgegeben von Doris Maurer und Arnold E. Maurer. Mit farbigen Abbildungen. it 1432

Prag. Ein Lesebuch. Herausgegeben von Jana Halamicková. Mit zahlreichen Abbildungen. it 994

Reisen durch Deutschland. Von Gustav Faber. Mit farbigen Fotografien. it 1595

Reisen mit Mark Twain. Für Reiselustige ausgewählt und zusammengestellt von Norbert Kohl. it 1594

Rom. Ein Städte-Lesebuch. Herausgegeben von Michael Worbs. it 921

Salzburg. Ein Städte-Lesebuch. Herausgegeben von Adolf Haslinger. Mit zahlreichen Abbildungen. it 1326

Schwarzwald und Oberrhein. Literarischer Führer. Herausgegeben von Hans Bender und Fred Oberhauser. Mit zahlreichen Abbildungen. it 1330

Sommerliebe. Zärtliche Geschichten. Für den Reisekoffer gepackt von Franz-Heinrich Hackel. it 1596

Südtirol. Ein literarisches Landschaftsbild. Herausgegeben von Dominik Jost. it 1317

Toskana. Ein literarisches Landschaftsbild. Herausgegeben von Andreas Beyer. Mit Fotografien von Loretto Buti. it 926

158/3/12.96

Literatur und Reisen
im insel taschenbuch

Trier. Deutschlands älteste Stadt. Herausgegeben von Michael Schroeder. Mit zahlreichen Fotografien. it 1574

Tübingen. Ein Städte-Lesebuch. Herausgegeben von Gert Ueding. Mit zahlreichen Abbildungen. it 1246

Tunesien. Ein Reisebuch. Herausgegeben von Hans-Ulrich Wagner. it 1802

Mark Twain: Reisen ums Mittelmeer. Vergnügliche Geschichten. Ausgewählt von Norbert Kohl. it 1799

Umbrien. Ein Reisebuch. Herausgegeben von Isolde Renner. Mit zahlreichen Abbildungen. it 1491

Venedig. Herausgegeben von Doris Maurer und Arnold E. Maurer. Mit zahlreichen Abbildungen. it 626

Venedig. Literarischer Führer. Herausgegeben von Doris Maurer und Arnold E. Maurer. Mit farbigen Abbildungen. it 1413

Warum in die Ferne? Das Lesebuch vom Daheimbleiben. Eingerichtet von Hans Christian Kosler. it 1332

Die Welt der Museen. Herausgegeben von Joachim Rönneper. it 1493

Westfalen. Ein Reiselesebuch. Herausgegeben von Hans Georg Schwark und Fred Oberhauser. Mit zahlreichen Abbildungen. it 1394

Wien. Ein Reisebuch. Herausgegeben von Joseph Peter Strelka. Mit farbigen Fotografien. it 1573

Wien im Gedicht. Herausgegeben von Gerhard C. Krischker. it 1488

Wiener Adressen. Ein kulturhistorischer Wegweiser. Von Dietmar Grieser: it 1203

158/4/12.96